仏教名言辞典

金岡秀友

講談社学術文庫

はしがき

　およそ文字が考え出されて以来、世界のそれぞれの文字で書き著わされた書物の数は、すべてでどのくらいになるであろうか。もしそのすべてが残っていたとしたら、それはおそらく何千何万というピラミッドほどの積み重ねにもなるのではなかろうか。

　しかし、それらの多くが、意図をもって葬り去られ、あるいは不慮に姿を消していった。強靱にも、幸運にも生き残った少数の書物を、われわれは古典といっている。古典は、何万何億の人の批判に堪え、何十年、何百年の世の変遷を超えた、不滅の不死鳥といわなければならない。

　折々の世の変遷に触れる書も古典たることはある。また、世の変遷にかかわりなく、不滅の価値を求める書に古典たるものの多いことも事実である。仏典は、一般の予想に反し、後者のみを扱うものでは決してなく、前者をも誠にきめこまかく扱う指標の書なのである。

　私が、東京堂出版の編集部から、同社の、他の「名言」シリーズと並んで、「仏家」によってものされた名言集をつくることを図られたとき、そのことが可能であろうと考えたのは、仏典あるいは仏家の言こそ、まさに古典中の古典であり、その故に、真の意味で、それは名言とよばれるべきものであろうと考えたからにほかならない。

この書は、したがって、広い意味で、人生に指針を与える書ということはできよう。しかし、具体的な問題に対して具体的な答えを直ちに提示し、その間、何の想像力も必要としないような、いわゆる「人生書」とは縁の遠いものであることもお断りしておかなくてはならない。このことばは、いわゆる有識層の人たちのよくする「人生書」に対する偏見に、私も和するがためでは決してなく、本来、仏教というものが、そのような直接効用性に急な指標ではなく、あくまで人ひとりびとりをみずから救いに導くための径庭を示すものだからである。

しかし、仏教が、人と自然の双方に亘っていかなる問題も網羅する一大体系であることは事実である。人は仏教により、仏家の言により、およそ人生のいかなる問題に対してもえられぬ指針はないはずである。この予想に支えられて、私は、次に述べるような配慮に従って本書を書き上げた。

(1) 本書は単なる人生論の書ではないが、ここから人生万般の指針を見出すことは可能であろうし、見出しやすいような配列に心がけた。

(2) そのため配列は、歴史順または人物順にせず、問題別にした。

(3) その実際は、人から世間へ、心から物へという順に、いわば個から全体へという遠心的な順序によった。実際は目次によって探られたい。

(4) 提示した名言は、その一人の仏家の発言として、その歴史的・教理的背景を解説することはもちろんであるが、その仏家に至る思想史的系譜はことに明らかにしようと努めた。たとえば、親鸞の思想の特殊性を知ることとともに、その思想に至る源流や、その思想と他の思想との共通性を知ることもまた重要であると考え、解説を加えたごときがそれである。したがって、本書は、いわば原典的理解、インド仏教遡及的理解に、一つの特色を志したといってよかろうと思う。

(5) かくて、本書が通仏教的仏家の名言を目したことは当然である。時間的には、簡単ながら通仏教史を、空間的には、アジアの仏教汎論を、内容的には、手軽な仏教概論を志した。しかし、これがあくまで著者の技癢と意図に終わったであろうことも、残念ながら自認するものであり、諸彦《しょげん》の斧正《ふせい》を得て量質ともにこの志を完成する日を当来に俟つほかはない。

(6) 通仏教を志した以上、日本の仏家のみならず、中国・インドのそれもまた加えている。この地域の差は微妙な内容の差と対応するもので、インド仏教の理論性、中国仏教の実用性、日本仏教の情緒性というような感触を感ずることも読者に許されることとなろう。

(7) また、通仏教は通宗派ということでもある。本書はできる限り、各宗派の代表的人物のことばを収めることに努め、また、逆に宗派的意識の乏しい仏家の名言をも記し残すことを志した。宗派が、宗派やその教庁によって衣食し栄達する人の府となったとき、それは、いかなる俗なるものよりも救いがたく俗となる。しかし、宗派発生の本来は、人の機類に応じての救済への配慮だったのであろう。私は、宗派の欠点を熟知しつつ、しかも宗派の本来的機能というものを無視することができない。ここに選んだ仏家は、その言行に表裏なく、宗派にも超宗派にも、したがって、ともに忠実な人のみのはずである。

(8) 引用の名言は、各名言の直後に書名を挙げたほか、巻末に、現在利用しうる主なテキストを一括して表示し、引用の責任を明らかにするとともに、進んでの検索に備えた。しかし、解説の文中にも、引用句の前後の文は能《あた》うかぎり示すことに努めた。これは、「名言集」という一つの実用性によってうけた、字句の縮少、日常愛誦にたえる韻律性というような制約を補おうとする意図によるものである。

(9) この小著によって、以上の意図のほか、仏教の現代への足がかりを加えて求めようとすれば、望蜀《ぼうしょく》の譏《そし》りを免れないであろう。しかし、少くも、この書を書き上げた今、仏教のもつはかり知れない宝とともに、いくつかの欠陥にも気づかざるをえない。たとえば、仏教が近代によびかける（近代化とはいわない）ための、具体的な知識は、キリスト教に比し、やはり仏教には乏しいといわざるをえない。そして、これは決して、単なる字句の「現代化」というような技術上の問題ではなく、仏教自身が真の意味での脱皮の苦痛を味っていないからであろう。挙げるべき仏家も名言も、近代に至って加速度的に減少しているることは、そのことの端的なあらわれといわずして何であろうか。

前著『古寺名刹辞典』についで、いまこの書を世におくるに当たって、著者の意図と経過を記して序に替えた。

前書においては、著者の周辺によい助力者を得たが、本書は以上の性質上、他に協力を求めることはできず、名言の選定から解説、さらに、その基《もと》づく仏家や仏書の解説も、一切著者自身において完成した。もとより浅い一個の領解にすぎず、刹那に永劫を含み、毛孔《もうこう》に刹海《せのうみ》を容れる底の悟境に比すべきものではない。已達の士は、著者の解説のごとき蛇足は省いて、只管名言自体を味読されることを冀《ねが》って止まない。

終わりに、身辺の些事に追われる著者に最後まで寛容と理解を断たなかった東京堂出版編集部の皆様に心から御礼を申し上げたい。

昭和四十六年十月二十五日

金岡秀友

目次

付　録

凡例

一　本書の意図と配列については、「はしがき」の(1)〜(8)を参照されたい。
一　配列の実際については目次を、仏家別の名言の検索については、巻末の索引を参照されたい。
一　仏家・仏書については付録にゆずった。
一　引用書目の叢書名（及びその略名）は左の通りである。

1　大正大蔵経（大正新修大蔵経）
2　国訳大蔵経
3　国訳一切経
4　影印北京版大蔵経
5　弘全（弘法大師全集）
6　親全（親鸞聖人全集）
7　日全（日本仏教全書）
8　日大（日本大蔵経）
9　伝全（伝教大師全集）
10　興全（興教大師全集）
11　真宗大系
12　真宗全書
13　日蓮全集（昭和　定本　日蓮聖人遺文全集）

仏教名言辞典

人間・人

仏はひとり我がために法を説きたまふ。余人のためにはあらず。——龍樹

【解説】宗教ほどすべての人のためにあるものはない。そこでは、人種も、性別も、国籍も、老若も、職業も、学殖も、すべて根本的な差別として人間に働くことを止める。「神の国」の名のもとに、あるいは「仏国土《ぶっこくど》」の名によって、すべての生きとし生けるものの楽園がそこに開かれる。宗教は、法律・道徳はもとより、時として倫理や哲学よりもさらに普遍的なものをめざしているということができよう。しかも、宗教は何にもまして、人一人、自己の努力を重視する。万人のために垂れ給うた教えではあるが、受けとめるのは自己一人である。宗は万人のための宗教を意味するとともに、おのれ一人のよりどころ（宗）であることをも同時に示している。よく知られた親鸞のことばに、「弥陀《みだ》の五劫思惟《ごこうしゆい》の願をよくよく案ずれば、ひとえに親鸞一人がためなり」という『歎異鈔』に残された一文があるが、これも普遍的な法を、まさに歴史的存在者としての自己が受けとめたことばとして、この一文と同義に解することができるであろう。宗教というものは、さらにいえば、人間というものは、永遠にわたって存在する理法を、いかに有限な歴史のうち、自己の生涯のうちにおいて具現するかということ以外になすべき課題はなかろう。仏教の用語をもってすれば、法を活かすのは人であり機である、ということになる。ここに生ずる使命感、求道心を仏教では、「初心」といい「発心」といったのであって、形の上では、もっとも自己

に沈潜しながら、精神の上では、もっともひろく自・他の別の外に立つものだったのである。この根本的な使命感を度外視して、仏教をただその功徳によって測ろうとしたり、経典の内容を社会への直接的貢献度のみで知ろうとするのは、宗教の真の価値に対する無自覚というほかはない。

〔出典〕龍樹『大智度論』巻九

天地には万古あるも、此の身は再び得られず。人生ただ百年、此の日最も過ぎ易し。幸いにその間に生まれし者は、生あるの楽しみを知らざるべからず。また生を虚《むな》しくするの憂いを懐《いだ》かざるべからず。——洪自誠

【解説】 天地の悠久なるに比べて人生に限りあることを思い、その間になすべきことの多いことを省みる金言は洋の東西を問わず多い。しかしその発想に、宗教により、思想に従って相異のあることもまた見なくてはなるまい。儒教において、「青年老い易く学成り難し。一日再び晨《あした》なり難し……」と戒告するとき、青年の懶惰《らんだ》を戒め世間の努めと立身を奮起させる世俗内的効用への指向が顕著である。キリスト教において、人として生まれた幸を思い、その努めを自覚することは、おのれをかくあらしめた神の愛に対する感謝の念と、その神の恩寵に応《こた》えるための、この世での使命観につながってくる。仏教は、おのれがこの世にあらわれたことに、神のような超越的存在を想定することをしない。また、おのが生命に限りあり、天地の存在に限りないことを知りながら、そこに一つの目的論的説明を下そうとしない。天地は無始無終であり、人は因縁所生《いんねんしょしょう》（因と縁とで生まれたもの）であり、人身は四大の仮和合《けわごう》（地・水・火・風

の四つの力が結合して人体を形成している）であるとのみいう。しかし、この見方は、仏教が人生をただ科学的に、客観的にのみ見、そこから何の意義をも汲みとろうとしない、冷淡な態度にあることを意味しない。天地の無窮なこと と、人生の有限なことは客観的事実であるが、その人生を得た因縁は依然としてわれわれの思議を超えている。この不思議を思うとき、われわれはそのことの詮索よりも、その事実の上で何をなすべきかを考えないではいられない。仏教が人生を悟り、環境を説明せんとするのは、まさに、この人として何をなすべきやの因縁を尋ねる上においてのみなされるのであって、知らんがために分析を重ねる科学的・主知主義的労作とは、その動機を異にするものである。釈尊の哲学的思索が、時として体系的整合性を欠き、あるいは立言が前後撞着《どうちゃく》（矛盾）するかのような時があって、ために職業的思想家たるバラモンから軽侮をもって遇されたことは事実であるが、これはかつて欧米の仏教学者（例えば初期のリス・デヴィズなど）があえてなしたように、釈尊の敗北ではなくしてむしろ勝利であった。釈尊は実行に必要な知識のみを意義ある知識としたのであって、知識のための知識は、彼にとって画に描いた餅に等しいものなのであった。こういう「必要に応じての分析」（随宜《ずいぎ》の分別）は、のちに「分析のための分析」（分別の分別）という流れをも産むに至るが、しかし本筋は仏教の自然観・人生観として、歴史的には最後まで、地域的にはアジアの仏教圏の全域に、ほとんどそのまま健全に生き残っていたということができる。「人身受け易し今すでに受く。仏法聞きがたし、今すでに聞く。この身今生において度《ど》せずんば更に何れの生においてかこの身を度せん……」という、仏教徒の誓言は、不可思議なるがゆえに人生の意義を否定するのではなく、不可思議なるがゆえに、この人生の意義を三思《さんし》する、強い実践的指向に貫かれている。この洪自誠の警句も、仏教のこの人生観を正当に継承するものであるが、わずかに、「生あるの楽しみを知らざるべからず」と表出したところに、一つの中国的特性を見いだすことができようか。

〔出典〕洪自誠『菜根譚』一〇八

生れ生れ生れ生れて生の始めに暗く、
死に死に死に死んで死の終りに冥《くら》し。

――空海

【解説】 人はいつの世にあっても、なかなかに真実の生活にあこがれ、永遠なるものをもとめるものでない。「三界（欲界＝欲望の世・色界＝欲なき形の世・無色界＝心の世。後の二つは冥想によって到達する高い精神世界で、この三つをあわせて、人間世界のすべてとなる）の狂人は狂せることを知らず、四生（あらゆる生きものを胎生・卵生・湿生・化生《けしょう》の四つに分けたもの）の盲者は盲なることを識《さと》らず」の文につづいて、このことばが述べられるもので、人がめざめ求めることの、いかに難いかをうたっている。これに数行先立つ「知らじ知らじ、われも知らじ、思い思い思うとも、聖《ひじり》も心《し》ることなけん」という文など、そのまま読めば親鸞の文の一節かとも見えよう。われわれは、この大いなる宗教家のもつ文才に幻惑され、天才の名に辟易《へきえき》して、この真摯で深刻な自己省察と、主知主義への絶望を見落としてはならない。

〔出典〕空海『秘蔵宝鑰《ほうやく》』（上）

夫《そ》れ仏法遥《はる》かにあらず、心中にして即《すなわ》ち近し。真如外にあらず、身を棄てて

何にか求めん。迷悟我に在れば、発心《ほっしん》すれば即ち到る。明暗《みょうあん》他にあらざれば、信修《しんじゅ》すれば忽ちに証す。哀れなるかな、哀れなるかな、長眠の子。苦しいかな、痛ましいかな、狂酔の人。痛狂は酔はざるを笑ひ、酷睡《こくすい》は覚めたるを嘲《あざけ》る。――空海

【解説】名文の数知れぬ空海弘法大師の文の中でも特に名文として知られている一節である。しかし、この文をただ文章の美しさのみに注目し、それを讃美したり、あるいは、逆に、その美しさのゆえに、空海の宗教に潜む深刻な人間観を看過したり、あるいは無いと断定したりするとすれば、それは至らざるのはなはだしきものといわなければならない。

長い空海の修行時代が、いまだに「修行大師」の像として民間に親しまれ、人々の病いを救い、温泉を発見し、橋を架《か》け、灌漑《かんがい》の池を作ったりしたことで、ほとんどそれらの経世利民のことによってのみ大師が今日にその像を結んでいることを考えれば、彼の宗教の一面に深い人間愛の潜んでいたことは否定できないと思う。この文は、大乗仏教の代表的著作であり、短くして要を得ている経典として親しまれてきた『般若心経』の注釈という形にことよせた、大師の代表作の一つ『般若心経秘鍵』の序のはじめの文である。ただ、このうち「それ仏法……忽《たちま》ちに証す」までは明曠《みょうこう》の『般若心経疏』の文の転用である。明曠は、八世紀の天台宗の学僧で唐代の人。詳しい年寿は不明であるが、台州に生まれ荊渓《けいけい》尊者《そんじゃ》湛然《たんねん》の門に入り天台山国清寺にあって研鑽し、のち台州に帰り、三章寺に帰って著述に専念した人。十余部の重要な著作をのこしている。大師は、よく古今の書を通読して、そのとるべきものは、自由に自分の著

作にとり入れているが、これもその例の一つであり、それが決して単なる借用や引例に終わらず、全く大師自身の文として消化されているところに、余人に見ない円熟した思想性と文才をみることができる。

しかし、大師自身の深い、切々たる詠嘆は、右の明曠の文につづく、「哀れなるかな、哀れなるかな……」以下の文にあり、大師もまた、眼前の快楽に酔って真実にめざめぬ人への深い憂いと悲しみに満ちた、警世の人であったことを知る。「哀れなるかな、哀れなるかな」という形の繰り返しは、他でも大師の好んで用いた一つの型で、「生れ生れ生れ生れて生の始めに暗く、死に死に死に死んで死の終りに冥《くら》し」という、『秘蔵宝鑰』の序にも見られるところである。これは当時大陸でも流行した「四六駢儷体《しろくべんれいたい》」の文にも倣《なら》うものであるが、そこにこめた大師の心情は、やはり単なる麗句の域にとどまっていないことはみるべきであろう。

〔出典〕空海『般若心経秘鍵』巻上

我を生ずる父母も生の由来を知らず。生を受くる我が身もまた死の所去《しょこ》を悟らず。過去を顧みれば冥冥としてその首《はじ》めを見ず。未来に臨めば漠々としてその尾を尋ねず。——空海

【解説】人が生死の中にあってその真姿を知ることの難いことを歎いた空海の文。『秘蔵宝鑰』の中で、人の心を十段（十住心）に分って説くうち、その第一の住心（心の在り方）を説く（異生羝羊心《いしょうていようしん》）文に出る。「異生羝羊心」とは、ちょうど羊がただ婬と食のみを思って、善悪をわきまえず、真実を求めず、さまざまの行為をなし、いろいろの形の生物（異生）とうまれる、その宗教前、倫理前の状態をいったもの

である。この状態にある人の「生死流転の相」を、空海は次のようにうたって、冒頭の句に連ねている。

「それ生はわが好むにあらず、死はまた人の悪《にく》むなり。しかれども、なお生れゆき生れゆいて六趣に輪転《りんてん》し、死に去り死に去って三途《さんず》に沈淪す」。

「六趣」は「六道」ともいい、地獄・餓鬼・畜生・修羅・人・天の六つの迷界をいい、「三途」は、右のうちの最初の三つをいう。人が真実にめざめず、永久に迷いの生活を繰り返すことを示している。キリスト教にあっては、神を信ずるものは神の救いにあずかり、信ぜざるものは地獄に堕ちる。この二つは共に永久の裁きとして、神の最終審判で定められるところである。仏教において成仏したものが、右のような六道・三途の境涯を脱し、永遠の救いにめぐまれる点は、キリスト教の救いに近い。しかし、成仏・解脱できないものが永久に堕地獄の存在に終わることはなく、かれはただ、地獄を含めて六道・三途に輪廻転生をくり返すのみである。救われていないという点ではキリスト教のそれと同じであるが、永久に救いの可能性のある点では異なっている。ただその可能性に気づき、それを開花させない以上、彼にあっても永久に救いの来ない点で、怖ろしさはキリスト教の裁かれた末の永遠の堕地獄と、どちらともいいがたい。空海のこの文は、この怖ろしさに対する戒告なのである。

〔出典〕空海『秘蔵宝鑰』巻上

解脱《げだつ》の味は独《ひと》り飲まず、安楽の果は独り証せず。——最澄

【解説】悟りを得たことによって得られる甘露の味は、決して自分ひとりで飲むことはしま

い。それから得られる安楽の結果は決してひとりだけで証《ただ》すということはしまい、という、「すべての人と共に苦しみ、共にさとらん」とする、つよい人間愛を表白したことばで、最澄伝教大師の「願文」にでてくることばである。この願文は大師二十歳ごろの作とみられ、空海弘法大師の『三教指帰《さんごうしいき》』と並んで、平安仏教を代表する二高僧の若き日の回心の表白である。空海のそれが等しく人間愛に燃えながらも、より知的に自己の進むべき道として仏教を選んでいるのに対し、最澄は、より情的に、より人間愛に直接的に仏教への道を選びとっている。いまここに掲げた決意の表白も、自己の迷いを正し、すべてのひとを救う五つの誓願のあとに、その誓願の確認として発せられたことばなのである。したがって、いまここに、その五つの誓いを見ることは、このことばの内容を具体的にすることとなるので、現代語によって示してみよう。

(1) 私は、自分の眼・耳・鼻・舌・身・意の六根が仏と相似た境地にまで高められないうちは、他のための行ない（出仮《しゅつけ》＝山から下りて社会で僧侶として働くこと）をすることはいたすまい。

(2) 理を照らす心を得ないうちは、世俗の才芸にはかかわりあうまい。

(3) 清浄の戒律が身に具《そな》わらないうちは、檀主（施主）にまねかれても法会を行なったりはしまい。

(4) 真実を知る心（般若の心）を得ないうちは、世間の人事にかかわる務めにはつくまい。ただ、仏と相似た境地にまでついたときにはこの限りではない。

(5) この世で修める功徳を、ひとりわが身で受けるだけでなく、あまねくすべてのひとびとにめぐらしめ、ことごとくみな、無上のさとりを得させよう。

いま、これらの誓願をみると、世のひとびとを救おうという強い願望と共に、そのことをなすに先だって、まず、わが身の清浄を保ち、まず理を照らす明知を得ようとする、抜きがたい求道心のあることを知る。ここでは、衆生済度の利他行が動かぬ強さによって位しているとともに、それと並んで、いや、それに先だって、自己の転迷開悟という自利行が決意されているのを知るのである。大乗仏教の根本とする自利・利他の二行の円満な成就がここで求められているのを知るとともに、さらにここから飛躍して、自利利他の区別を廃し、自利の聖道を撤して、絶対他力の自他共業の道を示す浄土門が開けてくるのであるが、それは、もう一時期下った平安末・鎌倉の時代まで待たなければならなかった。

【出典】最澄『願文』

法界の衆生と同じく妙覚《みょうかく》に登り、法界の衆生と同じく妙味を服せん。——最澄

【解説】最澄は二十歳のとき、出家の志を明らかにした。そのとき五つの誓願を立て、自己の解脱のためには、すべての俗世間との交わりを断ち、その完成ののちには、世のすべてのものを救わなければならないと宣言した。その宣言文が、さきに挙げた「願文」であるが、それは、右に宣べたような「衆生済度」の誓願であるとともに、また深い真摯な自己反省の文でもあった。これを最澄の天台立宗の宣言書であると同時に、のちの鎌倉仏教の開始と学者が見るのもこのためなのである（稲谷祐宣『最澄集』筑摩書房版、日本の思想1）。文意は明瞭であ

るが、意訳を示しておく。

「心から仏の前にひれふして誓う。私は、自分ひとりでさとりの味を飲もうとは思わない。さとりの結果得る安楽の果実もひとりで得ようとはしない。すべての世界の生きとし生けるものと同じく、すぐれたさとりの境地にのぼり、すべてのひとびとともに、すぐれたさとりの味を味わいたい」。


　最澄にとって、おのれ一人の救いは決して救いではなかったのである。彼の救いはすべての人とともに救われてはじめて救いだったのだ。

ここに彼の詠嘆がある。

「悠々たる三界、純《もっぱ》ら苦にして安きことなく、擾々《じょうじょう》たる四生、ただ患にして楽なし、牟尼《むに》の日久しく隠れて、慈尊の月未だ照らさず。三災の危きに近づき、五濁の深きに没《しず》む」


　これは決して彼の修辞ではない。実感であった。それによって、彼の「願文」が始まっていることを思えば、その詠嘆が衆生済度の誓願であったことを知ることができよう。この文を見るひとびとは、その格調の高さ、修辞の巧みさにおいて、空海と並ぶものを感ずるであろう。事実、この二人の天才は、のちの鎌倉期以降の祖師とは異質のもののあることを認めざるを得ない。それは、二人の天才だけに理由を求むべきものではなく、むしろ、平安期という、日本仏教の最盛期のエネルギーのあらわれとして考えるべきものであろう。この平安期の仏教に比するとき、鎌倉の仏教も、平安仏教の、いずれかの一面の特異な発展と見られないこともないのである（渡辺照宏）。平安仏教と鎌倉仏教の比較は、決して単なる仏教学の素養と文才の上にのみ見るべきではない。ここに見る最澄の誓願と詠嘆に見られるような、そしてまた、空海の幾多の心打つことばに見られるような、深い自己直視と人間愛の発露もくみ取らなければならないのである。

〔出典〕最澄『願文』

悠々たる三界、純《もっぱ》ら苦にして安きことなく、擾々《じょうじょう》たる四生《ししょう》、ただ患にして楽なし。——最澄

【解説】三界は、欲界（人間の欲望世界）・色界（欲望なき、もの形の世界）・無色界（もの・形もなき心の世界）をいい、四生は、卵生・湿生（湿気から生まれると考えられていたもの）・胎生・化生《けしょう》（魔のように化けて生まれてくるもの）の四つの生まれ方をする生きものの総称であることを思えば、右のことばは、この世が苦に満ち、四生がみだれ苦患《くげん》に満ちていることを述べたことばであることは直ちに理解できよう。その点でこのことばは、仏教の、いわば代表的世界観を述べたまでであって、そこになんらの新しみは感じられないかも知れない。しかし、このことばが日本仏教の代表として、現実肯定的傾向のつよい伝教大師最澄のことばであることを知れば、やはり、そこに考えさせられるべきものがあると思われる。

「悠々たる三界、純ら苦にして安きことなく、擾々たる四生、ただ患にして楽なし。牟尼の日久しく隠れて、慈尊の月未だ照さず。三災の危きに近づき、五濁の深きに没《しず》む。しかのみならず。風命保ちがたく、露体消えやすし。艸堂《そうどう》楽なしといへども、しかも老少白骨を散らし曝らす。土室闇《くら》く狭しといへども、しかも貴賤魂魄を争い宿す。彼を見、己を省みるに、この理必定せり」。

ここで深く戒め告げられるのは、たのみがたき五尺の身体を永久のものと思い、こわれやすいこの世を終《つい》のすみかと思ってうかれさわぐ老少のひとびとである。われらはこの間にあって、この限られた生命のある限りに、真実の生活に入り、永遠なるものにめざめなくてはならない。「牟尼《むに》の日久しく隠れて、慈尊の日未だ照さず」という末の世であるだけに、われらの自覚はより強く、より速やかならんことを求められているのである。牟尼は、もとより釈迦牟尼世尊（釈尊）を指し、この釈尊が亡くなられてすでに日久しく、しかも、仏滅後、五十六億七千万年ののちに世に出るという慈尊（弥勒《みろく》仏《ぶつ》）はまだ現われ給わない。この無仏の世に、どうしてひとびとは、その怖ろしさに気づかず、眼前の楽しみ（とすべからざる楽しみ）に酔い痴れているのか、とつよく、哀しみをこめて訴えている。平安の昔から今日にまで一貫して、真実の生活への呼びかけが、真の宗教者にとって切実な第一の問題であったことが、深い切実なことばによって、われわれに迫ってくるのを感ずる。

〔出典〕最澄『願文』

おのずから悪友にひかれ、魔障にあうて、しばらく断善根となり、一闡提《いっせんだい》となれども、ついには続善根し、その功徳増長するなり。——道元

【解説】「悉有仏性《しつうぶっしょう》」といって、すべての人の仏への可能性をみとめる。また「五姓各別《ごしょうかくべつ》」といって、無仏性の人も考える。そのいずれが真実であろう。仏教では悪人とはどのように考えているのであろうか。それに対する答えの一つがこれである。たしかに、人には向上・完成の可能性はある。それがなくては「悉有仏性」「仏教」は成り立たない。これは本質的・普遍的状況においての仏教の人間観である。しかし同時に、現実に悪人のいることも否定しえない眼前の事実である。これは歴史的・個人的条件

を考慮した時の、仏教の人間観といわなくてはならない。この二つの人間観は、相互に矛盾するものではなく、現実において一つとなっているものである。ここに、道元の人間観が活きてくる。

現実に悪しき人間はいる。それは友に引かれ、環境に負けて悪の道に走り、善根《ぜんごん》（善への可能性）を破り、一闡提《いっせんだい》（イッチャンティカ＝無仏性）ともなる。しかし、そのことは歴史的に起こる一つの状態ではあっても、決して本質的・固定的なものではない、と見ているのである。だから、そのひとの努力と、環境の変転によって、ふたたび、善根は回復すべきものである。すなわち、「断善根」もありうるけれども「続善根」も必ずある、とするのである。この考え方は「断善不相続」という形で『楞伽経』の中にも出ているが、より一般的には、「諸行無常」とする仏教本来の考え方を承けている。

善悪ともに固定して考えるのは仏教的とはいえない。さらに前後を見よう。

「禅苑清規に曰く『仏法僧を敬ふや否や』と。あきらかに知りぬ、西天東土仏祖正伝するところは、恭敬仏法僧なり。帰依せざれば恭敬せず恭敬せざれば帰依すべからず。この帰依仏法僧の功徳かならず感応道交するとき成就するなり。たとひ天上、人間、地獄、鬼畜なりといへども、感応道交すればかならず帰依したてまつるなり。すでに帰依したてまつるがごときは生生世世、在在処処に増長し、かならず積功累徳し、阿耨多羅三藐三菩提《あのくたらさんみゃくさんぼだい》を成就するなり。おのづから悪友にひかれ、魔障にあうて、しばらく断善根となり一闡提となれども、つひには続善根し、その功徳増長するなり。帰依三宝の功徳つひに不朽なり。その帰依三宝とは、まさに浄心をもつぱらにして、あるひは如来存世にもあれ、あるひは、如来滅後にもあれ、合掌し低頭して、口にとなへていはく『我れ某今身より仏身に至るまで帰依仏、帰依法、帰依僧、帰依仏両足尊、帰依法離欲尊、帰依僧衆中尊、帰依仏竟、帰依法竟、帰依僧竟』。はるかに仏果菩提をこころざしてかくのごとく僧那を始発するなり。しかあればすなはち身心いまも刹那刹那に生滅すといへども、法身かならず長養して菩提を成就するなり」。

善悪の概念的把握を越えることになり、真に生涯のいかなる時にも活きる道が得られるとしたのであって、ここに道元禅の真面目が、したがって仏教の真面目があったということができよう。

〔出典〕道元『正法眼蔵』

たとひ百歳の日月は、声色《しょうしょく》の奴婢《ぬひ》と馳走《ちそう》すとも、そのなか一日の行持を行取せば、一生の百歳を行取するのみにあらず、百歳の他生をも度取すべきなり。――道元

【解説】わが国においても、仏教がものの無常を説くことのみを表面的にとらえて、仏教は厭世主義であり、あるいは虚無主義であると見る皮相の見解がまま見られる。このような見方は、実は、わが国だけでなく、インドにおいてさえ見られたので、インドの一般の思想家が、仏教を見る目は冷たかった。そこでは、仏教は多くの場合、「虚無主義」（ナースティカ）といわれ、「唯物論者」（ローカーヤタ）の次に厭うべき存在と見られていた。しかし、このような見方の当たらざることははなはだしいものであることはいうまでもない。

仏教はたしかに、ものの常ならざることを説いた。それは、ものの本性が一瞬といえども止まらず、生滅し変化する理を示して、われわれが執着すべからざるものに執着し、憑《たの》むべからざるものに憑んで、世の正しい見方から遠ざかることを恐れたからであった。さらに、実践哲学的に言っても、無常を説くのは、身命の無常を知って享楽に走るのではなく、無常有限なる身命を充全に生かして、懸命の修行をすすめんがためであった。

ここに見る道元の一句もまさにその趣旨に立つ。

「仏祖の大道、かならず無上の行持あり道環《どうかん》して断絶せず、発心修業、菩薩涅槃《ぼさつねはん》、しばらくの間隙あらず、行持道環なり。このゆゑに自らの強為《ごうい》にあらず、他の強為にあらず、不曽染汚の行持なり。この行持の功徳、われを保任し、他を保任す。その宗旨は、わが行持、すなわち一方の帀地《きうじ》漫夫みなその功徳をこうぶる。他もしらず、我もしらずといへども、しかあるなり、この故に諸仏諸祖の行持によつてわれらが行持見成し、われらが大道通達するなり。われらが行持によりて、この首環《しゅかん》の功徳あり。百丈山大智禅師、そのかみ馬祖の侍者とありしより、入寂のゆうべにいたるまで、一日も為衆為人の勤仕なき日あらず。かたじけなく一日不作、一日不食のあとをのこすというは百丈禅師、すでに年老臘高なり。なほ、普請作務のところに壮齢と同励力す。衆これをいたむ。人これをあはれむ、師やまざるなり。ついに作務のとき、任務の具をかくして、師にあたへざりしかば、師その日一日不食なり。衆の作務にくははらざることをのたまわらむ意旨なり。これを百丈の一日不作、一日不食のあとといふ。いま大宋国に流転せる臨済の玄風、あらびに諸方叢林、おほく百丈の玄風を行持するなり。仏祖の面目骨髄、これ不去なり如去なり如来なり不来なりといへども、かならず一日の行持に稟受するなり。しかあれば一日はおもかるべきなり。いたづらに百歳いけらんはうらむべき日月なり、かなしむべき形骸なり。たとひ百歳の日月は、声色の奴婢と馳走すとも、そのなか一日の行持を行取せば、一生の百歳を行取するのみにあらず、百歳の他生をも度取すべきなり。この一日の身命は、たふとぶべき身命なり、たふとぶべき形骸なり。かるがゆえにいけらんこと一日ならんば、諸仏の機を会せば、この一日を曠却多生にもすぐれたりとするなり。この一日は、をしむべき重宝なり、一生百歳のうちの一日は、ひとたびうしなはん、ふたたびうることなからん。いづれの善巧方便ありてか、すぎにし、一日をふたたびかへしえたる、紀事の書にしるさざるところなり。しづかにおもふべし、正法世に流布せざらんときは、身命を正法のために放捨せんことをねがふとも、あふべからず。正法にあふ今日のわれらをねがふべし。正法にあうて、身命をすてざるわれらを慚愧せん、はづべくば

この道理をはづべきなり。しかあれば祖師の大恩を報謝せんことは、一日の行持なり。自己の身命をかへりみることとなかれ。禽獣よりもおろかなる恩愛、をしんですてざることなかれ、たとひ愛惜すとも長年のともなるべからず。あくたのごとくなる家門、たのみてとどまることなかれ、たとひとどまるもつひの幽棲にあらず。むかし仏祖のかしこかりし、みな七宝千子をなげすて、玉殿朱楼をすみやかにすつ。涕唾のごとくみる糞土のごとくみる。これみな古来の仏祖の、古来の仏祖を報謝しきたれる、知恩報恩の儀なり」。

〔出典〕道元『正法眼蔵』

仏道をならふといふは、自己をならふなり。自己をならふといふは、自己をわするるなり。自己をわするるといふ

は、万法に証せらるるなり。万法に証せらるるといふは、自己の身心および他己の身心をして脱落せしむるなり。

——道元

【解説】 道元の主著『正法眼蔵』第一「現成公《げんじょうこう》按《あん》」の冒頭に近い一節である。道元は、自己ということばで、今日いう自己と、仏の自己とを意味させているが、この文も、〝真実の自己を見いだすためには、個別的存在・有限な存在としての自己を忘れるという基本的構造を、同じ「自己」ということばであらわしていることを知らなくてはならない。有限な自己を忘れるということは、この有限な自己が、無限な宇宙（万法）のうちにあるという事実を体認すること（証）であり、その体認は、自己の身心と他者の身心を有限な束縛感と断絶感から開放する〟というのである。これを道元は「脱落《とつらく》」と呼んでいる。「自己」に対して、相対する第三者を「他己」と呼ぶは、今日では用いられない用語であるが、他者もまた一個の己であるという認識の上に立っていう言い方であり、このような他者の個性の尊重が、結果としては、自と他との断絶感・異和感の障壁を破るゆえんになっていることは、「個」の認識の上からも、興味ある発想といわなくてはならない。

〔出典〕道元『正法眼蔵』

弥陀の五劫《ごこう》思惟の願をよくよく案ずれば、ひとへに親鸞一人がためなり。

——親鸞

【解説】 宗教も近代にあってはまずその社会的効用が第一に問われるのが常である。しかし、宗教とは少くも効用を優先して考えるべきものではなかろう。それは「無功用《むくゆう》の用《ゆう》」といわれるように、直接的な反対給付を否定するところに、まず第一義的には、そのような効用を否定するところに、新たに開けてくる別価値の系列であり世界であるはずである。ここに掲げた親鸞のことばも、その弟子の唯円坊が『歎異鈔』に伝えるところであるが、弥陀の衆生済度《しゅじょうさいど》（ひとびとすべてを救う）という大願を、拡散した社会的効用のことばとしてうけとらず、まさに自己一身の救いとしてうけとっているのである。しかもこの自己は決して一個の実存に堕せず、ここから真の、悩むものの共感（共業《ぐうごう》）が生まれてくるのである。この文の後にそれは明らかである。

「聖人のつねのおほせには、弥陀の五劫思惟《ごこうしゆい》の願をよくよく案ずれば、ひとへに親鸞一人がためなりけり。されば、そくばくの業をもちける身にてありけるを、たすけんとおぼしめしたちける本願のかたじけなさよ。と御述懐そふらいしことを、いままた案ずるに、善導の、自身はこれ現に罪悪生死の凡夫、曠劫《こうこう》よりこのかたつねにしづみ、つねに流転して、出離の縁あることなき身としれ、といふ金言にすこしもたがはせおはしまさず。さればかたじけなく、わが御身にひきかけられて、われらが身の罪悪のふかきほどをもしらず如来の御恩のたかきことをもしらずしてまよへるを、おもいしらせんがためにてさふらいけり。まことに如来の御恩といふことをば、さたなくしてわれもひとも、よしあしといふことをのみまうしあへり。聖人のおほせには善悪のふたつ惣じてもて存知せざるなり。そのゆえは、如来の御こころによしとおぼしめすほどにしりとほしたらばこそ、あしさをしりたるにてもあらめど、煩悩具足の凡夫火宅無常の世界は、よろづのことみなもてそらごとたわごと、まことあることなきに、ただ念仏のみぞまことにておはします。とこそおほせはそふろいしか」。

　人は自分の力で何一つ真実に近づけるものではない。善悪なども本当には何一つわかっていないので、たしかなことは、ただ、自分の罪悪のふかいこと、その罪悪ふかいわれら人間を仏が必ず救うこと、そのありがたいことに、われらはひたすら念仏をすること――これだけである、といい切っている。このことばを親鸞独自の、仏教にあっては特殊な、真宗のことばとのみ聞くことは私にはできない。顧れば釈尊もまた、人の知恵や苦行のはかないことを知るために、六年の長い年月を費やし、その上で、真実の世界にめざめたのであった。

　大乗仏教の多くの人たちの歩んだ行の道も知の道も、いずれも浅い知、戯論《けろん》・分別《ふんべつ》を越えるところから開かれていったのであることを思えば、親鸞のこのことばも、このような伝統の中の、自己凝視の極端なまでの顕在化として、仏教の正統的な系譜の上に考えることができよう。

【出典】親鸞『歎異鈔』

我等一身の上には有情《うじょう》・非情《ひじょう》具足せり。爪と髪とは非情也。き（切）るにもいたまず。其外は有情なれば切（る）にもいたみ、くるしむなり。一身所具の有情・非情也。――日蓮

【解説】草木の成仏というのは、他の宗教に例を見ない仏教の独特の教えであるが、ここでは、日蓮が、真に草木を含めて、天地一切が成仏できることを顕わすのは、妙法蓮華の宗教のほかないことをあかしている。

『魔訶止観』（一）に「一色一香無レ非二中道一」とあるのをあげて、「色香と蓮華と言はかはれども草木成仏の事也。口決ニ云ク、草に

も木にも成る仏也云云。此意は草木にも成り給へる寿量品の釈尊也。経ニ云ク如来秘密神通之力云云。法界は釈迦如来の御身に非ずと云ふ事なし。理の顕本は死を表す。妙法と顕る。事の顕本は生を表す、蓮華と顕る。」とあるように、妙法が有情成仏で死の成仏をあらわし、蓮華が非情成仏で生の成仏をあらわし、それぞれ理と事とをあらわすとしている。われわれ人間が死ぬとき、塔婆を立てて開眼供養するのは死の成仏であり、また、草木成仏であるとしている。

ここに掲げた文にいうように、われわれ人間の肉体に有情と非情とが具《そな》わっているとし、痛覚のない爪や髪は非情で、そのほかの痛覚の具わっているところは有情とみるのは、もちろん素朴な生理的感覚論であるが、こういう生きた実例にもとづいて、天台の一念三千の世界観、草木成仏の宗教論を「ふりすすぎ」（振濯）して、生きた宗教「大曼荼羅」にしたのは、やはり日蓮の功績であるといってよい。天台と日蓮には根本において通ずるものあることをみとめながら、このような具体的把握のなかったことは、日蓮としては看過しえない宗教者の怠慢とうつった。

「（以上の日蓮のいう草木成仏の説は）当世の習（ひ）そこないの学者ゆめにもしらざる法門也。天台・妙楽《みょうらく》・伝教（の諸大師）内にはかがみ（鑑）させ給へどもひろめ給はず。一色一香とのゝしり、惑耳《わくに》驚心《けいしん》とさゝやき給て、妙法蓮華と云（ふ）べき円頓止観とかへさせ給（ひ）き。されば草木成仏は死人の成仏なり。此等の法門は知る人すくなきなり。所詮妙法蓮華をしらざる故に迷（ふ）ところの法門なり。敢て妄失する事なかれ」。

『出典』日蓮『草木成仏口決』

経中に善生子長者の六方を礼する。東方これ父母。南方これ師位。西方これ妻女。北方これ朋友。下方これ僕従。上方これ福田。身を以て拝するのみには非ず。心に敬う所ある趣きじや。

——慈雲

【解説】 これは慈雲尊者が『六方礼経《ろっぽうらいきょう》』という有名なお経を引いて、仏教の人間観をわかりやすく述べた一句である。この経典は後漢（一、二世紀）の時代に安息国（パルチヤ）の太子世高（安世高）というひとが訳したものといわれている。それは、霊帝の建寧年間（一六八〜一七一）とみられ、中国へ渡った経典の中でももっとも古いものの一つである。詳しくは『尸迦《しか》羅越《らおつ》六方礼経』という。尸迦羅越というのは、古代インド語のひとつ、パーリ語のシガーローという音を写したもので、これは、ほかの経典（長阿含経《じょうあごんぎょう》、第十一巻）では善生子長者となっている。

このひとは亡くなった父のいいつけを守って、朝早く起きては頭を厳《かざ》り、洗浴して、東・南・西・北の四方の天地をそれぞれ四拝ずつしたというのである。このことをつづけていたところ、仏が来てその意味を教える。東には父母ありと敬礼し、南方には師あり、西方には妻女、北方は友、天は仏・法・僧の三宝、地は従者ありと思って拝すべしと教える。しかもその礼拝は、ただ身体だけかがめておじぎをすればいいというのではない。心に敬虔の思いがなければならぬとして、四戒・六事というようなさまざまな心の戒めを説き示すのである。わが国でも四方拝という新年の行事があるが、これとても決して単なる方角崇拝ではあるまい。仏教の六方礼も、もちろんそのようなものではなく、心に三宝・一切の上長を敬い、それが身体にあらわされることをこそ尊んでいるのである。

〔出典〕慈雲『十善法語』

人間・心

是れ風の動くにあらず、幡《はた》の動くにあらず、仁者が心動くなり。——慧開

【解説】風にゆれ動く寺の旗《はた》を見ている二人の僧が、一人は旗が動くといい、一人は風が動くといっているのをみた、六祖《ろくそ》慧能《えのう》禅師が「見る者の心が動くのだ」と評したもの。しかし、これに対して、これを紹介した慧開は、「是れ風の動くにあらず、これ幡の動くにあらず、是れ心の動くにあらずんば、甚《なん》の処にか祖師を見ん」と評している。すべての概念的規程を離れる点で慧開のほうが一歩を進めている。偈《げ》にいう。「風幡心動、一状に領過す。只、口を開くことを知って、話堕することを覚えず」。

〔出典〕慧開『無門関』二十九

一法を得ざるを、名づけて心を伝うと為す。若し此の心を了せば、即ち是れ無心無法なり。——黄檗

【解説】禅語としてもっともよく世に知られた「以心伝心」を、黄檗が問いに応じて説いたもの。この前に、妄念には根拠のないこと、このことを知って妄念にとらわれないことが悟りであることを説き、薬王菩薩の焼臂《しょうひ》の故事をその好例としてあげている。しかし、一般の疑問はここから湧きおこってくる。「頼るもの執着するものが全くないのなら、われわれは一体、何をよりどころとし、何を継承したらいいのか」という点である。これに対しての答えが「心を以て心に伝う」（以心伝心）である。これに対してまた疑問がおこる。「心から心に伝えるというのに、その心がないというのは何故か」というのである。右の本文は、この問に対する答えであって、心とか法とかいうことばや概念にとらえられることのないこと、これを正しくつかむ心（の在り方）、これが「伝心」のあり方である。だから、このあとつづいて、問者が、「心もなく法もなければ、どうして伝えることがありえましょう」と重ねて問うのに対し、黄檗は、西天《インド》第二十三祖の鶴勒那《かくろくな》尊者の伝法偈の全文を引き「心性を認得する時、不思議と説くべし、了了として得る所《もの》無し、得る時は知ると説かずと。此の事若し汝をして会せしめんとするも何ぞ堪えん」（心の本質を見て取った時、それは思い議すことはできない、とのみ説け。そこから得るものは結句無いのだ。その境地を得たとしても、それを知ったと説くべきものではないのだと。しかし、ここのところを君にわからせようとしても、どうしてもできそうにない）と嘆声を発している。人の心がつねにその働き（分別）によって活き、働きによって認識される以上、いかにそれを離れて、心そのものをみることがむずかしいかの嘆声といえよう。

「以心伝心」とは、こういう働きを離れて、心そのものをみることのできる人同士に通う「心そのものと心そのものとのふれ合い」ということができよう。だからこそ「以心伝心」がまた「無心無法」ともいわれるのである。この文の直前には、同じく黄檗のことばとして「無心無法」（心も無く法も無い）ということばがあげられているが、これも禅語としてはよく用いられるものである。西天《インド》第三祖の商那和修《しょうなかしゅう》尊者の「伝心偈」に「法に非ず亦た心にも非ず、心もなくまた法もなし」とあり、また第五祖の提多《だいた》迦《か》尊者の「伝心偈」に、「本心の法に通達すれば、法もなく非法もなし。悟了は未悟に同じく、心もなく法もなし」とある。

〔出典〕黄檗『伝心法要』

但是れ衆生は相に著《ちゃく》して外に求め、之を求むるに転《うた》た失す。仏を使って仏を覓《もと》め、心を将《か》って心を捉う。劫を窮め形を尽くすも、終に得ること能わず。念を息《や》め慮を亡ずれば、仏自ら現前することを知らず。——黄檗

【解説】この文の直前に、「唯だ此の一心、すなわち是れ仏にして、仏と衆生と更に別異あることなし」の文がある。「此心即是仏」あるいは「即心是仏」(心こそが仏である)、あるいは「即心即仏」(心こそは仏にほかならぬ)、「是心是仏」の内容を敷衍《ふえん》したものとみられる。このことばは、一般には馬祖道一《ばそどういつ》禅師が発した語として有名であるが、そのほか、禅の語録の中では、六祖慧能《ろくそえのう》、その弟子の司空本浄や南陽慧忠にも、また神會《じんね》の『壇語』にもこの語が見られる。しかし、この考えは仏教全体に通ずるものであり、ことに、華厳の心・仏・衆生を一体とする立場が基底に活きている。『宗鏡録《すきょうろく》』二十五には、これの詳しい解説があり、さらに、『観無量寿経』にも「是心作仏、是心是仏」(この心が仏を作り、この心がそのまま仏なのだ)(宇井伯寿校註『伝心法要』岩波文庫本、入矢義高注訂『伝心法要』筑摩書房、「禅の語録」8)がある。

さて、このようにたいせつな「心こそ仏」を説明した右の文であるが、これは黄檗山断際禅師がその弟子の河東の裴休《はいきゅう》に語り、裴休が編集した『伝心法要』の一節である。内容も重要であるが、語句も注意を要する。宇井博士の古訳を、中国語学の立場から補正した入矢博士の訳例に従って、注意すべきものをあげると、「但是」は「あらゆ（る）」、「転」は「うた（た）」、「覓」は「もと（め）」。大意は次のようになる。

「およそ、あらゆる人間は、形にとらわれて、自分の外に仏を求めようとする。そして、求めようとすればするほど見失ってしまう。このように、おのれの考えで仏を求め、おのれの心で心の本姿をとらえようとする。だから未来永劫に至るまで自分がすりへるまで（入矢）努力しても、とうてい真の仏、真の心をとらえることはできない。こういう自分本位の思念をやめ思慮をなくなせば、仏は自然の目の前に現われてくるものなのだ」。

そして、このあとにつづいてふたたび、「此の心すなわち是れ仏、仏すなわち是れ衆生なり」とつづけている。

【出典】黄檗『伝燈法要』

「寒暑到来、いかんが廻避《かいひ》せん」

「なんぞ無寒処のところに向って去らざる」——洞山良价

【解説】洞山良价《とうざんりょうかい》禅師が僧の問に答えたとされる、『碧巌録《へきがんろく》』の第四十三則にあげられていることばで、その意味はなんの説明もいらないであろう。問題は、では、その「無寒処」とはどこか、ということであろう。いや、これを「どこか」と尋ねているうちは、結局「寒暑」を越えることはできないのであろう。それは、僧の問のことばに見えるように、寒暑の「廻避」であり、いまの日本でもよくいわれる「避暑」であり「避寒」であっても、決して寒暑からの卒業でもなく、ましてや超越でもない。廻避という、消極的な対処の仕方は、当然、その消極的性格に反比例して、方法だけは積極的になってゆく。つまり、寒さ暑さをいとえばいとうほど、寒くないところ、暑くないところを効率の高い土地へ移って求めようとする。昔はわが家の南向きの部屋で暖かいと感じた人も、熱海へ転地しなければ寒いと感ずるようになり、このごろではハワイで正月という流行にさえなってゆく。それを一概に悪いとはいえないが、その行くこと自体が自己目的化したときは、すでに「無寒処」を求める目的からは逸脱してしまっている。洞山は、もちろん、「無寒処」をそのような、時処の問題、環境の問題としてはとらえず、自己の問題として説明している。以下の問答で、彼の真意は明らかであろう。「(僧)『いかなるか、これ無寒暑のところ』(洞山)『寒時は闍梨《じゃり》(僧)を寒殺す。熱時は闍梨を熱殺す』」。寒い時には寒いと思うものを寒さで殺してしまえ。暑いときには暑いと思うものを暑さで殺してしまえ、というのがその答えで、快川《かいせん》の「心頭を滅却すれば火もまた涼し」ととく、ところは変わっても、禅家の真骨頂を示した一語で、環境を開拓・改善し、生活を快適にすること以外に人生の生き方を認めようとしない、多くの現代人にとって、一つの異なる、有力な、人生の見方を示していることは否定できないであろう。

〔出典〕洞山良价『碧巌録』

個中の趣《おもむ》きを会得《えとく》すれば、五湖の煙月尽《ことごと》く寸裡《すんり》に入る。眼前の機を破り得れば、千古の英雄尽く掌握に帰す。

——洪自誠

【解説】そのものの風趣を会得すれば、あのひろい五湖の風景も胸のうちにおさめてしまうことができる。わが眼の前にあるものの働きを見ぬいたならば、古今の英雄も、自分の掌の中に入れてあやつることができる。「個中の趣き」は、そのものの中に存する風趣・働きをさす。「五湖」は中国にある五つの代表的な大湖で、饒《じょう》州の鄱《は》陽《よう》湖、岳州の青草湖、潤州の丹陽湖、鄂《がく》州の洞庭湖、蘇州の太湖の五つをいう。「煙月」は風景。「寸裡」は「方寸」のこと。すなわち胸のうち、心のなか。この一句はものの本質をつかむ直観の尊さを言っているとともに、その直観とは、経験や訓練とは別な、「機」という先天的なものによるところの多いことも述べているところが見られる。禅で「有《う》眼子《がんす》」（禅機のある、ものの本質を見抜く目のあるもの）といい「無《む》眼子」という、一種の天才主義があるが、ここにいう「会得」「破得」も、単なる訓練だけで得られるものでないことも明らかであろう。

〖出典〗洪自誠『菜根譚』二三三

青天白日的の節義は、暗室《あんしつ》屋漏《おくろう》の中より培ひ来る。旋乾転坤《せんけんてんこん》的の経綸は、臨《りん》深履《せんり》薄《はく》の処より操り出す。——洪自誠

【解説】青空に輝く太陽のような勲功も、暗い部屋の片隅でできたものである。乾（天）をまわし坤（地）を動かすような企ても、深い淵に張った薄い氷を渡るような細心な注意で考え出されたものである。「屋漏」は部屋の片隅のうす暗いところをいう。世間の仕事も、出世間の修行も、成し遂げたときの成果は大きいが、その道程は目だたぬ細心のものであることを説いたもの。ことにその出発点はたいせつなものとされる。仏道における出発点は「発心《ほっしん》」といわれ、その発心を失わないことを特に尊ぶ。『華厳経』に、「初発心時便成正覚《しょほっしんじべんじょうしょうがく》」（初めて発心したときにさとりがえられる）というのも、発心

しさえすれば、それでさとりが得られるというのではなく、発心のうちに悟りの種子がすべて含まれていることを示したものである。のちに真言宗の議論において、「発心即到《ほっしんそくとう》」という題目で、発心と正覚の過程が深く問題にされるようになったが、これも今日考えれば、発心から正覚に到る時間的経過に問題の主点があると考えるべきではなく、発心のうちに潜在する正覚への可能性、発心してから正覚に到るまでの、発心時の仏性を成仏として顕在化する修行の必要が「即」の一字の中にこめられているものと理解すべきであろう。

〔出典〕洪自誠『菜根譚』一三三

風花の瀟洒《しょうしゃ》、雪月の空清、ただ静者がこれ主となる。水木の栄枯、竹石の消長、独《ひと》り間者その権を操《と》る。——洪自誠

【解説】きよらかな風や花、すがすがしい雪や月、これらはただ心静かな人のみがその主人となれるものである。水や草木のたたずまい、竹や石の美しさも、心に余裕あるひとだけの権利である。自然を賞《め》でることは多くのひとがすることは自然のうちに自己の心を生る。しかし、それは自然のうちに自己の心を生かすがゆえに賞でるのではない。ただ美しいから美しいと感ずるまでであろう。しかし、仏教の心から、自然を見れば、自然もまた自己の心の反映である。心貧しきものは豊かな自然を見ることはできない。心に豊かさが満ちて、はじめて自然の美しさをそのままに味わうことができる「色心不二」(ものと心とは二つ別々なものではない)といい「色心互薫《しきしんごくん》」(ものと心とは互いに影響し合う)といい、さらに「一念三千」(心の働きが外境の三千大世界を現出する)といい、「唯識」(心の働きが外界をつくる)というのは、このことをさしていっているもので

ある。芥川龍之介の『三つのなぜ』の第一、「なぜファウストは悪魔に出会ったか」をみると、ただ一つの林檎《りんご》が、そのときどきの置かれた環境に従って、ファウストにとって、時には「智慧の実」であり、「静物」であり、「食物」であり、「商品」であり、飢えた子にとっては「拷問の道具」であることが描かれている。

〔出典〕洪自誠『菜根譚』三二一

人の悪を攻むるは、太《はなは》だ厳なることなかれ。その受くるに堪えんことを思うを要す。人を教うるに善を以てするは、高きに過ぐることなかれ。当《まさ》にそれをして従うべからしむべし。——洪自誠

【解説】他人の悪いところを責め咎《とが》めるには厳格すぎてはいけない。そのひとの堪えられる程度を考えてやらなければならない。またひとにものを教えてやるにしても、あまり程度を越してはならない。そのとおりにできるほどのことを教えるのがよいのだ、の意。十善戒でいう「不悪口戒」は、本当のことであっても悪口はいってはならない、とする。これは、悪口を聞いたひとが意気阻喪するからである。ここでは忠告のし方を述べているのであるが、忠告も度をすごせば、かえってためにならぬことを教えている。程度ももちろんのこと、満座の中での忠告というような、時機の適切でない忠告もよくないことは明らかである。しかし、悪いことをしたものが、心から悔い、懺悔《さんげ》するときは、できるだけ多くの人の前で正直に告白するのがよいとされる。「衆僧懺悔《しゅそうさんげ》」といい、この点キリスト教の神の前の懺悔、一人の告白と大いにちがうところである。しかし、このことと、忠告のしかたに慎重な配慮をみせることとは決して同じではない。要は、人の自発性の尊重とい

うことであろう。

〔出典〕洪自誠『菜根譚』二十三

山として入るべき無く、世として避くべき無し。無方に物を化するを、乃《すなわ》ち名づけて宴となす。——聖徳太子

【解説】山間に閑居して坐禅にふけることを、太子が「小乗」の徒としてしりぞけたことばは『法華義疏』の中に見えるところであるが、この『維摩経義疏』の中でも同様なことばが見られる。仏弟子の舎利弗《しゃりほつ》（シャーリプトラ）が、かつて山間に隠れて樹下に宴坐していたとき、維摩居士からひどく呵《しか》られたことがあり、そのため、維摩居士の病気見舞に行くことを釈尊に命じられたとき、どうもあの人は苦手でと固辞したという一段が『維摩経』の発端にあり、この一句は、その箇所への注釈なのである。心を求道にひそめ、願いを済度に置いたならば、ことさらに入るべき山などというものがあるはずもなく、避けるべき世間もない道理である。とらわれぬ四方にすべてのものを救うのが正しい法の座（宴）というものだ、という意。このあとに、「機に随《したが》って物を化するを、乃ち真宴と名づく。内外双亡するを、乃ち好宴と名づく」とつづき、内外の区別がなくなり、ひとそれぞれの能力（機）に応じて救いを垂れることができるのを、真の坐禅だといっているのである。太子にはじまる「真俗一貫」の日本仏教の萌芽がここにある。

〔出典〕聖徳太子『維摩経義疏』

遮那《しゃな》は誰が号《な》ぞ、もとこれ我が心王《しんのう》なり。——空海

【解説】遮那は毘盧遮那の略で大日如来を指

す。毘盧遮那はサンスクリット語ヴァイローチャナの音写で、一切の闇を除き遍《あまね》く照らすもの、の意で「除闇遍明《じょあんへんみょう》」などと訳されることもある。すべての仏・菩薩の根源、真実（法）の具現（法身）と考えられた仏である。釈尊がなくなられたのち、ひとびとによって仏はさまざまに考えられて来た。あるいは具体的な、ひとびとの願望に相応する理想の仏（報身）として、あるいは歴史の上にあらわれる現実の仏（応身）として、そしてまた、これらの仏の根元となる真実それ自体（法身）として。結局、法身はいかなる場合にも、仏教において考えられる仏とは何ぞや、という「仏陀論」「仏身論」の中心的課題であった。毘盧遮那仏は、『華厳経』、『梵網経』などの大乗経典に登場し、法身仏の最後の形として統一的な宇宙観の人格化として完成した形をみせたが、それは密教経典（『大日経』、『金剛頂経』など）でより統一的でありながらかつ具体的な存在となり、大日如来と呼ばれるようになっている。この大日如来とは何かという問も、あらゆる形で問われているが、ここでは、空海が、大日如来とは、われわれの心それ自体であると道破している。心王とは、心それ自体のことで、心の作用を心所というのに対してこういう。サンスクリット語のチッタということばを訳したもので、もとは、ただ「心」と訳されたのであるが、玄奘が改めて「心王」と訳したところ、心の独自性をよくあらわしているところからひろく用いられるようになった。大日如来が、真実それ自体であり、宇宙の本体であり、さらにわれわれの身心そのものであることをおもうとき、この発言の適切であることを思う。

〔出典〕空海『性霊集』一

近くして見がたきは我が心なり。細にして空に遍ずるは我が仏なり。わが仏は思議しがたし。わが心は広くしてまた大なり。——空海

【解説】心が仏であり、仏が心であることは、禅においても、浄土においても、さらにまた、ここにあげる真言密教においても形を変えてさまざまに説かれている。しかし、その心を、もしまた一つの実体として追い求めたならば、それは仏から遠ざかり、解脱からも遠ざかってしまう。自己のうちにありながら、もっとも見いだしがたいのは自分の心である。微細・微妙であって虚空に遍《あま》ねく行なわれているものは自分の仏である。このような広大で微妙な仏は思索と論議の対象ではない。この仏自体である自分の心もまた広くかつ大なるものである、と。すべての学に長じ天才をうたわれる空海が、心や仏を思議の対象とせず、ただその広大・微妙なことを嘆じ、経験と実践を通してその真奥に直参しようとしたところに、われわれは深く密教の人間観を察しないではいられない。密教のいう「如実知自心」（ありのままに自分の心を知る）の境地がここにある。

〔出典〕空海『秘蔵宝鑰』（下）

仏道を学習するに、しばらくふたつあり。いはゆる心をもて学し、身をもて学するなり。心をもて学するとは、あらゆる諸心をもて学するなり。その諸心といふは質多《しった》心、汗栗駄《かりた》心、矣栗駄《いりた》心等なり。また感応道交して、菩提心をおこしてのち、仏祖の大道に帰依し、発菩提心の行李《あんり》を習学するなり。……身学道といふは、身にて学道する

なり。赤肉団《しゃくにくだん》の学道なり。身は学道よりきたり、学道よりきたれるは、ともに身なり。尽十方界、是箇真実人体なり。生死去来《しょうじこらい》、真実人体なり。この身体をめぐらして、十悪をはなれ八戒をたもち、三宝に帰依して、捨家出家する、真実の学道なり。このゆえに真実人体といふ。――道元

【解説】道元にあっては、学は身心の学としてきわめて懇切に、実際的に論じられている。実際的な彼は、この分ちがたい二つをかりに二つに分け、心をもって学ぶことと身体をもって学ぶことの二つが仏道を学習する二つの門であるとする。まず、その心について、古来のインドからの伝統的な説明をあげる。チッタ（質多 citta 心）、フリド、（汗栗駄 hrd 心臓）、イリド（矣栗駄 hrdaya 心）がそれで、これらについては、昔から微妙な用法の相違があるが、道元がそれについて詳しく敷衍《ふえん》しているわけではない。たいせつなことは、仏と人の心とが相応じ相通じて、さとりを求める心をおこし、仏道の開祖たる仏に帰依し、その道を求め、さとりを求める気持にもとづいて、日常の行動（行李《あんり》＝行履）を習い学ぶことである。また身の学というのは、まさに身体で仏道を学ぶことである。この身このまま（赤肉団《しゃくにくだん》）で学ぶことである。この身体は学道から来、学道から身体が来ている。仏といい学というも、すべては、この世界にあまねく、生死を一貫してこの身体そのものである。われわれは、この身体をもって、十悪をはなれ、八つの戒を保ち、仏・法・僧の三宝に帰依して、大いなる道を求め、家を捨て出家する。これこそ真実の学道というのであって、人の身を真実人体というのである、と。道元のこのことばを一貫しているものは、人の心と身

とに対する深く正当な評価であり、宗教家のおちいり易い心の偏重も、逆にそれへの反動としての極端な苦行主義も見られない。ことに心を信をおこすもととしてみとめ、身を仏道を求める根基（真実人体）としたのは、釈尊の求道の根本にも通ずるものであり、われわれはここに、禅、ことに道元禅にみられる、仏教の正統的な修学の態度を見出すのである。十悪は、身でなす三つの悪事、殺生・偸盗・邪婬。口でなす四つの悪事、妄語・綺語・悪口・両舌。心（意）でなす三つの悪事、貪欲・瞋恚《しんに》・邪見をいう。これの反対が十善であり、その十善を身に保つ戒が十善戒である。八戒は、八禁、八斎戒といい、在家の男女が一日一夜を期して行なう戒で、通常の在家戒である五戒（殺生・不与取＝偸盗・非梵行＝邪婬・虚誑語・飲酒をはなれる）に、塗飾香鬘舞歌観聴・眠坐高広厳麗床上・食非時食の三つの斎法を加えたもので、これもインド以来行なわれた戒法であった。

〔出典〕道元『正法眼蔵』

菩提心論の我《が》見自心形如月輪《けんじしんぎょうにょがちりん》を（詠める）。よそに見る影とはいはじ心にも空にも同じ月ぞ出でぬる。　——惟賢

【解説】真言密教においても、心を内省し内観するための心統一の法（観法）がさまざまな方法で行なわれるが、その代表的なものとして、阿（A）の字をみつめ、心統一をはかる阿字観。描かれた月の輪をみつめ、心統一をはかり、自己と宇宙との一体観までをめざす月輪観《がちりんかん》などはその代表的なもので、いずれも経論・儀軌に典拠をもっている。ここでは、龍猛作と伝わる『菩提心論』中の「われ自心の形を月輪の如しと見る」とある一節により、惟賢上人がその意をくんだ道歌である。論の中では「自身の

形」といっているが、自分は、心を内とみたり、あるいは月を外とみたりすることはしない。月をよそに立つ影ということはしないので、心にも空にも、円満で清浄な月が一つに輝いているのだ、と説いたもの。比喩、あるいは象徴とは、本来あるものを表現するために借りてこられる他のものをいうのであるが、同時に、その比喩や象徴が生きるのは、両者の乖離《かいり》や懸隔がなくなり、同一視が行なわれるときである。この同一視は論理の力でなしとげられるものではない。しかし、反論理（anti-logique）または非論理（a-logique）とも断ぜられるものではなく、いわば、論理以前にわれわれの心の中に働いている力、前論理（pré-logique）の心の働き（Lévy Bruhl）ということができよう。これはもちろん、未開人の思惟にみられる非科学的な思惟の方法――相互に無関係なものに分与・融即をみとめる法則――「融即の論理」（loi de participation）とはちがうけれども、論理と計算の外にある思惟という点では共通するものをもつ。いわば全身的な体認の世界であるということができよう。

〔出典〕惟賢『道歌』

野べごとの千々の草葉に結べども
いづれも同じ秋のしら露――不詳

【解説】「三界唯一心」と題してうたったもの。広い野原にある千草の葉に結ぶ露は、その数は無数であろうが、そのもとをたずねれば、いずれも同じ秋の露でないものはない。人の心はさまざまなようにみえるが、それは心の働きがさまざまなのであって、そのもとをなす心は、一つである、とうたったもの。法相や天台の教学で「三界唯一心」「一念三千」などといって、心の働きの多様なこと、心の働きによって諸現象が織り出されることをうたっているが、このように、自然の風光を借りて、仏教の哲理をうたいあげるのは、日本人に顕著な思惟の上の特色であった。「日本においては、すぐれた宗教家はまた同時に詩人・歌人であった。この点はインドの仏教徒の場合と比較すると、はっきりめだっている。インドの仏教哲学者は、龍樹《りゅうじゅ》でも、世親でも、ディグナーガ（陳《じん》那《な》）でも、抒情詩や自然詩のようなものは、ひとつも残していない。かれらはただ抽象的な哲理を韻文で表現して、それを楽しんでいたのであった」（中村元『東洋人の思惟方法』Ⅱ、日本人の思惟方法「直観的情緒的傾向」）。

日本人全体に見られる、このような情緒的な、自然愛好的な傾向にもかかわらず、仏者に詩的情操の豊富なことは、なお、賞讃よりも非難に当たることなのであった。中村博士によれば、道元が和歌の道に秀でていて、詩的情操のあったことを、禅僧鈴木正三は弁護し、賞讃している（前掲書）。

「〔或る人〕問ふ。永平和尚〔＝道元〕北野に於て八月十五夜に曰く『また見んと思ひし時の秋だにも今宵の月に寝られやはする』。是れ道人に似合はず。月に執心を残したる歌に非ずや。師〔＝鈴木正三〕曰く、其義に非ず。道元は歌道に達したまふ故に、其道より遊ばれたり。月や花には感を入れてよむもの也。其方達は、何事にも只莫妄想、放下着とすくひ捨る様にさへ云へば、よいと思はるらん」。

『出典』不詳『続後撰集』

いにしへは、道心をおこす人は寺に入りしが、今はみな寺をいづるなり。

――一休

【解説】「出家の出家」とか「出出世間」と

か、一度出家したものが、ふたたびその出家の境涯にひそむ虚偽をいとい、山を下りたり、あるいは在家の姿にもどったりする例は各国に例がみられ、ことにわが国ではよくみられる。法然・親鸞・日蓮など、いわゆる鎌倉の新しい仏教の建設者たちがいずれも叡山に学んで叡山を下りたのもその例といえるし、親鸞が生涯非僧《ひそう》非俗《ひぞく》の愚禿《ぐとく》（頭を剃っただけの愚か者という意。親鸞の自称）と称し、芭蕉のような剃頭《ていとう》の風流人を産んだのもこのこころだったということができよう。夢窓疎石《むそうそせき》が弟子に遺戒して、心を文学にのみとどめ詩歌で身をたてる僧を「剃頭の俗人」とまでつよいことばで戒告したにもかかわらず、一休のころ、すなわち夢窓の没後百年、世はあげて「寺院文学の花盛り」であった。禅者のこのような文藻を、われわれは一概に否定することはできない。禅機と文才が一つになり、偈に墨跡に雄大な気宇を示して、われわれに禅を象徴的に教えてくれる例は少なくないのである。遺戒を垂れた夢窓自身、その偈頌のすぐれたことは抜群であり、さらに大燈の偈頌や墨跡が古今の逸品であることは識者のひとしくみとめるところである。詩藻豊かであることが禅機すぐれたことの証左にもならないであろうが、逆に詩藻すぐれていることが、禅機のないことなどを現わしているともいえない。要は、ただ詩文・俗事の中から仏法は生まれてこない。仏法をつかめば、詩文や俗才は付随して生ずるということであろう。一休のことばにはつづきがある。「見ればぼうずにちしき（智識）もなく、坐禅をものうく思い、工夫をなさずして、道具をたしなみ、座敷をかざり、我慢多くして、ただころもをきたるを名聞にして、ころもはきたるとも、ただとりかえたる在家なるべし。けさころもはきたりとも、ころもは縄となりて身をしばり、けさはくろがねのしもく

（撞木）となりて、身をうちさいなむと見えたり」。このように、一休は世の文字禅、風流野狐禅をののしりつつ、みずからはひょうひょうたる一個の自由人として世をおえた。彼は後小松天皇の遺児という、その高貴な出自を一生あらわすことなく、時としてその風姿は風狂人のごとくであった。彼の嘲罵《ちょうば》は嘲罵に終わり、人を傷つけることによってみずからも傷ついたという評（唐木順三）はおそらくあたっている。しかし、「その奇矯《ききょう》には邪気の臭味はなく、天真である。露堂々《ろどうどう》といってよい。然《しか》もその背後には『水宿風餐二十年』の経歴があり、華叟会《え》下《げ》での峻烈な修行がある。その風狂風顚は実に個性的で自由である。一休ほど個性的な禅者は古来稀である」（同前）。自己を安全圏におき、相手を客体化して欠点を摘抉《てきけつ》するのは悪口である。これには救いが自他ともにない。自己を相手とともに置き、ともに悩みつつ、弱所の改善につとめるのは懺悔《さんげ》である。一休の毒舌が不快でないのは、つねに懺悔がふくまれているからであろう。

〔出典〕一休宗純『骸骨』

千手観音とて手が千御入り候わば、弓を取る手に心が止まらば、九百九十九の手は皆用に立ち申す間敷《まじく》、一所に心を止めぬにより、手が皆用に立つなり。　——沢庵

【解説】千手観音とて、手が千本もおありになるが、もし弓を持っている手一つに心がとらわれてしまえば、残りの九百九十九の手は、どれも役には立たないことになる。一つの所に心を止めないからこそ、千本の手がみな役に立つのである、の意。沢庵の『不動智神妙録』の一節で、沢庵が柳生宗矩《むねのり》に剣禅の一如を説いた書で

あるが、それ以上に、ひろく、仏道における心の在り方を説いた書であると見てよいことはいうまでもない。この千手観音の例は、まことにおもしろい適切なたとえで、心がとらわれたならば、手が千本あろうとも一本の役もせず、逆に、心にとらわれるところがなければ、一つの手だけしかなくても千の手の役をする、とも説いている。

〖出典〗沢庵『不動智神妙録』

物一目見て、其心《そのこころ》を止めぬを不動と申し候《そろ》。なぜならば、物に心が止り候えば、いろいろの分別が胸に候間、胸のうちにいろいろに動き候。止れば止る心は動きても動かぬにて候。——沢庵

【解説】ものを見て、それにとらわれない心を不動の心、不動明王の心というのである。なぜなら、物に心がとらわれたならば、胸の中でいろいろな判断が生まれ、それが胸の中で動いて動揺する。このように動揺するということはまた、真に動くことを失うことを意味する。とらわれて心が止まれば、止まる心は動いても、真に動くのではなくなる、との意。沢庵宗彭が但馬守柳生宗矩に与えた剣禅一如の書『不動智神妙録』中の一文で、心の在り方を説き、物に執《とら》われぬことが真の動きであることを説いている。この文の前にいう。

「然れば不動明王と申すも、人の一心の動かぬ所を申し候。又身を動転せぬことにて候。動転せぬとは、物事に留らぬ事にて候」。

動転せぬ心を不動といい、動転する心と、また同時に止まる心を共に、分別と見、動転と見たことに注目しなければならない。動くことも執着、止まることも執着と見たのは、決して二重否定でも、同語反復でもない。そのような形

式論理学的判断こそ、沢庵のみならず、仏教のもっとも警めたところで、このような判断を「断常二見」として破したのであった。沢庵の見地は決して特異なものではない。

〖出典〗沢庵『不動智神妙録』

人間・人生

不浄観の思惟は、貪欲病の中においては善対治の法と為すも、瞋恚《しんに》病の中に於ては名けて善と為さず。対治の法に非ざればなり。――龍樹

【解説】ものの外の姿にとらわれず、真実は不浄なりと観る見方を「不浄観」というが、その不浄観は常に真実ではない。相手によって真実ともなり毒ともなる、ということば。貪欲の人にとっては、ものを不浄と見、それにとらわれないことは、貪欲という病気をなおす良い療法（善対治の法）であるが、ものをうらみ怒る瞋《しん》恚《に》の病の人にとっては、善ではない、とする。なぜなら、瞋恚の人が過失を見、それにとらわれれば、瞋恚の火はますます燃えさかるからである、という。このように、ものの真実を相手と環境によって判断する仕方として、この文の作者である龍樹《りゅうじゅ》は四種を考え、「四種悉檀《しつだん》」といっている。「悉檀」とは、梵語の「シッダン」の音写で、「完成」という意味である。知恵の完成、真実を指すと見てよかろう。その四種の真実とは次のようなものである。

㈠　世界悉檀　因縁が和合して有《う》として生ずるが、本質として別の性《しょう》はないとするもの。世界の衆生の存在がそれで、それはちょうど、車が輪や軸（轅輻軸輞《えんふくじくもう》）が組み立てられて車

となるが、車そのものというものはないのと同じだ、というがごとき存在。

(二) 各各為人悉檀《かくかくいにん》　相手の人それぞれのためにあるいは聴《ゆる》し、あるいは聴さないように法を説くこと。経典において、聞くひと（対告衆《たいごうしゅ》）に応じてさまざまに経が説かれているがごときもの。

(三) 対治悉檀　ここに挙げた文のごとく、真実の適用に関する見方。前の「各各為人悉檀」が真実の説き方に見られる相対性であるのに対し、こちらは、真実の適用・応用に見られる相対性である、といえよう。

(四) 第一義悉檀　真実そのものをいう。これについては本文にいう。「第一義悉檀は何《いかん》が是《ぜ》なるや、と。答えて曰《いわ》く、一切語言の道を過ぎ、心行処は滅して、遍く所依無く、諸法を示さず、諸法実相にして、初無く中無く後無く尽きず壊せざる、是を第一義悉檀と名く」

以上四種の知恵の在り方をわきまえ、現実の問題に接するのが仏教の生き方であるとするのである。

〔出典〕龍樹『大智度論』

珍重す大元三尺の剣、電光影裏に春風を斬る。　――無学祖元

【解説】一二七六年、南宋の首都臨安が元の軍隊に占領され、皇帝は元の兵に殺され、宋朝はそののち三年で滅亡する。無学祖元《むがくそげん》も元の兵にとらえられ、刃を首にあてがわれるのであるが、ここに掲げた偈を唱え、感嘆した元兵によって一命を助けられあやうく難をのがれたという。この無学祖元をはじめ南宋の禅者たちには、このように身近にせまっていた民族的危機意識があった。大慧宗杲《そうこう》（一〇八九〜一一六

三）などに代表される南宋禅の国家的民族的意識などはその一つのあらわれである。このため、禅者の意識のうちにおいて、「興禅」がただちに「護国」に結びつくという事情は働いた（唐木順三）にせよ、反面、変転激動する歴史的社会から、能《あた》うかぎり自己をとりもどし、歴史の外に身をおくことによって歴史の危機をのりこえようとする、いわば極度に非時間化された禅者をも産むに至った。無学祖元はその後来日して幕府からも厚く遇せられており、決して純粋に俗外に超越しただけに終始したとはいいえないが、生死の関頭《かんとう》で吐かれたこの一句には、やはり宋末の禅者の、生死を越えた気迫がみなぎっているようにみえる。なお、このことばは夏目漱石にも注目せられ、その『吾輩は猫である』の中の一人物、八木独仙の愛唱句となっている。

〖出典〗無学祖元『語録』

公平の正論には手を犯すべからず、ひとたび犯せば、すなわち羞《はじ》を万世に貽《のこ》す。権門・私竇《しとう》は脚を著《つ》くべからず。ひとたび著くれば、すなわち終身を点《てん》汚《お》す。――洪自誠

【解説】正しい意見や道理には私心によって反抗してはならない。もし敢えてすれば万世にはじをのこすこととなる。権勢家の家や、私利を営むもののたまり場には出入りしてはならない。ひとたびこの戒を犯せば生涯拭い去ることのできない汚点を身につけることとなる。「羞」は恥辱。「貽す」は遺すと同じ。「私竇」は「私利を営むものの穴ぐら」、高利貸とか詐欺師を指す（釈宗演）という。「法」の尊重と、「無私」にもとづいて対人の要諦を説いたもの。

〖出典〗洪自誠『菜根譚』一一二

友に交わるには須《すべか》らく三分の侠気を帯ぶべく、人と作《な》るには一点の素心を存するを要す。――洪自誠

【解説】朋友とは単なる談笑・遊戯の仲間に終わるべきではなく、三分の義侠心がなくてはならぬ。また人物となるには、「和光同塵」とか「俗に随《したが》って聊《いささ》かまた爾《しか》り」というように、世の流れに沿わなければ存立しえないことも事実であるが、そのような流れに染まり切らぬ純粋な心のなければならないことも忘れてはならない、の意。「飲み友達」「悪友」にも一つの価値はあろうが、それが全部ではないこと。友情にも人間としての真率さのなければならぬことと、人となる上の純粋さを説いたもの。「一点の素心」の「一点」につき、魚返善雄氏は、

〔一点〕華語で「すこし」「すこしの」。略してただ「点」とし、また「児《る》」という接尾字をつけて「一点児《いーでいある》」とすることもある。修辞的に使われた場合には、いちいち訳さなくてよい。たとえば「請吃一点」（どうぞめしあがれ）――「すこし」めしあがれ、ではおかしい。」とされているが、釈宗演老師は、「そういう中にも、外界の何物にも染まらぬという一点の素心がなくてはならぬ」として、「三分の侠気」と共に生かしての修辞と見ておられるが、どれをとるべきか決断できず、仮に双方を示しておく。「素心」は仏語にいう「初心」「道心」に近いものといえよう。

〖出典〗洪自誠『菜根譚』十五

疾風怒雨は、禽獣も戚戚《せきせき》たり。霽日光《せいじつこう》風《ふう》は、草木も欣欣たり。見るべし、天

地に一日も和気なかるべからず、人心に一日も喜神なかるべからざるを。

——洪自誠

【解説】つよい雨風の日には鳥たちも悲しげである。晴れた天気の日には草木も喜こばしげである。これからすれば、この天地には、一日たりとも和《なご》やかさがなくてはならず、人の心は一日たりとも喜びの心がなくてはならない。「見るべし……」は「して見ると……だ」「だから……だ」「まったく……だ」。「喜神」の「神」は様子、気もち。仏教者、修行者が愛想をふりまくことはいらない。しかし逆に剛慢になるのもいけない。尊ばるべきは自然《じねん》であろう。自然に身を処せば、人に対して卑屈に堕することもなく、剛慢にわたることもないはずである。実際には、権威に接しては毅然たる態度を持し、弱者に対しては温雅なる接触をする、硬軟宜《よろ》しきを得た仏者がそこに生まれるはずである。「和顔愛語《わげんあいご》」（なごやかな顔をし、やわらかなことばを出す）・「常不軽《じょうふきょう》」（誰に接しても、その人の仏性を尊び尊重礼拝する。『法華経』の「常不軽菩薩品」の主人公に出る）も真実なら、「沙門不敬王者《しゃもんふきょうおうしゃ》」（僧は国王に敬礼しなくてもよい）も真実なのである。しかし、この二つを誤りなく具え運用する仏教者はその例が多くない。自然といいつつ、自然とちがって自我への執われ（我執）のあるわれわれが、いかに自然になりきることがむずかしいかを知るのである。

『出典』洪自誠『菜根譚』六

夫れ道は本より虚無なり。終も無く、始も無し。陰陽気構えて尤霊《ゆうれい》則ち起る。起るを生と名け、帰るを死と称

す。死生の分は物の大帰なり。——空海

【解説】生死は一つであることを、儒道の文を引いて説いた空海の『性霊集』中の一文。まず、「道は本より虚無なり」は、『管子』第十三心術編に「虚無無形之を道と謂う」による。また、「終も無く、始も無し」は、『荘子』第六秋水編に、「道は始終なし、物は死生あり」とあるによる。「陰陽気構えて尤霊則ち起る」は、『河上公註老子』に、「道始め生ずる所の者は一なり。一、陰と陽とを生ず。陰陽、和清濁の三気を生ず。分れて天・地・人となる」とあるのによっている。尤霊とは最もすぐれた霊のことで人間をいう。「物の大帰なり」は、『淮南子』第七精神訓に、「万民の生は寄なり、死は帰なり」とあり、また、『文選』第六十に「夫れ始終は万物の大帰、死生は性命の正域なり」とあるのもうけていると見られる。これら、儒道の典籍のみによりながら、しかもあらわさんとするところは、生死一如という、仏教の生死観になっているところに空海の大きな包容力を見ることができる。道というものは虚無であり、無形であって、無始無終である。この道から一が生じ、一から陰陽の二気が生じ、そこから和・清・濁の三が生じ、その三から万物が生ずるに至ったのである。このように生じてくるのを生と名づけて、また、その道に帰るのを死と称するのである。このような生死の在り方を物の大帰というのである、という意。空海の中国典籍への精通は定評あるところではあるが、このような一文に接するとき、彼がただの博学でこれらの典籍を渉猟したのではなく、すべて、自己の密教哲学の一翼として自家薬籠中のものとしていたことを知る。ここでは、インドの仏教と中国の哲学が一つになって、日本的な世界観が醸成されようとしていたのであった。

〔出典〕空海『性霊集』巻第四

誰れか期《ご》せん、秋の葉落ち易く、夜の燈忽ちに暗からんとは。面華写らずして鵲《しゃく》の鏡悲しみ、娥影《がえい》滅《き》えて牕月《そうげつ》怨《うら》む。——空海

【解説】 空海『性霊集』巻第八「藤左近の将監、先妣の為めに三七の斎を設くるの願文」中の一文で、先妣の亡くなったことを悲しみ、生死の去り易きことを歎いた文であるが、卒直に述べられた故人の想い出や悲しみが、かえって大きな人情は仏道に通ずることを思わせる。本文中、難解の語を解説すれば、まず、「面華」は、花のごとく麗しい顔。「鵲の鏡」は鵲を刻みつけた鏡のこと。『神異記』にいう。「昔夫婦あり、まさに別れんとするとき、鏡を持して打ち破って各々一片を執る。以て信とす。其《そ》の妻、人と秘かに通ず。其の片鏡化して飛鵲となり、夫の前に至って之を知らしむ。後人鏡を作るに因んで鵲を背の上上に安んず」と。「娥影」は嫦娥の宿る月の光のこと。文意は次のことぐらいになろう。だれが、(故)人がかくもはかなく、秋の木の葉のように、また風前の燈《ともしび》のように消えさろうとは思いもうけたであろうか。今はただ顔を写さぬ愛用の鏡を見るにつけても悲しさはひとしお増し、窓の月を見るにつけても、在りし日の面影が偲《しの》ばれて、月が怨《うら》めしく思われるのである、と。

〔出典〕空海『性霊集』巻第八

生より死にうつるとこころうるは、これあやまりなり。生はひとときのくらいにて、すでにさきありのちあり。かかるが故に仏法のなかには、生すなわち

不生という。――道元

【解説】ひとの生命を死と対置して相対的にとらえ、それにとらわれることを戒めた道元の『正法眼蔵』中のことば。生から死にうつると考えるのはまちがいである。生とは一瞬の在り方をいうだけであって、その先にもその後にも生はつづいている。だから仏教では生を不生という。どこから来《きた》り、どこへ去るということがないからである。道元は、この考えに立ち、滅というのも同じく相対的に把握することのできないものであることを明し、一つに考えられた生死こそ宇宙の本質であり、仏そのものであると説く。このように考えるとき、生死の道を相対的にとらえ、死を恐れ、これから遠ざかろうとする人は、宇宙そのものから眼をそらし、「仏の御いのちをうしなわんとするなり」として排している。同様に、生死に定著してその中で欲望の生活をのみ事とすれば、これも仏のいのちを失うこととなる。生死は、従って仏は「いとうことなく、したうことな」く、心をもってはかるべきものでない。すべての悪をはなれ、人のためにはかるとき、そこに仏は自ら現われる。

「生より死にうつるとこころうるは、これあやまりなり。生はひとときのくらゐにて、すでにさきありのちあり。かるがゆえに仏法のなかには、生すなはち不生といふ。滅もひとときのくらゐにて、またさきありのちあり。これによりて滅すなはち不滅といふ。生といふときには、生よりほかにものなく、滅といふときは滅のほかにものなし。かるがゆゑに生きたらばただこれ生、滅きたらばこれ滅にむかひて、つかふべしとていふことなかれ、ねがふことなかれ。この生死はすなはち仏の御いのちなり。これをいとひすてんとすれば、すなはち仏の御いのちをうしなはんとするなり。これにとどまりて生死に著すれば、これも仏の御いのちをうしなふなり、仏のありさまをとどむるなりいとうことなく、したうことなき、このとき、はじめて仏のこころにいる。ただし心をもてはかることなかれ。ことばをもていふことなかれ、ただわが身をも心をも、すなはちわすれて、仏のいへになげいれて、仏のかたよりおこなはれて、これにしたがいもてゆくとき、ちからもいれず、こころをもつひやさずして、生死をはなれ仏となる。たれの人がこころにとどこほるべき。仏となるにいとやすきみちあり。もろもろの悪をつくらず、生死に著するところなく、一切衆生のために、あはれみをふかくして、かみをうやまひ、しもをあはれみ、よろずをいとふこころなく、ねがふこころなく、心におもふことなく、うれふることなき、これを仏と名づく。またほかにたづぬることなかれ」。

道元のいう仏が、生死そのもの、あるいは生死にとらわれぬ自然そのものであり、その仏を得ることは、それを心をもっておしはからぬことであることはわかるが、その具体的実践として教えているところが、意外にも、もっとも簡単な、悪をはなれ、他のもののためにあわれみある行ないをする、ということであったことも注意しておかなくてはならない。これについては道元は、他の場所で「諸悪莫作《しょあくまくさ》」と題し、悪いことをせず、よいことをする以外に仏教はない、と言いきっている。

「古仏曰く、諸悪莫作、衆善奉行、自浄其意、是諸仏教。これ七仏祖宗の通戒として、前仏より後仏に正伝す、後仏は前仏に相嗣せり。ただ七仏のみにあらず、是諸仏教なり。……百千万仏の教行証なり」。

〔出典〕道元『正法眼蔵』

まことに生死事大《しょうじじだい》、無常迅速《むじょうじんそく》、時は人を待たず。……大慈大悲をもって、聞法《もんぼう》をゆるしたまえ。——道元

【解説】道元が如浄の会下《えげ》に参ずることを願う入門志願書のことばであるが、道元の決意を知ることができるとともに、およそ宗教を求めるもの、あるいは学問に向かうもの、正しい道・法を求めるものの決意を示していることばということができよう。生死の問題は人間にとって最大の問題であろう。この問題がもとになって人生一般の諸問題も解決の燭光を見出すのである。釈尊出家の動機もまさにそれであった。

「四門出遊」の伝説は、彼が城の四つの門——東・南・西・北——から順次、外に遊ぶにつれて老・病・死の行列に出会うこと、そして最後にそれからの出離を求めて修行する沙門に行きあう経過を象徴的に描き出し、彼の出城の決意が動き難く醸成されてゆく過程をものがたっている。この老・病・死の前に、その原因となる生自体が予想されていることはいうまでもない。この「生・老・病・死」が四苦となり、この生物的な人間の苦しさ——生物一般は自覚しないから苦ではなく、やはり人間苦ではあるが——から、より精神的な人間苦が始まる。愛するものと生別・死別する苦しみ（愛別離苦）・嫌悪するものと顔を合わさねばならぬ苦しみ（怨憎会苦《おんぞうえく》）・有形・無形の欲望が充足されない苦しみ（求不得苦《ぐふとくく》）・身心の諸構成要素が熾《さか》んで自からを悩ます苦（五陰盛苦《ごおんじょうく》）の四つである。この四つの苦が、先の四つの苦に加えられるとき「八苦」となる。釈尊にとって、さらにすべての仏教徒にとって、この「四苦・八苦」、せんじつめれば生死の問題からの出離・脱却こそ最終的な願望であった。しかも、この大きな問題を解決すべく、人生はあまりにも短い。あまりにも大きな人生の問題（生死事大）と、あまりに短い与えられた時間（無常迅速）。この調和しえない事実の中で、人間はそのアンチノミーを自覚して油汗を流しつつ苦悶する。いかに唯物的・生物的次元にのみ自己を措定し、宗教的・哲学的自己の確立や生死からの脱却を拒否する人であっても、唯物的であり、生物的であることを自覚している点で、ただ自然に唯物的・生物的存在自体である犬ネコとはちがっている。彼は犬猫の次元に自己を下げようと努めることによって、やはり生死の問題を解決しようとしている点で、犬猫の存在と同一ではない。いかに生物である自己を認めてそれに徹しようとしても、生物に埋没できない自己の確認、要するに生死と欲望の重荷を自覚せざるをえない人間存在の確認、これが仏教的求道の生活の第一歩であり、禅宗における参師問法の出発点なのである。これについて唐木順三氏はいう（「禅の歴史」『禅家語録集』筑摩書房、日本の思想、十、昭和四十四年）。「生死無常の自己は、生死に流転する生物的自己である。ある時、ある所に生をうけて存在する歴史的社会的人間である。ところで、犬も猫も、生物的存在であり、時と所において生きているものだが、彼等には生死の不安はない。死を先取して意識するということはない。いわば生物的存在に終止している。犬猫は価値も意味ももたない世界という意味での、おのずからのニヒリズムの中に生存している。ところで人間は一面において生物的、歴史社会的存在でありながら、その在り方において終始することができない。自分の如きは、犬猫同然だといったとしても、犬猫と同然たることを意識している。価値基準の崩壊したニヒリズムの中で、それがニヒリズムであることを意識している。唯物的、有機的存在でありながら、それにおいて満足できないのである。『生死事大、無常迅速』が禅宗の清規《しんぎ》において、参師問法の際の一般の作法語とされているのも、まず、生物的歴史的自己の在り方、即ち世俗的唯物的存在としての自己を確認しながら、或いは確認するが故に、そこに埋没することのできないという意志、即ち、求道心の自己確認の表白といってよい」。この人間的不安、生物的歴史的存在であることの不安を超越するものが先師古仏である。この先師古仏にあうことにより、自己の中にある不安は消し去られ、自己の中にある自覚は仏性・仏心にまで高められる。「一切衆生悉有仏性《いっさいしゅじょうしつうぶっしょう》」の中に自分があることが見出される。これが禅の無心のしどころであり、この自己の内なる仏性の見出し方、くみとり方を、時代相を反映し、各人各様の外相によって示して来たのが、禅の代表的な祖師たちである、と唐木氏はいう。道元、大応、大燈、夢窓、一休、正三、盤珪、白隠等が、大師匠であるゆえんは、いずれも仏々祖々に深くつながる普遍性の持ち主でありながら、しかもきわだって個性的であり、時代にいきているからなのである。

【出典】道元『宝慶記《ほうきょうき》』

夫《それ》人間を観ずるに、有為《うい》無常《むじょう》はたれの人かのがるべき。ただ一生は夢 幻《まぼろし》のごとし。まことに人間の寿命は老たるはまず死しわかきはのちに死せば順次の道理にあいかなうべきに、老少不定のさかいなれば、ただあだなるは人間の生なり。――蓮如

【解説】 本願寺中興の祖、蓮如が、その三度目の妻である如勝《にょしょう》の死をいたんで記した御文の冒頭の句であるが、これは蓮如のみならず、インド以来の仏教徒の、死に対する感じ方をあますところなく伝えた文ということができよう。それは一言で尽くせば無常感である。文中にいうように、人は条件の下に生きる存在（有為《うい》）であり、恒常性をもたない（無常）。しかし、老いたるが先に死し、若きがのちに残ればまだ諦《あきら》めやすかろう。しかし、人生のいたずらは、折にふれてその逆をわれわれにみせる。これによってわれわれは、ますます人生の無常を知り、寿命のはかなさを知るのである。釈尊が生後七日で生母を失った悲しみにも比すべく、蓮如は六十四歳のとき相愛の妻如勝を失ったのであった。やがて山科に根本御影堂のできようとする気運おきた文明十年（一四七八）のことであった。如勝は、応仁の乱で天涯孤独の身となった女性で、蓮如が吉崎で北陸の異安心の徒と法戦をつづけていた時、蓮如を慕って来たり、ついに蓮如ののちぞいとなった婦人であった。短い蓮如との結婚生活ではあったが、孤児の彼女は一生の幸福をこの時に感じたらしく、そのようなことを記した文もこの御文にのこっている。数年の結婚生活、三十一歳の生涯ながら、彼女は「今生の活計は身にあまり、後生はもとより申におよばず」と喜んで死んで行っている。見送った蓮如の感じた無常となげきはもっとものことながら、ここにわれわれは夫婦の一方の死にあたっての、ことに宗教家夫婦の死にあたっての、あるべき姿を見るような気がする。

〔出典〕蓮如『文明十年九月十七日御文』

うまるるも阿字よりくれば死とても
もとの不生にもどりこそすれ——印融

【解説】足利末期の真言宗の名僧印融《いんにゅう》法印の辞世の一首である。真言宗の重要な世界観に「阿《あ》字本不生《じほんぷしょう》」という思想がある。梵語《ぼんご》の阿《あ》の音は、梵語アルファベットの最初に位置し、かつ、梵語のすべての文字は、特別の子音の符号（イ、ウ、エ、オなどの）を付けなければ「ア」音となり、また、特別の、子音打ち切りの符号（ヴィラーマ）を付けなければア音を付けてしまう。さらに、すべてのインド・ヨーロッパ語と同様に、ことばの最初にア音を付けると否定の意味があらわされることとなる。たとえば、梵語の「ウトパーダ」は「生《しょう》」を意味するが「ア（ヌ）」を付けた「アヌットパーダ」は「不生」となる。これは英語で「アナーキー」が無政府、「アセイズム」が無神論を意味するのと同じことである。このような、ことばの上の特性が、インド人独特の言語崇拝の考えに助けられて、一種の言語哲学を形づくるにいたった。それは、ア音（阿字）こそすべての音のもとであり、音声・言語が実在である限り、阿字はすべての存在のもとであると考えられるにいたった。かくて、阿字はすべてのもとであり、他のものから生じたのではない。本来、不《ふ》生《しょう》のものである、「本不生《ほんぷしょう》」であると考えるにいたった。そして、一切の諸仏諸菩薩の根本としての仏として考えられる大日如来も、その理の本体は「阿」であると考えられるようになる。かくて真言宗の教えを図示するマンダラ二つのうち、理（実在）をあらわす「胎蔵界《たいぞうかい》」の大日如来は「阿」によって表現され、智（現象）をあらわす「金剛界《こんごうかい》」の大日如来は「鑁《ばん》」（ヴァン）字をもって表現されることとなる。かくて多くの真言宗徒、真言行者にとって、「阿字」とは一切のもとと同義語となった。阿字に思念をこらして、我と阿字とが一体化し、我執を脱して宇宙と帰一する観法を阿字観というのもそのあらわれの一つであった。いま、ここに見る印融の辞世の和歌も、まさに、この「阿字」の宗教による解脱境を示したものである。私の生まれたのも、すべてのもののもとである、あの阿字からだったのであり、同様に、死んで帰ってゆくのも、あの阿字のところである、という意味である。ここには、阿字観にやしなわれ、この世をそのまま仏の秘密の浄土（密厳仏国《みつごんぶつこく》）と見る印融の生死観が働いている。印融には、辞世の和歌が二首伝えられており、その一つがここに掲げたもので、これは、青梅即清寺および三会寺の画像等に記されているものである。もう一首は、無量光院画像のうらに記されているもので、それには、

「みな人は阿字より出でて阿字に入る
　きたらすさらす本の宮古路」

というのである（伊藤宏見『印融法印の研究』昭和四十五年、七一ページ）が、いわんとするところは、同じと見てよいであろう。印融は、当時文筆・博識をもって知られた五山の禅僧たちも後に瞠目《しりえ》する学僧で、悉曇韻鏡（梵語学・言語学）の学僧であり、五十音図などを作成して国語学の普及に貢献したひとである。さらに、諸所に学林を設け、講学につとめ、そのうえ、いたる所で寺を中興し、開山となり、弘法大師の再来とも仰がれた人であった。このことを知らなくして、この一首を味わっても、なすべきことをなしとげ、悠々として八十歳の生涯を終えんとする高僧の感懐を知ることは困難ではあるまい。

【出典】印融『高野春秋』

水焦上（みず　てんをこがし）、火洒雲（ひ　くもをあらう）。

「武蔵野はけふはなやきぞ若草の、妻もこもれり我もこもれり」。此歌《この》の心を、誰か「白雲のむすはば消えん朝顔の花」。——沢庵

【解説】『伊勢物語』の第十二段に次のような

ものがたりがある。昔ある男が、人の娘をさらって武蔵野に連れて行ったところ、女をさらったのだから盗人だ、ということで国守につかまりそうになった。そこで女を草むらに隠して逃げたが、それを見かけた者が、この野に盗人がいるといって、火をつけようとしたので、女は驚き、この歌を詠《よ》んで哀願し、女は一緒につかまったという話で、歌の心は、「武蔵野を、今日はどうぞ焼かないで下さい。草むらに私たち夫婦がかくれているのです」。この歌の心をだれかが次のような句にした。「朝顔は清くすがすがしい。しかし太陽がのぼって白い夏雲がむくむくと結ばれると、その花はもうしおれてしまうのだ」。剣禅の一如を説いた沢庵にあって、人間の生命、その生命の燃焼である男女の恋があたたかく見守られていることを見ることができる。

〔出典〕沢庵『不動智神妙録』

世に処して自ら嫌疑ない。他の親好を見て喜ぶ。他の不和合を見て憂戚《ゆうせき》する。——慈雲

【解説】ひとのよいところを見て喜び、ひとの悪いところを見て憂うことこそ、ひとの天然自然の情でなくてはならない。しかし、事実はどうであろうか。外国人に対しては、親切ということで知られている日本人ではあるが、反面、島国からくる人間関係の抜け道のない閉鎖性と緊張関係もよく指摘される。そこから、他人の不幸をむしろ喜びとする、悲しむべき人間の習性が、ことにこの国においても目だってくるようになる。「福は内、鬼は外」というときの「鬼は外」は、「不幸は他人の家へ」ということなのかと尋ねた外国人もいるし、「隣の花は赤い」とか、「あら嬉し隣の倉が売られ行く」な

どという、人間のいやな一面を遠慮なく抉《えぐ》り出した俗諺もある。もっと卑俗な表現になれば、「隣で倉が建てばこちらは腹がたつ」とか「隣家の不幸は鱧《はも》の味」というようなことわざさえある。しかし、このような考え方は、東洋、あるいは仏教圏だけのことではない。キリスト教国にも同じような例はいくらでも見出せる。アレキサンドル・デュマ（大デュマ）の代表作『モンテ・クリスト伯爵』（巌窟王）の物語りは、そもそも、自分を越えて船長に抜擢された青年船員エドモン・ダンテスに対する同僚ダングラールと、同じくダンテスのため意中の人メルセデスを奪われた（と思っている）青年フェルナンの、暗い嫉妬《しっと》心に端を発している。彼らのために十六年の土牢《つちろう》生活を送り、ようやく復讐の機をつかんだダンテス、今はモンテクリスト伯爵は、フェルナンの息子モルセール子爵に、復讐の開始を諷諫する。その場所となったのは、ローマのカーニヴァルであった。そこでは、カーニヴァル開始の例にならって、二人の死刑囚が処刑されるのである。ところが、そのうちの一人は、伯爵の手によって恩赦され、その死の席から連れ去られる。そのときの残された悪党（アンドレアという名の、育ての親である神父を薪台で殺した男）の反応こそみものであった。彼はいままで、死の連れがあることによって、わずかに保っていた心の平静がまったく失われてしまう。彼は狂乱し怒号し、かかりの役人に死にものぐるいで抵抗する。もちろん、しばられている彼に何ほどのことができるわけもなく、とど、殺されてしまうのであるが、これを見た伯爵の次のことばは印象的である。それは十八世紀初頭のオランダの画家カルル・モールの「人間《ひと》よ、人間よ、鰐の種族《やから》よ！」であった。人の良きを悲しみ、悪しきを見て喜ぶ。この悲しみ憂うべき性情を、同じく、慈雲尊者も、「不両舌戒」の項で述べたわけであるが、重ねて次のようにいう。「よく此の戒を護持する者は、在家にもせよ、出家にもせよ、道が身心の中に備はるじや。初に口過を守って両舌・離間語《りけんご》せぬ。世に処して自ら嫌疑なし。他の親好を見て喜ぶ。他の不和合を見て憂戚する。此の心二六時中相応する。事にふれて相違せぬ。時に随《したが》って増長するじや」。人の間よかれと思い、そのようなことばをのみ口にすることにより、心の中にもまた和やかさの増すことを述べたものである。

〔出典〕慈雲『十善法語』

世間・自然

諸法は自より生ぜず、亦他より生ぜず、共《ぐう》よりならず、無因よりならず、是の故に無生なりと知る。――龍樹

【解説】 諸法とは世にある「もの」を指す。これらのものは自分自身に原因をもって生じてくるのではなく、また、他のものから生じてくるのでもない。他と共通の原因にもとづくのでもなく、無原因なのでもない。この意味で、他からも自からも生ずるのではない（無生《むしょう》）、とするのである。万物が実体的な原因や本性をもたず、一つの力（行《ぎょう》）が相依《よ》り相助けて成り立つという「縁起《えんぎ》」の法は釈尊の根本説法であったが、龍樹はそれをうけ、それを「中」の法として発展させた。ものに因ありとして固執するのは常見《じょうけん》という邪見（誤った見解）であり、逆に、因無しとして固執するのは断見《だんけん》という邪見であり、このどちらもとらわれず、ありのままに、自由にものを見るのが「中」である。このことについて、本文に次のごとく具体的に説明している。

「若し無因にして万物有らば、是れ則ち常と為す。是の事然らず。因無くば則ち果無し。若し因無くして果有らば、布施・持戒等は応に地獄に堕すべく、十悪五逆は応に天に生ずべし」。

因果の理を否定する無因論（断見）に立てば、世の倫理も成立しなくなることを説いている。同様に有因論（常見）に捉《とら》われれば、そこに執着の生ずることも説き、いっさいの先入の主となることを離れるところに、自由自在、活殺自在の見方が生まれることを説いているのである。仏教、ことに、この『中論』に由《よ》る、大乗仏教の中観派が、究極の境地を否定的に表現するのをも、世の誤解に見られるような、仏教の消極主義のあらわれではなく、自己を束縛する執着を断つところに、はじめて自由がひらけるという積極主義のあらわれであることを知らなければならない。『中論』の「帰敬頌《ききょうじゅ》」（書物の巻頭にある仏への礼拝・帰依のことば）に見られる、有名な「八不《はっぷ》の偈」（八つの否定的表現による真実の定義）も同じ意図に沿うものといえよう。

〔出典〕龍樹『中論』

「如何なるか是れ仏」「麻三斤」

――慧開『無門関』

【解説】雲門の弟子洞山が、僧に仏を問われて答えたことば。この禅語は、仏の、分別を越えていることを道破していることは禅機のないものにもわからないではない。しかし、この公案がはたして真の見性からみてどうであろうか。無門の評語はきびしい。

「無門曰く、洞山老人、些の蚌蛤《ぼうこう》禅に参得して、纔《わず》かに両片皮を開いて、肝腸《かんちょう》を露出す。然も是の如くなりと雖《いえど》も、且く道《い》え、甚《なん》の処に向って洞山を見ん」。

すなわち、洞山の禅は蚌蛤《はまぐり》の禅だ。二つのふたをパクンと開いて中の腸《はらわた》を見せているが、では、そのどこに洞山がいるというのだ、と。

〔出典〕慧開『無門関』十八

世界恁麽《いんも》に広濶《こうかつ》たり、甚《なん》に因《よ》ってか鐘声裏に向って七条を披す。

――慧開『無門関』

【解説】雲門宗の開祖となった雲門のことばとして『無門関』に伝えられたもの。世界がこんな広いのに、なぜ、鐘の声を聞いたからといって七条の袈裟《けさ》を着けようとするのだ、という意。このことばの意味するところは、その後につづく無門慧開の註語で明らかである。

「大凡《おおよ》そ参禅学道は、切に忌む、声に随い色を逐うことを。縦使《たとい》、聞声《もんしょう》悟道、見色明心《みょうしん》するも、也《ま》た是れ尋常《よのつね》なり。殊に知らず、衲僧家《のうそうけ》声に騎《の》り色を蓋い、頭頭上に明に、著著《じゃく》上に妙なることを」。

すなわち、禅の修行においては、ことばやもので判断することをきらう。たとえ、ことばによって道をさとり、ものを見て心を明らかにしても、それはすぐれたことではない。僧はことばを騎り逐え、ものをこえ去ればすべてのものは明らかとなり生き生きとするだろう、としている。

〔出典〕慧開『無門関』十六

魚は水を得て逝《ゆ》き、しかも水に相忘る。鳥は風に乗じて飛び、しかも風あるを知らず。これを識らば以《もっ》て物累《ぶつるい》を超ゆべく、以て天機を楽しむべし。

――洪自誠

【解説】 魚は水の中にあって泳ぎ、しかも自分が水の中にいることを少しも気にとめていない。鳥は風を得て飛びまわりつつ、しかも風のあることを知らずにいる。人もまさにそのようにあるべきであって、この世にあってもこの世のことにとらわれず、自由な気持で生きればよいのである。これが充分に知られたならば、外なるできごとや外なるものによってしばられ苦しむこともなく、天地の微妙な働きをそのまま自分の境地として、のびのびと生きられるであろう、の意。「物累」は外物による繫累・わずらわしさを指し、「天機」は天の微妙な働きをいう。ここで求められているものもまた、仏教でいう「自然《じねん》」「自然法爾《ほうに》」「如実《にょじつ》」の境地である。しかし、この境地に一度にしてひとははいりうるものではない。ちょうど書や生花などが「型に入って型を出る」といわれるように、はじめはつねに外界によって心身をなやまされつつ、徐徐にそれへの執着が洗われてゆき、遂には外界の変化によって心わずらわされない境地へと変わってゆく。そのためには、知恵によって邪見の迷いを払うこと（見道所断《けんどうしょだん》）と、修行によって非道の煩悩を払ってゆく（修道所断という）ことをあわせ行なわなければならない。坐禅といい、観法といい、瑜伽《ゆが》ということばは異なるが、いずれも、繋縛をはなれんがための、仏教における心清浄の道である。

〖出典〗洪自誠『菜根譚』二八九

心地上に風濤《ふうとう》なくんば、随在《ずいざい》、みな青山緑樹。性天の中に化《け》育《いく》あれば、触処、魚躍《おど》り鳶飛ぶを見る。——洪自誠

【解説】 心に波風の立ち騒ぐことがなければ、どのような境地にあっても青山・緑樹のようなすがすがしい気持でいられる。みずからの気性のうちにものをつくり育てる気持があるならば、いたるところ、魚が躍り鳶《とび》の飛ぶような生き生きした作用を感ずるであろう、という意。「随在」は随処と同じ。いたるところ。「触処」も同じである。鳶と魚の例は、『詩経』に、「鳶飛んで天に戻《いた》り、魚淵に躍る」の句を承けたもの。心を特に「心地」といったのは、心が一切万物を生ずるもととして大地のように考えられるところから言ったもので、後半の「性天」と対句をなしている。仏教の認識論は、必ずしも心がすべてを決するという観念論の立場をとっ

てはいず、むしろもの（色《しき》）と心（心《しん》）の相互の影響（互薫《ごくん》）の上に認識がおこるという考え方（色心互薫説）の上に立っていたが、インドの思想の多くがそうであったように、さらにまた、仏教一般がそうであったように、心の働きを殊に重視したことは否定できない。大乗仏教の唯識《ゆいしき》説（すべてはただ意識の反映であるとみる説）や、天台教などのいう「一念三千」（ひとの心の一念が三千大世界をつくり上げるという考え）は、このような仏教観念論の帰結である。

『出典』洪自誠『菜根譚』二八七

寵辱《ちょうじょく》驚かず、間《しづか》に庭前の花開き花落つるを看る。去留《きょりゅう》意なく、漫《そぞ》ろに天外の雲巻き雲舒《の》ぶるに随《したが》う。――洪自誠

【解説】寵栄を得ようと汚辱を蒙《こうむ》ろうと一向に心を動かすことがない。ちょうど庭の花が開きまた散るのを見ているように心静かなものである。地位にあろうと去ろうと気にとめることがない。ちょうど空で雲が風に吹かれあるいは巻き、あるいは伸びるのと同じである、との意。風月を友にするという境地は道家のうちにはもちろん、儒家の思想にもみられるところである。仏教においては、ただに風月を友にするのでなく、風月の自然を自分の境地とすることが求められる。「自然法爾《じねんほうに》」といい、「如実《にょじつ》」というのがそれである。ここでもはっきりと述べられているように、花が咲き花が散るのが自然であり、真実である。仏教の示すところは、その真実をそのままにみとめ、咲くにもこだわらず散るにもこだわらず、咲くのも賞《め》で散るのも賞でるところにある。

かつて名作といわれた吉田絃二郎氏の『乃木将軍』に、将軍に出会ったある老人が、昔維新

前につかえていたある旗本の話を語るくだりがある。その旗本は広い屋敷に花をいっさい植えなかった。「花は散るときが未練だから」というのがその人の考えであったという。将軍はその話を聞いてその旗本の人柄をなつかしいものに思ったという。この二人の感懐は、武人の感懐ではあっても仏者の感懐とはほどとおいものであろう。花の散るのを未練に感ずるひとならば、ここにいうように人事についてもまた未練を感ずるようになろうと思われるからである。この『菜根譚』の文には、さらに次のような敷衍がある。「晴空朗月、何れの天か翺翔《こうしょう》（翼をひろげて飛ぶ）すべからざらん。しかるに飛蛾は独《ひと》り夜燭に投ず。清泉緑卉《せいせんりょくき》（清い泉や緑の草）、何れの物か飲啄《いんたく》すべからざらん、而るに鴟鴞《しきょう》（梟《ふくろう》）は偏えに腐鼠を嗜む。噫、世の飛蛾鴟鴞と為《な》らざる者は幾何人《いくばくにん》ぞや」。空は無限に広いのに蛾はみずから火に飛びこみ、山河はあくまで清らかなのに、梟《ふくろう》は好んで腐った鼠を食べる。天地自然が人を不幸にするのではない。人が自身の心によって天地を局《せば》め苦しむものであることを言っている。古語に「愚人の財を貪るは蛾の火に赴くが如し」といい、国木田独歩が「野心は人をして窮屈ならしむ」といったことと通ずる。

〔出典〕洪自誠『菜根譚』二九一

天地の気は、暖かなれば則《すなわ》ち生じ、寒ければ則ち殺す。故に性気清冷なる者は、受享もまた涼薄なり。ただ和気熱心の人は、その福もまた厚く、その沢もまた長し。　——洪自誠

【解説】天地の運行の気は、暖かければ万物を産み出し、寒い秋・冬にはすべてを殺してしまう。人についてもこのことはいえるのであっ

て、心のつめたい人はその生活もまた冷たい。なごやかで親切（熱心＝心の暖かい。魚返）な人だけが、その受ける福も多く、他人に及ぼす余沢も多い。天地の情にあわせて、人の心とその生活のあり方を説いたもの。内外不二、色心一如を説く仏教にあっては、人のあり方を外界に合わせ説くことは単なる譬喩以上の意味をもっている。『金光明経』において、王者の善政が天地のよい運行を生み、悪政が悪天をもたらすことを説く（王法国論品）のもその一つであり、『法華経』の「王法即仏法」もその心において理解さるべきであろう。

『出典』洪自誠『菜根譚』七十三

天地は寂然として動かず、而《しか》も気機は息《や》むことなく停ること少し。日月は昼夜奔馳し、而も貞明は万古に易《かわ》らず。故に君子は、間なる時に喫緊的心思あることを要し、忙しき処に悠間的趣味あることを要す。——洪自誠

【解説】天地は静かで動かないが、その営みはやむことがなく、とどまることがない。日や月は絶えず駈け通しであるが、その光は永久に変わらない。この故に、人は無事なときにもとっさの心がまえが必要であり、忙しい時にものんびりした趣味が必要である。「息むことなく停ること少し」の「少し」は「殆《ほと》んどない」「ない」の意。「要す」は、ここでは「必要である」の意。「忙しき処」の「処」は時の意（魚返）。天地の作用に万別あるも、その本体の寂然たることにたとえて、人の心も本体寂静であって、しかも、事に臨んで、その作用の敏活ならんことを求めたもの。時《じ》と境《きょう》（環境）に応じてその働きが自由であることこそ、仏教的行動

というべく、時・境を予測して細かい予定を立てるのが良いのではない。

〔出典〕洪自誠『菜根譚』八

人情鶯啼《おうてい》を聴きては則ち喜び、蛙鳴《あめい》を聞きては則ち厭ふ。花を見ては則ちこれを培《つちか》はんことを思ひ、草に遇へば則ちこれを去らんと欲す。倶《とも》にこれ形気をもって事を用ふ。若《も》し性天を以《もっ》てこれを視れば、何者か自《おのずか》らその天機を鳴らすに非ざらん、自らその生気を暢《の》ぶるに非ざらん。――洪自誠

【解説】人の気持の上では、鶯《うぐいす》の啼《な》くのを聞けばよろこび、蛙《かえる》が鳴くのを聞くといやがる。花を見れば植えたがり、草を見れば抜きたがる。これらはいずれも形や気分で区別しているだけだ。天然・自然の上からみれば、天然の作用をあらわしているのでないものはなく、それぞれの生命を伸ばしているのでないものはない。仏教には目的論的なものの見方や説明はない。人をだれがつくったか、何を目的として生まれたか、人に対して動物はなんであるか、植物はなんであるか、『聖書』の創世紀でなされたような解釈は仏教には無縁である。人と生まれるも縁、動物に生を受けるもまた縁である。この縁を決定するのは、ただその為す業《ごう》（行為）である。今生でなす業は因となって、来世の果を生む。かくて、生きとし生けるものは業因・業果の約束に従って、人を中心とする六つの境涯（六道）を輪廻《りんね》し転生《てんしょう》する。今人たるものも来世もまた人たる生を享くるか否かは保証を越えている。したがって、今、動物としての生を送るものも、先世、来世において人でないとは決していえない。それらはすべて、仏性をもつ点では本質的な差別はない。ラフカディ

オ・ハーンが来日早々、いみじくも見ぬいたように、日本人の（というより仏教の素養に生きる東洋人の）動物愛護は、キリスト教徒のそれのように、絶対的強者の弱者に対するあわれみに発するのではない。それはともに仏性をもつものに対する共感であり、あえていえば、同じく仏性をもちながら、いま修行に縁遠き畜生の境涯にあるものへの同情である。夕やみに舞うこうもりは、生前それを愛した祖父の生まれかわりかもしれないし、川べに飛ぶおはぐろとんぼは、それを愛しつつ、幼くして死んだ妹の変身かもしれないのである。仏教の六道思想は、業の無限の輪廻により、人に、自己の行為の無限の責任性を戒告しつつ、人と動物の間に、仏の前でなんらの懸隔のないこと、異質な懸程のないことを教えたのであった。鶯を愛し、蛙をいとい、花を愛し雑草を嫌うのも、人情の世界では理由のないこととはいえないが、人情を越えた本質的な仏の世界からみれば、そのような区別は一向にいわれのないことといわなければならない。したがって、人の目的に従って、害鳥といい、益鳥といい、害虫と定め益虫と指摘するのも、一つの便宜ではあっても、本質的な根拠のみとめられることではない。しかし、それにもかかわらず、仏教徒といえども、人はものを利用し、ものを食しなくてはその生命を持続することはできない。生命を維持しなくては修行もできず、開悟・成仏することもできない。他者の生命源を摂取して破壊し、それを自己の生命源に換質してゆくという、生物本来の攻撃性を、仏教はどのように考えたらいいのであろうか。思うに、これは自然科学的な合理主義や、形式論理学的整合性をもって判断すべきことではないのであろう。仏教の指向するところに従えば、仏性をもつものは、人と動物に限るのではない。「草木国土悉皆成仏」というように、草や木にも仏性があるのであれば、菜食主義に立ったところで、他者の仏性を破壊して自己の栄養にしている点では変わりはない。では、長い間の、仏教徒の「精進」食は全く無意味であったのだろうか。それはそう考えるべきではなかろう。人が他の生命を破壊して自己の生命とすることは避け得られない人間の業である。この業は避けようとして避け得られるものではない。われわれはこれを見つめ、これに徹し、その上で成仏をめざして修行に励むほか、自己の生命にこたえる道はない。それは、自己の成仏だけを願う利己心ではない。他の生命を享《う》けつつ自己の生命を養う、人の宿業に対する慙愧《ざんき》の念であり、感謝の念である。すべての地に匍《は》うもの、水を潜るものが、青き蔬菜《そさい》と等しく、ひとのために作られたと説明する『聖書』の解釈のほうが、より人間に真実を教示するか、人が動物を食し、植物を口にする矛盾を矛盾のままに教え、そこから人の苦しみを内省させる仏教のほうがより人間に宗教的な方向を指向させるか、一概には断じ切れぬものがあるように思われる。

〖出典〗洪自誠『菜根譚』二七一

花は盆内に居けば終に生機に乏しく、鳥は籠中に入れば便《すなわ》ち天趣を減ず。若《し》かず、山間の花鳥錯雑して文を成し、翺翔《こうしょう》自若、自《おのずか》らこれ悠然として会心なるに。――洪自誠

【解説】 自然にまかせるとき、万物は溌剌とし、それを矯《た》めるとき生気の失なわれることを説いている。洪自誠の『菜根譚』中の一句であるが、仏教のもののみかたの根本はまさにここにあるといえよう。ものを真実のまま（如実《にょじつ》）に見る（如実知見）。自然のままに真実があら

われる（自然法爾《じねんほうに》）。この見方は、近代の自然主義のように、自己一身の情にまかせての思惟や行動とは異なり、自・他を含めての自然、人と外界とを合せての自然という一体感に根ざした肯定的な世界観のうえに立っている。したがってそれは、自然主義のような無制限な欲望肯定論や享楽主義とも異なり、また、宗教にありがちな禁欲主義とも質を異にするのである。そのいずれにも捉《とら》われないことこそ、仏教のいう「自然」であり「自由」であり「中」である。

語釈は左のようになろう。「花を鉢植えにすれば生気が乏しくなり、鳥を籠の中におけば天然の趣をなくしてしまう。山間の花や鳥が入りまじって、自在に飛びかい、そのおもむきがのびのびしているのには、まったく及ばないのである」。

『アラビアン・ナイト』に、中国の皇帝が鶯《うぐいす》を愛する話が出てくる。皇帝は鶯を籠に入れてその美しい声を愛している。ところがある日、この鶯と同じ声をもち、身体は美しい宝石でちりばめられた人工の鶯を持って来た人がいた。以来、皇帝は、姿の美しいこの機械の鶯ばかりを愛し、前からの天然の鶯をかえりみなくなってしまった。失望した鶯は籠から逃げ出してしまい、機械の鶯もまたこわれてしまう。皇帝は力を落として重い病の床に臥《ふ》すことになる。高い熱にうとうとしている皇帝の耳に、ある夜、ききなれた美しい鶯の声が聞こえてくる。皇帝の病を知った、逃げた鶯が、宮殿の窓から皇帝をなぐさめに来たのであった。美しい声を聞くごとに、皇帝の体内の熱は剝《は》がされるようにひいてゆき、侍医や侍臣は、皇帝の病が奇跡のように癒えたことを知ったのであった。病癒えた皇帝は、鶯をふたたび籠に入れることをせず、鶯もまた、日ごと、夜ごと皇帝の窓べに来て美しい声を聞かせつづけた、という。この話は、おそらく中国起源のものであろう。しかし、それが苛酷《かこく》な自然条件の中に生きるアラビア人にも受け容れられ、その物語り集をかざったことに、時・処を越えて人間の理想の求め方の方向を感じないではいられない。いや、むしろ、苛酷な自然に生きているだけに、アラビア人にとって、この寓話は、中国人や日本人に対するよりも、より強く訴えるものがあったのかもしれない。

〔出典〕洪自誠『菜根譚』二七八

風疎竹に来るに、風過ぎては竹は声を留めず。雁寒潭《たん》を度《わた》るに、雁去りては潭は影を留めず。故に君子は、事来りて心始めて現れ、事去りて心随ひて空し。――洪自誠

【解説】風が竹藪《たけやぶ》にあたると竹藪はサワサワと音を立てるが、風が吹き終われば竹藪には何の音も残らない。雁が澄み切った淵の上を飛び渡るとそこに雁の影がはっきりと映るが、雁が飛び去ればそこに何の影も残らない。人もこのようにありたいもので、ことが起これば心も生じ、事が終われば心もあとに残らないことが望ましい。洪自誠は「君子」ということばを用いているが、用語にこだわって、これを儒家のことばと聞くのは当たらない。沢庵禅師の『不動智神妙録』に、「心を何処に置こうぞ。敵の身の働きに心を置けば、敵の身の働きに心を取らるるなり。……敵を切らんと思う所に心を置けば、敵を切らんと思う所に心を取らるるなり。我太刀に心を置けば、我太刀に心を取らるるなり。……兎角《とかく》心の置きどころはないという」。これと同じく、仏者の心のあり方は、心にとらわれぬことにこそ最大の要諦が置かれなくてはならない。こうなるだろうか、ああなるだろう

かと思いまどい、こうなったらこう、ああなったらああと、先の先まで心の計画表をたてるのも、過ぎれば一つのとらわれで、事が予定の外に進行した場合、臨機・適宜の処置がとれないことになってしまう。古今の名将といわれる人たちや、大きな事業を行なうひとびとは、いずれも計画を立てて心の用意をしたが、心の用意にとらわれて事の変化に応じ切れないということのないように心していた。沢庵のことばもその境地をしめしているし、剣禅の一致を志した宮本二天（武蔵）や山岡鉄舟にも同じ心がまえがうかがえる。長い準備の末、大望を成就した大石良雄も禅の信仰をもち、修行をしていたという。

〔出典〕洪自誠『菜根譚』八十三

伏すこと久しき者は飛ぶこと必ず高く、開くこと先なる者は謝すること独《ひと》り早し。これを知らば以て蹭蹬《そうとう》の憂いを免るべく、以て躁急の念を消すべし。――洪自誠

【解説】長く地上に伏していた鳥は、いったん飛び上がれば必ず高く飛ぶ。早く咲く花は必ず早く散る。この道理を知っていたならば、あせって足ふみはずすこともなく、あせって早まる思いにも駈り立てられることはなかろう、の意。「謝す」とは、花の散ること。「蹭蹬」とは足を踏みはずす、勢いを失う、人に先んずれば衰えることも早く、おくれてものちに差は少ないことをいう。努力をなすべきことを否定するのではなく、努力はなしても、その成否にふかくこだわるべきでないことを示している。仏教でいう「自然」の境地に立ちつつ、しかも最善をなすべきことを説いたものである。

〘出典〙洪自誠『菜根譚』

文章は極処に做《な》し到れば、他の奇有ることなく、只これ恰好。人品も極処に做《な》し到れば、他の異有ることなく、只これ本然。——洪自誠

【解説】ものの極意をきわめると自然の風情と一致し、奇をてらうことのなくなることを説いたもの。「做し到る……」は、(……の程度)までやれる。……まで行けばの意。「恰好」は「ちょうどころあい」の意で、日本語の「かっこう」とはちがうが、日本語でも「ちょうどかっこう」とか「かっこうなお値段」などとつかうこともある。ここでは、文章や人物が世間的評価の範囲で論じられているが、これは仏道の極意についてもいえることである。禅に禅臭あるは真の禅風とはいいがたく、殊勝めかした念仏も真の念仏者の信行とはいいえない。書道・茶道等、「道」を指向する日本の芸術が、「型にはいって型を出る」ことを志すのもこの境地を目ざしているものと思われる。仏の境地が「遊《ゆ》戯《げ》三昧《ざんまい》」とあらわされるのも、このためである。

〘出典〙洪自誠『菜根譚』一〇三

水波《なみたた》ざれば則ち自《おのずか》ら定る。鑑翳《かがみくも》らざれば則ち自ら明し。故に心は清むべきものなく、そのこれを混《にご》すものを去れば、清自ら現わる。楽必ずしも尋ねずして、そのこれを苦しめるものを去れば、楽自ら存す。——洪自誠

【解説】涅槃《ねはん》が理想であるか否かについて、仏教の指導的な学者の間で論争の行なわれたことがあった。理想と訳すべきだとする学者は、涅

槃こそ仏教徒にとって最終の課題であり目標であるから、理想と訳すべきだとする。これに対して、反対するひとは、理想はヨーロッパ哲学にいうイデアであり、それはあくまでも目標であり、理念である。しかし、涅槃は「現証涅槃《げんしょうねはん》」（自分で涅槃を身をもって証明する）といわれるように、直接体得すべきものであり実現すべきものであって、高きに置いて仰ぐべき「理想」ではないとするのである。いま、洪自誠の『菜根譚』中の、この一句をながめると、涅槃は実体的に、理想として存するのではなく、煩悩を去ったのちに、内なる仏性がおのずから顕《あら》われてくる「自然」の境地であることを知る。「転迷開悟」がさとりなのである。古歌にいう「引き寄せて結べば草の庵にて離せばもとの草野なりけり」というのも、同じである。

〖出典〗洪自誠『菜根譚』一五一

簾櫳高敞《れんろうこうしょう》、青山緑水の雲烟を呑吐するを看て、乾坤《けんこん》の自在なるを識り、竹樹扶疎《ふそ》、乳燕鳴鳩《にゅうえんめいく》の時序を送迎するに任せて、物我の両《ふたつ》ながら忘るるを知る。

——洪自誠

【解説】「簾」はすだれ、「櫳」はこうしまど。「敞」は「ひろい」または「ひらく」。天地・自然の悠々たるありさまを見て、その中にある自分もその天地と一なることをさとることを詠じたもの。語義は難解ではないが次のごとくなろう。

「すだれを窓高く巻いて、青い山、緑の川に雲や霞のたなびくのを眺めれば、天地は自由であることが知られる。竹や草木がしげり、子燕《つばめ》やホロホロと鳴く鳩が時をたがえぬありさまに、本来、物も我もないことを知る」。

インドの仏教者が、天地自然や季節に託して仏教の真実を説くことがなく、中国にはいってそのことがみられるようになったこと、さらに、日本に来て、むしろ、自然に託して仏教の真実を説くことが一般化したことはよく知られている。しかし、仏者が、あまりに巧みに自然を詠ずることは、また、仏者らしからぬ情緒への執着とみられる。永平禅師（道元）が、月を詠じてあまりに巧みなため、禅者の指弾をうけたのを、鈴木正三が弁護している例もある。こんにちでは、文学と宗教との関係はきわめて近いものと考えられているが、仏教においては、長く文学は世間法のもの、仏法は出世間法の教えと考えられていた。自然を詠ずるにしても、自然のうちに、あるいは自然とわれとのうちに、仏法の真実を見る限りにおいて許されることだったということができよう。

〔出典〕洪自誠『菜根譚』二八二

君見ずや君見ずや、京城《けいせい》の御苑の桃李の紅なるを。灼灼芬芬《しゃくしゃくふんぷん》として顔色同じ。一《ひと》たびは雨に開け、一びは風に散ず。上に飄《ひるがえ》り下に飄って園中に落つ。——空海

【解説】このあとにつづいて、「春女（春に景色を賞でる婦人）群り来って一び手に折る。春の鸎《うぐいす》（鶯）翔《かけ》り集って啄《ついば》んで空に飛ぶ」とある。都の春の美しい景色に託して、その自然のうちにやどる無常を諷した文。「山に入る興」と題して詠じた、空海の『性霊集』巻第一中、第六の詩で、ここにいう山とはいうまでもなく、南嶽、すなわち高野山を指している。ここにいう君とは、良相公、すなわち、参議良峯の朝臣安世を指しているが、ひろく世の人によびかけたことばと見てさしつかえない。文意はあらためて説くまでもなく明瞭であろう。京師の

御苑の中に咲きみだれていた桃《もも》や李《すもも》の美しい紅の色も、盛んに香《かぐ》わしい匂いを放ち、雨によって一時にひらいたかと見るまに、一時の風でパッと散ってしまう。あるいは春の景色を求めて来た婦人たちによって手折《たお》られてしまうこともあり、鶯《うぐいす》によってついばまれてしまうこともあろう。これが美しい自然の中に働いている無常の理なのである、という意である。しかし、このことばを、日本人の心情が伝統的にとらえている無常観や、あるいはもっと停滞した厭世観の表白とみたならばそれは当たっていない。無常の理は、縁起《えんぎ》の理であり、空の理ではあるが、決して厭世の情を説くものではなく、まして虚無に誘うものでもない。恒常性のないことを示す、客観的な判断だったのである。したがって、この判断に立つことは、決して人を厭世に走らすものでもなく、また逆に享楽に趨《はし》らすものでもない。春来らば花開き、秋来らば葉落ちるという、自然を自然のままに、とらわれることなく受けとることのできるものの観方を説いているとみるべきであろう。自然を自然のうつろいのままに愛し、そこにやどる理趣をみようとする日本人の本然の傾向が、この語句のうちによくあらわれている。古来、道元の和歌として知られている、「春は花夏ほととぎす秋は月　冬雪さえて冷《すず》しかりけり」も、この空海と同じ態度に立っているということができよう。

〔出典〕空海『性霊集』

風葉に因縁を知る、輪廻《りんね》幾ばくの年にか覚る、露花に種子を除く、羊鹿の号相連れり。——空海

【解説】 自然の中に真実を見、自己をも自然の内に活かすのは、西欧人とは異なる、東洋人独

自の自然観であり人間観である。仏教のいう「自然《じねん》」も、「如実」も、東洋人本来の、この自然観の上に立ち、しかも、その自然のひとつひとつに「完成への可能性」(仏性《ぶっしょう》)をみとめようとしたものだった。「悉有仏性」という思想から、さらに進んでの「草木成仏」の思想はここに出発している。その仏教のなかにあって、さらに自然重視、現実容認の傾向のつよい流れが真言密教である。この教えは、宇宙のすべて、自然のひとつひとつに仏の声(真言)がやどると見、「この身このままに仏に成る」(即身《そくしん》成仏《じょうぶつ》)、「ものそのものが真実である」(即事而《そくじに》真《しん》)をその世界観としている。この世界観を承《う》け、さらに日本人独得の情感で、たぐいない自然と人間の融和の詩を詠《うた》い上げたのが、わが国真言宗の大成者である空海弘法大師であった。

ここにあげた句は、空海が真言宗の立場から『般若心経』に下した注釈である『般若心経秘鍵』の一文で、声聞・縁覚の二乗の教えを頌によってあらわしたものであるが、よく日本人の心情に合い、無情をさとり、菩提を求めるうえでの、よい道しるべとなっている。「風葉に因縁を知る」とは、飛花落葉に無常を知り、因縁をさとることをいう。「輪廻幾《いくば》くの年にか覚る」とは、流転・輪廻する人間の生き方を、四生・百劫という長い間にさとるということを示す。「露花に種子を除く」とは、露の消えるのを見て生死の無常を厭い、花の散るのを見て煩《ぼん》悩《のう》の種子を除くことをさす。「羊鹿の号相連れり」とは、『法華経』「譬喩品」にいう、声聞の教えを羊車にたとえ、縁覚の教えを鹿車にたとえたもので、この二つの名を連ねて、以上の無常・因果の理を教える仏教の初門としたものである。空海の仏教においては、二乗がただ初門として貶し去られているのでなく、一段高処に立つとき(深秘釈《じんぴしゃく》)、二乗もまた、真言の荘厳世界のあらわれとして見ることができるという、大きな肯定を示していることを見るべきであろう。

〔出典〕空海『般若心経秘鍵』

如何にしてか自己を転じて山河大地に帰せしめん——道元

【解説】道元がその『正法眼蔵』（谿声山色）の中に伝える長沙岑禅師《ちょうさしん》（?〜八六八）のことばで、自己の帰するところとしての山河自然にはどのようにして帰することをうるであろうか、と説いたことば。このことばは、長沙岑禅師に対してある僧が、「如何にしてか山河《せんが》大地を転じて自己に帰せしめん」と問うたのに対して、禅師が直ちに帰した反問なのである。このあと、道元は、「いまの道取は、自己のおのずから自己にてある、自己たとい山河大地というとも、さらに所帰に罣礙《けいげ》すべきにあらず」と敷衍している。自己と自然とを二元的に、主・客に対置して見るときは、自己が自然に帰る上で罣礙《さまたげ》もおきるであろう。しかし、自己が自然そのものであるとき、自己が自然のうちにあるとき、自己をかりに山河大地とみても、そのいずれか一方に転ずるということはなく、両者の帰一するのに、なんの妨げがあろうか。形の上の自己（有相《うそう》の自己）を離れて、真の自己（無相の自己＝真人）の立場に立つとき、山花も澗水も、松風も渓水も、みな法身・諸仏の活説法となる。仏教そのものが自然であり、自然そのものが仏教であると考えられる。これを「無情説法」といい、禅の自然観・人間観の最重要な観方となるとともに、これを全身全霊でつかまえることが禅の修行の眼目となったのであった。「也太奇也太奇《やたいき》（また太《はなは》だ奇なりまた太だ奇なり）、無情説法不思議。もし耳をもって聴かば終に会し難からん、眼処《げんじょ》に声《しょう》を聞きて方《まさ》に知ることを得ん」。自然の説法は肉体の耳で聞いてはわかるものではない。眼で聞けというのであるが、ある禅門の思想家は、この洞山良价のことばに、雲門の次のことばを付して次のように説く（秋月龍珉『初めに大悲あり』、昭和四十五年、講談社、二八ページ）。「耳で聞いてはわからん、眼で聞けというのは、全身全霊で、無相の自己で、無心で（自己を忘れて）、聞けというのである。雲門はいった。『この一本の杖が龍にばけて、天地を呑んでしまった。さあ、この天地が無に帰した根源的無の場所において、山河大地はどこから得てくるか』と（『碧巌録』第六十則）。眼で聞けというのは、この一本の杖が龍に化した端的である。小さな有相の自己に死して、大きな無相の自己に蘇るのである。死んで生きる（逆対応）のである。絶対の自己否定即自己肯定（即非）である。このとき長沙のいうように、世界は自己の全身、自己の光明である。一物として自己でないものはない。禅者はここを『自己なき時、天地自己ならざるはなし』というのだ」。

仏教の長い伝統の下にはぐくまれた「非情成《ひじょうじょう》仏《ぶつ》」（魂・霊性のないものも成仏する）という思想が、実践的に昇化され、真に自由な境地となったのをここに見る。

〔出典〕道元『正法眼蔵』

法爾《ほうに》というは、この如来の御ちかいなるがゆえにしからしむを法爾というなり。——親鸞

【解説】ヨーロッパ人にとっては、自然とは自己に対立するものであった。ここから主観と客観の区別は生まれ、自然を改良する、自然を利用する、さらに自然を征服するという考えまで

を産んだのであった。この考え方にみちびかれ、ヨーロッパ人は、自然を客観的に処理し、分析する方法としての科学や、その技術、実験を設けたのであった。ルネサンス以後、ことに前世紀末以来の産業革命の急激な成功は、かかる対自然的合理主義の当然の帰結であった。しかし、この考えによって分断された自然は、ついに利用の許容量を突破し、人間に対して公然と反抗を開始するに至った。これが今日いう「公害」である。「公害」は、このような長いヨーロッパ的自然観の結論なのであって、「青空をかえせ、川をかえせ」というような、情緒的な、しかも不遜《ふそん》な考え方では一歩も解決しない、人類の大問題なのであるといわなければならない。このような考え方の対極に立つのが、東洋ことに仏教の自然観であった。インド人のもつ自然と人間との一体観（梵我《ぼんが》一如説《いちにょせつ》）は、仏教においても基本的には継承され、さらに自然の中にこそ真実と仏とがあるという考えにまで高められるに至っている。

「自然といふは、自はおのづからといふ、行者のはからひにあらず、然といふはしからしむといふことばなり。しからしむといふは行者のはからひにあらず、如来の誓《ちかひ》にてあるがゆえに法爾といふ。法爾といふは、この如来の御誓《おんちかひ》なるがゆえにしからしむるを法爾といふなり。法爾はこの御誓なりけるゆえに、およそ行者のはからひのなきを以《もっ》て、この法の徳のゆえにしからしむといふなり。すべてひとのはじめてはからざるなり。このゆへに義なきを義とすとしるべしとなり」（増谷解釈）。

「自然というのは、自《じ》はおのずからといい、行者のはからいではないこと。然《ねん》とはしからしめるということばである。しからしめるというのは、行者のはからいではなくて、如来の誓によるものであるから、法爾という。法爾というのは、この如来の御誓であるがゆえにしからしめるのを法爾というのである。法爾とは、この御ちかいであったがゆえに、まったく行者のはからいをさしはさまずして、この法の徳のゆえにしからしめるというのである。すべてひとが、こちらからはからいを加えないのである。だから義なきを義とすると知るがよいと仰せられたのである」。

親鸞にとっては、自然というのは「はからい」であった。その「はからい」とは仏のはからいであった。そのはからいのままにあることが「法爾」であり、人のはからいを超えることであった。この「義なき義」にこそ、他力の救いが宿るとするのであった。自然と人間、他者と自己との抜きさしならない対立のほかに、このようなものの見方、生き方もまた、長い間、東洋人の心を占めて来たことを思い起こす必要は、今日とくにあるのではなかろうか。

〔出典〕親鸞『親鸞第五書簡』（自然法爾の事）

無上仏ともうすは、かたちもなくまします。かたちもましまさぬゆえに自然とはもうすなり。——親鸞

【解説】仏とは何かを真剣に問う人にとっても、否定的、冷笑的にこれをいなす人にとっても、仏の真実の在り方と、形にあらわした仏——仏像やことばなど——との区別がなされていないことはしばしばある。福沢諭吉が、幼時、人の礼拝する小祠に向かって小便をかけた話とか、森有礼が伊勢神宮の神殿のみすをステッキで掲げてのぞいた話など、無神論的言辞を好む日本の有識層にはもてはやされた時期もあったけれども、しょせんは明治初年の啓蒙主義の言動以上のものではない。では真の仏とはなんであろうか。真の仏とは真の自己をみつめた

ものの眼の前にだけ現われる、宇宙・自己、自・他のすべてを包括する大いなるものである。自然そのものである。おのれのはからいで頭の中に結ぶ、どのような映像をも越えた、ありのままの真実である。これを親鸞は「自然《じねん》」とよび、また「法爾《ほうに》」と呼んだのであった。このような、自然にして法爾なる仏を見ることのできるものは、ひたすら自己の小にして誤れる計らいを捨て、仏の力（他力《たりき》）に全てを託した信心の者だけだったのである。彼のいうところに耳を傾けてみよう。

「自然といふは、自《じ》はおのづからといふ。行者のはからひにあらず、然《ねん》といふはしからしむということばなり。しからしむといふは、行者のはからひにあらず、如来の誓《ちかひ》にてあるがゆえに、法爾といふは、如来の御ちかひなるがゆえにしからしむるを法爾といふ。この法爾は御ちかひなりけるゆえに、すべて行者のはからひなきをもちて、このゆえに他力には義なきを義とすとしるべきなり。自然といふは、もとよりしからしむるといふことばなり。弥陀仏の御ちかひのもとより行者のはからひにあらずして、南無阿弥陀仏とたのませたまひ、むかへんとはからはせたまひたるによりて、行者のよからんとも、あしからんともおもはぬを、自然とはまうすぞとききてさふらふ。ちかひの要《えう》は無上仏にならしめんとちかひたまへるなり。無上仏とまうすは、かたちもなくまします。かたちもましまさぬゆえに自然とはまうすなり。かたちましますとしめすときは無上涅槃とはまうさず。かたちもましまさぬやうをしらせんとて、初めて弥陀仏と申すとぞ、ききならひてさふらふなり。弥陀仏は自然のやうをしらせん料《れう》なり。この道理をこころえつるのちには、この自然のことはつねにさたすべきにはあらざるなり。つねに自然をさたせば、義なきを義とすといふことは、なほ義のあるべし。これは仏智の不思議にてあるなり」。

〔出典〕親鸞『自然法爾章』

還相廻向《げんそうえこう》といふは、すなはち是れ利他教化地の益なり。――親鸞

【解説】宗教がこの世を越えたところ、あるいはこの世以外のところに価値を置く約束の上に立っていることはよく認められている。ことに「西方《さいほう》の浄土」を説き、「厭離穢土《おんりえど》・欣求浄土《ごんぐじょうど》」を指標とする浄土教にあっては、このような超現実性はことに顕著なものがあるというように考えられている。しかし、現実の、日本の浄土教の歴史をふり返るとき、浄土教は日蓮宗と並んでもっとも活発な、もっとも徹底した現実の悪の批判者であり、救済者であった。このことを解くかぎは、現実を越えたもののみが、よく現実に足をさらわれずに現実を見るという宗教の第二の構造の中にある。世間を出てさらに世間に帰る、利他の行ない、慈悲の心、これを還《げん》相《そう》の廻向といったのである。

「還相廻向といふは、すなはち是れ利他教化地の益なり。すなはち是れ必至補処の願より出でたり。浄土論に曰はく、大慈悲を以て一切苦悩の衆生を観察し、応化の身を示して生死の園《その》、煩悩の林の中に廻入し、神通遊戯《じんずうゆげ》して教化地に至る。本願力を以ての故に、と。論註に曰はく、還相とはかの土に生じをはりて奢摩《しゃま》他《た》毘婆《びば》舎那《しゃな》（止観）方便力成就することを得て、生死の稠林に廻入し、一切衆生を教化して共に仏道に向はしむるなり。若は往・若は還、みな衆生を抜きて生死海を渡せんがためなり。この故に『廻向を首となして、大悲心を成就することを得るが故に』と言へり、と」。

〔出典〕親鸞『教行信証』

鳥と虫とはな（鳴）けどもなみだをちず。日蓮はなかねどもなみだひまなし。——日蓮

【解説】世に知られた日蓮像は、まことに多彩である。もっともよく知られた彼の一面は意志の人、実行の人、不屈の人という「強さの人」というところであろう。しかし、多くの人を今日にまでひきつける、大きな魅力の持ち主が、ただ強さだけの人であるわけはない。近年の研究では、日蓮のもつ情の面、弱さまたは優しさの面がはっきりと浮かび上がって来ている。この文は、日蓮が佐渡流罪の憂《う》きめにあいながら、なお、法華経に遭いえた喜びを語ったもの。この文の前後を見ると、その涙とは、ただのうれしさの涙、悲しさの涙、人情の涙とはことかわり、仏法にあっての涙であることがわかる。少し前から文をみてみよう。

「彼《か》の千人の阿羅漢、仏の事を思ひいでて涙をながしながしながら文殊師利菩薩は妙法蓮華経と唱へさせ給へば、千人の阿羅漢の中の阿難尊者はな（泣）きながら如是我聞と答（へ）給ふ。余の九百九十人はなくなみだ（涙）を硯の水として、又如是我聞の上に妙法蓮華経とかきつけし也。今日蓮もかくの如し。かかる身となるも妙法蓮華経の五字七字を弘むる故也。釈迦仏多宝仏、未来日本国の一切衆生のためにとどめをき給ふ処の妙法蓮華経也と、かくの如く我も聞（き）し故ぞかし。現在の大難を思（ひ）つづくるにもなみだ、未来の我仏を思（ふ）て喜（ぶ）にもなみだせきあへず。鳥と虫とはな（鳴）けどもなみだをちず。日蓮はなかねどもなみだひまなし。此（の）なみだ世間の事には非ず。但（だ）偏《ひとえ》に法華経の故也。若（し）しからば甘露のなみだとも云つべし。『涅槃経』

には父母兄弟妻子眷属にわか（別）れて流すところの涙は四大海の水よりもおゝといへども、仏法のためには一滴もこぼさずと見えたり」。

日蓮五十二歳、最蓮房への返書である。

〔出典〕日蓮『諸法実相鈔』

栗柿の実をもつてたとえ候。いたみ、かなしみなしとは、人から見申したる分別にて候。かれが上には、いたみかなしみも、自然とそなわり候とみえ候。――沢庵

【解説】栗や柿には苦しみも悲しみもないというのは、人間の側からみての勝手な判断である。栗や柿の側からすれば、いたみも悲しみも自然に備っているのである、との意。沢庵の『玲瓏集』の一節であるが、草や木の成仏をみとめ（草木成仏）、さらには石や瓦の成仏までも考え（非情成仏）た仏教にあって、このように、草木に感情や感覚までもみとめようとしたことは当然であった。このような考え方は、基本的には、すべてのものに仏になる可能性をみとめるという人間観・世界観（悉有仏性《しつうぶっしょう》説）にささえられ、信仰面では、人間がさまざまな存在に生まれ変わるという神話（輪廻転生《りんねてんしょう》説）に生かされて、すべての動物、あらゆる植物に対し、人間と同質感・共感をもつ、豊かで和《なご》やかな仏教的生命観をもたらした。それは、人以外のものはすべて人のために創られ、その食らうにまかすという、キリスト教の生命観（創世記一、九）と截然とことなるものであった。つづけて言うところを聞こう。

「草木のいたみたる風情、人のいたみうれうる気色にかわる事なし。或は水をそそぎなどするときにいき出たる、よろこばしき風情あり。き

りたれば、たおれころびて、葉しおしおと成《なり》てはて候体《てい》、人の死にいたるにたがう事なし。かれがいたみかなしみを、人しらず。かれまた人のかなしみを見る事も、人のかれを見るごとくに、いたみかなしみもなしとおもうべし。只かれが上を我しらず、我が上をかれしらざるにぞありけん」。

すべてのものに、草にも木にも痛みや喜びが宿ると見た沢庵の生命観は、文字を解さぬ老幼の間にさえ、少なくも明治の末ごろまでは確実に生きていたことを小泉八雲も感動をこめて書き残している。自然を支配し、征服しようとするヨーロッパの自然観が、このような東洋的・仏教的自然観を駆逐し、ついにその自然からの報復を受け、今日に至ったことを思うとき、このことばの意味をただ、情緒として回顧するのみでは足らないように思われてならない。

〖出典〗沢庵『玲瓏集』

春がすみ立ちにし日より山川に心は遠くなりにけるかな――良寛

【解説】良寛の春の歌で、詞書き「春の歌とて定珍《ていちん》と同じくよめる」とあるもの。定珍とは阿部定珍といい、越後国西蒲原郡渡部《わたべ》の庄屋で、酒屋を業とし、通称を造酒右衛門《みきえもん》ととなえ、嵐《らん》窗《そう》・月華亭・養生館と号したひと。風雅を好んで良寛と交わることあつく、かつ、その有力な保護者であった。春霞がたなびいていよいよ春になったなと気づいたあの日以来、山や野や川に遠く心を奪われ、眼前の事物がうつろにさえ感じられるほどだ、との意（吉野秀雄氏釈『良寛歌集』、昭和二十七年、朝日新聞社、日本古典全書）。吉野氏によれば、このような思想または構造の歌は昔からないではないという。例えば、春霞立ちにし日より今日までに吾が恋い止まず本《もと》の繁けば（万葉集）。春霞立ちにし日より葛城《かつらぎ》や高間の山はよそにだに見ず（続千載集）。良寛は実感に立ってこれを圧縮し、「山川に心は遠くなりにけるかな」と叙したという（吉野氏『良寛和尚の人と歌』、弥生書房、昭和三十二年）。この恬淡たる風懐は、原坦山が評して「永平高祖（道元禅師）以来の巨匠」とした良寛の悟境を示すものということができ、「五蘊皆空」（すべては空である）、「一切放下《いっさいほうげ》」（すべての執着を断ち切る悟り）を身に体してはじめて、すべてのものを暖かく見守るこの境地を詠ずることができたのであろう。

【出典】良寛『良寛歌集』

世間・夫婦 家

家人過ちあらば、よろしく暴《にわ》かに怒るべからず、よろしく軽がるしく棄つべからず。この事言いがたければ、他の事を借りて隠にこれを諷せよ。今日悟らざれば、来る日をまって再びこれを警めよ。春風の凍えを解くがごとく、和気の氷を消すがごとくにして、纔《わず》かにこれ家庭の型範なり。――洪自誠

【解説】家のものが過ちをおこしたならば、やたらに怒ってはいけない。また、かるがるしくすてておいてもいけない。その過ちをじかに言いにくければ、ほかのことにかずけてそれとなく戒めよ。いまわからなかったならば、いつの

日かもう一度いましめよ。春風が吹いて凍えがとけ、ぬくもりで氷の消えるようになってこそ、はじめてりっぱな家庭といえる。怒りをあらわさず、暴言を吐かずは、不瞋恚戒《ふしんにかい》・不悪口戒などの戒として、十善戒の中に盛り込まれている。十善戒は、大小乗の共戒であり、出家・在家の通戒であるとはいわれるものの、主として大乗の在家信者に守られた戒であるから、家庭の内で役に立つような説き方をした講義——たとえば慈雲尊者の『十善法語』のような——も残っているが、この今見る『菜根譚』の一節も、在家の日常訓として適切なものといえよう。

〔出典〕洪自誠『菜根譚』九十六

富貴の家はよろしく寛厚なるべくして、反って忌刻なり。これ富貴にしてその行いを貧賤にするなり。いかんぞ能く享《う》けん。聡明の人はよろしく斂蔵《れんぞう》すべくして、反って炫耀《げんよう》す。これ聡明にしてその病を愚懵《ぐぼう》にするなり。いかんぞ敗れざらん。——洪自誠

【解説】身分たかく富んだひとは、ぜひともおっとりしていなくてはならないのに、かえってねじけてむごい。これでは富貴であっても、そのすることは貧賤であるといわなくてはならない。どうして楽をすることができよう。賢いひとは何びとも控えめに蔵《しま》っておくのがよいのに、かえってはでばでしく出す。これでは賢者でありながらすることは愚人と同じである。かならず失敗する。「いかんぞ能く享けん」の「享け」るは、「充分たえる」「迎えいれて楽しむ」などの意であるが、ここでは魚返善雄氏の訳に従った。「斂蔵」、斂も蔵も、ともに「しまう」「かくす」。はでに打ち出さずかくしおくこと。「炫耀」ひかりかがやくこと。ここでは、はでにやること。「愚懵」、愚も懵もともにおろかなこと。懵は惘。富貴とか聡明とかの世俗の徳は、仏の眼からみれば人の差別にはならない。それにもかかわらず、たまたま富貴や聡明にめぐまれたひとは、それを他のひととの絶対的なちがいと思いこみ、心おどりたかぶって、他のもののいかり、そねみ、さげすみをかうばかりか、自分自身の進歩も向上も失ってしまうことが少なくない。宗教の多くが富貴や聡明などの世上の徳に対して、否定的でないまでも警戒的なのはこのためである。キリスト教にこの傾向がつよいことはよくしられているところで、富貴に対しては、「富ある者の神の国に入るよりは、らくだの針のあなを通るかた、かえってやすし」(マルコ、一〇・二五)とか、「わざわいなるかな、富む者よ、なんじらは既にそのなぐさめを得たり」(ルカ、六・二四)などのことばがあり、聡明・知恵に対しても、「知者いずこにかある、学者いずこにかある、この世の論者いずこにかある、神は世の知恵をして愚かならしめたまえるにあらずや。世は、おのれの知恵をもて神を知らず」(コリント前、一・二〇~二一)とか、「知恵みち、かつ神の恵みその上にありき」(ルカ、二・四〇)などの戒告のことばがあり、そこには賤財思想と、主知主義に対するつよい反省がうかがわれる。これに対し仏教は、キリスト教ほどつよい賤財思想や、知に対する禁忌はない。しかし知だけが解脱の道ではなく、しばしばその障害となることは充分に知っていたのである。ここで説くのも、それらのものが処世上の増上慢となることを戒めた句とみることができる。

〔出典〕洪自誠『菜根譚』三十一

父兄骨肉の変に処しては、宜《よろ》しく従容たるべく、宜しく激烈なるべからず。朋友交遊の失に遇いては、宜しく凱切《がいせつ》なるべく、宜しく優遊すべからず。

――洪自誠

【解説】骨肉・親身のものの死に当たっては、おちついてとり乱さないようにしなければならない。友人、知人の過失には適切にこれに忠告を与え、ぐずぐずしていてはならない。前半は骨肉の死にあたっての情を控えるべきことを説き、後半は、骨肉以外の知人の過失に対して鋭意当たるべきことを説いた句と解されて来た（釈宗演。魚返善雄）。しかし、そう解するとき、前半と後半は角度のちがうところから、骨肉と知人への心がまえを説いていることになり、対比の意味がはっきりとしない。ここで、「失」を前半と同じく「死」と解し、「知人の死にあたっても適切な行為をとり、他人事《ひとごと》だと思って、ぐずぐずなおざりにしておいてはいけない」の意味に解することはできないであろうか。

『出典』洪自誠『菜根譚』一一四

道心のなかに衣食《えじき》あり、衣食《えじき》のなかに道心なし――最澄

【解説】伝教大師最澄の、幾多の珠玉のことばののち、もっとも知られたものの一つといえよう。最澄生涯の重大事の幾つかを、弟子の光定が撰した『伝述一心戒文』（略して『一心戒文』）三巻の中、その下巻中のことば。最澄がその付法の印書（自分の教えを伝える認証）を上﨟の義真と下﨟の円澄とに授けるについて、最澄が法の在り方について述べたことばとして、長い歴史的叙述の中に、なにげなく、しか

しはっとするような光を放って語られている。その前に、「道は人を弘め、人は道を弘む」とあり、このことばがつづいている。文意は明らかで、「人にとって真に考えるべきものは道（真実）である。道を求める心さえあれば、その中からおのずから衣食・財物はあらわれてくる。しかし、その逆に、衣食・財物の中から道を求める心が出てくることはない」という意味。仏教は決して苦行主義でもなければ賤財思想でもない。むしろ、多くの宗教の中にあって、仏教ほど適度の物質生活、日常生活の調和を認めているものはあるまいとさえ考えられる。しかし、そのことは決して、仏教の目的が物質の満足にあることを意味しないし、物質の満足の中から道心が生まれると考えていたことをも示していない。道心あるところ、おのずから衣食具《そな》わると考えていたことは、むしろ道心の優先を強調していたことを認めなくてはならない。『維摩経』不思議品第六と香積仏品第十とにいうように、仏教者の問うべきものは、まず道であり法であって、椅子《いす》や食事ではないからである。「衣食足って礼節を知る」を条件として提示することのできる世界ではない。

〔出典〕最澄『伝述一心戒文』

夫《それ》天に月なく日なくば、草木いかで生ずべき。人に父母あり、一人もかけば子息《こども》等そだちがたし。——日蓮

【解説】およそ、空に月もなく日もなかったならば、草や木はどうして育つことができましょうか。同じように人には父と母というものがあるのであって、そのどちらかが欠けても子供は育つことができないのです。建治元年（一二七五）、日蓮、五十四歳のとき、鎌倉の桟敷《さじき》に住していた妙一尼《みょういちあま》という一女性にあてた手紙（妙一尼御前御消息）の冒頭の句。この妙一尼という婦人は、日蓮が身延にはいったのち、弟子日昭の指導に従った篤信者である。日昭の姉、あるいは母かという学者の考証もあるが、全面的にしたがいえないとされる（浅井円道）。仏教が忠・孝に触れること少なく、ことに出家して父母を捨てるということについては、孝を重視する中国人の攻撃してやまないところであった。これに対してこまりはてた仏教徒たちは、仏典の解釈にさまざまな工夫をこらし（会通《えつう》という）て、仏教も決して孝を軽くみるものではないことを強調する一方、わざわざ、孝を説く経典をひそかに作ったりしたほどである。こんにち、偽経といわれている『父母恩重経』などはその一例である。もちろん、仏教が父母への孝を軽視したのではない。しかし、おのれの父母に対する孝にとどまらず、もっと広く、もっと深く、世のすべての父母を平等に敬愛するようにつとめるところにこそ、仏教の「孝」のめざすところがあったことは知らなければならないだろう。この消息のあとにつづく文を見ても、父母の愛は仏の慈悲と同じく、すべての子に平等であること、ただ、病める子に対しては特に心にかけるのであることを、『涅槃経』（北本二〇、南本一八）の一節を引いて説き進めている。しかし、出家の記した文としては、めずらしく平明に、卒直に父母の恩を説いた文章ということができよう。

〔出典〕日蓮『妙一尼御前御消息』
千葉県中山法華経寺に真蹟六紙が蔵されている。

日蓮粗《ほぼ》聖教を見候にも、酒・肉・五辛・婬事なんどの様に、不浄を分明に月日をさして禁《とど》めたる様に、月水をいみたる経論を未だ勘《かんが》へず候也。在世の時、多く盛（ん）の女人尼になり、仏法を行ぜしかども、月水の時と申（し）て嫌はれたる事なし。──日蓮

【解説】仏教の修行をするのに、婦人の月経中は差しつかえないであろうかという質問に答えた、仏教の数多い経論の中でも珍しい一節である。日蓮が信者の大学三郎というひとの夫人（御内）に返書としてしたためたもので、日蓮四十二歳の書となっているが、真偽についてはは疑いをはさむ学者もいる。しかし、婦人の月経と仏教について触れた文は、広律中にも珍しく、しかも、ここではいたって具体的で、こういうところに、やはり日本仏教の一つの特色を感じないではいられない。文意は、文にしたがって分明であろうが、興味ぶかいことは、右の文のように、経論は、仏道修行に月水を忌む記述はみあたらない、仏陀在世のころには、月水のあったと思われる妙齢の婦人の尼がいくらでもいたではないか、として、きわめて合理的な判断をした日蓮が、のちには、日本が神国であり、多くの仏・菩薩が垂迹《すいじゃく》したことを述べ、「若し然（ら）ば、此国の明神、多分は此月水をいませ給へり」として、仏・菩薩は女人の不浄などを越えているが、日本の神々は女人の不浄を忌《い》む、という判断に変わっている。時と境（環境）という具体的な条件を、本来普遍的な宗教が現実化の上の避けられない要件とみた日蓮は、ここでもやはり、日本人の古くからもつ月経への不浄観と相対的に妥協したものと思われる。合理的判断を貫ぬかなかった点は、残念と思われるが、実際的判断としては、やはりこれが妥当だったようにも思われる。この結果、「此事をば一切御心得候て、月水の御時は七日までも其気《け》の有（ら）ん程は、御経をよませ給

はずして、暗《そら》に南無妙法蓮華経と唱（へ）させ給候へ。」という救済策を出している。日蓮宗徒にとって「南無妙法蓮華経」は、いついかなるときでも最上の修行であろうが、月水不浄のさいの読経のかわりときくと奇妙な感じがしないでもない。また、この前に、法華一経八部二十八品中、どの品を重視すべきかについて、方便品と寿量品とを特に「勝れてめでたき」品とし、提婆品・薬王品は女人成仏を説く品ではあるが、提婆品は方便品の枝葉、薬王品は方便品と寿量品の枝葉とし、したがって、方便・寿量の二品を読めと懇篤に教えているが、一転して、七日の不浄で読経をさし控えさせてしまっては、奇異の感を覚えざるをえない。

〔出典〕日蓮『月水御書』

父母の心に随（は）ずして家を出て仏になるが、まことの恩をほうずるにてはあるなり。——日蓮

【解説】 仏教に志をおこしたものが、家をすて、父母を捨てて出家することが、孝養の道にそむくという非難は、中国・日本を通じてもっとも一般的な仏教攻撃であった。この非難に閉口した中国の仏教徒は、鋭意釈明を行なうとともに、ひそかに、仏教徒もまた行孝の道を説くとする経典（偽経）を作成して儒教者流の攻撃に備えたのであった。『父母恩重経』はその代表的なるものであり、盂蘭盆行事の所依の経典となった『盂蘭盆経』なども、重要部分が中国で付け加えられたものと思われる。日本にはいってからも、儒者や国学者は、仏教の、この超国家性・出家性を攻撃してやまなかった。仏教者の中で、例外的に国家意識がつよく、世間の人情をも解したといわれる日蓮ではあったが、その世俗人情と仏道の大事を弁別するに厳なることは右に見るごとくだったのである。この文の前後を挙げて、その趣旨をよりよく見てみよう。「一切はをや（親）に随（ふ）べきにてこそ候へども、仏になる道は随（は）ぬが孝養の本にて候か。されば『心地観経』には孝養の本をとかせ給（ふ）には、棄恩入無為真実報恩者云云。言はまことの道に入（る）には、父母の心に随（は）ずして家を出て仏になるが、まことの恩をほうずるにてはあるなり。世間の法にも、父母の謀反なんどをこすには随（は）ぬが孝養とみへて候ぞかし。孝養と申す外経にみへて候。天台大師も法華経の三昧に入（ら）せ給（ひ）てをはせし時は、父母左右のひざに住して仏道をさ（障）えんとし給（ひ）しなり。此《これ》は天魔の父母のかたちをげんじてさうるなり」。世俗の恩を棄てて、無為の真実にはいるのが本当の意味で親の恩に報いる者となる、という『心地観経』の文のとおり、仏道で考える孝道は、形の上では一度親を棄てても、より大いなる孝としての「さとり」を自己にも親にも報ずることにある。世間の孝においてさえ、親が謀反《むほん》を起こそうとするときなど、それには従わないのが真の孝行であるとされているではないか、という。さいごの、天台大師のひざに父母がとりすがって、その仏道修行を妨げようとしたのは、天魔が姿を父母に仮りて、大師の仏道修行を妨げようとしたものだ、という激しいことばは、古来よく知られた文であり、もって日蓮の孝道が、決して世態・人情への迎合の上に立つものでないことをよく示すものといえよう。日蓮五十四歳の文である。

【出典】日蓮『兄弟鈔』

やのはしる事は弓のちから、くものゆ

くことはりうのちから、をとこのしわざはめのちからなり。——日蓮

【解説】矢が飛ぶのは弓の力によるのであり、雲が動くのは竜の力であるように、男の仕事は女の力によるものです。日蓮が、建治二年（一二七六）三月、身延にいたときたずねて来た富《と》木《き》常忍に対し、彼の留守をまもっている病中の妻（富《と》木《き》尼《あま》）にあてた病気見舞いの手紙（富木尼御前御書）の冒頭の文句である。日蓮の手紙には細かい配慮や、やさしい心遣いが見え、公に発表された教義書に見られる、たけだけしさとは別な一面のあることは、すでに注意している学者（増谷文雄『日蓮――書簡を通してみる人と思想』筑摩書房、昭和四十二年、唐木順三「日蓮の冬の手紙」『展望』昭和四十五年、九月号。氏はこれに日蓮の修辞の型をも見ている）もあるが、これなどはその好例ということができよう。このとき富木常忍は、なくなった母の遺骨を葬るために身延まで来たのであるが、そのことについても、「いまときどのこれへ御わたりあること、尼ごぜんの御力なり。けぶりをみれば火をみる、あめをみればりうをみる。をとこを見ればめをみる。今ときどのにけさん（見参）をつかまつれば、尼ごぜんをみたてまつるとをぼう」と、なつかしさをこめたあいさつをおくり、さらに、「なによりもをぼつかなき事は御所労なり。かまへてさもと三年（必ずあと三年）、はじめのごとくに、きうぢ（灸治）せさせ給へ」などと、病気の治療に灸をすすめるなどの心づかいを見せている。婦人に対するこのような細かい心づかいは、出家の宗教者には古来まれなもののようであるが、日蓮にはそういう文が少なからず残っているのは、私にとっては一つのなぞである。同じ手紙のこの

すぐ後には、元寇で日本中のひとびとが悲しみをなめたことに触れ、「これひとへに失《とが》もなくて日本国の一切衆生の父母たる法華経の行者日蓮を、ゆへもなく、或はののしり、或は打、或はこうじ（小路）をわたし、ものにくるいしが、十羅刹（法華経を守護する鬼神）のせめ（責め）をかほり（蒙《こうむ》って）てなれる事なり」と、怒りと自信をこめて書き記していることと考えあわせると、日蓮においては、人の世に対するきわめて細やかな感受性と、それを正しき方向に持ち帰らせようとする、たけだけしい気力とが併存していたといわなくてはならないような気がする。いや、それは併存ではなく、日蓮の一つの心、法華経を通じて、日本国に正義をうち立て、国土を安んずる（立正・安国）という願いの、二つの方向における働きだったというべきものであろう。日蓮五十五歳の書である。

〔出典〕日蓮『富木尼御前御書』
　真蹟八紙は、中山法華経寺にある。

ことに女人の身はおとこにつみはまさりて五障三従《さんしょう》とてふかき身なれば、後生にはむなしく无間《むげん》地獄におちん身なれども、かたじけなくも阿弥陀如来ひとり、十方三世の諸仏の悲願にもれたるわれら女人をたすけたもう、御うれしさありがたさよ、とふかくおもいとりて、阿弥陀如来をたのみたてまつるべし。――蓮如

【解説】後世の安穏、極楽往生の信心は決してやさしいことではない。中でも女人の成仏はむずかしい、という考え方はかなり古くから仏教の中にみられた。釈尊が婦人にも平等に教団（サンガ）をつくることを許したことは、当時

のインドのみならず、古代社会では例外的な果断であったと高く評価されているが、しかし、実際に婦人の教団を許すまで、釈尊がかなりな用心と逡巡《しゅんじゅん》をみせたこともまた事実であった。それは決して釈尊の婦人に対する偏見や、男性修行者の立場からする婦人への警戒のみだったとはいうことはできない。むしろ、釈尊はきびしい仏道修行のうえで、婦人が負うべき、男子にはない、さまざまなハンディキャップに実際的な配慮を働かせたというほうが当たっていよう。このような配慮は、インドの中世化が進み、婦人の社会的地位が相対的に後退するにつれ、一つの固定した婦人観――時として偏見――として定着するに至る。多くの大乗仏典にみられる、婦人の障りや、変成男子《へんじょうなんじ》（一度女人は男子に生まれ変わったのちでないと成仏できないとする考え）、女人禁制《にょにんきんぜい》などの思想はこうしてできあがっていった。ここにあげた蓮如の、女人成仏観も基本的にはこの考えの上に立っている。女人の身は、男子より罪多く、五障三従《さんしょう》という罪ぶかい身である。五障とは、女人は、梵天・帝釈・魔王・転輪王・仏の五つになれぬことをいい、また、信・進・念・定・慧の五善根の障となる欺・怠・瞋・恨・怨をもいい、修道の障となる煩悩障・業障・生障・法障・所知障をもいう。三従とは、婦人の社会上の従属性をいい、幼にしては親に従い、少にしては夫に従い、老いては子に従うことをいう。こういう罪ぶかい身であるから、本来ならば往生はできず、むなしく無間地獄におちるべき身であるが、ありがたい阿弥陀如来おひとりが、その他の三世十方の諸仏に捨てられた女人をたすけてくださるのである。このうれしさ、かたじけなさを心中ふかく思って阿弥陀如来をおたのみ申すべきである。この女人観、女人成仏観を、今日の男女の平等観で倫理的に批評することはやさしい。しかし、われわれは当時の婦人の社会的に惨澹《さんたん》たる実状を考えれば、この婦人観は批評や偏見ではなく、ふかく現実に眼をそそいだ救いの眼であったことを見てとらなければなるまい。

〔出典〕蓮如『文明五年十二月十三日御文』

夫《それ》人間の躰《たい》をつくづく案ずるに、老少不定のさかいなり。もしいまのときにおいて、後生をかなしみ極楽をねがわずば、いたずらごとなり。それについて衣食支身命とて、くうこととときることのふたつかけぬれば、身命やすからずして、かなしきことかぎりなし。まず、きることよりもくうこと一日片時もかけぬれば、はやすでにいのちつきなんずるようにおもえり。これは人間においての一大事なり、よくよくはかりおもうべきことなり。――蓮如

【解説】一般に、宗教はこの世を超えた永遠の世界を求めるため、この世のあり方については消極的ないし否定的な態度をとるように考えられがちである。ことに、「この穢《けが》れたところを捨て、浄らかなところにあくがれ求める」(厭離穢土・欣求浄土)浄土教にあっては、現世への関心がもっともうすいと考えられがちである。しかし、ここにかかげた蓮如の御文によって明らかなように、浄土真宗にあっても、現世の問題は決して等閑に付されていたのではない。後生の安楽と並んで、現世の安楽が「衣食」という、もっとも切実な問題を通じてつかまえられているのを見るのである。蓮如はいう。およそ人間の有様をつくづく考えてみるに、老少は不定であり、いつ死ぬかはだれひと

りとして知ることができない。いまただちに後生の極楽往生をねがわなかったならば、死後の堕地獄は目にみえている。しかし、それにつけても人間は生きなければならない。その生きるためには、「衣食支身命」（衣と食とが生命をささえる）といって、食うことと着ることの二つが欠けたならば、身体は安らかには保たれなく、このうえなく悲しいことである。なかでも食うことは着ることにも増して、一日かたときでも欠けたならば、もう死ぬのではないかと思うほどである。食べることは人間にとっての一大事である。よくよくこのことは思慮しなければならない。蓮如にとってこの述懐には、深い生活上の実感が伴っている。伝記を研究するところにしたがえば、蓮如の部屋住《ずみ》時代の子供はもちろんのこと、本願寺教団の飛躍的な発展が実現するまでは、蓮如は自分の子を手元で育てることができず、つぎつぎに生まれくる子供は里子に出すほかない生活であった（笠原一男『蓮如』）。蓮如と妻如円、子順如の生活は三度の食事にもことかくありさまで、その一度一度も粗末きわまるものだったらしい。粗末どころか、その絶対量さえ欠けているというありさまだったという（同前）。汁なども親子三人のところへ一人分しか届けられないこともあり、三人はこれを水でうすめて飲んだという。また、全然食べたこともなく、欠食のこともあったと、六男の蓮淳は語っている（『蓮淳記』）。こうした中を通って、のちの本願寺の大成が行なわれたのであったが、蓮如の人生観がふかい生活上の実感にささえられ、後世安楽が決して現実逃避におわらなかった事情を見てとることができよう。

〔出典〕蓮如『文明五年十二月十三日御文』

一切世間の治生産業《ちしょうさんごう》、ことごとく取り用ひて我が実相智印となす。――慈雲

【解説】 これは、慈雲尊者飲光の『人と為る道』の中のことばであるが、「治生産業」のことばは、『法華経』の「資生産業」のことばに由《よ》ったものと思われる。日々の生活に役立ち、人のための活動となるものが、「資生産業」、「治生産業」であるから、「すべて世のため、人のためとなる日々の活動そのものが、すべてそのまま、ものの真実を知る知恵である」ということになる。この、社会的活動＝真実を知る活動、現象即実在、般若《はんにゃ》と方便の不二合一という考え方は、この世このままを真実と見る、慈雲尊者の倚《よ》って立つ真言宗の立場であったとともに、それは一貫した仏教の現実観を継ぐものであった。とくに、大乗仏教にはいってから、この観方はいっそう強く徹底したものとなった。

先の『法華経』をはじめとして、『維摩経《ゆいまぎょう》』のごとく、在家の居士《こじ》が、舎利弗《しゃりほつ》のような仏弟子中の最勝のひとを弾訶《だんか》・説法する在家経典ができ、さらに進んで『勝鬘経《しょうまんぎょう》』のごとく、在家の、しかも婦人が堂々と仏教の教法を説法し、釈尊のおほめにあずかるという話さえ出てくることになる。これらの経典を一貫して流れる思想は、決して在家優位の思想ではない。出家に対する在家優位の思想だったならば、それはいずれまた時至れば出家優位の思想に取って替るべきものであり、畢竟、相対的思弁に終わるほかはない。これらの代表的な大乗経典がそのような愚かな思想を述べるはずはない。これらの経典が一致して述べるところは、出家・在家の一方の優位を主張する考え方の否定である。釈尊自身、教団（サンガ）の構成を決して出家者のみで考えてはいなかった。出家の男性修行者（比丘《びく》）、同じく女性（比丘尼《びくに》）、男性の在家信者（優婆塞《うばそく》）、同女性（優婆夷《うばい》）の四者による構成（四衆《ししゅ》）をもっとも基本とし、さらに、五衆（上の四衆に女性の一定期間の専門的修行者＝式叉摩那《しきしゃまな》を加えたもの）、七衆（上の五衆に見習いの男性僧＝沙弥《しゃみ》と女性僧＝沙弥尼《しゃみに》を加えたもの）のごとく、あらゆる形の仏道修行者をもって同行と考えていたのであった。この仏教当初の健全なバランスが崩壊し、まったくの出家者優位の傾向の増したのが上座仏教であった。この長い保守的な伝統に対し、出家・在家の区別を否定する役割りをもって登場したのが大乗仏教であったため、いきおい、それは在家者を登場させることが多くなったのではあるが、真意は、仏教当初の、出家・在家の不二を説くことにあったことは知るべきであろう。この十善は世俗の道であるとともに、世俗を捨てた出世間の道でもあって、人の行ないを照らす大明燈ともなるものである。

〔出典〕慈雲『人と為る道』

世間・国家 社会

一日作《な》さざれば一日食わず。——百丈懐海

【解説】唐代の代表的な禅僧百丈懐海《えかい》のことばで、これは、彼の教化・規範を類集した『百丈清規《しんぎ》』の中に出てくる。懐海（七二〇？〜八一四）は、福州長楽のひとで、俗姓を王氏といった。二十歳のとき西山慧照について剃髪し、南嶽下の禅を学び、のち馬祖について印可を得た。洪州の百丈山に住して教化をふるったため、世に百丈禅師とよばれたが、『百丈清規』は、そのころの教化と規範の集録で、今日に及んでもなお、もっとも禅家の間で重んぜられている、『仏教徒生活規範』である。彼は九十五

歳の長寿を保って入寂し、大智禅師と勅諡されているが、『百丈清規』には、その間の教戒はもとより、深い示唆に富む訓話が含まれており、禅家のみならず、後人を益するところが少なくない。ここに掲げた文は、人間は労働なしには生存しえないということを前提とし、労働する者こそ真に生活するに値することを、禅的な独自の厳格主義（リゴリズム）の立場から発言したもので、もっともよく知られた禅語の一つである。

百丈山のみならず、今日においても、禅の道場では、堂塔の掃除や食事の準備はもちろん、労働・耕作をふくむ、もろもろの「作務《さむ》」と呼ばれる労務が課せられるが、懐海は衆僧にまじって努め、老齢に至っても、かつて一度も廃したことはなかった。しかし、禅師の老齢をみかねた弟子たちが、「もはや、禅師は作務をなさるには及びません。私どもがいたしますから、どうか、今日一日はお休みになっていて下さい」と頼んだ。おとなしく下った禅師の姿が、食事のときになっても見あたらない。さんざん捜したところ、禅師は坐禅堂で黙然とすわっておられるではないか。おどろいた弟子たちに対して、このとき、禅師が放ったことばが、この冒頭に掲げた、「一日作さざれば一日食わず」であったのである。このような労働観は、原始仏教以来、仏教の伝統のうちに生きている。原始仏典の『小誦経』にも、「一切衆生は食によって住す」とあり、これは弘法大師空海の『性霊集』の中にも引用されている。このような、「必然性としての労働」は、広義の労働こそ生存であるという、基本的な人間観のうえに立っているもので、出家者の労働が「法施」という精神的労働へと、完全に昇化・転化された地域にあっても、基本的には底を貫いていることを忘れてはならない。

〔出典〕百丈懐海『百丈清規』

国に帰りて化《け》を布き、広く人天《にんでん》を利せよ。城邑聚落《じょうゆうじゅらく》に住むことなかれ。国王大臣に近づくことなかれ。只深山幽谷に居して、一箇半箇を接得して、吾宗をして断絶に到らしむる事なかれ。

——道元

【解説】中国留学を終え、いまや日本へ帰ろうとする道元に対して、その師如浄《にょじょう》が与えた最後のことば。文意について注釈の必要はあるまい。ここに強く訴えられているものは禅の非歴史性であり、孤高性である。けれども、この態度だけが禅者すべての姿勢ではないから、如浄の禅の姿勢、あるいはその衣鉢をつぐ道元禅の風といわなければならない。道元が帰国後、ついに京師に安住せず、遠く越前の永平寺の草庵に居を移し、勅賜の紫衣をも辞す生活にはいったのであった。唐木順三氏もいわれるように(「禅と歴史」、『禅家語録集』、筑摩書房、日本の思想、十、昭和四十四年)、これは禅の帰趣であろう。白隠の生涯を決定した師、信州飯田の正受老人の草庵も同じであった。これはたしかに、「歴史の通じないところである。時間や歴史を越えたところである。諸仏の住所である。仏々祖々がつらなりながら集っている場所である。「悟り」の場所もまた此処であろう。『自己只是自己』において大地有情ともに成道するところといってもよい。或いは生死無常がそのままに仏性というところである」(同前)。

時間や歴史を越えることは、内観と修行によって到達される自覚ではあるが、現実に人が歴史的存在でなくなることのできないことはいうまでもない。歴史的存在者としての人間からは、人は相対的に遠ざかることはできても、純粋に絶縁することは死以外にはない。相対的に時間と歴史を越えるためには、極度にまで生活の環境を非歴史的・非文化的、すなわち原始的にするほかはない。道元や白隠・正受たちが試みた生活は、いわば原始生活への復帰による、歴史的人間から超歴史的人間への抽象化の試みであった。しかし、このことがすべての人間にとって可能であるとはいえなかった。禅者の中でも、その教えに自信があり、その自信に導かれて同病に悩むひとびとを救おうという意欲のつよい人ほど、その熱意、その善意のゆえに、歴史的社会へ働きかけようという意欲は強くなる。「一箇半箇を接得して、吾宗をして断絶に到らしむ事なかれ」という、「一箇半箇」が「無数」になり「一切衆生」になるのはむしろ彼にとっては必然的な方向であり、単なる野心や誘惑ではない。かくて「吾宗をして断絶に到らし」めないための具体的な方策が彼の主たる関心の対象になることもまた見易い理であった。この方向にもっぱら努力の歴史をつづったのは、他の諸流派よりもむしろ道元の流れに立つ曹洞の人たちに多かったのはいかなる理由によるのであろうか。

「禅宗銭なし、門徒物知らず」という語呂合わせじみた悪口が昔から行なわれているが、こと曹洞禅の僧たちに関するかぎり、このことばは多くあてはまらない。彼らは、他宗の僧にくらべておおむね世間の事の敏腕家であり、利殖家であり、美食家であり、美装家である。今日、曹洞教団が日本最大の教団となっているだけでも、祖師の遺訓が、私の指摘した方向に逸脱して伸びた事情は察することができよう。いまここで、曹洞宗のみの例をあげ、その世俗性を難ずるのは公平を失している。「臨済将軍・曹洞土民」といわれるように、世の権力者に近づく可能性は、むしろ臨済の人びとのほうが積極的に開いていったあとがある。臨済最大の流派の一つである妙心寺派の総本山花園の妙心寺が花園上皇の宮址に建てられたように、臨済系の大山・巨刹は多く天皇家・将軍家の直接、間接の庇護によっている。そのときの禅者の発想の底には、先にいった「吾宗をして断絶に到らし」めまいとする宗教的要求のほかに、そのための庇護者をあたう限り少数者にしぼることによって、いわば衆（乃至衆愚）の安易な要求に押し流されまいとする、実際的配慮も働いていたにちがいない。これも先に触れた禅の孤高性の一つのあらわれではあるが、それは一面臨済僧に、曹洞僧の多くに見られる世俗への迎合性・俗物性をぬぐいさり、一種のすがすがしさを与えることに成功した反面、限定された権力者へのより全面的な依存という現象を現出した。今日、臨済系の禅寺の法堂に、「今上皇帝聖寿無窮」とか「今上皇帝聖躬《せいきゅう》万歳」の牘《とく》を見出すことは一般であるが、このことと、無に徹し一切を放下しようと修行する雲水との違和感を感ずるのはわたし一人ではあるまい。このような事態が歴史的にいつはじまったか指摘することはむずかしい。しかし、中国において「沙門不敬《しゃもんふきょう》王者論《おうじゃのろん》」（仏僧は国王に敬礼しないでもいい）という議論が長い間たたかわされ、結局迂余曲折の末にではあったが、仏教側の勝利に終わったことなどを思い起こせば、これは日本独自の現象とはいえないまでも、きわだって日本的な現象ではある。その一つの顕著なできごととして、ここでもわたしは唐木氏のあげる夢窓国師と足利尊氏の関係には注目したいと思う。

「『太平記』巻二十四には、夢窓国師が足利尊氏、直義に進言して、天竜寺を建立するにいたった経緯がくわしく書かれている。天竜寺は叡山や興福寺の反対、実力阻止をはねかえして、征夷大将軍（尊氏）や左兵衛督（直義）の保護、警護のもとに盛大な開山式を挙行した。騎馬の武者千数百人、若党三百人にまもられて、武将たちが参列する。花園法皇、光厳上皇もこの式につらなった。南禅寺以下諸寺の長老も加わった。そういう中で夢窓国師は『今上皇帝聖躬万歳』を祝延している。『金銀珠玉を始として綾羅錦繍はさて置ぬ。倭漢の間にのみ聞《きこえ》て未だ目には見ざりし珍宝を持ちつらねて、山の如く積上げたり』とも記されている。右のような前代未聞の壮観を詳述したあとに、『太平記』の筆者は、梁の武帝と達磨《だるま》との次の問答を記している。武帝曰く、『朕、寺を建つる事一千七百箇所、僧尼を供養する事十万八千人、功徳あらんや』。達磨は『無功徳』とたったそれだけ答えた。これは武帝の憍慢《きょうまん》の心を破砕するための返事であったと書かれている。ところで天竜寺の場合は、『真俗（出家も在家も）共に憍慢の心』があったから、天罰をうけて、天竜寺は二十余年のうち二度までも焼けたといっている」。これは唐木氏も結論しておられるように、歴史家あるいは物語史家の目から見た天竜寺建立の意味であって、宗教者あるいは思想史家の目からみれば、夢窓の心事にはまたおのずから別なものがあるかもしれない。しかしそれにしても「夢窓は歴史家の網にかかるような行動をしてい」たのであった。具体的な配慮としては、いろいろな要素の働いていたことは容易に想像ができる。一つには『太平記』の筆者の南朝への同情が、北朝の諸帝や諸将軍、さらにはそれへの全面的よりかかりを見せる夢窓に対して、好意的であろうはずがない。『太平記』のえがく天竜寺建立の筆端が辛辣をきわめているのには、この事情がまず働いている。さらに、夢窓国師自身の心事を忖度《そんたく》すれば彼には、やはり仏教者独得の政治観が働いていたことが想像される。仏教者にとっては、現実の政治を動かし、人民の利福に責任ある者こそ「王」なのであり、彼が「仏法」をもって善導すべき「王法」の担い手である。現実になんの力もなく、ただ名分論によって王位を主張している者に対して、なんの興味も示さないことのほうがより仏教的なのである。『金光明経』の「王法正論品」に、「王の王たるは種姓（ゴートラ）に由るのでなく、一にその力による。その力あり法を守るものであったら、たとえ、緊那羅《きんなら》の類であっても王たるにふさわしい」とあるとおりである。

夢窓が足利尊氏を評して「御心宏大にして物惜しみの気なし」とか、同じく直義について「大休寺殿は政道私なし」と述べたことが『梅松論』などに述べられていることよりすれば、夢窓は尊氏兄弟に理想の帝王像を見出し、彼らによって「吾宗をして断絶に到らしむることなか」らんことを期したのかもしれない。

『出典』道元『建撕記《けんぜい》』建撕

未だ就《な》らざるの功を図るは、すでに成るの業を保つにしかず。既往の失を悔ゆるは、将来の非を防ぐにしかず。

——洪自誠

【解説】 まだでき上がっていないことの効果を当てにするより、すでにでき上がったことの成果を保つようにするほうがよい。すでにしてしまった失敗をくよくよするよりは、さきざきの手落ちをしないようにしたほうがよい。儒家の「人事を尽くして天命を待つ」とか、英語の諺の“Man proposes, God disposes”（なすは人にあり、成すは天に在り）とかと同じ発想がここにある。仏教では、すべての事の原因と結果を関連ありとみて、因果とよぶことはよく知られているが、人のなすことの世界では、原因と結果が直線的に結びつくとは決して考えていない。自然科学的な因果関係が、同一の原因（同《どう》類因《るいいん》）から同様な結果（等流果《とうるか》）を産むのに対し、異なる結果を予想される原因（異熟因《いじゅくいん》）から異なる結果（異熟果）が生まれることを明らかに知っていた。このような哲学的観察は、いわゆる小乗仏教のうちにおいて行なわれたのであったが、のちに大乗仏教に至って、知恵と慈悲の修行に努める菩薩にとっては、その務めそのものが仏教なのであって、成仏の時期はあえて問われないように徹底した行が求められるようになったのも、考え方としてはすでにその萌芽はここに求めることができるのである。洪自誠のこの一句は、そこまでの諦念を示すよりも、もう少し実際的ではあるが、その底にあるものは、成否にこだわらない精神であることはみとめられよう。

〖出典〗洪自誠『菜根譚』八十一

金は鉱より出で、玉《ぎょく》は石より生ず。幻に非れば、以《もっ》て真を求むることなし。道を酒中に得、仙を花裡に遇《あ》う。雅なりと雖《いえど》も俗を離るること能わず。

——洪自誠

【解説】貴重な黄金も鉱石からとり出される。美しい玉もごろごろした石から生まれ出てくる。夢幻のこの世のほかに真実を求めるすべはないのである。世をのがれ酒を飲みつつ道を得たといわれる竹林の七賢たちの清談《せいだん》や、武陵の桃花源で仙人に会ったという陶淵明の文のごとき、風雅に見えるけれども、俗を離れたものでなく、俗のうちにおぼれたものといわなければならない、の意。「……に非れば、以て……らし」は、「……がなかったら（あるいは、……でなかったら）……するすべがない」の意。

「幻」は夢幻で、この世の姿、現象をいう。この世は露のごとく幻のごとしとは『金剛般若経』その他でくり返すところであるが、さて、その幻のごとき世の外に真実の世界があるのではないことも、経のあわせて説くところである。空海弘法大師が「夫れ仏法遥かにあらず心中にして則ち近し、真如外にあらず、身を棄てていずくんか求めん」(『般若心経秘鍵』)といったのも同じ趣旨である。戦国の武将陶晴賢《すえはるかた》の辞世の下の句に、「如露《にょろ》亦如電《やくにょでん》　応作《おうさ》如是《にょぜ》観《かん》」とうたっているのは、彼の信仰が金剛般若経にあったことを示している。文の後半で竹林の七賢や陶淵明の境地が、せいぜい、いわゆる風雅の境地に止まるとして痛烈な非難をあびせているのは、作者洪自誠の立場が、決して道・儒のところに止まらず、はるかに仏法に近いものであることを示している点で、きわめて注目すべき立言といえよう。

〔出典〕洪自誠『菜根譚』三〇七

人肯《あ》えて当下に休せば、すなわち当下に了せん。もし個の歇《や》む処を尋ぬるを要せば、即ち「婚嫁完しといえども事また少なからず、僧道好しといえども心また了せず」。前人云う、「如今休し去らばすなわち休し去れ、もし了時を覓《もと》むれば了時なからん」と。これを見ること卓なり。　——洪自誠

【解説】 いま即座にやめれば即座にけりがつくだろう。やめるときを捜し待ったのでは、「婚礼がすんでも用事が終わらない。お坊さんもよいけれども修行は終わらない」。昔のひとが「いま止め切りにするなら止め切ってしまえ。しおどきなどをさがしていたらきりがない」という。すぐれた見方だ。「当下に」とは「即座

に」の意。「休し去る」はやめきりにするの意。仕事をなすしおどき、やめるしおどきなどというものは、いくらさがしてもあるものではない。いいと思ったときはじめ、いいと思ったときやめるのが一番であると述べたもの。仏語にいう「日々これ好日」の意に合致している。方角や時日に特別な意味をみとめないのが仏教であるのに、いつのころからか、恵方・吉日をいうようになったのは残念なことであった。不生不滅なものをこそ仏というにもかかわらず、「仏滅」とは、いったいなんのことであろうか。仏教のいっさい関わらないことである。

〔出典〕洪自誠『菜根譚』二三七

歩を進むる処すなわち歩を退くるを思わば、庶《こいねが》わくは藩《まがき》に触るるの禍を免れん。手を着くる時、先ず手を放つを図らば、纔《わず》かに虎に騎《の》るの危《あや》うきを脱れん。——洪自誠

【解説】 進むときに退くことを考えれば進退に窮することはなくてすむだろう。始めるときに止めるときの手だてを考えておくものは、にっちもさっちもいかなくなるということはない、の意。「庶くは……を免れん」とは「……しないですむだろう」の意。「藩に触るる」は、『易経』に、「羝羊《ていよう》藩に触る、退く能わず、進む能わず」とあるのを用いたもの。羝羊とは牡羊で、向こう見ずに進んでゆき、ついに垣根に衝突して進退谷《きわま》ることをいう。「虎に騎るの危き」は、いわゆる「騎虎の勢い」の恐ろしさをいったもので、その速さは格別であるが、下りれば虎に食われ、乗りつづければふりおとされる、やはり進退ともに窮するおそろしさをいったもの。

〔出典〕洪自誠『菜根譚』二五〇

卑《ひく》きに居りて後《のち》に高きに登るの危きと為《な》すを知る。晦《くら》きに処《お》りて後に明るきに向うの太《はなは》だ露《あら》わるるを知る。静を守りて後に動を好むの労に過ぐるを知る。黙を養いて後に言多きの躁と為すを知る。——洪自誠

【解説】低い身分にいてはじめて、高い位のあぶないことがわかる。暗いところにいてはじめて、明るいところがなんでも見えることがわかる。静かなところにおちついてはじめて、やたらに動きまわっていることが骨の折れることであることがわかる。よく沈黙を守ってはじめて、言葉数が多いことがやかましいことがわかるのだ、の意。仏教のいう真実とは、もののあるがままをいう。ために、真実を「如《にょ》」ともいい、「如実」ともいう。それを知る知恵が「如実智」である。しかし、このような知恵は決してたやすく得られるものでない。仏教で真にものを知り、見るために、さまざまな見方（観《かん》法《ぼう》）に工夫をこらし、そのための設備（道場）を考えたのも、知恵を正しく保つことがむずかしく、そのためには環境と大きな関係のあることを知っていたからであろう。ここでは、環境を変えてはじめて気付かなかった真実が見えて来ることをいっている。

〔出典〕洪自誠『菜根譚』三十二

間中放過せざれば、忙処に受用あり。静中に落空せざれば、動処に受用あり。暗中に欺隠せざれば、明処に受用あり。——洪自誠

【解説】ひまなときにもぼんやり過ごさなければ

ば忙しいとき効果がある。静かなところに落ちつききってしまうのでなければ、動き出すときにその効果がある。かげでかくしだてするということをしなければ、人前でその効果がある。ひとは自然のままにふるまうのが最後の勝利でもあり、真実にもかなっているという考えを示す。仏語にいう「如実《によじつ》」、「如法」、「自然《じねん》」「自然法爾《じねんほうに》」などの考えにそうもので、ものをあるがままにみる仏教の考え方が底にあっての人生訓とみることができる。

『出典』洪自誠『菜根譚』八十六

石火光中長を争い短を競う。幾何《いくばく》の光陰ぞ。蝸牛角上雌を較べ雄を論ず。許《こ》大《だい》の世界ぞ。　――洪自誠

【解説】この世で行なわれるすべてのことを夢と見、幻と見る見方がある。この世で行なわれること以外に何の事実があろうかという見方もある。この二つの見方はまさに対極に立っている。前者は多く宗教者によって発言せられる場合が多く、後者はその否定の上に立つ唯物論者や科学的世界観の持ち主によって主張されるということができる。しかし、前者が、決して仏教の世界観を示すものでないことは思うべきである。仏教は現世のみに固執し、五欲に生きがいを感ずる者に対してこそ、現世のみが価値でないことを強調するが、この否定的表現が否定的役割りにおいて発揮する価値をもってその全部と見誤ってはならない。現世を超えた永遠なるものに価値を見出そうとする者に対しては、かえって現世に永遠なるものが宿らなければならないことを教える。往相《おうそう》と還相《げんそう》の一端に執ずるとき、そこに生まれるのは、ともに仏の精神からは遠い執見となる。その意味で、ここに掲げた句を現世に対する否定の句と取ることの当

たらないことは見易い理であろう。石火（火花）の中で長短を争い、かたつむりの角の上で雌雄を争うことに生きがいを見出す人への覚醒のことばとしてうけとるべきものである。なお、蝸牛角上の争いについては、『荘子《そうじ》』の中にたとえばなしがある。かたつむりの右の角の上に蛮、左の角の上に触という二国があり、たがいに戦争をし、死者数万だったという。引用の意も、ここに察すべきであろう。

〔出典〕洪自誠『菜根譚』一二三五

世間虚仮《せけんこけ》、唯仏是真《ゆいぶつぜしん》——聖徳太子

【解説】わが国古代社会の氏族の葛藤を、天皇を中心とする統一国家に編成し、その統一理念として仏教をもってした、その大成者が聖徳太子であることは改めていうまでもない。太子の仏教はその意味ではやはり、国家のための仏教であり、今日いう在家仏教であったことは認めなくてはなるまい。『法華経』『維摩経』『勝鬘経』という三経を選び、これに、自から注釈をものされたのが有名な聖徳太子三経の義疏であるが、このいずれもが在家的・世間的性格のつよい経典であったことは、太子の仏教に対する指向を示している。しかし、ここに注意しなくてはならないことがある。太子はたしかに世間への強い関心によって貫かれていた。それは政治家としての当然の姿勢であるといわなくてはなるまい。しかし、太子は世間のために仏法が利用されればいいと考えたのでは決してなかった。たしかに、仏法は究極において世間のため、人のためになるべきものでなくてはならない。だが、それは仏法が世のままに流されず、かえって世の上に立ち、それを徹底して批判する目をもてばこそできることであって、仏法そのものが世間的存在になり終わったとき、ついに仏法は何事もなしえなくなってしまう。仏法の世間的効用に強い関心をもつがゆえに、太子は、仏法の世俗超越性にも毅然たる区別を要求したのであった。このことを見るにもっともよいことばが、太子の死（六二二年二月二十二日）をいたむ妃が、太子生前の願を尊重して、その願生の浄土である天寿国の繡帳を造り、そこに記した銘文によって見られるのである。その文は次のようなものである。

「わが帝王（なくなった聖徳太子）の告ぐるところ、世間は虚仮《こけ》（この世は仮のもので）、唯《ゆい》仏是真《ぶつぜしん》（仏だけが真実）なりと。私ども妃はその法を玩味す。わが大王（聖徳太子）は天寿国のうちに生ずべし。しかもその国の像《かたち》、眼に見がたきところなり。稀なるによって像を図って大王往生の状を観ぜんと欲《おも》えり」。

太子一代の事業が悉く終えて薨去したいま、妃たちはひたすらその追善をはかる。その追善の根拠となったのは、太子の「この世は仮のものであり、仏のみが真実である」ということばであり、その往生の行き先として考えられていた天寿国だったことを知るのである。仏教が彼岸に浄土を見、此岸を穢土と見ることに誤解の目をむけることは多い。しかしその誤解を解くなによりの鍵は、太子の一生であり、さらにその事業をささえた、このことばであったということができるであろう。世間は仏によってのみ導かれたのであった。

この、聖徳太子仏教のもつ一貫した世間性と出世間性との妥協をゆるさない厳密さを看過して、いたずらに、日本仏教の国家性や、宮廷との関係のみを強調して見るのは、宗教の本質を見落すことになろう。

〔出典〕聖徳太子『法王帝説』

常に坐を好む少乗の禅師に親近せざれ

――聖徳太子

【解説】いつでも坐禅することだけを好んでいる少（小）乗的な禅師には親近《しんごん》してはならない、という戒告。意は、仏法を求めるところも弘《ひろ》むべきところも、まさにこの世間のうちにあるのであって、ことさらに山間に寂静所《じゃくじょうしょ》を求め、ひたすら世事を放棄して坐禅するのみでは、真実の仏法とはいえず、万人を救う教えとはなりえない、というところにある。太子・摂政の位にありながら、仏法を求め、政治・文化のうちにそれを活かすことに一生を賭け、成功した聖徳太子にふさわしいことばということができよう。このことばは、実は注釈中のことばである。『法華経』のうちに、「常に坐禅を好み、閑処に在って、其《そ》の心を修め摂せよ」とあるのを解釈したもの。この経の文意は、太子の解釈とは逆であることは明らかである。坐禅を静かなところでせよという意味である。インドや中国の学者たちも、もちろんその意味に解釈しており、ことに、太子がこの注釈（『法華義疏』）をつくるに当たって常に憑《よ》った梁の光宅寺の法雲もそのとおりに理解している。太子はそのような伝統的ないし直訳的解釈は充分承知しながら、それらが真義をつかまえておらずとして、独自の解釈を加えたのである。そして、かく解する理由については、「顚倒分別《てんどうふんべつ》の心あるに由るが故に、此れを捨て彼れに就き山間に常に坐禅を好む。然らば則ち何の暇あってか此の経を世間に弘通せん。故に知んぬ、常に坐禅を好むは猶ほ応《まさ》に親近せざるの境に入るなり」といっている。これによれば、世間の真の姿に触れず、迷った計らいの心（顚倒分別の心）によって、すべてのものを邪見し邪思惟するから、この世間を捨てて、彼の山間に坐禅することを好むようになるのだ、という。もし、ひとびとが山中に出かけて坐禅しなければ悟りが開かれぬとばかり考えていたなら、だれがいつ、世のひとのために、この仏法を弘め、救いの手をさしのべるのであろうか、ゆえに山の中で坐禅ばかりしているような者とは親しみ近づいてはならない、としたので、これこそ経の真意であるとしている。これはもちろん、坐禅をなすな、ということではなく、坐禅をなすのに、つねに特定の、静寂の場所でなくてはならない、とする考えに戒告を与えたのであり、坐禅をなすに、いかなる所にあってもなしうる心の用意がなくてはならぬとする、太子の「真俗一貫」の坐禅観であるといってよかろう。

〖出典〗聖徳太子『法華義疏』

山として入るべき無く、世として避くべき無し。無方に物を化するを、乃ち名づけて宴となす。

——聖徳太子

【解説】快川紹喜（?〜一五八二）が甲斐の恵林寺の山門で、織田信長の兵火に焼かれて死ぬ時の有名な遺偈「安禅何んぞ山水を須《もち》いん、心頭を滅却すれば火もまた涼し」を想起させる文であるが、これは、聖徳太子が『維摩経』に対する自註『維摩経義疏』の中で述べたことばである。『維摩経』は、よく知られているように、ひとびとを教化するために、かりに病気の形を示した維摩居士（ヴィマラキールティ）を、多くの仏弟子、菩薩が見舞い、話を交わしてゆくという形で進行する。その中で、まず、維摩居士を見舞うよう、釈尊から命ぜられたのが、仏弟子中、知恵第一といわれていた舎利弗《しゃりほつ》（シャーリプトラ）であった。しかし、舎利弗は、かつて自分が山林に隠れて樹下に宴坐していたとき、維摩居士からひどくしかられたことがあったのを釈尊に告げて、維摩居士の病床を見舞うことを固辞している。ここに掲げた一文は、『維摩経』の右の一節に対して下した太子の解釈であって、このあとつづいて、「機に随《したが》って物を化するを、乃ち真宴と名づく。内外双亡するを、乃ち真宴と名づく」と述べておられる。「宴」「宴座」は、法のための集い、修坐を指し、今日いう「法座」に近いものである。仏道を修めるのに、特別な場所、閑処がなければならないとする、宗教によく見られる現実逃避を廃し、日常の世間のことに処しつつ、仏道の真精神を求めるところにこそ、真俗一貫した菩薩道があるとした。これは聖徳太子の理想であり、日本仏教の精神であるとともに、ひろく見て、大乗仏教の精神であったということができよう。この現実重視の態度が一貫してあることを忘れて、太子の「世間虚仮・唯仏是真」（世間はいつわりのものであり、仏のみが真実である）の一句を表面的に、現実軽視のことばとうけとる愚は避けなければならない。

〔出典〕聖徳太子『維摩経義疏』

方円の人法は黙《もだ》さんには如《し》かず。説聴瑠璃《るり》のごとくならば情《ここ》ろ幾ばくか抬《もた》げん。——空海

【解説】四角なものと円《まる》いものとは、その性が合わないように、人と法、機と教とが相合《あいあ》わないときには沈黙するほかはない。しかし、説くものと聴くものとが、瑠璃の玉にものの映るように、無害で清らかであったならば、そこになにがしかの法を説こうとする気持の起こるのは当然である、との意。空海の『性霊集』中、「徒《いたづ》らに玉を懐《いだ》く」と題し、自己の悟境を説いたもの。世間に法を求める気持のうすいとき

は、いかによき法があり、どのように優れた師がいようとも、それを正しく伝えることはできない。空海には時間に対する価値判断、いわゆる末法思想はみられないけれども、ここでは、真実の伝えられるにふさわしい、現実の条件は明瞭に意識されている。

〔出典〕空海『性霊集』巻第一

故に経に云く、羅惹《あらんじゃ》、名を知らざれば人民多く貪殺《とんせつ》す。三綱弛《ゆる》び紊《みだ》れて五常廃絶するときは則ち旱澇《かんろう》飢饉邦国荒涼す。国十善を行い、人五戒を修するときは則ち五穀豊登して万民安楽なりと。敢て斯の義を取て躬《み》を正しくして物を率《したが》う。――空海

【解説】空海弘法大師の『性霊集』巻第六「天長皇帝大極殿において百僧を啒《くっ》して雩《あまごい》する願文」中の一節で、淳和天皇が宮中の大極殿に百僧を請じて、雨請の法要を営なまれたときの願文である。国の安泰を願って天皇が躬を正しくすることを決意された文であるが、空海の願いが述べられているものであることもいうまでもない。「経に云く、羅惹等……」の文については、『便蒙』に指摘があり、『守護国界主陀羅尼経』第十「阿闍世《あじゃせ》王受記品」（大正蔵経、第十九巻、五七一ページ）における阿闍世王の故事をさすものと思われる。すなわち、「阿闍世王、仏に白《もう》して言く、何を以てか摩伽陀《まがだ》国風雨節あらず、旱澇調《やわ》らがず、饑饉相仍りて、怨敵侵擾し、疾疫災難無量百千ぞ。唯願くは世尊我が疑網を断じ給え。爾《そ》の時、世尊の言く（中略）汝は王の名字尚お自聞せず、況んや余声においてをや。夫れ王とは則ち囉若の義なり。囉字の声とは所謂苦悩の声、啼哭愁嘆、無主無帰、無救護の声なり。当に慰喩して言うべし。

汝苦しみ悩むことなかれ。我れ汝が主たり。当に汝を救護すべし。涙を拭て慈愍して之を撫育すべし。惹字の声とは是れ最勝の義、是れ富貴の義、是れ自在の義、是れ殊勝の義、是れ勇猛の義、是れ端正の義、是れ智慧の義なり。是れ能く一切衆生憍慢自高にして他を凌蔑するを摧滅する義なり。大王汝今に於て因果を信ぜず。所生の父を殺し（中略）後、調達（デーヴァダッタ）をして仏身の血を出し、和合の僧を破せしむ。（中略）百姓を徴科すること油麻を圧するが如し。貧匱困苦にして千戸の資材も一象の費えに充つること能わず。（中略）故に言う、自己の名字を聞かずと、何ぞ更に此の陀羅尼神力加護を得ん」。以上の経文を取意したものと思われる。「三綱」とは、人倫を保つ三つの綱。君は臣の綱、父は子の綱、夫は妻の綱。「五常」は儒教にいう五つの徳目、仁・義・礼・智・信。「旱澇《かんろう》」はひでりとなが雨。「荒涼」はあれはててものすごいこと。「十善戒」とは、在家の大乗戒で、身三・口四・意三の合計十の戒。すなわち、①身三。不殺生・不偸盗・不邪婬。②口四。不妄語・不綺語・不悪口・不両舌。③意三。不貪欲・不瞋恚・不邪見。「五戒」は、釈尊以来の在家戒で、不殺生・不偸盗・不邪婬・不妄語・不飲酒の五をいう。このうち、前四つの戒は、そのこと自体が悪であり、条件のいかんを問わず、触れることはできないのであるから、これを「性戒《しょうかい》」（本質的な戒）といい、これに対して、最後の「不《ふ》飲酒戒《おんじゅかい》」は、そのこと自体は善でも悪でもなく、ただ、これを冒すことにより、他の戒も守れなくなるおそれがあるのであるから、予防的な意味で防ぐべき戒「遮戒《しゃかい》」といっている。また、このすべてが守れずとも、一、二を守ることを「分戒《ぶんかい》」といっている。「五穀」は米・麦・粟・黍《きび》・豆。食品の主なものの総称である。「豊登」はゆたかにみのること。以上、阿闍世王の故事を引いて、国を治める帝王の心掛けを説いたものであることを、知ることができる。文意は次のごとくなろう。経に次の如き教訓が垂示されている。すなわち、かの阿闍世王のごとく、もし仁政を行なわず、人民を苦しめるようなことばかりしていたならば、それは王という文字さえも知らないものである。したがって王の主義をも弁えずに道理に背いた政をなすならば、国の三綱の大道はゆるびみだれ、五常の大義はうたれてしまい、国は乱れ、干澇や洪水が相ついで起こり、国中は荒涼として荒れすさぶであろう。しかるに、これに反して王が仁政を施すならば、国には十善が行なわれ、人には五戒が保たれ、その結果五穀はよくみのり、万民は安楽となるであろう。この教えにもとづいて、自分は身を正しくして、すべてのものを率いてゆくであろう、と。一般に、空海の仏教は貴族仏教といわれ、天皇たちとの個人的交誼のみが注目されている。しかし、ここに見る空海の国王観、国王への戒告は、『金光明経』「王法正論品」などに見られるような、正法行なわれれば国土安穏に、正法行なわれざれば国土乱れる、という王仏不二の政治思想の上に立っているものであることを知る。国政の重大な部分が、国王によって直接左右されていた古代社会にあって、その国王に対し、正しい政治の在り方を宗教家が訴えることは当然であったと見るべきであろう。

〖出典〗空海『性霊集』巻第六

国宝とは何物ぞ。宝とは道心なり。道心有るの人を名けて国宝となす。かかるがゆえに古人の言く。「径寸《けいすん》十枚、是れ国宝に非ず。一隅を照らす、此れ

則ち国宝なり」と。――最澄

【解説】国の宝とは何か。宝とは道を求める心である。道を求める心のある人を、国の宝と名づけるのである。このゆえにこそ古人はいっている。「直径一寸の玉十枚は決して国の宝ではない。道心をもって世間の一隅を照らすものこそ国の宝である」と。伝教大師最澄（七六七〜八二二）は、延暦二十四年（八〇五）、唐から帰国し、その翌年一月、桓武天皇から南都の諸宗と並んで年分度者二人を許可され、天台宗をはじめて公許のものとして独立させる。しかし、彼は、大乗仏教は大乗の戒によって得度し修行するのでなくてはならないと考えていたから、ついに、弘仁九年（八一八）五月十三日、六条の式を作って、大乗戒壇の建立を天皇に許可を仰いだ。これが六条式で、さらに同年八月八条式を、翌年三月四条式を提出し、重ねて裁可を仰いでいる。

以上の三つを合わせて『山家学生式《さんげがくしょうしき》』といっているが、この文は、その最初の六条式で、正式の名は、『天台法華宗年分学生式』という。最澄が、大乗の戒壇を作ることによって、ただ教理の上だけでなく、戒律・実践の上でも新しい僧を産み出そうとする、なみなみならぬ決意のうかがえる一文で、天台宗のものだけでなく、ひろく日本の仏教徒に知られたことばである。「一隅を照らす」ということばは、ことに愛唱され、それを名とする会もできているほどである。しかし、これは、よく言い、よく行なった結果、おのずから世の一隅を照らすようになることが「一隅を照らす」のであって、自分で一隅を照らそう照らそうと心掛けるべきであるといっているのではない。右の、冒頭の文に続く、次の一節を読めばその趣旨は明らかである。「古哲（後漢の牟子か）また言く。『能く言ひて行ふこと能はざるは国の師なり。能く行ひて言ふこと能はざるは国の用なり。能く行ひ能く言ふは国の宝なり、三品《さんぼん》の内、唯、言ふこと能はず、行ふこと能はざるを国の賊と為す』と」。この、径寸十枚の一句は荊渓尊者湛然（七一一〜七八二）の『摩訶止観輔行』の次の文によったものとみられる（稲谷祐宣。渡辺照宏編『最澄・空海集』筑摩書房、昭和四十四年）。

「春秋の中の如し。斉の威王二十四年。魏王斉王に問ひて曰く。王に宝有りや。答無し。魏王曰く、寡人《わたくし》国小と雖ども、乃ち径寸の玉十枚有り、車の前後、各十二乗を照す。何故に万乗の国に宝無きや。威王曰く、寡人の宝と謂ふは、王宝と異る。臣に檀子等有り。各一隅を守る。則ち、楚・趙・燕等を使て、敢て輙前せず。若し寇盗を守れば、則ち路に遺を拾はず。此を以て得と為す。則ち千里を照す。豈に十二乗車に否ずや。魏王慚じて去る」。

最澄は、このような決意で比叡山で受戒し、山に止まること十二年、一歩も外へ出ない僧（籠山比丘《ろうざんびく》）を養成することを志したのであって、そのような人をこそ「国の宝」というと考えていたのであった。この文の後にいう。

「凡そ両業《りょうごう》（止《し》観業《かんごう》と遮那《しゃな》業《ごう》。『摩訶止観』を中心に学ぶ冥想の修行と、『大日経』を中心に学ぶ密教の修行）の学生《がくしょう》、一十二年、所修・所学・業に随ひて任用せん。能く行ひ能く言ふは常に山中に住して衆の頭と為し、国の宝と為す。能く言ひて行ふこと能はざるは国の師と為し、能く行ひて言ふこと能はざるは国の用と為す」。

比叡山の仏教を鎮護国家の仏教というが、そのめざすところは、仏法による国家の鎮護であったので、国家による仏法の鎮護ではなかったことは知るべきであろう。

『出典』最澄『天台法華宗年分学生式』（六条式・山家学生式）

悠々たる三界、純《もっぱ》ら苦にして安きことなく、擾々《じょうじょう》たる四生《ししょう》、ただ患にして楽なし。牟尼の日久しく隠れて慈尊の月未だ照らさず。三災の危きに近づき、五濁《ごじょく》の深きに没《しず》む。——最澄

【解説】日本の古代に大陸の文化をもたらした奈良の仏教も、ついには政治との深いかかわり合いと自分自身の生命力の枯渇から救いがたい腐敗を示していった。桓武天皇の平安遷都は、腐敗しつつ、しかも強力な、この旧仏教からの回避が一つの大きな理由だったといわれる。『法華経』に新しい指針を得た最澄が、みずからの道心の表白とともに、その道心を修行によって完成し、すべての生きとし生けるものを救おうとし、五つの誓願を立てたのは、彼の十九歳のとき、延暦四年（七八五）のことだったといわれる。その五つの誓願の一つ一つは、本書でも別にあげるとおりであるが、要するに、自己の修行の完成と、その結果の一切衆生の済度への決意の表明である。若き日の最澄の、この道心の表白は、これより十年おくれて世に問われた空海の『三教指帰』と好一対をなすものであり、その分量こそ小部のものであるが、日本仏教建設の方向性を示し、のちの鎌倉仏教建設の気運さえうかがわせる、きわめて重要な作品といわなければならない。平安仏教の高僧の著作の例にもれず、行文は流麗をきわめているが、修辞の結構に幻惑されて、内容の真摯なることを看過してはならない。難解な術語を解説しつつ現代訳を行なえば次のようになろう。

「悠々として限りない人の世（＝三界。欲界・色界・無色界）はひたすら苦のみみちて安らか

なことなく、みだれにみだれた生きものども（＝四生《ししょう》。胎生・卵生・湿生・化生《けしょう》の四種類の生まれ方をする生きもの）は、憂いばかりで楽しさは一つもないのである。釈迦牟尼の、太陽にもたとえるべきお生命はなくなられてすでに久しく、釈迦牟尼の没後、五十六億七千万年ののちこの世にあらわれるといわれている慈尊（＝マイトレーヤ。弥勒《みろく》菩薩のこと）の、月のような御出現はまだ見られない。大、小三つの災い（生きものの滅びる小災三つ。すなわち、刀兵災・疾疫災・飢饉災。および世間が破壊され尽くす大なる災三つ。すなわち、火災・水災・風災）の危険は眼のあたりに迫り、悪世の五つの濁り（劫濁《こうじょく》＝時のけがれ・見濁＝ものの見方のけがれ・煩悩濁＝迷いのけがれ・衆生濁＝人のけがれ・命濁《みょうじょく》＝生命のけがれ）は、ふかくひとびとをとりつつんでいる」。

最澄は、このあとすすんで、この悪世において、自分をはじめとして、ひとびとの懺悔うすき生活を深く省み、先に述べた五つの誓願を発するのである。その反省の切実なことは、次の文でも充分に察せられるところであろう。親鸞の「愚禿」の反省の一つの先例をここに見ることができる。

「是に於いて、愚が中の極愚《ごくぐ》、狂が中の極狂、塵禿《じんとく》の有情、底下の最澄、上は諸仏に違《い》し、中は皇法に背き、下は孝礼を闕《か》く。謹みて迷狂の心に随い三二（＝五つ）の願を発す」。

【出典】最澄『願文』

学道の人、衣糧《えりょう》を煩《わずら》うこと莫れ

——道元

【解説】 道を学ぶ人、学道の人にとっても決して無視することのできない問題は生活の問題である。宗教者にとっての生活の問題は、ただ否定し無視するだけではなんの解決にもならない。道元がこのことについて語ったことばで、弟子の懐奘《えじょう》が書き記したものが『正法眼蔵随聞記』のうちに残されている。彼のここで説いたことばが、ここに見る「学道の人、衣糧を煩うこと莫れ」であったのである。むろん仏道一般にこの考えはあり、「道心の中に衣服あり、衣服の中に道心なし」（最澄『一心戒文』）のことばもよく知られているし、維摩居士が、いすや昼食を思いわずらった舎利弗をたしなめた故事なども、これと同じ線に立っている。しかし、道元は、これらの考えを承けつつ、より徹底したものがあったということができよう。「学道の人は先ずすべからく貧なるべし」といい、さらにまた、「学道の人はもっとも貧なるべし」ともいっている彼の考えの中には、仏教者一般の生活に対する第二義的な評価よりも一歩進んだ、一種の清貧思想、賤財思想があったことを見逃すことはできない。この徹底した無財の思想は禅家の姿勢であるとともに、釈尊以来の、正しき出家者の映像でもあったのである。

〔出典〕道元『正法眼蔵随聞記』

なにともなく、世間の人の様《よう》にて、内心を調へもてゆくが是れまことの道心者なり。――道元

【解説】 なにげない、わざとらしくない、世間のふつうの人のなり形そのままで、形についは特別のことをせず、ただ心のうちを調《ととの》えていくのが、真実の求道者である、という意。これは、道元が『正法眼蔵随聞記』の「夜話」の中で、その弟子たちを前にして、まことの仏者のあり方について語った一節である。このように、形にとらわれ、形のみをかざることを益ないこととして教え、真実の徳を求めるものは、日常のなにげない生活、容姿のうちにこそ道心があらわれるとみた道元の心には、当時の仏教界にあって、ひたすら外相《げそう》（外観）をかざることのみに忙しく、内徳《ないとく》を積むことを忘れた似而非高僧たちに対する深いいきどおりがあったのである。だからこそ、彼はみずから紫衣を賜ったときも、このようなものを身にまとったとて、いたずらに猿や鳥の笑うところとなると固辞して承《う》けなかったのである（しかし、さいごにはとうとう承けてしまったが）。このことばは、しかし、道元が、人の外観や威儀を無視、軽視したことばと取るのは当たらない。よく知られているように、禅宗ほど、外にあらわれる形と心の結び付きを重視するゆき方はない。禅(dhyāna)ということば自体が、そのような心と環境との調和をいうのであり、瑜伽《ゆが》(yoga)も、同じく心《こころ》と色《しき》（もの）との結びつきをさしている。食作法《じきさほう》をはじめとする、入浴・睡眠等日常生活の末端にまで及ぶ、正しい外観の在り方は、他のいかなる宗派よりも徹底したものがある。そして禅宗といういい方を生涯きらい、仏教自体として自己の宗教を考えた道元であったことを思えば、このような心身・色心の一体不離という考えは、おそらく仏教全体についていうべきことであろう。道元は外形を無視したのでないことは明らかなところであり、ただ彼は外形のみを重んじ、「真実内徳なくして人に貴ばれる」ことの非を衝いたのである。我を忘れても身心一如とはなりえず、心を落としても同様な結果になることは明らかだからである。哲学を研究するより前にまず髪をボサボサにすることに心掛けたり、画を学ぶより先にひたすらベレー帽の品定めに夢中になる、このようなひとびとを、真の哲学者、真の画家といいえないことはいうまでもなかろう。いつの世にも「微服して真実内徳」を求めることなく「外相」をかざるものは少なくなかったものとみえる。

〔出典〕道元『正法眼蔵随聞記』

御身にかぎらず、念仏もうさん人々は、わが御身の科《とが》はおぼしめさずとも、朝家の御ため国民のために念仏をもうしあわせたまいそうらわば、めでとうそうろうべし。――親鸞

【解説】念仏をとなえるのはだれのためか、よりひろく、人間の完成、宗教を求めるのはだれのためかという設問に対する親鸞の答え。これによれば親鸞は、自分の身にかぎることなく念仏をいうことのできるひとは、自分のことは考えなくても、朝廷のため、国家のため、さらに国民のために、念仏をとなえになったならば結構なことだ、という意。これによると、親鸞は、その極度にまで純粋な宗教哲学にもかかわらず、その効用を自己一身に限定しないで考えられるひとにあっては、国家のため国民のために念仏したならば、さらによいことだというのである。彼の段階的解釈は次のようである。「詮じさふらふところは、御身にかぎらず、念仏まふさん人々は、わが御身の科はおぼしめさずとも、朝家の御ため国民のために念仏をまふしあはせたまひさふらはば、めでたふさふらふべし。往生を不定におぼしめさん人はまづわが身の往生をおぼしめして、御念仏さふらふべし。わが御身の往生を一定とおぼしめさん人は仏の御恩をおぼしめさんに御報恩のために御念仏とところにいれてまふして、世のなか安穏なれ、仏法ひろまれとおぼしめすべし。おぼへさふらふ」。

増谷文雄氏解釈――「詮ずるところは、御身にかぎらず、念仏をもうす者は、わが身のためとは考えずして、朝家の御ため、国民のためにと念仏もうさるるが、ご立派なのです。往生できるかどうかと思うような人は、まず自分の往生のことを考えて念仏されるがよい。わが身の往生は一定と思われる人は、仏の御恩をおもうにつけても、ご報恩のために、こころをこめて念仏をもうし、世のなかが安穏であるように、仏法がひろまるようにと念ずるがよいと思われます」。親鸞の念仏が必ずしも反社会性をもつものではないこと、その効用や実践について重層的に考えていたことを知るべきであろう。仏教の二諦説から、当然の帰結と考えなければなるまいが……。

〔出典〕親鸞『第二書簡』

一切の大事の中に国の亡（ぶ）るが第一の大事にて候也——日蓮

【解説】仏教者によって国の亡びることを、このように正面からとらえ、憂えたことばはまれである。日蓮のこのことばが、仏教者の愛国心の発露としてうけとめられ、よろこばれ、さらには、仏教の世外の態度を責められたときの格好の遁辞として用いられたことは理由のないことではなかった。しかし、このことばの前後を見ればわかるとおり、これは決して、ただ、国は何ものにも優先して尊く、そのゆえに亡ぶることを防がなくてはならない、とするような偏狭な、世俗的なものではなかったのだ。この句に先だって、冒頭、日本に使した蒙古の使者杜世忠らが、なんの罪もないのに、幕府によって首切られたことをつよく非難し、しかも謗法の者を刎《は》ねないことをさらに弾劾《だんがい》している。このような発言は、国をあげて反蒙古的な国粋主義にわき返っていた当時、つよい勇気を必要とすることであったことは論をまたない。このように、愛憎に先行して道理を重んじた日蓮にとって、国とは、単なる日本人の血族共同体（Gemeinschaft）のことでもなく、利害で結び合った利益共同体（Gesellschaft）でもなかったのだ。だからこそ彼は、同じ「遺文」の中で、蒙古は、正しい法の行なわれていない日本に警告を与えに来たのだとまで見ているのであって、法こそ国を見る規準であって、国が法を見る規準でなかったことは知らなくてはならない。この句の出てくる『蒙古使御書』は、元寇がすでに現実の脅威となってから執筆されたものであるが、国家と仏法の関係で、法が優先するとなす「正法為本」の主張に関する限り、元寇以前に書かれた「立正安国論」との間に、思想の変化はみとめられないのである（戸頃重基）。日蓮の国家観には、つよい時（歴史性）と境（環境論）が働いており、幸徳秋水のような無政府主義者や、内村鑑三・矢内原忠雄などのようなキリスト者などの強い共鳴を呼ぶ反面、北一輝・井上日召・石原莞爾・田中智学などの狂熱的な国家主義者に信奉される微妙な発言も含まれており、王法為本か国主法従かについては、専門学者の間においてさえ、まだ全面的な一致はみていないのである。しかし、その基調が、右に見たように、正法あっての国家であり、国家あっての正法ではないことは明らかであり、これについては良心的な専門学者は公平な裁定を下している（戸頃重基『日蓮の思想と鎌倉仏教』一〇ページ）。

「護国ということは、正法を信仰して得たところの結果であり、神秘的な現生利益の賜なのであって、正法信仰に優先する前提ではない。また正法を信仰することが国家の目的となるのであって、国家の手段に、正法信仰を提供してはならないのである。これが日蓮における法国相関(仏法と国家とのかかわりかた)の基本的な発想法であったと解せられる」。

〔出典〕日蓮『蒙古使御書』

王地に生まれたれば身をば随へられたてまつるようなりとも、心をば随へられたてまつるべからず。——日蓮

【解説】国王によって治められるこの国土に生を享けたならば、その命令によって身体は国家に従がわなければならないようなことはあっても、心をも従がわせるようなことがあってはならない。日蓮五十四歳の著『撰時抄』の一節で、彼の国家観を知るうえで重要な一文である。ふつう、日蓮は仏教者の中で、もっとも強烈な国家主義者であると理解されることが多く、事実、近世になってからは、そのような日蓮理解の上に立った活潑な政治運動もあらわれている。田中智学(一八六一～一九三九)によって創始された「国柱会」はその代表であり、その直接・間接の影響の下に立った右翼的な「革命」家は、数も少なくなく、力のあるものが多かった。五・一五事件の黒幕となった井上日召(一八八六～一九六七)や、満洲事変の立役者となった石原莞爾(一八八九～一九四九)将軍などはその直接の影響を受けたひとたちであり、直接ではないが、右翼革命と日蓮主義を結びつけた者として、二・二六事件の黒幕として処刑された北一輝(一八八三～一九三七)などがあげられる(田村芳朗『日蓮』、筑摩書房、昭和四十四年)。しかし、このような日蓮理解がいかに勝手なものであり、日蓮の真意を曲げるものであるかは、右の一文を見ただけで明らかであろう。このことばに打たれて、日蓮への傾倒をふかめ、自己の救いとしたひととし

て、評論家の高山樗牛《たかやまちょぎゅう》（一八七一～一九〇二）があり、キリスト者でありながら、日蓮の、この真意を正しく汲んだひととして、内村鑑三（一八六一～一九三〇）があり、その弟子矢内原忠雄（一八九三～一九六一）があげられる（田村）。樗牛は、日蓮の、右のことばを、バイブルの「カイゼルのものはカイゼルに、神のものは神に返せ」（マタイ伝）ということばとあわせてとりあげ、このように宣告しうる人があれば、「吾人は走って其の靴の紐を結びて彼れの門下とならむ」（『日蓮と基督』）とのべている。内村と同じく、樗牛が日蓮に打たれたのは、彼が国家に随順するからではなく、仏法が国家を随順させ、あるいは仏教の行者に国家を随順させようとする信念の強さに打たれたのであった。まさに、田中や石原とは逆の意味での日蓮の姿に打たれたのであった。このことを矢内原は『余の尊敬する人物』においてて次のようにはっきりと解釈している（田村）。

「日蓮は国を法によって愛したのであって、法を国によって愛したのではありません」「立正が安国の因《もと》でありまして、安国によって立正を得ようとするは、本末顚倒であります。日蓮の目的としたものは国家主義の宗教ではありません。宗教的国家であります。国家の為めの真理でなく、真理的国家であります」。この理解がなければ、不受不施派の日奥（一五六五～一六三〇）の受けた迫害も、近くは社会主義者妹尾義郎（一八九〇～一九六一）の批判精神も理解しえないものとなってしまうであろう。

〔出典〕日蓮『撰時抄』

法界に偏満すれども一法なるを一乗というなり。――日蓮

【解説】世界全体にひろがって存在するが、そ

のもとは一つの真実である、の意。『法華経』「譬喩品」にある、有名な、「大白牛車《たいびゃくごしゃ》」に対し、日蓮がその『御義口伝《おんぎくでん》』（巻上）において説明を下したもの。この「大白牛車」は、火事にあった家から逃れ出る子どもたちの乗り物として登場してくる。この火事の家（火宅）が、この世をたとえたものであることは知る人も多かろう。「三界は安きことなし、猶火宅のごとし」。この世の苦患、あるいは、より広く六道に輪廻転生する業苦を火をもってたとえることは、仏典ではきわめて一般的なことであるが、その中でも、この『法華経』「譬喩品」の「火宅のたとえ」は、もっともよく知られたものの一つであろう。むかし、ある所に一人の長者がいた。大きな邸宅に多くの人とともに住み、多くの子どもをもっていたが、その居宅はもはや年を経てこわれかかったものであった。この家に、あるとき火事がおきた。広い家ではあるが出口は一つしかない。そのことを知っている長者は直ちにそこから外へ出たが、彼の多くの子は中で火の迫り来ることも知らず、夢中で遊びほうけていて逃れ出ることをしない。そこで長者は、わが子らに、いま遊びふけっているところがいかに苦痛に満ちた危険なところであるかを知らせるために、外へ出れば羊の車、鹿の車、牛の車という、三つの楽しい車があるから出て、それで遊べと告げる。子どもたちもそれを聞いてようやく外へ飛び出した。ところが出て見れば、そこには三つの車はなく、大白牛《だいびゃくご》にひかれた宝車が一つあるきりであった。ここにいう火宅がこの世であり、そこで火の迫り来るのも知らず遊びほうけている子どもらが迷える衆生であり、そこから逃れるために用意された三つの車、羊車・鹿車・牛車がそれぞれ声聞の教え・縁覚の教え・菩薩の教えであり、それらをめあてにして外へ出たとき見たただ一つの大きな車が大乗の教えをさすことは、その前後で詳しく説明するところである。したがって教えは三つあるごとくであり、実は大乗一つの中に、そのすべてが収められるのである、とする。「諸仏は方便力の故に、一仏乗に於て分別して三と説きたもう」とあるのがそれである。この法華一大乗の教えを活かしたものが、火の家にたとえられたこの世である。したがって火宅の描写は微に入り細をうがっている。この「三界は安きことなし、猶火宅のごとし」の一句は、「譬喩品」の散文の本文（長行《じょうごう》）が終えたあと、要旨を韻文（偈）で述べた箇所に出てくるのであるが、この文には直ちに、次のごとき説明がつづいているのである。「衆苦充満して甚だ怖畏すべし。常に生老・病死の憂患有り、是の如き等の火、熾然として息《や》まず。如来は已に三界の火宅を離れて、寂然として閑居《げんこ》し、林野に安処せり」。さらに人間界の苦としては、貧窮困苦・愛別離苦・怨憎会苦などの「種種の苦」をあげている。法華一経の現世観をここに見る。

〔出典〕日蓮『御義口伝』

仏の加護と申し、神の守護と申し、いかなれば彼の安徳と隠岐と阿波・佐渡等の王は相伝の所従等にせめられて、或は殺され、或は島に放たれ、或は鬼となり、或は大地獄に堕ち給いしぞ。

——日蓮

【解説】仏の加護といい、神の守護というも、邪心あるときは、一天万乗の君にも及ばず、果報尽きて、あるいは殺され、あるいは流され、あるいは地獄に落ちることを当然とみた文。日蓮の国家観、国王観を示す一文。「彼の安徳」というのは、安徳天皇が寿永の乱において、平家の一門と共に西海の藻くずと消えた一件をさし、本文の「或は殺され」はこれをさす。「隠岐と阿波・佐渡の王」はそれぞれ、承久の乱において北条氏の覇権をくつがえそうと乱をおこし、ことやぶれて、それぞれ隠岐・阿波・佐渡に配流された後鳥羽・土御門・順徳の三帝をさす。後鳥羽上皇を首魁とする北条氏の覇権に対する、古代王朝政権のまきかえし運動が、いかに国民的な要求と背馳するものであり、私利私欲にもとづくものであったかは、同じ要求に立ち一生をそれにかけた、のちの南朝の忠臣北畠親房でさえも『神皇正統記』の中で徹底的な批判をあびせている。『平家物語』によれば、後鳥羽上皇は遊宴女色、至らざるなき愚帝で、つねひごろ、ただ美姫のみを愛し、世上毬丁《ぎっちょう》冠者と呼ばれていた暗君だったという。明治・大正・昭和の三代において、天皇は国民にとってただ雲の上の存在であって、国民は抽象的にその位置の恐るべきことを知るのみであって、その位置にあるひとの具体的な徳性や力倆を考えることすら思いつかなかった。しかし、古代や中世の日本人は、仏教や儒教の教えるところに従って、天皇を系譜の尊貴や抽象化された地位に於いて考えるよりも、個々の能力や人格において考えるほうが一般的であり矛盾も感じていなかった。日蓮が、ここに掲げたように、四人の天皇に痛烈な批難を加えたのは、徹底したことではあったが例外的なことではなかったのである。安徳天皇はしばらく措き、後鳥羽上皇はじめ三帝の挙兵は、古代王政から武士封建への移行という歴史的必然性にそむき、結局、上皇らの私利私欲にもとづく私憤の一挙、「天皇御謀反」にすぎなかったがゆえに、時の加勢するところとならず亡び去ったのであった。のちに北条氏を打倒した北畠親房でさえいうように、北条「泰時心正しく、政すなほにして、人を育み」、「徳政を先とし、法式を固く」していた以上、その時の心を得たのは当然であった。専門学者の指摘するように、この文ののった『神国王御書』は「破真言」（真言宗を打ち破る）を目的とし、「立正安国論」は「破念仏」（念仏を打ち破ること）を目的としたものであったといえる（田村芳朗）。前者は日蓮五十四歳の書であり、後者は三十九歳の作である。はじめ真言に傾倒した日蓮がのち破真言に転じていったことはこれにもうかがわれるが、いまはそのことを知らずしても、日蓮の徹底した能力と徳性重視の国王観をくみとることはできよう。

〔出典〕日蓮『神国王御書』

坐禅せば四条五条の橋の上
往き来の人を深山木《みやまぎ》にして——妙超

【解説】 出家の修行者も、ただ世間をいとい深山幽谷にはいってしまうだけではいけない。世間の雑踏の中にあって、雑事をわずらわず、世人と交る中にこそ修行がなされるのであるという考えが示されている。仏教者が世との交わりを断って専心修行すべきであるか、あるいは進んで世のひとと共にすべて困苦を克服することを修行とみるべきであるかについては、釈尊以来二つの立場がみとめられていた。一つが出家であり、一つが在家である。そして釈尊の教団は、そのような在り方をそれぞれに活かし認めることのうえに成り立っていた。これを四衆僧《ししゅそう》伽《ぎゃ》（出家の男、女修行者と在家の男・女信者）、五衆僧伽（上の四衆と、十八歳から二十歳までの二年間六つの戒を守る女子を加えたもの）、七衆僧伽（上の五衆に、出家見習いの男・女修行者を加えたもの）などという。このように、男女ともに、出家・在家さまざまな形の修行形態がみとめられていたことは、仏教の哲学や実践哲学が、自由で幅のあるものだったことによっている。真実（諦《たい》）は一つであるが、それへの近づき方は一つでないことをみとめていたわけで、こういうものの見方を、仏教では「二《に》諦説《たいせつ》」といっていた。しかし、仏教の修行にあっても、専心修行する修行者のほうが、俗事のかたわら修行するものよりも恵まれている、好もしい、優れていると考えられたことは当然であって、地域と時の別なく、出家修行の形態を優位に置く考えは圧倒的につよかった。修行にきびしい禅において、在家の修行をも重視するようになったのがいつからであるかは明らかでないが、このように大胆な形で在家の立場を禅の人がみとめ強調したことの中には、日本的特色を見出すことができるといってよかろう（中村元『東洋人の思惟方法』第二部、日本人の思惟方法、みすず書房版、一八七ページ）。恵林寺の快川紹喜の遺偈とともに解すれば、環境に左右されぬ精神の強さをうたった一首とも解することができよう。

【出典】妙超『道歌』

今生は御主をひとりたのみまいらすれば、さむくもひだるくもなし。それも御主にこそよるべけれ。ことにいまの世にはくうこともきることもなき御主はいくらもこれおおし。されども、よき御主にとりあいまいらする、その御恩あさからぬことなれば、いかにもよくみやづかいにこころをいれずんば、その冥加あるべからず。さて、一期《いちご》のあいだは御主の御恩にて今日までもそのわずらいなし。　――蓮如

【解説】 この世の生計は主人しだいであると述べた蓮如の御文の一節。仏教では人間の平等観

が基調にあるから、主人なるが故に貴く、従者なるが故に賤しいということを無条件にいうことはない。主として、もっとも位の高い国王でさえ、その適不適は血統（ゴートラ）によるのではなく、法（ダルマ）を守るか否かによるという（『金光明経』「王法正論品」）、悪王の難はしばしば盗賊の難と並べておそれられる（『観世音菩薩普門品』）。しかし、現実に仏教が世に行なわれるにつれ、主従という人間的関係を否定するのみではすまなくなる。その関係を事実として認めたうえで、よき主というものを想定し注文を出すほうが、より実際的である場合が多い。蓮如の主従観はこの考えの上に立つものということができよう。蓮如はいう。この世の生活は、主人ひとりをたのみさえすれば、寒さも知らず、ひもじさのためのひだるさもなく、しかしそれも主人しだいである。ことに今のような乱世にあたっては（文明五年＝一四七三）、食うことも着ることもできないような、情ない主人がいくらもいる。しかし、よい主人にめぐりあえば、その御恩は浅いものではないのだから、どうしても心を入れてお仕えしなければならない。そうでなければその冥加はない。このように、人一代の間は、主人の恩しだいで生活の上の心配はない。蓮如はまさに、今生の活計をささえるのは主人であるという封建倫理を肯定し、この肯定の上に立って、その主人に善・悪、適・否のあることを認めようとした。主人に注文を遠慮なく付けている点は、後代の「主、主たらずといえども、臣、臣たり」という固定した封建倫理にくらべれば、はるかに従者の批評的精神の活きのこる余地はのこされているとはいえ、平等な人間観からみれば後退とも妥協とも評さざるをえない。しかし、ここから本願寺教団の現世の諸勢力との融合、現世利益の肯定への途が開かれていったのである。

〔出典〕蓮如『文明五年十二月十三日御文』

臣たる者余多《あまた》の家々をかぞえ奉公すとも、主をば一人と思うべし。是れ無名の主也。無名なれば、主という道立つ也。——沢庵

【解説】 沢庵がその主著の一つ『玲瓏集』で説いた主従の倫理で、仏教者としては珍しく、具体的に世間の君主の在り方を説いている。この沢庵の君臣哲学には、沢庵の置かれた時代的背景があることを忘れてはならない。沢庵は天正元年（一五七三）、但馬に生まれている。このころは長い戦国の抗争もようやく終わりを告げようとしており、それを終結した織田信長の覇権もわずかの間に豊臣秀吉にうつり（一五八四）、しかもそれは大河の流れにも似た勢いで徳川家康に移っている（一六〇〇）。沢庵がこの中にあって仏道の修行いちずに励み、一所不在の雲水の生活をつづけ、しかもこの間、紫衣事件とよばれる、徳川幕府権力との対決を経、ようやく許されたりする（一六三二）孤高の生活を経つつ、しかも最終的には、世の秩序として幕藩体制を認めていったことは認めなくてはならない。このような背景にあって、沢庵は、主従・君臣の古来の安定が急速に崩壊し、しかも、それにかわる新たなる君臣哲学の醸成されていない事情に注目し、新しい体制にふさわしい倫理をつくろうとした。その、彼の根本理念は、その宗教哲学と同じく、特定の主、特定の臣という特殊的条件を廃した、普遍的・抽象的な臣であり君であった。われわれはここに、戦国の、有能な君の下でのみ忠臣となるも、無能の君の下では臣の方から退転するという（例えば後藤基之が黒田家を退転したような）、はっきりしたメリット・システムの君臣関係は後退し、「君君たらずといえども、臣臣たり」という、安定した封建社会特有の君臣哲学が説かれていくのを見るのである。

〔出典〕沢庵『玲瓏集』

天の性とかやは知らねども、天然のまなしつべきに随ひて、忘れはせじ、離るまじとさへせば、人の道には背《そむ》からまじ。――法住

【解説】この世がそのまま仏の浄土となることを、真言宗の教学上の用語で「密厳仏国《みつごんぶっこく》」といい、また「即事而真《そくじにしん》」（ものそのものが真実）という。この大前提に立つからこそ、この肉体そのままで仏になる「即身成仏」の思想が生まれるわけである。しかし、この観方を真言宗だけの、仏教にあって特異な一例とのみ見ることは当たっていない。釈尊は、たしかにこの「世間」のもつ虚偽を見抜き、それを超克するために「出世間」の法を求めた。しかし、ひとたび「出世間法」たる正覚涅槃を得られてからは、ふたたび、その教化の場をこの「世間」に戻しておられる。これを「出出世間」という。「出世間」という立場をも超えることをさしていることはいうまでもない。そしてまた、この「出出世間」が、形はふたたび「世間」にもどりつつ、内容は一たびそれを否定し超克した価値の転換が行なわれていることもまた見易い理であろう。ここに見ることばは、豊山の法住（一七二三～一八〇〇）の『秘密安心略章』中の「世間即道章」の一節である。彼は、真言密教の教えは、絶対界（甚深無相《じんじんむそう》の境界）を説く上には、現象界（有相《うそう》）を離れてはありえない、とした。従って、世俗の職業を離れて、別に成仏の道のあることなどは、彼にあっては考えられないところであった。続けていう。

「人と生れて人の道に背かんは人面獣心とかや。はた、士農工商其《そ》の道々を朝な、夕な怠りなく、先祖より受け継ぎし業《なりわい》を弥《いや》ましに栄え成《なさ》んこそ、人道の第一なれ。則ち夫《そ》れを取もなほさず無相に即する行なりと行ひなば安心決定足りぬべし。人道則ち曼荼羅行《まんだらぎょう》にして甚深無相行の人と同じく伴《ともな》ふ勇進の者とも称しつべし。治生産業それぞれに糸うみながら機織りながら即すれば皆供養雲海《くよううんかい》、苗とり植《うえ》るは身業手印《しんごうしゅいん》、田歌の律《ふし》は口業真言《くごうしんごん》、秋の稲穂《いなほ》の豊《みのり》を期して、怠りなきは心密輪《しんみつりん》の田植三昧《さんまい》、第一実際妙極の境に即せんこそ奇特なれ。必ずしも第一実際無相の妙極はかくこそあれ、安住せんさまはかくこそあれと、明《あきら》め得たるにはあらずとも、無相に即すと安心して常に無相の海水に沈み入り、めかり藻拾ふ蜑《あま》の身も、いづれにもまれ安立《あんりゅう》無量乗のうち寄する波に浮ばずと云《い》ふことなし、まして一華《いっけ》一香《いっこう》の供養をや、況《いわ》んや題目念仏をや、即《そく》すとさへ安心せば秘密の題目念仏なり」。野にあっての念仏こそ真の念仏というのである。

〔出典〕法住『秘密安心略章』

世間・歴史

能く自他の平和事を生ずるが故に提《だい》と称す。　——無著

【解説】西暦四世紀に活躍した、インドの仏教の大学者であるアサンガ(無著《むぢゃく》)は、その主著として、一種の大乗仏教概論ともいうべき『摂《しょう》大乗論《だいじょうろん》』という書物を残している。無著は、インドの大乗仏教の二大潮流のうち、一方を代表する瑜伽行唯識派《ゆがぎょうゆいしきは》の大立者であるが、この書物

は、決して一方の論著とのみ見るべきものではなく、インドにおいても広く各派から注目され、中国・日本においても、さらにチベットにおいても、各宗通じての基本的教科書として広く学ばれ重んぜられて来た。ここに掲げた一句は、その第四章「入因果勝相」品の中で、六つの行《ぎょう》（六波羅密）を論ずる一節で、「提《だい》」すなわち「羼提《せんだい》」（kṣānti ＝忍辱）の本質は自他の平和だと定着したもの。この文は「羼提」すなわち「忍辱」の後半の定義のみを揚げたもので、前半には、「能く瞋恚《しんに》および忿恨の心を滅除するが故に羼と名づけ……」とある。自己の心のうちにおこるいかりやそねみの心をなくし、それによって自己と他者に通ずる平和を将来するのが「忍辱」だとしたもので、忍辱が決して単なる「たえしのび」「我慢」にとどまるものでなく、きわめて積極的な原理であることが知られるであろう。したがって、ここにいう「平和」も、決してただ「争いのない状態」だけをいうのではない。ここにあげたのは、漢訳されて現在に伝わる三品のうち、もっともよく用いられる真諦《しんだい》（パラマールタ）のもので示したのであるが、他の三訳では「平和」ということばは用いられず、「自他安隠に住する」（玄奘訳）、「自及び他安隠に住することを得る」（笈多等共訳）、「他者仿佯住」（仏陀扇多訳）などと、「安隠」または「仿佯」の語が用いられている。やはり心の平和という色彩がつよいことはいなめない。今日の平和論において、仏教のそれがキリスト教のそれに比して、その積極性と具体性とにおいて遜色のあることがよく指摘されるが、ここに見られるように、平和に対する姿勢そのものは極めて積極的であることは知らなくてはならない。この第四章「入因果勝相」品は六波羅密を論ずる章であるが、六波羅密のうち、ことに、この忍辱と精進の二つの行は弱い心をなくすための行であることを強調している。すなわち、「退弱心の因を対治せんが為の故に、忍と精進との二波羅密を立つ。退弱心の因とは、謂く生死の衆生の違逆の苦事と長時に善法を助くる加行《けぎょう》の疲怠なり」とあり、人生におけるさまざまな不如意、苦しいこと、および長い間にわたって善いことをなすのに疲れること、これが退弱の心の原因だと説いているのである。

〔出典〕無著『摂大乗論』

関将軍の大刀を奪い得て手に入るが如く、仏に逢うては仏を殺し、祖に逢うては祖を殺し、生死岸頭《しょうじがんとう》に於いて大自在を得、六道四生の中に向って遊戯《ゆげ》三昧ならん。――慧開『無門関』

【解説】 人として真に得たいものは何か。それはあらゆるものにとらわれず、しばられない、自由の境地、自在の心境であろう。この境地を求めて、多くの仏教者が鏤骨《るこつ》の苦心を重ね、さまざまな道をひらいた。禅の宗風もまた、もっとも真摯に、かつ、厳格にそれを求めたことはいうまでもない。自由を求め自在を追って、禅の求道者は多くの壁につきあたった。これはさとり（見性《けんしょう》）に至りつく上での関所である。この関所の門となるものは何か。それは、自由をさまたげるものを離れること、「無」の一字にほかならない。すべてが、この「無」をめぐってかせとなり、あるいは悟りへの鍵となる。十三世紀の中国で、慧開禅師が「無」をめぐる問答四十八を集め、この無の関を通り抜けることによって、代々の祖師に会うための関とみなし、『禅宗無門関』と名付けたのはこの視点からであった。その第一の問答が、趙州に僧がたずねた有名な一句、「狗子《くし》に還《ま》た仏性有りや也《ま》た無しや」の一条で、冒頭の句は、それを承けて、いかなるものにもとらわれぬ大自在の境地をのべたものである。この無は有に対する無ではない。有無のいずれにもとらわれることのない「無」なのである。「三百六十の骨節、八万四千の毫竅《ごうぎょう》（毛穴）を将《も》って、通身に箇の疑団を起し、箇の無の字に参ぜよ。昼夜提撕《ていぜい》（ひきしめ）して、虚無の会を作すことなかれ。有無の会を作すことなかれ」というのはこれをさしている。この境地に立つとき、世上のいかなる権威ももはや彼をしばることはない。「仏」といい「祖」といい、仏教徒のもっとも尊ぶものが大刀をもって切り倒されるといったのは、まさにこの境地を示したもので、そのゆえに、生死の岸頭に立って真の自在を得、六道・四生のうちにあって仏と同じ自由に遊ぶ境地（遊戯《ゆげ》三《ざん》昧《まい》）を得るとしたのである。世の人の多くが、ただ権威に従うか、逆にただ権威を否定する中にあって、仏教、ことに禅の宗風が、権威にとらわれぬ道を説いたことは、今日にあってもきわめて示唆的であろう。正宗白鳥は、文学においても、芸術においても、人の、人に対する影響などはありえないといっている（小林秀雄との対談）。この禅語を知っての発言であろうか。

【出典】慧開『無門関』

譬えば水牯牛《すいこぎゅう》の窓櫺《そうれん》を過ぐるが如き、頭角四蹄都《すべ》て過ぎ了り、甚麼《なん》に因ってか尾巴《びは》過ぐることを得ざる。

——慧開『無門関』

【解説】 禅宗の五祖、唐の蘄州黄梅山の大満弘《こう》忍《にん》のことばとして、『無門関』に伝えられるもの。牛が窓のれんじを通り過ぎるとき、頭の角や四つ足が通りすぎながら、どうしてしっぽだけが通り抜けられないことがあろうか、の意。

『無門関』中でも有名な一句である。これに対して無門慧開の識語にいう。「若し者裏に向って転倒にも一隻眼を著得し、一転語を下し得ば、以って四恩を報じ、下三有を資《たす》くべし。其れ或は未だ然らずんば、更に須く尾巴を照顧して始めて得べし」すなわち、この点について、少しでも目がひらき、言い開きができれば、世の恩に報い、人のためにもなることができる。もしそこまで、できないとなれば、もうしばらく、牛のしっぽをながめていなくてはなるまい、という意。牛が窓の外を通り行くのを内からかいま見て、その全容を知る。その一瞬の目と、一転の語にいささかの渋滞もないことを尊ぶ。慧開もこの五祖の公案に深い共感を寄せていることが知られるであろう。語解一、二。水《すい》牯牛《こぎゅう》の「牯」は去勢した牝の牛。「櫺」はれんじ。「甚麼」は何の俗語。現代中国語においてもこれを用いる。「四恩」は、いろいろに説かれているが、もっともよく知られているのは、『心地観経』「報恩品」にいう父母恩・国王恩・衆生恩・三宝恩であろう。ここでは、ごく一般的に、仏教の徳に対する、社会の徳をさしているものと思われる。「三有《さんぬ》」は「三界」のことで、欲望に生きる俗界（欲有）・欲なく色《もの》のみある色界（色有）・欲なく色なく心のみある無色界（無色有）の三。また本有（現生の身心）・当有（未来の身心）・中有（本有と当有との中間の身心）の三をさすこともある。ここでは、今生の生にとどまらぬすべての生の意。

〔出典〕慧開『無門関』三十八

夫れ仏法遥かにあらず、心中にして即《すなわ》ち近し。——空海

【解説】空海の『般若心経秘鍵』は、代表的般若経である『般若心経』に、真言宗の立場から

下した代表的注釈であるが、同時に、よくまとめられた『仏教概論』でもある。ここに掲げた一文は、その中でも、もっともよく知られた一文で、真言宗の高僧たちの墨跡でも遺物が多く、現在でもこの文を書す人は少なくない。そのような、代表的な真言宗の名句も、実は空海弘法大師の自撰の句ではないのである。これは荊渓大師湛然の弟子で天台宗の大学者であった明曠《みょうこう》（八世紀頃）の『般若心経疏』（卍続蔵一〜四〜四）の中の文なのである。ここでは、冒頭の文の次に、「真如外にあらず、身を棄てていずくんか求めん。迷悟われに在れば発心すれば即ち到る。明暗他にあらざれば信修すればたちまちに証す」の文が続くが、この文は、大師の『般若心経秘鍵』でも全く同様である。その意味では、この一句は厳密にいえば、明曠の文として紹介しなければならないのかもしれないが、ここでは昔から大師の文としてのみ知られている常識を尊重して、大師の文として掲げた。文意は明瞭で、仏法を、何か実体的なものの、自分のそとにあるものとして見ることの誤りであることを道破し、「心中にしてすなわち近し」としたものである。以下の文も同じことをくり返したわけで、ここのところに、「発心即到」などという、のちの真言宗で大問題となった有名なことばのでていることにも気づくであろう。大師にとって、このことばは借りものではなかった。その一つのあらわれとして、このあとに、大師に珍しい、しかも、よく知られた詠嘆のことばがつづくのである。「哀れなるかな、哀れなるかな、長眠の子。苦しいかな、痛しいかな、狂酔の人。痛狂は酔わざるを笑い、酷酔は覚者を嘲る」。ここでは大師は、理に迷い知に迷って、ものの真実を知らず、あたかも酒に酔ったごとくに長からぬ人生を終えるものに対して、心から痛み悲しむことばを発している。このことばと先のことばは一つになり、大師の立宗の決意を形づくっていることを知ることができるのである。世のひとの多くは、大師を二面から別々に理解しようとする。一つは大師が古来まれな学者であり、文化人であったという一面で、他の一つは全国に分布する大師伝説に象徴される庶民性である。しかし、いまここに見るように、先人の業績を充分に参酌し咀嚼し、全く自家薬籠中のものとして、高い心情に活かすのを見る時、かかる分別の益なきことを知るであろう。

〔出典〕空海『般若心経秘鍵』

一には天地の恩、二には国王の恩、三には父母の恩、四には衆生の恩、是也。之を知るを以て人倫とし、知らざるを以て鬼畜とす。其の中に尤《もっとも》重きは朝恩也。――『平家物語』

【解説】『平家物語』第二巻や『源平盛衰記』第六巻において、平清盛を子の重盛がいさめたときの有名な句であるが、これは経典の次の句の引用である。四恩とは、父母の恩・衆生の恩・国王の恩・三宝の恩。儒教や日本の恩の思想が、いずれかといえば、上から下への恩恵であり、そこに報恩という責務感を伴ったのに対し、仏教では衆生という横の人間関係や、三宝という精神的な紐帯も極めて重視する。ここに、単なる人倫の論理で終わらない、仏教の恩思想のもつ高い宗教性があるといってよかろう。恩思想については、外国の社会学者も注目しており（ルース・ベネディクト『菊と刀』）、日本の学者によって、殊に仏教の恩思想も注目研究されている（大正大学壬生台舜博士の諸研究）が、仏教の恩の考え方と、一般の恩の思想に大きなちがいがあることは注意しておかなくてはならない。平重盛が父の平清盛をいさめたことばの中に引用され有名になった『大乗本生心地観経』第二巻「報恩品」の一節では、父母の恩・衆生の恩・国王の恩・三宝の恩が挙げられて説明されている。重盛のいう「一には天地の恩、二には国王の恩、三には父母の恩、四には衆生の恩」という順序とも異なっているが、「これを知るを以《もっ》て人倫とし、知らざるを以て鬼畜とす。その中に尤《もっと》も重きは朝恩なり」といっており、経典自身は、四恩の中で朝恩がもっとも重いとはどこでもいっていない。ただ国王について次のようにいうばかりである。「人民の幸福は国王に基づくものであり、国内の山河・大地はすべて国王の所有である。国王は仏陀に等しい権威を有し、神々（三十三天の諸天子）の特別な保護を受けている。故に国王に対して叛逆を企ててはならない」。

このような国王観は、学者（中村元『日本人の思惟方法』）の指摘するように、仏教の国王観としては例外的なものであったにもかかわらず、ここに見た平重盛のように、仏教の代表的な国王観として引用され、経典自身がもっとも高い敬意を払っている「三宝の恩」に代わって「国王の恩」がもっとも権威を認められるという結果にさえなっている。この経典は、日本ではいつもこのような意味で引用されることが多かった。例えば、清和天皇の貞観四年（八六二）十月七日に、中納言兼民部卿皇太后宮大夫であった伴宿禰《すくね》善男が深草の別荘を寺院にして寄進したいと上奏した文の中にも、『大乗本生心地観経』の四恩の説を引いたあとで、「上は聖主覆載の恩に答え、下は法界顧復の徳に酬いん」と結んでいる（『三代実録』第六巻。中村前掲書による）。上が国王となり、下が法界となっているのである。完全な、宗教に対する俗権の優位である。仏教の本来の国王観からすれば、法を愛するがゆえの国王であり、法にもとづくがゆえの国家である。矢内原忠雄博士のことばに従えば、「立正あっての安国であり、安国のための立正ではない」のである。仏教の理想を政治の上に実現することに一生の間努力をつづけたアショーカ王は、「法を愛するもの」(ダンマカーマ)とも「転輪聖王《てんりんじょうおう》」(正しい教えをひろめる王)ともよばれていたが、彼はその詔勅の中で、国王が人民から受けている恩を公けに表明しているほどである。人民の側も、国王とは、本来、人民の平和と秩序の番人として契約して租税を俸給として与えたものであり、そのかわり、もし人民が泥棒に入られて損害を受けたりしたならば、国王は必ずその泥棒をつかまえることはもちろん、損害の金品は補償しなければならない、とまでいっている(『倶舎論』等)。このような極端な見解にまで及ばなくても、三宝の恩がすべての恩に優位するのは、仏教の「恩」思想にあっては当然のことであったにもかかわらず、順序を転倒してまで、国王の恩を強調したところに、われわれは、日本人の宗教心が「人倫重視的傾向」(中村元)によって、いちじるしい傾斜を与えられているのを見るのである。他の経典、例えば『正法念処経』第六・十一巻にも同じく四恩が説かれているが、その四恩とは、母の恩・父の恩・如来の恩・説法の師の恩の四つであり、国王の恩には言及していない。あわせて考えるべきことであろう。

〔出典〕平重盛『平家物語』

像末五濁《ぞうまつごじょく》の世となりて、釈迦の遺教かくれしむ。弥陀の悲願ひろまりて、念仏往生さかりなり。——親鸞

【解説】釈尊なくなって五百年の正法の世、そののち一千年の像法《ぞうほう》の世（正しい法の像《かたち》だけの伝わる世）、そののち一万年の末法の世。この正・像・末の三世のうち、末法の世となれば、世のすべては汚れ濁る五濁の世となってくる。五濁とは、末法の悪世における五つの穢れをいう。すなわち、㈠劫濁《こうじょく》。時全体の衰弱。㈡見《けん》濁《じょく》。さまざまな見解が濁ってくること。㈢煩悩濁。貪瞋癡など、修行の上の迷いのおこること。㈣衆生濁。人間の果報がおとろえ、果報少なくなること。㈤命濁《みょうじょく》。人の寿命が短くなり、縮少して十歳になってしまうこと。以上の五つの全体的衰弱が相継いで起こることが考えられている。こういう、すべてのものの濁る末世となれば、釈尊の教えそのものが正しく世に行なわれることは望むべくもない。世に行なわれるのは、五濁の世にふさわしい邪法・邪義のみとなる。しかし、この末法の世こそ、ひとは真実の教え、真実の救いを求めている。ここに挙げた親鸞の一文は、まさに、この「正・像・末」の三世の意義を考え、その末世にふさわしい弥陀の救いを強調した和文の教え（和讃）なのである。その前後の説明をみてみよう。

「釈迦如来かくれましまして、二千余年になりたまふ。正・像の二時はをはりにき。如来の遺弟悲泣せよ。末法第五の五百年、この世の一切有情の、如来の願を信ぜずば、出離その期はなかるべし。正法の時機とおもへども、底下の凡愚となれる身は、清浄真実のこころなし。発菩提心いかがせん。自力聖道の菩提心、こころもことばもおよばれず。常没流転の凡愚は、いかでか発起せしむべき。像末五濁の世となりて、釈迦の遺教かくれしむ。弥陀の悲願ひろまりて、念仏往生さかりなり。浄土の大菩提心は、願作仏心をすすめしむ。すなわち願作仏心を、度衆生心となづけたり。度衆生心といふことは、弥陀誓願の廻向なり。如来の廻向に帰入して、願作仏心をうるひとは、自力の廻向をすてはてて、利益有情はきはもなし。念仏往生は願により、等正覚にいたるひと、すなわち弥勒におなじくて大般涅槃をさとるべし」。

末世の底下の衆生にかわって、弥陀がこれらのおとれるひとびとを救おうという願をたてられたこと。これが弥陀の、浄土の大菩提心であり、願作仏心であり、度衆生心であること。この弥陀の願を信ずるひとは、弥陀の力によってさとりを得、さらには他のひとびとをも利益することが述べられている。

『出典』親鸞『正像末和讃』三章

夫れ仏法を学せん法は必ず先《ま》ず時をならうべし——日蓮

【解説】宗教は時を超えた真実を求め、永遠に生きんとする。ここに宗教の超歴史性が一つの基本的性格として生きてくる。しかし、宗教が現実に生きるためには、やはり、その現実の時間性・歴史性を正しく把捉しなければならない。この間にあって、多くの宗教は、現実には、超歴史性に生命をかけたということができよう。宗教が高邁な理想をかかげ、現に真摯な意欲をもちながら、変転する歴史の中にあって正しく身を処しえず、多くの苦しむ者を傍観にすごしたり、場合によっては、弾圧する支配者と行を共にすることがあったのは、ひとつには、宗教のもつ超歴史性が、単なる非歴史性として働き、時の動きに正しく身を処しえなかったためだろうと思われる。日蓮はその中では珍しい存在である。時（歴史）と境（環境・国家）とを重くみた彼は、その故にすぐれた予言者として、歴史の中に働く仏教者となっている。冒頭の一句は、彼の主著の一つとみられている『撰時抄』(五十四歳の書)の書き出しの一句で、この認識に立って、彼の尨大な各宗批判、日蓮宗概論がはじめられてゆく。

〔出典〕日蓮『撰時抄』

水を踏むに地の如く、地を踏むに水の如しとは、此《こ》の意は、人人の本源を悟りたる人ならでは、知るべからず。

——沢庵

【解説】沢庵が剣禅一如の極意書『太阿記《たいあき》』において、自由自在の境地を説いたもの。この書は柳生宗矩に与えたものであるとか、小野忠明に与えたものであるとか説がたてられているが、剣の極意を語ることを通じて、人間とは何か、いかに生くべきかを語ったものである。沢庵の他の二著で、『不動智神妙録』が自分が自分になりきる方法を説き、『玲瓏集』は、本質的根源的な立場に立って、自己とは何か、自己は何によって生き、何によって最も自己らしい本質を生かすかを究明しているのに対して、『太阿記』は、自分と他者との関係は、いかにあるべきかを明している。ここにいう「太阿《たいあ》」とは、天下に二つとない利剣のことで、人間は、すべてこの利剣のようになろうと欲すれば、修行と努力で必ずなれると断じたものである。ここに掲げた一文もそのような自在の境地を譬喩的に表現したもので、水を踏むに地の如く、地を踏むに水の如しというのは、対境に捉われぬ、ものの本性を明確に知った人でなければならぬ、と説いたもの。この意味は続く一文によってさらに明らかであろう。

「愚者は水を踏むに地の如くならば、地を行きても陥らぬ。地を踏むに水の如くならば、水を踏みても歩かれんと思わむ。されば、此の事は、地水ともに忘れたる人にして、始めて此の道理に到るべし」。

『出典』沢庵『太阿記』

総じて侍はなにと好き仏法なりというとも、ときの声の内にて用に立たぬ事ならば、捨たがよき也。　――鈴木正三

【解説】近世の禅者として知られる鈴木正三（一五七九～一六五五）の、有名な「ときのこゑ坐禅」の主唱である。文意は明瞭で、侍にとっては、どのようによい仏教であっても、戦場でどっと上る鯨波《とき》の声の中で、役に立たなくなってしまうような仏教であったなら捨ててしまったほうがよい、という意味である。このことばは、正三老人が自分の出身である武士たちに示したものであるから、文字どおり鯨波《とき》の声のひびく戦場での腹がまえになるような、腰のすわった仏教を求めていることはたしかであるが、さらにその趣意をさかのぼれば、仏教の真精神は、行住坐臥、いかなる場所にあっても自由に生きていなければならないとする考えのあらわれと見ることもできる。忙しいからといって坐禅ができない、このような職業に従事しているのだから仏法は学べない、といういい訳は通用しないのである。正三の、この文の前後を見ると、そのことは一層明らかとなる。

「一日去る侍に示して曰く、始めより忙敷《いそがしき》中にて坐禅を仕習ふたるが好き也。殊に侍は鯨波《ときのこえ》の中に用うる坐禅を仕習はでは不レ叶《かなわず》。鉄砲をばたばたと打立て、互に鎗先を揃えて、わっわっと云ふて乱れ逢ふ中にて、急度用いて爰《ここ》で使ふ事也。なにと静なる処を好む坐禅が、加様《かよう》の処にて使われんや。……（引用略）……然る間常住二王心を守習う外なし」。

いかなるところでも役に立つ仏教というのが正三の求めたものだったのである。真俗二諦の

菩薩道を求めた大乗仏教が、このように現実のうちにいきる仏教の精神にまでゆきつくのは当然であったとはいえ、軍人や戦場に対しては徹底的に禁忌の態度をとった原始仏教から、正三のこの発言までには、やはり長い時間の経過と、地域の相違とを感ぜざるをえない。これについて、中村元博士はいう（『東洋人の思惟方法』第二部「日本人の思惟方法」、みすず書房版、一八七ページ）。

「原始仏教の僧団の規程によると、出家修行者は出征軍を観てはならない。特別の理由のあるときは、二・三夜、軍隊に止宿してもよいが、それ以上に亙ってはならない。また止宿したその間でも軍隊の整列・配置・閲兵式を観てはならない、と規定されている。鈴木正三の『ときのこゑ坐禅』の主張は、原始仏教以来の修禅の伝統から完全に逸脱しているのである」。

中村博士のいう原始仏教の僧団の規程とは、「波逸提《はいつだい》」（pācittika 九十単堕）といわれる九十の軽罪のことで、「四八　観軍戒」、「四九　有縁軍中過限戒」、「五〇　観軍合戦戒」などをさしたものである。このような厳格な規程からすれば、軍陣中の坐禅という考えは、たしかに考えられぬほどの飛躍だったといわなければならない。

【出典】鈴木正三『驢鞍橋』（上）一〇七

学問・真実

因縁より生ずるの法は自性なし。自性なきが故に、即ちこれ畢竟空なり。この畢竟空は本より以来空なり。仏の作《な》したまふにあらず、亦余の人の作せるにもあらず。　――龍樹

【解説】仏教の根本的な考え方がなにかについては議論はたえない。「三法印」「四法印」のように、釈尊以来仏教の旗印となっていた教えのほか、流派の簇出《ぞくしゅつ》した大乗仏教時代になってからは、仏教の最大公約数を求めることはきわめてむずかしく、それぞれ自宗の拠るところを守ってやむところはなかった。しかし、その中にあって、どの流派に属そうとも、それをはずすことが仏教徒としての立脚点を失うことになることだとし、自分こそその立脚点を守る正統の仏教徒であるとするような、そのような根拠となったのが龍樹（ナーガールジュナ）の空の見解であり、中の道であった。ここに見る一文は、龍樹が『般若経』に下した解釈とされる『大智度論』の一節で、法（真実）とは、実体性（自性）なく、他との関連性（因縁）によって生ずるものである。実体性がないのであるから無実体（空）であり、このような本来的な無実体性は、なんによって起こるのでもない。仏によって作られるのでもなく、ましてや他の人の作るところでもさらにない。このような、一切の目的論的説明を脱した見方は畢竟、自由の見方であり、いっさいの先入主なき見方である。龍樹の見解がすべての仏教徒の指標となったゆえんであり、彼が釈尊を中興し、「八宗の祖師」と仰がれた理由はここにある。

〔出典〕龍樹『大智度論』

般若波羅密はこれ諸仏の母なり——龍樹

【解説】「般若」は仏の知恵、完全な知恵をいう。単なる知恵（ジュニャーナ）と区別するために、「完全な」を意味する接頭語「プラ」をつけてできた「プラジュニャー」またはその俗語形「パンニャー」を漢字で音写して「般若」というのである。この般若が完成して、仏の境地である彼岸《ひがん》（パラム）に到達（イタ）することを「到彼岸《とうひがん》」（パーラミター）といい、その原音を音写して「波羅密《はらみつ》」というのである。したがって「般若波羅密」は、「完成された真実の知恵」「仏の知恵の完成」ということができよう。この「真実の知恵」（般若）を述べる経典が『般若経《はんにゃぎょう》』であり、それは、紀元一世紀ごろから、インドにおいて無数に作り出されるようになった。そして、「般若」思想こそ、大乗思想の中核であると考えられるようになったのである。「般若・空」と併称されるように、般若の内容は空である。空を体認することが般若であるといってもよい。無執着による自由自在の境地に立ち、ものの真実をとらわれずに見、自他の分けへだてなく人を救う。これこそ般若であり空である。また、これこそ仏の働き（慈悲）そのものであり、仏の知恵（智慧）そのものである。ここで、「般若波羅密」が「諸仏の母」といわれたのはこのためである。この場合、「母」は「母胎」「根元」と考えてよかろう。「般若」や「大悲」を「母」や「母胎」になぞらえるのは、仏教の一般的な習慣である。道行般若《どうぎょうはんにゃ》の一本に『仏母出生三法蔵般若波羅密経』という経典もあり、「般若＝母」「方便＝父」というたとえ方は、のちのタントラ仏教に至るまで一般的であった。また、「大悲」も、

「大悲《だいひ》胎蔵生曼荼羅《たいぞうしょうまんだら》」（仏の大慈悲が、母の胎中から生ずるように現われる過程を描いた図絵《マンダラ》）といわれるように、「母胎」にたとえられることがある。これは「般若」（プラジュニャー）も、「大悲」（マハーカルナー）もともに原語が女性形であるところから来ているのであろう。もちろん、これらのものが「諸仏の母胎」であるとして重視されていたこともいうまでもない。以上のことを、『大品般若経《だいぼんはんにゃきょう》』の注釈『大智度論』で定義を下したものが、この文である。『大智度論』は、大乗仏教の理論的大成者ナーガールジュナ（龍樹）の作に帰せられている。

〔出典〕龍樹『大智度論』

我は是れ一切智《いっさいち》人《にん》にして、一切衆生の疑を断ぜんと欲す。――龍樹

【解説】 ここにいう「我」とは「仏」である。「人」に対して用いられている。仏とはすべてを知るものであり、すべての人のうたがいを断つための存在だと、みずからをいいあらわしたものである。人とは疑いの存在であり、その疑いが人をして学問に向かわせ、宗教を求めさせるのであることは、ヨーロッパの哲学や宗教においても、また、東洋においても等しくみとめられているところである。いま、龍樹の『大智度論』においても、人が疑いの存在であるのに対し、仏はその疑いを断つ、一切智者であることを示している。この間の事情は、「復次《また》に、人有り。仏は一切智を得ずと疑う。所以《ゆえん》は何《いかん》。諸法は無量無数なれば、云何《いかん》ぞ一人にして能《よ》く一切法を知らんや」。世間のものごと（諸語）は無量無数であるのに、いかに仏といえども、そのすべてを知り尽くすことはできないであろう。こういう疑問をある人が発した。これに対して、仏は、「仏は般若波羅密の実相の清浄なること虚空のごときに住したまい、無量無数の般若波羅密の法の中にて自ら誠言《じょうごん》を発《おこ》したまわく、我は是れ一切智人《いっさいちにん》にして、一切衆生の疑を断ぜんと欲する、と。是を以ての故に摩訶般若波羅密経を説きたまう」。仏の知恵のもつ普遍性と歴史性は常に問題となるところであるが、ここでいうのが、ものの本質に関する基本的な知恵であり、仏といえども歴史的・社会的知識においては、特色や制約のあることはいなめない。前者を「出世間智」といい、後者を「世間智」というが、後者については、その時々に成立するとみなければならない。釈尊のもつ「世間智」と、今日のわれわれのもつべき「世間智」との間にへだたりがあるのは当然で、その距りを埋めるものは、とらわれることなくものを見る心と態度であり、その姿勢を龍樹は「虚空」とあらわしたのであった。

〔出典〕龍樹『大智度論』

「如何なるか是れ人の与《ため》に説かざる底の法」「不是心、不是仏、不是物《もつ》」

——慧開『無門関』

【解説】 南泉和尚が僧に、「人のために説かないような法があるか」と問われ、「有る」と答え、その説明を求められて下した答え。人のために説くのでない法とは、法そのもののことであるが、それを南泉は、「心にあらず、仏にあらず、物にあらず」と、三つの根元的なものをあげ、それらのすべてを否定することによって、根本的なものが、概念的な把握によるものでないことを示している。無門は、南泉のこのことばに対し、「南泉者の僧の一問を被りて、直ちに得たり家利を揣《し》尽して、即当少からざることを」と賞揚している。すなわち、南泉がこの僧の一問によって、最後までとっておいたものを使い尽くしいい切ってしまって、うんと損をしたというのである。

〔出典〕慧開『無門関』二十七

凡夫若し知らば即ち是れ聖人、聖人若し会せば即ち是れ凡夫。——慧開『無門関』

【解説】興陽山の清譲和尚と僧が、大通智勝仏が座禅を十劫もの長い間なしながら成仏できないことについて問答をかわした。僧にはそれが不思議なのである。これに対して清譲は、大通智勝仏が成仏せぬためだと答えている。右の文は、これに対する無門慧開の批評で、凡夫が聖人になるには知がたいせつであり、聖人もただの「会《え》」(勘)にだけたよっているのでは凡夫に堕してしまう、としたもの。禅の「不立文字」をもって知の否定、直感主義の礼賛とみる見方への頂門の一針といえよう。「不立文字」は主知主義への戒告ではあっても無知の礼賛ではないのである。その頌にいう。「身を了ぜんよりは何ぞ似《し》かん心《しん》を了じて休せんには、心を了得すれば身愁えず。若《も》しまた身心倶《とも》に了了ならば、神仙何ぞ必ずしも更に侯に封ぜん」。

〔出典〕慧開『無門関』九

沈沈《ちんちん》不語の士に遇わば、且《しばら》く心を輸《いた》すなかれ。悻悻《こうこう》みずから好しとするの人を見れば、応《まさ》に須《すべから》く口を防ぐべし。——洪自誠

【解説】黙々として口をきかぬ人には、うかうか心をうちあけてはいけない。なんでも思うようにいってのけて、みずから好しとするひとにも、やはり口をとざして遠ざけているほうがよい。「心を輸《いた》す」は、自分の心を先方に運ぶこ

とで、心中を打ちあけ気を許すこと。黙っていておちついていること。饒舌も無言もともに仏教の理想に反する。仏教のことばの理想は、正語であり実語である。これに反するのが妄語であり綺語である。「黙」がとうとばれるのは、不適切なことば（戯論）をもてあそんで実語に遠ざかるのをおそれるからであって、無知からの沈黙や、ここでいうような、自己をかくしいつわるための沈黙を喜ぶものでは決してない。ひとはことばの動物であり、真実（イデア）もことば（ロゴス）によってあらわされ、情感（エトス）もことば（ロゴス）によって伝えられる。ことばに対して仏教が慎重な態度をとりつづけ、「言語道断」「言亡慮絶」の態度から、最終的には、「真言」「仏語」の立場にはいっていったことも想起されなくてはならない。よく、「彼《あ》の人は愛想はいい人だ」というように、愛想がいいことがあたかも悪徳であるかのように表現されることがある。このことのあやまっていることは、この一句のうちにもあきらかで、人に愛想よくしている人は、うたがいもなくそれだけ努力しているわけで、愛想のよいことはいうまでもなく美徳である。それが警戒されるとすれば、「愛想はいいが、腹が黒い」というように、この美徳が、しばしば「腹が黒い」という別個の悪徳と結びつくという可能性、乃至はその結びつきの確率の上にこそあるべきで、「愛想」のよさがそのまま腹の黒さとか、内容のなさに直結するなどというのは、素朴とか剛毅とかいう美徳の外見上の特色に幻惑された迷妄にすぎない。一般に、「実るほど頭を垂るる稲穂かな」というとおり、内容のある人が無愛想で頭が高いということはおかしなことである。かりに学徳高く愛想の悪いひとがあったとすれば、その人の美点は学徳の高いことにあるのであって、愛想の悪いことは依然として彼にあっても悪徳である。彼が愛想の悪さをなくしたならばいっそう完成された人格になることは明らかである。愛想の良さから受ける誤解よりも、愛想の悪さから受ける誤解のほうを高しとする倫理的・宗教的根拠はまったくない。

『出典』洪自誠『菜根譚』一二三

阿の声は何の名をか呼ぶ。法身の名字を表わす。即《すなわ》ちこれ声字なり。法身は何の義かある。いわゆる法身とは諸法本不生の義、即《すなわ》ちこれ実相なり。

——空海

【解説】根元的存在とその表現についての空海の立言。空海の言語哲学の概論書である『声字実相義』中のことば。仏教の伝統に従えば、真実と言語の間には無限に大きな隔りがあった。言語によって表現したときには、もはやそれは真実ではないとさえ考えられた。言語による表現を「戯論《けろん》」としてしりぞけ、その戯論を離れること「離戯論」をもって真実とした思想家（龍樹《りゅうじゅ》）もある。「黙」を崇び「不立文字」というのも同じ考えに立っている。しかし、言語的表詮をしりぞけるだけで、では、われわれはいかにして真実を認得することができるのであろうか。ここに、釈尊以来、仏教徒の認識論の長い課題であった「正見《しょうけん》」「如実知見《にょじつちけん》」が生きた課題として再び注目される必要が生じて来たのであった。「ことば（ロゴス）が論理（ロゴス）である」というヨーロッパ人の考えに近い、あるいは、もっと進んで、ことばそのものが真実である（例えば「名言種子《みょうごんのしゅうじ》」という考えに見られるような）という考えにまで進んでいった。われわれの日常語——戯論のほかに、ものそのもの、あるいは、ものをものたらしめている真実そのもののことば――「真言」があるとみられるようになったのである。ここに見る空海の「声字義」の一文も、まさにその考えを示すもので、「言語が真実であり、真実が仏である。仏とは真実の具現者（法身）であり、他のいかなるものから生じたものでもない（諸《しょ》法本不生《ほうほんぶしょう》）。したがってそれはまた、もののありがたち（実相《じっそう》）でもあるのだ」という意味である。この言語を「阿《あ》」の一字であらわしたのは、梵語の字表の最初に位置するのが「阿」の一字であるためであるが、ここではもちろん、ひろく言語一般の意に解しなくてはならない。真実を求め、みつめて言語の限界性をつよく主張した仏教家の流れにあって、真言のひとびとがふたたび、言語の有効性をみいだす努力をしたことは、歴史的にも、今日的にも正当に再評価されて然るべきことと思われる。梵語の学問的研究が不振だったわが国において、慈雲飲光はじめ梵語の帰納的研究の大成者はほとんど真言家であったが、さらに今日、言語、国語の崩壊が急速に進行しているときにあって、真実と言語の一体性は、根源に逆って考え直さるべき課題といわなければならない。空海の言語哲学は、その間にあって、東洋における一つの大きな帰結をわれわれに示してくれているということができよう。

〔出典〕空海『声字実相義』

密蔵深玄にして翰墨《かんぼく》に載せがたし。さらに図画を仮りて悟らざるものに開示す。――空海

【解説】宗教の理想は言語や論理の表現を越えたところにある。「言語道断」（言語で表現しえない）といい、「果分不可説」（仏果の世界は説くことができない）といい、さらに、仏の境地を「黙」の一字で示した（『維摩経』）ことなどは、いずれも、このことをあらわしている。しかし、密教は、一面このことを強く自覚して「密」の一字をもって表現しつつ、しかも、この境地を具体的・経験的に表出しようとした。ひとたび、大乗仏教において表現を放棄した仏の世界を、あえて真言＝真実言語の名の下に表現し直そうとしたのはそのためである。ここに掲げた一文も有名なものであって、密教の理想は幽玄不可思議のものであって筆や墨で文に描き出すことはむずかしい。いまここでは具象的な絵画の形を借りて、まださとることのできないひとびとにその真実を示してやろうと思う、の意。密教独得のマンダラを説明した一文で、マンダラが仏の姿と理想を図画によって表現するものであることを示している。その前の文にいう。

「法はもとより言無けれども、言に非れば顕れず。真如は色を絶つとも、色を待ちて乃ち悟る。月指に迷うといえども、提撕極まり無し」。これによって宗教における論理と表現の効用は明らかであろう。

〔出典〕空海『御請来目録』

師に二種あり。一には法、二には人。

――空海

【解説】人に真実を教える師に二種ある。一は真実それ自身、すなわち「法」であり、もう一つはその真実を具現し、求める「人」である、という意。空海の『大日経開題』の中で「如是我聞」（このように私は《釈尊の教えを》聞いた）を釈したことば。まず、前の「法」については、「諸仏は法をもって師となし、自然にして覚る。自然にして覚るはすなわち自証の境界なり」としている。これによってみれば、真実はまず自から詮顕する内的必然性を有する、真理の自証性がここで主張せられていることがわかる。しかし、これにつづいて、第二の「人」について、「諸仏如来は必ず師によって覚る。しからざれば諸仏には大悲の徳闕《か》けて、衆生には所尊の境なけん。本有の仏性ありといえども、必ず仏の警覚《きょうがく》を待って、いましよくこれを悟る」とある。すなわち、いかにすぐれた「法」も、これを人に知らせ、人をめざめさせ(警覚)る働きがなければ、人はその真実の存在に気づくことさえできない。この「法」の存在を知らしめるのが師としての「人」の存在であり、これは仏の「大悲」であるというのである。「師」ということばによって、ここでは人の完成への志向性をあらわし、「法」によって、そのための前提である真実の普遍的遍在性をあらわし、「人」によって、その普遍的遍在性の発現する歴史的・社会的条件をあらわしたということができよう。いかなる宗教にも一貫する真実の遍在性と、その真実を現実化する愛の実践性が、このように仏教的な表現をとっていることは興味ぶかい。より通仏教的な表現をとれば、「般若」(知恵)と「慈悲」、あるいは「般若」と「方便」(現実)であり、キリスト教においては神の「義」と「愛」とがそれに近いといえようか。

〘出典〙空海『大日経開題』(大毘盧遮那)

上人のわたらせたまわんところへは、……たとい悪道にわたらせたまうべしと申すとも、世々生々にも迷いければこそありけめとまで、おもいまいらする身なれば。――恵信尼

【解説】法然にめぐりあったときの親鸞は、時に年二十九。長い遍歴の心の旅であった。この

間、親鸞が、いかに苦しい心の旅をつづけたかは、親鸞自身のことばよりも、むしろ妻の恵信尼や、彼の弟子たちによって記しとどめられているものが多い。親鸞自身は、法然との邂逅の喜びを語ることによって、長い苦しみに終止符が打たれたことを語ることのほうが多い。法然とのであいの喜びは、また、その師の言動すべてに対するゆるぎない信仰でもあった。法然上人のおいでになるところであったら、それがたとえ悪趣・地獄であっても、決してわたしは思いまどうものでない、というこのことばは、妻の恵信尼によって書きのこされているものであるが、同じようなことばは、弟子の唯円によって『歎異鈔』の第二段の中にも記しのこされている。

「おのおの方が、十余ヵ国の境を越え、身命をもかえりみないで、わたしを訪ねてこられた志は、ただひとつ、往生極楽の道につき、質《ただ》し聞こうがためである。だが、もし、わたしが、念仏よりほかに、往生の道を存じていよう、また経の言葉なども知っていようなどと、いかにも奥ゆかしげに思っていられるならば、それは大きなあやまりである。……わたくし親鸞においては、ただ念仏を申して弥陀にたすけていただくがよいと、よきひと（法然）の仰せをいただいて信ずるだけであって、そのほかにはなんのいわれもないのである。念仏は、本当に浄土に生まれる因であろうか、それとも、地獄におちる業であろうやら、わたしはまったく知らないのである。たとい法然聖人にだまされて、念仏を申して地獄におちたからとて、けっして後悔するところはない。というのは、ほかの行でも修行して、仏になれるというものが、念仏申して地獄におちたのなら、だまされたという後悔もあろうが、なにひとつとして行のできないこの身のことであるから、どうせ地獄ゆきにきまっているのではないか。……法然の仰せがまことならば、親鸞の申すことも、また、うそのはずはなかろう」（増谷文雄訳）。

師に対するこの帰投は、しかし、人情の世界に局蹐《きょくせき》する盲目的な帰依とはちがうものであった。師に対する帰依は、仏に対する帰依であり、そのゆえにそれは、いかなる人情の表裏にあおうとも、いささかのゆるぎも見せないものなのであった。このことは、同じ『歎異鈔』の左の文によって、はっきりとうかがうことができる。「弥陀の本願真実にましませば、釈尊の説かれたことは、嘘のはずはない。釈尊の説かれたことが真実であるならば、善導の注釈はいつわりのはずがない。善導の注釈がまことならば、法然の仰せもまた、そらごとではあるまい。法然の仰せがまことならば、親鸞の申すこともまた、うそのはずはなかろう。つまるところ、わたしの信ずるところは、かようである。このうえは、念仏を信じようと、また、捨てようと、すべては、おのおの方の考え次第である」（同前）。

同じような文は、さらに『執持鈔《しゅうじしょう》』の中にも見え、われわれは、親鸞の、師との邂逅のよろこびが、二十九歳のそのときから、一生を通じて持続されていることを知るのであるが、師の恩とはすなわち仏の恩に通うものであることをはっきりと示した、『正像末和讃』のことばを最後に掲げて、共に味わうこととしよう。「如来大悲の恩徳《おんどく》は、身を粉にしても報ずべし。師主知識の恩徳も、骨をくだきても謝すべし」。

〔出典〕恵信尼（親鸞→）『恵信尼文書』

夫れ仏法修業は自身の為にすらせず。況んや名聞《みょうもん》・利養《りよう》の為に之を修せんや。但《ただ》仏法のために之を修すべきな

り。——道元

【解説】近代的思惟の特色の一つに「直接的効用性」への志向がある。「何をするか」を決定する第一の要因は、「何のためになるか」、「何が得られるか」ということである場合が多い。哲学上の見解にも、効果を予測し計算することを至上の命法とする「プラグマティズム」という思潮すらあらわれている。しかし、長い人類の心の歴史は決してそのような教えだけをもってすべてとはしていない。予測できず、計算できぬ広い心の世界があり、その中にこそむしろ真実と呼ぶべきもの、未来への指針も潜んでいると考える考えのあったことをわれわれは知っている。宗教は、まさに、そのような心の広がりにこそ注目し、そこから人の救いを見出そうとする営みであった。仏教は、このような、計算できぬけれども、実はもっとも根本的な人間の行ないにすべてをかけることを教える教えであった。このような態度を、経典は、あるいは「無《む》所得《しょとく》」の心とよび、あるいは、「依《え》法不依《ほうふえ》人《にん》」（実相の法に依って修行すべく、身相等の人に現われたるもので修行すべきではないこと）という態度がそれである。さらに、前後を見よう。

「有所得の心を以て仏法を修すべからざる事、夫れ仏法修業は自身の為にすらせず、況んや名聞利養の為に之を修せんや。但仏法のために之を修すべきなり。諸仏の慈悲にして衆生を哀愍《あいびん》するは、自身の為にせず他人の為にせず、唯仏法の常なり。見ずや小虫畜類の其子を養育す。身心艱難経営辛苦して、畢竟長養するに父母に於て終に益なきをや。然れども子を念ふの慈悲あり。小物すら尚然り。自ら諸仏の衆生を念ずるに似たり。諸仏の妙法は唯慈悲の一条のみにあらず、普く諸門に現ず。其本《そのもと》、皆然り。既に仏子と為る。盍《いずく》んぞ仏風に慣はざらんや。行者自身の為に仏法を修すと念ふべからず。名利の為に仏法を修すべからず。果報を得んが為に仏法を修すべからず。但仏法の為に仏法を修する。乃ち是れ道なり」。

〔出典〕道元『学道用心集』

仏道は必らず行によって証入るべき事。——道元

【解説】道元が学について述べた『永平初祖学道用心集』の第三のことば。この前の第二に、「正法を見聞しては必ず修習すべき事」とあるのをうけて敷衍している。道元は仏道ということばとともに、仏教ということばも用いているけれども、すべて単なる学にとどまらず、正しい人格の開放（証）に至るべきことを目標とした点では、今日の、知識のための学問と異なっていたことはいうまでもない。いかなる人にあっても実践せずして証《さと》ることはありうるものではない。この証はよそから招来さるべきものではなく、すべて自己のうちから実践によって出てくるものなのである。「行の招くところは証なり、自家《じけ》の宝蔵は外《ほか》より来らず。証の使うところは行なり」ということばに耳を傾けなくてはならない。行によって必ず証をうることは、俗に「学べば乃ち禄その中にあり」というのだと同じだとして、きわめてわかりやすく、行と証の自明の結び付きを論じている。相撲の親方が弟子たちに「立派な家も、美しい妻も、みな稽古の砂の中にあるのだ」と励ますのと一般である。

「俗に曰く、学べば乃ち禄その中にあり、と。仏の言《のたま》わく、行ずれば乃ち証その中にあり、と。いまだ嘗て学ばずして禄を得る者、行ぜずして証を得る者を聞くことを得ず。たとい行に

信法頓漸の異《ことなり》あるも（さとるのに早いおそいのちがいはあっても）、必ず行を待って超証《ちょうしょう》（この世の迷いを超えて正しい証りを得る）す。たとい学に浅深利鈍の科あるも、必ず学を積んで禄に預る。……識るべし、行を迷中に立てて、証を覚前に得ることを。……況《いわ》んや行の招くところは証なり、自家《じけ》の宝蔵は外より来らず。証の使うところは行なり、心地の蹤跡《しょうせき》豈《あに》廻転《えてん》すべけんや」。

　そしてこのあとにつづいて、第四に、有名な「有所得《うしょとく》の心《しん》をもって仏道を修すべからざること」（何か私のために得ようという心をもって仏道をおさめてはならない）の文がつづくのである。道元の学道が、実践の学であり、無所得の学であったことを知ることができよう。

〖出典〗道元『永平初祖学道用心集』

真実語が直《ただち》に仏語じや。外に仏語はない。――慈雲

【解説】真実はことばを越えている。宗教は表現の外にある。しかしまた、ことばに由ることなく真実に近づくこともできない。ここに、宗教におけることばの効用性と限界性とが問題になる。ここにあげた慈雲のことばも、次に続く彼の説明も、これを「妄語」と「真実語」として表明したものである。

「今この戒の中に要を取て言へば、詐と云はぬばかりが甚深じや。最甚深じや。真実語が真に仏語じや。他に仏語はない。この真実語を法と名くる外に法はない。この法を精勤に護持する人が菩薩じや。外に菩薩はない。三業共に甚深なれども、諸戒共に甚深なれども、今この戒めはかうじや。一切衆生の語言は法性の顕れた姿じや」。

仏教における「不妄語戒」は、ここにみるように、ただ人との関係でうそを吐かなければいいというのではない。真実以外に口にすべきものはないから口にしないのである。そしてこのことが、その人全体を真実にみちびいてゆくのである。

〔出典〕慈雲『十善法語』

又この法の中に、浄土宗はひたすら弥陀如来の名号を唱ふるを以て宗旨とする。――慈雲

【解説】ここにいう浄土宗は今日いう浄土真宗は含まれていないが、大意においては、浄土教一般であることはいうまでもない。浄土におもむく正因が、阿弥陀如来の名号を唱えることにあることを示した慈雲尊者飲光の一文である。

この定言は新しいものがあるわけではないが、江戸時代の中期にあって、正しい戒律（正法《しょうぼう》律《りつ》）の復興をとなえ、正しい教えにもどるために、梵語学（サンスクリット学）の開拓に一生をかけた慈雲尊者が、浄土教に正しい評価を与えていた意味で、やはり注目しておきたい。尊者の見るところでは、阿弥陀如来の名号を唱えることは、至心の行ないでありこれこそ不妄語戒の真精神であるという。口先きのうそを吐かぬことはもちろん、不妄語の真精神は真実語であり、阿弥陀仏の名号を唱えることが、まさに真を唱えるものであることは明らかで、真言といい称名といい、共に真実語のあらわれと見た尊者の理解は、ひろい仏教全体の見渡しの上に立った興味ふかいものということができる。

〔出典〕慈雲『十善法語』

又この法の中に、真言宗は三密相応と

て、手に印を結ぶ。意に観念をなすなれども口に唱る真言陀羅尼を以て本旨として、此に由て宗旨の名を立るじや。――慈雲

【解説】真言宗の宗名の由来が、仏の真実言語を唱えることから来ていることを示した慈雲尊者飲光の文。真言宗にあっては、人は仏の中に生き、仏は人をあまねくつつむと理解して、その相互の全生命的交流の中に生きることをたて前とする。「加持相応」とは、このような仏と人の力の相関交流の関係をいい、その関係の中に、全身的に生きようとすることを「三密相応」とか「三密加持」とかいうのである。三密とは、身体と口と意（心）の三つの働きをいう。この三つの働きは、ふつう「三業《さんごう》」というのであるが、密教においては、ひとの働きはつねに仏の活動の一部分と考えるがゆえに、それを単に「三業」といわず、「三密」というのである。けだし、自己の行為が、つねに全体の行為の一部分であることは、決して理念の上でとらえらるべきことではなく、意識下の経験においてのみとらえらるべきことだからである。その三密の行は、尊者もいうように、手に印を結ぶことによって、仏との一致をめざす「身密」、意《こころ》に仏を観じ念ずる「意密」もあるけれども、口に真言を唱え、陀羅尼《だらに》（ダーラニー。総持《そうじ》などと訳し、仏の真実をあらわす語を梵音のまま唱えるもの。長いものをダラニといい、短いものを真言といって区別するのが普通である）を誦える「口密《くみつ》」がもっともたいせつで、これが「真言宗」という宗名の由来になっているのだとする。この真言の定義は、もっとも一般的なものであるが、慈雲尊者は、これを「不妄語戒」のいましめの例に引いているところは注目すべきであろう。「不妄語」とは、世間で

いう、うそをつかぬことの意味のあることはもちろんではあるが、さらに深く、うそをつけぬ、仏の真実のことばに背くことは口にのぼしえない、という根本的な立場にまでさかのぼらなければならない。この根本の立場に、論理や思弁を通じてでなく、全身的経験をもって立ち入ることを「密」と表現し、これによってこの身このままに仏となる（即身成仏）ことを表詮したのが真言宗なのであった。

〔出典〕慈雲『十善法語』

学問・知恵

世間の人は心動じて、福の果報を愛好し、しかも福因を好まず。——龍樹

【解説】世間の多くの人は、心はつねに波だち騒ぎ、よいことという結果を求めることはきわめて切なるものがあるが、その結果の原因となるべき努力は少しも積まない、という意味である。仏教の根本原理として、因果《いんが》の理のあることはよく知られている。「これあればかれあり。これ生じてかれ生ず」。この原因と結果の関係は万物について否定しえぬ事実である。ところが、いざ人間の実社会にあって、この理法そのままが人間の生活にあらわれるであろうか。ひたすらよいことのみをなした人が、必ずしも恵まれたとはいえぬ生活をすることもあり、悪いことを続けていたものが、結局その悪事を全うすることさえないではない。このことから、この因果の理法に疑問をもち、よい人によい結果、悪い人には悪い結果という、単純な図式に疑問を感ずるようになる。しかし、これで因果の理を否定し、認識論上の懐疑論、実践哲学上の快楽論や運命論などに陥るとすれば、

驚くべき迷妄というほかはない。仏教の因果律は、自然科学的因果律と道徳的因果律の二つがある。前者は原因と結果の直線的結合をいい、同類因→等流《とうる》果の関係をいい、後者は、原因と結果が必ずしも直結しない複雑な関係に立つ、異熟因→異熟果の関係をいう。この二つは、もちろん、相互に矛盾する律法ではなく、いずれも、いつの原因がいつ結果を産むかという時の問題（三世思想）と、原因と結果との間に、いかなる条件が介在して左右するかという「縁」の問題とによって違って来るのであるが、あらわれ方としては大きな異なりをみせてくるのである。人間世界の因果は、氷にお湯をかければ溶けるというような単純なものではない。しかし、播いた種子は、善悪ともに、いつの日か必ず実るのである。その善い種子は成仏の因となるべきものであり、これを昔から「福因」といっている。今したことが今すぐ結果をみられないからといって、なすべきことを放棄するようで、長い人生において究極的な価値を求めることなどできないであろう。結果を信じつつ、しかも結果の時期を問わない、この心に沿っての努力を菩薩行という。菩薩とは、仏になりうるものが、しかも他のもののために仏になる時期を永久なる未来において努めるもののことをいうのである。すべて世のため、人のための努力はこの心でなくて何であろう。

〔出典〕龍樹『大智度論』巻第一

諸仏は二諦《にたい》に依って、衆生の為に法を説きたもう。一には世俗諦を以てし、二には第一義諦なり。——龍樹

【解説】 真実は一つである。しかし真実自体と、その表現はそれぞれ別な形で考えることができる。これが、いまここに見る、龍樹（ナー

ガールジュナ）の「二諦《にたい》」の考え方である。二諦とは二つの真実ということではなく、真実の二つの形ということである。第一の世俗諦が、世俗界、すなわち、現象世界における真実のあらわれをいい、第一義諦が真実自体をいうのである。この、おのおのについては、龍樹は次のように説明している。

「世俗諦とは、一切法は性空なるも、而も世間は顚倒の故に虚妄《こもう》の法を生ず。世間に於て是れ実なり。諸の賢聖《げんじょう》は、真に顚倒の性なりと知れるが故に、一切法は皆空にして生無しと知る。聖人に於ては是れ第一義諦にして、名けて実となす。諸仏は是の二諦に依って、衆生の為に法を説きたもう」。

世俗諦とは現象に立脚した真実の在り方をいい、第一義諦は現象を超えた真実自体をいう。仏教の表現に従えば、前者は「仮《け》」の世界、仮の存在の世界であり、その限りで「有《う》」の世界である。これに対して後者は、「空」の世界であり、永続的実体性を欠く世界である。前者によって仏教徒は虚無主義に陥ることをまぬがれ、後者によって現実主義のとりことなることを避けられた。仏教徒の自由な、しかも健全な世界観と修行の根拠はここに確立されたのであった。のちの大乗仏教諸派の認識論や実践哲学も、その殆んどが根拠をここに仰いでいる。代表的なものとしては、例えば天台の教学はいう、「空《くう》・仮《け》・中《ちゅう》（空と仮という判断＝分別が実生活においては一なること）」の「三諦説」や、真言でいう理（真実それ自体）と智（理のあらわれ、およびそれの把握）などは、その適例である。さらに、この考え方は、仏教の実践や教団の在り方のすべてにまで当てはまるのであり、例えば仏道修行者の在り方にしても、それに専念する出家修行者の形も、生活に努めつつ仏道も求める在家修行者の形もともに認めたのであった。このことは仏教徒のものの考え方に普遍的なものと、歴史的・個人的な条件とをあわせ見る方法を植えつけたということができよう。

〔出典〕龍樹『中論』

疑多き者は、一切世間、出世間の事、皆成ずること能はず、法を疑へば学び得べからず。師を疑へば彼に敬ひ順ふこと能はず。自ら疑へばこれ学の時にあらず。この三つの疑を生ずるは是れ道を障《さ》ふる根本なり。決定心《けつじょうしん》を起して学ばんものは須くこの三事を疑ふべからず。――訶梨跋摩

【解説】疑うことが学問のはじまりだという考え方がある。ドイツ語の Wissenschaft（学問）は動詞 wissen（知る）から来ているが、Wißbegierde（知識欲）とも同系のことばであり、これはまた、Neugierde（好奇心）とも同じく用いられる。ヨーロッパ流の学問の根底にある、新奇なるものへの関心、未知なるものへの疑いの重要性を知ることができよう。このことはヨーロッパの学問についてだけいえることではない。インドにおいても、哲学は「ものすべてについて知る学」（アーヌヴィークシキー）といわれ、その本質をなすものは「疑惑」（サンシャヤ）であるといわれる。ここにわれわれは、人間の知識の一面が「疑惑」によって発し、「理性」によって克服される一面が、洋の東西に通じて確実に存することを知る。しかし同時に、このような合理的な知に対して、理性を越えた知、疑いを越える知のあることもまた知らなくてはならない。これは環境改良の知、合理の知とは明らかに別種の、人間の自己発見の知、自己完成の知である。前者を科学の

知とすれば、これは宗教の知ということもできよう。仏教にいう「世間智」と「出世間智」がこれに当たるとみてもよい。ここにみる『成実論』の一節は、ただ疑あることを知って、疑を断ずることを知らないものが、出世間のことはもちろん、世間のことも遂に真に知りえざることを道破している。そして、その疑うべからざる最後の三つとしてあげるものが、法（真実）の存在であり、法を伝えるもの（師）の存在であり、その法を受けるもの（自身）の存在であるとするのである。仏教の「空」や「無我」は自己や存在の実体性を否定するけれども、このような真実を受容する当体を否定するものでは決してないことを知るべきであろう。「無我説」のもつ難点――虚無主義に堕す――を克服するうえで、『成実論』は、一つのエポックをなす興味ある歴史的位相に立つものであるが、ここに見る発言はその典型的なものということができ、よく仏教の実践的志向に立つ認識論を示しているということができよう。

〔出典〕訶梨跋摩（Harivarman）『成実論』

それ法界の縁起は、乃《すなわ》ち自在無窮なり。――法蔵

【解説】すべてのものが実体なく（空）、相縁り相依って起こる（縁起）ことを正しく見ることが仏教の要諦である。この「空」の見方「縁起」の見方を知る人は多い。しかし、この空が単なる定否の理ではなく、ものにとらわれぬ真の自由の見方を進んで明かさなくてはならない。それが華厳の世界であった。

「一切の諸仏は悉《ことごと》く諸法に究竟《きゅうきょう》有ること無きを知りて、而も究竟じて諸仏の善根を説く。是《これ》は為一切諸仏の巧妙《ぎょうみょう》の方便なり」。

この世の狭小・錯雑なることを観じて、仏の

世界の方広・華厳なることを観ずるのが華厳経であることは良く知られている。しかしその華厳においてさえ、いやむしろその華厳経なればこそ、仏の世界に近づくためのてだて、この世の意味は、もっとも真剣に討議せられたのであった。仏の法に究竟、終着点のないことは、仏自身がもっともよく知っていた。しかもなお、仏はその善根によって、ひとびとを救うために教えを垂れる。これが一切諸仏の巧妙の方便だというのである。この仏の、最高の境地に立ちながら、もっとも具体的、実際的な教化の力こそ、仏教をひとびとのものにした力であったのであろう。聖武天皇はみずからを「三宝の奴」と称して、この日本を仏国土たらしめんとして、大仏を建立し、全国に国分寺、国分尼寺を造営されたのも、この精神にのっとったものと見てよかろう。仏の善巧方便については、経で続けて次のようにいっている。「一切の諸仏は一切の法は悉く所見無く、各々相知らず、縛も無く、脱も無く、取も無く、集も無く、具足も無く、自在も無く、究竟も無きことを了りて、而も一切の仏は、彼の法の中に於て、実に異り無きことを知り、衆の垢汚を離れ、一切の法に於て悉く自在を得、無取の法の中に於て実際を壊せず、善く究竟して大自在地を学び、一切の法界を見、一切智を覚悟す。此《これ》は是一切諸仏の巧妙の方便なり」。

華厳経の精神はまさにここに尽きる。仏とは、「諸相の際を離れて一切の相に任せず、而も分別して一切の諸相を知り、亦自性を乱さ」ないものである。かくして、「世間の法を観察するに一切法あることなし、悉く如幻なりと了達」し、「諸の世間を了達するに仮名《けみょう》にして実あることなし。衆生および世界、夢のごとく、光影のごとし」と見ながら、しかもその幻のごときこの世を離れることなく、そこに、仏の真実の「自性」を顕現しようとしたのであった。賢首大師法蔵が、冒頭に明した一句は、まさにこの理を示さんとしたものであった。

〔出典〕法蔵『華厳五教章』

念仏を信ぜん人は、たとい一代の御法をよく学すとも、一文不知の愚鈍の身になして、尼入道の無智のともがらにおなじうして、智者のふるまいをせずしてただ一向に念仏すべし。——法然

【解説】 念仏をわれわれのものとしたのは、日本においては源信であり法然であった。とくに法然は、すべての知恵のはからいが仏に近づく道とは遠いものであること。むしろ、知恵に対する人間の浅はかな自信やはからいこそ、人を仏から遠ざける道であるとまで徹底した考えを示した最初の人であったといってよい。このことは一見、長い間の仏教の知恵の道と相反する、仏教の歴史における新たな運動だとのみ見る見解もないではない。聖道門《しょうどうもん》（自力で修行して成仏することをめざす従来のすべての仏教）の主知主義に対する、浄土門の反知主義という公式的な理解や、浄土教は仏教内のキリスト教とみるような表面的な理解がそれである。しかし事実は決してそうは考えられない。仏教のいう知恵とは、むしろ世間の浅い知恵の限界を知り、それを越えるところにこそ、これを把握する第一歩があったのではなかったか。それを思えば、絶対他力は釈尊の正見、大乗の般若《はんにゃ》（仏の知恵）の一つの当然の帰結と考えてよいものと思われる。

「もろこしわが朝に、もろもろの智者たちの沙汰し申さるる、観念の念にもあらず。又学問をして念の心をさとりて申す念仏にもあらず。ただ往生極楽のためには、南無阿弥陀仏と申して、うたがひなく往生するぞとおもひとりて、申すほかには別の子細候はず。ただし三心四修など申す事の候はみな決定して、南無阿弥陀仏にて往生するぞと思ふうちにこもり候ふなり。このほかにおくふかき事を存ぜば、二尊の御あはれみはづれ、本願に洩れ候べし。念仏を信ぜん人は、たとひ一代の御のりをよく学すとも、一文不知の愚鈍の身になして、尼入道の無智のともがらにおなじうして、智者のふるまひをせずしてただ一向に念仏すべし」。

念仏の念は、観念の念ではない。一念というような学問的な念でもない。なんのうたがいもなく極楽に往生できることを信じて南無阿弥陀仏と申すことだというのである。「三心四修」などという往生のための心のもち方、修行の仕方も、みなこの南無阿弥陀仏の中に含まれている。このこと以外にいろいろなことを考えれば、「二尊」（阿弥陀仏と釈迦牟尼仏）の慈悲にもれてしまうことになる。二尊のあわれみを給うのは、真に自己の無力になげくものだけだからである。かくて、いかなる智者でも無学文盲のものと同じく、浅はかな知恵のはからいを止めたときには、仏の救いは開かれてくるのである、と。

「三心」についてはさまざまな解釈があるが、『観無量寿経』によれば、㊀真実に浄土を願う至誠心、㊁深く浄土を願う深心、㊂所修の功徳を廻向して浄土に往生せんことを願求する廻向発願心の三つをいい、道綽の『浄土論註』によれば、㊀信心深厚なる淳心、㊁信心純心なる一心、㊂信心の相続して余念の雑《まじ》らない相続心をいう。

「四修《ししゅ》」は、『往生礼讃』によれば、㊀阿弥陀仏および一切の聖衆を恭敬礼拝する恭敬修《くぎょうしゅ》、㊁専ら念名を唱え、一切聖衆を専念専想して余業をまじえない無余修《むよしゅ》、㊂心相続して余を雑えない無間修《むげんしゅ》、㊃前の三修を生涯の誓いとして、断じて中止することのない長時修《ちょうじしゅ》の四つをいう。これらの心の在り方、修行のもち方は、分析すればそうなのであるが、至心に南無阿弥陀仏と称えれば、その中にすべてが収められるとしているのである。これは決して浄土家に突如としてわき出した想念ではない。純粋な行為だけが人を成仏（あるいは羅漢果《らかんか》＝聖者の境地）にみちびいた例は無数に古い教典に見られるのである。かの周梨般特《しゅりはんどく》（チューラパンタカ＝天成愚かであった周梨般特がただ仏のいうとおり、ちりを払っているので羅漢果を得た例）の話や、仏の前生談《ぜんしょうだん》（『ジャータカ』）にみられる、無数の捨身聞法《しゃしんもんぼう》の話や、捨身供養《しゃしんくよう》の話にみえるように。

『出典』法然『一枚起請文』

日本第一の智者となし給え――日蓮

【解説】知恵をみがき智者となろうとすることは、幼時だれしも思いえがく人生の希望ではあるが、それを出家の動機とする人は案外少ない。知恵の成就は人生の成功に通ずるものがあり、人生を捨て、方外に大道を求める出家の志とは根本的において背馳するものがあるからであろう。釈尊が、四門に出遊して老・病・死の苦を目睹《もくと》〔実際に目撃〕し、人生の無常を感じて出家されたという伝承にも知られるように、父母の死や家庭の不遇、社会の変動などで、人情・世間の頼るべからざることを知り、出家の道に入るひとが多い。幼時、とくに不幸だったと考えられない日蓮に、出家の動機に無常に由ると記したものがないのは、仏者の出家としては異例ではあるが当然のようにも思われる。ここに掲げた「日本第一の智者となし給え」という文は、日蓮の仏道入門のことばとして、ほぼ同様の文として三箇の例があり、日蓮の出家の動機がきわめて知的であり、その意味で現実的な色彩のつよいものであったことをものがたっている。その三箇の文とは、次のとおりである。「幼少の時より虚空蔵菩薩に願を立て云く、日本第一の智者となし給えと」(①)、「生身の虚空蔵菩薩より大智慧を給わりし事ありき。日本第一の智者となし給えと申せし事を不便《ふびん》とや思し食《め》しけん」(②)、「幼少の時より学文に心をかけし上、大虚空蔵菩薩の御宝前に願を立て、日本第一の智者となし給え。十二のとしより此願を立つ」(③)。

　専門学者は、日蓮の出家の動機が、このように知的なものであったことが、のちに彼の宗教が予言者的性格をおびるに至った遠因だろうといっている(田村芳朗)。人生の無常を痛感して仏道にはいったのだとしたら、国家や社会の動きに強い関心をもつ予言者の方向で仏道を求めることはないであろうからである。

〔出典〕日蓮①『善無畏三蔵鈔』②『清澄寺大衆中』③『破良観等御書』

我れに三等の弟子あり。所謂る猛烈にして諸縁を放下し、専一に己事を究明する。是れを上等と為す。修行純ならず、雑駁にして学を好む、之れを中等と謂ふ。自《みずか》ら己霊《これい》の光輝を昧《くらま》して、只だ仏祖の涎唾《えんだ》を嗜《たしな》む、此れを下等と名づく。如《も》し其れ心を外書《げしょ》に酔わしめ、業を文筆に立つる者、此れは剃頭の俗人なり。以って下等と作《な》すに足らず。

——夢窓疎石

【解説】一代の師と仰がれた臨済宗の禅僧・夢《む》窓疎石《そうそせき》国師が、観応二年(一三五一)、七十七歳をもって入寂するとき、『遺戒』として十数条示したものの一節で、禅の弟子、仏弟子といわれるものたちの上・中・下等の区別を語ったことば。

夢窓の門下は、一万三千、あるいは一万五千、嗣法《しほう》の弟子だけでも七十余人といわれ、わが国でも例の少ない大世帯であった。ちょうど、中国の羅什《らじゅう》、玄奘《げんじょう》らの訳場の盛況を彷彿させる。したがって、その弟子たちの種類もさまざまであったらしい。ことに夢窓の晩年は、南北両朝の対立は激化し、北朝の庇護のもとに立った彼にも政治の葛藤は仏法以外のことで少からぬ心労をかけている。さらにのちには、彼を外護してやまなかった尊氏・直義兄弟の不和もあり、その中にあって禅風をうちたてることの困難だったことは想像に余りある。弟子たちの中でも、もっぱら、師の経倫《けいりん》の才だけを学びとろうとしたものもあったようである。

しかし、ここに見るように、夢窓が第一の弟子としたのは、決してそのような者たちではなかった。もろもろの縁、俗なる縁を放下（すてさる）して、沈潜して実存なる自己を究明する、これが第一の禅者だというのである。

天竜寺を造営し、その俗縁の盛んなることを『太平記』の作者に笑われた夢窓にして、いや夢窓なればこそ、この言のあることを思うべきであろう。次はただ学の書をもてあそび、修行に専念できぬものが中等であり、自己の沈潜なくして仏祖のあとを追うだけのものが下等だというのである。さらに、仏道以外の書にのみ興味をおこし詩歌文筆で世を送るものに至っては、ただ頭を丸めた俗人というべきで、等の内にははいらないとする。しかし、この夢窓の門から名をなした高足が、いずれも、いわゆる五山文学の代表者たちであるのは、なんとも歴史の皮肉というほかはない。春屋妙葩《しゅんのくみょうは》・義堂周信・絶海中津《ぜっかいちゅうしん》・竜湫《りゅうしゅう》周潭《しゅうたん》等。彼らは、では、いずれも「剃頭の俗人」なのであろうか。

『出典』夢窓疎石『夢窓遺戒』

道徳・感情

如来の大悲は俗智を性となす。若しこれに異ならば、すなわち一切の有情を縁ずること能わず。　――世親

【解説】如来の大慈悲は、その本性は俗智である、とする。そうでなかったら、世の生きとし生けるものに縁を結び救い取ることはできない。世親（ヴァスバンドゥ）の『阿《あ》毘《び》達磨《だつま》倶《く》舎《しゃ》論《ろん》』（略して『倶舎論』）第二十七巻の一節である。

仏の智慧《ちえ》と、その働き（方便）は本来二つであって二つではない（二而不二《ににふに》）。般若《はんにゃ》（仏智）と方便は一つである（般若即方便）。したがって現象の中に実在は宿り、実在は現象の中にこそあらわれる。智慧は決して単なる知識の所有を意味するのではなく、つねに現実への働きかけ、ひとびとの幸福と結びついていなければ、決して真実の智慧とはいえない。仏の智慧がつねに実践的な智慧（行智《ぎょうち》）といわれるのはこのためであった。仏の智慧がつねにひとびとのためにのみ働くことは、多くの経典の中に、心を打つ無数の物語を生んだ。それを、今この『倶舎論』では、物語を伴わない、したがって乾燥しているが明確な定義として打ちだしたのであった。このように見れば、「俗智」は、「世間のうちに活かされ、世間で働く知恵」ではあっても、決して俗なる知恵をいうのではないことは明らかであろう。それは真実そのもの（真《しん》諦《たい》。勝義諦《しょうぎたい》ともいう）に対する、現実のうちに働く真実（俗諦《ぞくたい》）が、決して俗そのものではなく、俗を生かし、俗に働く真実であるのと同じである。『倶舎論』三十巻の学問や、その底本

となった『阿《あ》毘《び》達磨《だつま》大《だい》毘《び》婆《ば》沙論《しゃろん》』（略して『婆《ば》娑論《しゃろん》』）二百巻の学問は、いわゆる小乗仏教（説一切有部《せついっさいうぶ》）の最高頂に達した教学を伝えるもので、整然と整備された教学体系をもってわれわれに臨んでくる。この体系を克服して世に出たものが大乗仏教である。また、あまりにも整備された体系に、中世的な煩瑣哲学（スコラティシズム）の匂いを感じた近代人は、この小乗の教学は、もはや大乗によって克服され、そこに学ぶべきものは何もない、という受け取り方をするのが一般的であった。しかし、この一文を見ても充分に察せられるように、小乗の論師たちも、めざすところは、やはり衆生《しゅじょう》の済度《さいど》だったのである。ただ大乗の経典は空《くう》の哲学にもとづいて、それを文学的あるいは宗教的に説こうとした。「無分別《むふんべつ》」の智を説こうとした。それに対して、これら小乗のひとびとは、それを「有《う》」の哲学にもとづき、体系的・形而上学的に説き明かそうとした。いわば「分別《ふんべつ》」のうちにすべてを明かそうとした。この方法のちがいを強調するあまり、小乗の論師たちが、人々の救済を忘れた、主知的関心の行動者・思想家だったと誤認する愚は避けなければならない。それは小乗の誤認であるとともに、大乗の誤解をもうみ、ひいては仏教全体、さらには宗教というものの曲解にも連なると考えられるからである。

〔出典〕世親『阿毘達磨倶舎論』

妄を起し妄を遣るも、亦た妄を成す。妄本《も》と根なし。祇《た》だ分別と因って有り。你《なんじ》但だ凡聖の両処に於いて情尽きなば、自然に妄無けん。——黄檗

【解説】「妄念《もうねん》おこすのも、それを払おうとするのも、いずれも妄念をおこすもととなる。妄

念というのはもともと根のないものである。それがただ人間の分別の心によって起こるのだ。だから君が、凡《ぼん》と聖《しょう》という対極に置かれた分別の心をなくしてしまえば、妄念は自然に消えるのだ」。妄念を心の本体とみず、心の働きの一つとみるのは、仏教に一貫する考え方である。煩悩《ぼんのう》・妄念は心王（玄奘の訳語で心のこと）ではなく心所（心の働き、作用）である。禅もこの考えをうけ、その心所にふりまわされる愚を極度にいましめた。沢庵禅師が、その『不動智神妙録』において、心の働きをどこにおこうかということを、剣に託して説いた有名な文も、同じことを扱っている。ここに見る黄檗の文も、妄念とは、しょせん水の面に動く水輪のごとく、水沫のごときものだと知り、頼るべきもの、執着すべきものの何一つないことを示したものである。だからこそ、そのあとの『法華経』の、「薬王菩薩本事品」の話が生きてくる。「我《が》捨《しゃ》両《りょう》臂《ひ》、必《ひっ》当《とう》得《とく》仏《ぶつ》」というのがそれである。薬王菩薩の前身であった一切衆生喜見菩薩は、日月浄明得仏から、法華経を聞かされて悟りをえ、その報恩のために身を焼いて仏に供養したが、再び生まれかわってその仏に仕えた。その仏が入滅したとき臂《うで》を焼いて供養し、大衆に向かって誓った、「わたしは両腕を焼き捨てた、きっと仏になることができる。それが本当である証拠に、両腕を元どおりに再生させよう」と。誓いが終わると、はたして両腕は元どおりになった。この話が、ここで用いられたのは、いっさいの執着、自分の身心に対する執着さえ捨てたとき、はじめて悟りに逢着することのできること、またその執着を捨てたとき、身心そのものも生きることを示している好例としてあげられたものであろう。

〔出典〕黄檗『伝心法要』

怒火欲水まさに騰沸する処に当りては、明明に智得し、又明明に犯着《ほんじゃく》す。知る的はこれ誰ぞ。犯す的は又これ誰ぞ。このところよく猛然として念を転ずれば、邪魔すなはち真君とならん。

——洪自誠

【解説】怒りのほのおが燃えさかり、欲望の水がわきかえり、とうていおさえきれぬときは、それが悪いと知りながら、やはり抑制を破ってしまう。悪いと知っているのはだれで、悪い行為を犯すものはだれか。ともに同じ我であることを知って、ふっと思いを転ずれば、その時こそ悪魔が良心にかわることができるのだ。「怒火欲水」は感情のはげしさを水火にたとえたもの。「明明」は、「はっきりと」「充分に」の意。「智得」の「得」は助動詞で、「知っている」「知ることができる」のこと。助動詞の得を動詞のあとにつけるのは口語的な表現。「犯着」の「着」も助動詞。「知的」「犯的」の「的」は、連体的な修飾語をつくる助詞。「知っているもの」「犯すもの」の意で「人」を示す。「猛然」は、日本語で常用される猛然（猛烈に）の意ではなく、むしろ「ふと」の気持。「邪魔」は文字どおり、よこしまな悪魔、「真君」は元来、道教で尊崇する神の名だが、ここでは真実、真理、良心の意と考えてよい。

〔出典〕洪自誠『菜根譚』一二〇

胸中既に半点の物欲なければ、すでに雪の炉焔に消え、冰の日に消ゆるがごとし。眼前おのづから一段の空明あれば、時に月青天にあり、影波にあるを見る。——洪自誠

【解説】いささかの物欲もなければ、あらゆる

現象が迷いとなることはない。すべてに執着する心が生じないからである。いわゆる胸中清風霽月《せいげつ》の境地となる。まさに雪が炉の中にたちまち消え、氷が太陽の前ですぐ融け去るごとく、煩悩は瞬時に消え去る。すべての迷いの根元は物欲にある。ものを見る目が、物欲にさまたげられず、すっきりとしていれば、ちょうど月が空にかかり、その影が波に映じているのを見るごとく、すべての現象の姿がありのままに見え、心はつねにほかに透徹している。この句は前後二段からなり七言、六言、三言。七言、六言、三言の対偶の形式をとっている。前句で物欲なきとき迷いが消滅することを説き、後句で迷いなければ、精神は安定し、いっさいを洞察しうる目が生まれることを説く。物欲がすべての迷いの根元である、と説く説は必ずしも、洪自誠にはじまるわけではなく、孟子の性善説の中にも見られるが、洪自誠のこの説は、儒家的なものというより、唯識派的な観点がうかがえる。

〔出典〕洪自誠『菜根譚』二九六

人となるに甚だ高遠の事業はなし。俗情を擺脱《はいだつ》し得れば、すなはち名流に入る。学をなすに甚だ増益の工夫はなし。物累を減除し得れば、すなはち聖境に超ゆ。——洪自誠

【解説】 人間が人間らしくなるのはとくに、別に高遠な仕事ではない。俗世間の感情、すなわち欲望をはらいのけることができさえすれば、それでただちに真のすぐれた人物となりうる。学問をするのに、別にとくにむずかしい手だてがあるわけではない。物にわずらわされる気持をすてさえすれば、それで聖人の境地にぬきんでたものといえよう。「甚だ高遠の事業なし」

「甚だ増益の工夫なし」これは従来右のとおり訓読しているが、「甚」を「はなはだ」とよむのは、この句に限っていえば誤読である。「無甚」というのは口語で、「なにも……はない」「大してこれといった……はない」のことである。「名流」は本来は名士、有名人、上流の人ということだが、ここでは必ずしも地位についてのみいっているのではなく、第一流の人物とでもいった意味。「工夫」は「ひま、時間」という意味もあり、「大した手間はかからない」という訳でも意味は通ずる。しかしここでは、手だて、やり方の意味と解しておく。「物累」は、見栄を張ることと理解してもよい。「擺脱得」は「とりのぞくことができる」の意。

〔出典〕洪自誠『菜根譚』十四

人人個の大慈悲あり。維摩《ゆいま》、屠劊《とくわい》も二心無きなり。処処に種の真の趣味あり。金屋茅簷《きんおくぼうえん》も両地にあらざるなり。ただこれ欲蔽ひ、情封じ、当面に錯過すれば、すなはち咫尺《しせき》も千里ならん。

——洪自誠

【解説】どの人もみな仏と同じ大慈悲の心はある。その意味では維摩居士も、牛殺しも、心はかわりはない。どんなところもそれぞれのおもしろみはある。その意味では金の御殿も、茅《かや》でふいたあばらやも、別の場所ではないといえる。ただ感情がそうしたものをさえぎり、欲望がおおいかくしてしまうと、ほんの一瞬にそうした真理を見すごし、一尺の差が千里の差にもなってしまう。「人皆仏性あり」という真理をゆがめるものは、物欲、煩悩であることを説いている。「個大慈悲」、「個」は「一個」のこと、「ひとつ、ひとつ、それぞれの」の意。「大慈悲」は、「仏心者大慈心是也」とあるごとく、仏の心、仏性をさす。維摩は、在家居士として菩薩に達した維摩詰、「屠」は獣を殺すこと、「劊」は肉をきりきざむこと。つまり、人にはみな仏となりうる可能性があり、それをさえぎるのは欲だということを指摘している。その真実を「当面」—目前のちょっとした現象によって「錯過」—みあやまると、あるものは菩薩となり、あるものは悪人となるような、大きなへだたりが生まれるのである。

〔出典〕洪自誠『菜根譚』四十六

真空は空ならず。執相は真にあらず。問ふ世尊いかにか発付する。「在世出世」欲にしたがふはこれ苦、欲を絶つもまたこれ苦。吾が儕がよく自ら修持するを聴け。——洪自誠

【解説】 真空、つまりあらゆる現象の本体は、空といっても「むなしさ」「虚無」ということではない。相、つまり表面にあらわれた現象にとらわれるのは、もちろん真、本質を知るものではないが、さればといって、表面の現象を虚無だとして、すべて否定してしまうのも、真の知恵ではない。世尊はこの問題をどのように処理されただろうか。「世に居て世を離れよ」つまり、現象の世界に身をおいて、しかも現象の本体に到達しなければならない、という答えを出されている。物欲にしたがって生きれば苦は絶えぬが、物欲をいっさい断ち切ることも苦しい。欲を持ちながら、欲にとらわれぬ生き方というのは、きわめて困難であるが、そこは、われわれがいかによく修行するか、それしだいということになる。「発付」は処理する。「吾儕」はわれわれ。「聴」はきくではなく、「……まかせ」「……しだい」ということ。大乗でいう

「真空」「現相」「妙有」（本体実在、現象、作用）は三つ別々のものではない。本体は一味平等で、いわゆる、「色即是空、空即是色」（『般若心経』）で、現象即実在であるから、いわゆる虚無ではない。仮の現象の中に、本体がひそんでいるわけである。世を捨てて山林にかくれず、しかも世の煩悩を超越せよと説くところに、洪自誠が儒家的現実尊重の精神と、仏家、道家的出家精神を調和せしめようとした動向を見ることができる。

〖出典〗洪自誠『菜根譚』三〇〇

富貴の叢中に生長する的は、嗜欲猛火のごとく、権勢は烈焔に似たり。もしいささかの清冷の気味を帯びざれば、その火焔人を焚《や》くに至らざるも、必ずまさにみづから爍《や》かんとす。——洪自誠

【解説】地位も金力もある家にそだった人間は、欲望はまるで火のように強く、権力をふるいたい気持は、はげしい炎のように強い。もし、いくらかの清冷の気持を持っていないと、他人を焼きつくしてしまうばかりでなく、自分自身をも焼き殺してしまう。「的」は連体修飾語の語尾で、この場合は「人」をさす。「嗜欲」も「権勢」も欲望であることは同じだが、一方は物質欲、一方は名誉欲、権力欲といえよう。「清冷ノ気」つまり欲にとらわれぬ気持をもたぬと、その野心が、人を苦しめることはさておき、みずからをも苦しめることを説いている。いわゆる煩悩の業火に焼かれる苦しみを説いたもので、「求不得苦」「五陰盛苦」の苦悩と通ずる。儒家にも「不義ニシテ且ツ富メルハ我ニオイテ浮雲ノゴトシ」（論語）のごとき考え方はあり、キリスト教にも「富めるものの天国に至るは、駱駝が針の穴を通るより難しい」

機説」(悪人こそ仏の救いにかなうという説)も、このように理解すべきであって、もちろん悪の奨励などではない。右に掲げた文は、倫理が宗教の出発点にあり、その発達の経路にあることを、素直な論理と、美しい文章によって示した好例である。空海がその著『秘蔵宝鑰《ひぞうほうやく》』の第二住心「愚童持斎心」の最後の偈で、所論をまとめたことばである。訳してみよう。

「愚者も少しく貪欲・瞋恚・愚痴の毒を消し、まもなく節度を守ることの美しさを考える。さとりの種子が内におこって善心をおこし、それが芽となり、よき行ないの軌範を尚ぶようになる。五常・十善という人の道が守られれば、粟散王《ぞくさんのう》、金・銀・銅・鉄の四輪王のような統治者も、この教えを聞くこととなろう」。

右の文のうち、五常・十善・貪瞋痴についてば、少し説明しておく必要がある。まず、「五常」とは儒教のことばであり、内容も中国独得の礼にもとづいているが、空海は、この五常を、仏教の五戒とそれぞれ対応させ、自らの身を守る倫理と家を斎め国を治める倫理とが、宗教に高められた次元で融合すべきことを示している。空海が、このように伝統的な倫理に敬意を表したことは、決して単なる現実顧慮や妥協ではない。倫理を活かす条件・場としての現実社会の持つ重味を正確に商量し、現実に行なわれるべき可能性ある倫理を採択し、展開したものと見るべきであろう。宮坂宥勝氏はいう(『人間の種々相』)。

「生きた倫理道徳は現実の社会の中に認められるものであるから、倫理道徳が実際に行なわれる場合の、客観的な条件と主観的な条件とのかみ合せということが、重要な課題となってくるわけである。したがって、もしも現実に倫理が行なわれる具体的な諸条件が無視されるならば、その倫理はかえって無原則的なものとなり、形式に堕してしまうであろう」。

空海にあっては、そしてさらに、よき宗教者すべてにあっては、自己の宗教を現実化する社会的諸条件はつねに思考され商量されていた。そして、いわば社会倫理ともいうべき、教条的禁止的な戒律である「有為戒《うい かい》」（形の上にあらわれた戒律）から、無戒の戒ともいうべき「無《む》為戒《い かい》」に至らねばならないとする空海の倫理観の背景には、『大日経』の「受方便学処品」のあることが指摘されている（同前）。この配慮から、空海によって考えられた、五常と五戒との配当関係は次のようになっている。

①仁——殺すなかれ（不殺生）……己におもんぱかって物に施す。

②義——盗むことなかれ（不偸盗）……積んでよく施す。

③礼——男女の道を乱すことなかれ（不邪婬）……五礼（秩序を重んじて礼節を守る）。

④智——乱れることなかれ（不乱、不飲酒）……審《つまび》らかに決し、よく理《ことわ》る。

⑤信——うそをつくことなかれ（不妄語）……言って必ず行なう。

十善戒、十善業道については改めて説くまでもないが、念のためあげれば次のとおりである。

①殺すことなかれ（不殺生戒）＝慈悲

②盗むことなかれ（不偸盗戒）＝高行

③不貞なることなかれ（不邪婬戒）＝貞潔

④いつわることなかれ（不妄語戒）＝正直

⑤二枚舌をつかうことなかれ（不両舌戒）＝尊重

⑥わるくちすることなかれ（不悪口戒）＝柔順

⑦へつらうことなかれ（不綺語戒）＝交友

⑧むさぼることなかれ（不貪欲戒）＝知足

⑨いかりそねむことなかれ（不瞋恚戒）＝忍辱

⑩誤って見ることなかれ（不邪見戒）＝正智

——以上の十をおかせば十悪であり、おかさねば十善である。十善業道《じゅうぜんごうどう》というのは、『大日経』の「受方便学処品」のよび方である。このうち最初の三つは身体で守るべき戒であり、中の四つは口で守るべき戒であり、最後の三つは意（こころ）で守るべき戒である。これをあわせて、身三《しんさん》・口四《くし》・意三《いさん》の戒という。なかでも最後の意の三戒は、前七戒のもととなる心の働きであるから、もっとも重視され、真言宗では、これを特に「三密行」と呼んでいる。右の十善戒の下に記した一々の徳目は、慈雲尊者飲光が、その『授戒法則』で行なったもので、具体的な実践目標である十善戒をさらに積極的なものとしようとした試ろみであった（同前）。ことばの上でもう一つ、粟散・輪王について説明しておく。

粟散とは粟粒の散らばったようなところということで、中国やインドのようなところとくらべたときの日本のこと。仏教徒の間では、日本国を東海粟散辺土《とうかいぞくさんのへんど》とか粟散の小国などというい い方は一般的であった。日本においても、仏教徒の間では、日本をひとりたかしとする思想はみられなかった一つの証拠といえよう。また、転輪王とは、仏教でいう理想上の君主である。仏が三十二のすぐれた肉体上の特色（三十二相）を有しているのと同様の特色をそなえ、即位にあたって、天から真実をあらわす輪（輪宝）を感得して、その輪宝を転じて四方の悪しきものを降伏する。転輪王、または転輪聖王という名前はここから来ており、空中を飛行するときは、飛行皇帝《ひぎょうこうてい》という。人の気運高まる増劫《ぞうこう》の時期には人寿二万歳以上のときにあらわれ、減劫《げんこう》の時には人寿無量歳から八万歳の間に出をするとされる。金・銀・銅・鉄は、その感得する輪宝の差で、金輪王は四州、銀輪王は東西南の三州、銅輪王は東南の二州、鉄輪王は南の一州のみを領治するという。ここにもまた、仏教の現実的倫理観が神話的に表現せられているのを見る。仏教の歴史上、転輪聖王といわれた人も幾人かいた。アショーカ王、カニシカ王のような有名な大王のほか、カリンガ王カーラヴェーラなどもそうよばれたという（中村元）。また、天理教の天理も、もとは仏教の転輪王だったのである。

〖出典〗空海『秘蔵宝鑰』（上）

妙薬は病を悲んで興り、仏法は障を愍《あわれ》んであらわる。——空海

【解説】空海弘法大師の仏教は、非難をも含めて、国家的仏教と評せられることが多い。この評言を、彼が天皇や貴族との交流多きがゆえにうんぬんするのであったならば、それは結局、皮相の見解たるをまぬがれない。より深いところを見るに、彼の宗教は、この現実を仏国土と見る「即事而真《そくじにしん》」（ものそのものが真実である）の世界観に立ち、「密厳仏国《みつごんぶっこく》」（この世が仏の国土である）の浄土観の上に立っていた。国土に福をもたらすべく努力をすることは当然であり、そのために力ある人々に法を説くこともまたきわめて当然であったといわなくてはならない。

　ここに見る文は、彼の教判書『秘蔵宝鑰』で、十種の仏教を論ずる文の中、第四の「唯蘊《ゆいうん》無我心《むがしん》」（声聞のひとびとがものには実体なきことを知り無我にめざめる境地）のところで、仏法は世の災厄を救うために現われるのだと論じている部分である。このことばは、しかしまた、逆に、社会に苦悩があり、人に苦痛があればこそ仏教が必要とされるのだ、という論証にもなろう。「心貧しきものは幸なり、天国はそのもののなればなり」といい、また、「このうたがい多き我を救いたまえ」ともいう。日本でも「苦しい時の神だのみ」という。心弱きもののみが、より強き心を必要とするのであって、不遜の者、無知のものは神の存在にすら気づかないであろう。病あるがゆえに妙薬があり、世に障あるがゆえに仏法ありという、空海のこのことばは、宗教の差を越えて、その核心を述べていることばということができよう。

〔出典〕空海『秘蔵宝鑰』

親鸞は弟子一人もたずさふらふ——親鸞

【解説】親鸞の、心に残る多くのことばのうち、これはもっともよく知られたものの一つであろう。このことばは、親鸞のみずから書き記した書物のうちにあるものではなく、彼の、真摯ではあるが名も知れぬ一人の弟子（唯円）の記しとどめた書物の中にのこされているものである。その書物の名を『歎異鈔《たんにしょう》』という。その名のごとく、正しく親鸞の教えを解さず、さまざまな異見《いけん》を立て、異解《いげ》をとなえるものが生じ、日一日と師の教えから遠ざかってゆくことを嘆いたある弟子が、師の教えの肝腎と思われるところを記しつけたものである。その書物において、そしておそらくはその弟子を含めて、多くの弟子の面前で、親鸞は、わたしは弟子といえるものなどは一人ももっていない、と説いたのである。このことはどのように理解すべきことであろうか。

まず、このことは、宗教というものが、ことに親鸞の宗教というものが、徹底して深い自己の省察と罪業へのおそれのうえに立ち、そのおそれはただただ、その罪悪を救う如来の大悲に、すべてを捨ててすがる以外にはないという、甘えをすて切ったきびしさにもとづいている。師といい、弟子という人間の、真実を伝達する上での上下の関係さえ、親鸞は、そこに忍びよる人情の甘さをおそれるがゆえに、切り捨て去ったことを見なくてはならない。近代の宗教家でも、内村鑑三は、「神を知らざる者のこの世における唯一の依頼《たのみ》は人情であります、これが彼らをこの世につなぐ唯一の縄であります」「神を知らざるこの世は実に人情の奪いあいであります」といい（『キリスト教問答』第七章）、さらに、「実に多くの場合においては人情そのものが罪悪であります」とさえいっている（同前）が、私は、これも、宗教家としての内村の、親鸞と同じ決意の表明と取ってよいと思う。

宗教家ばかりではない。孤独に徹した最後の文士といわれる正宗白鳥のような文士も、人間には相互の影響などという関係はありえない、とさえいっている（『小林秀雄対談集』）。真実を求めるものの寂しさに徹したとき、そこから、その真実を知る喜び、救われる喜びがはじめて滾々《こんこん》とわき上がってくるのである。寂しさを知るもののみが同行のある喜びを知り、罪のおそれを知るもののみが同信のありがたさを知る。自己の罪業は、ヨーロッパの実存や自己省察とは異なり、全身全灵《れい》（霊）の反省と亦道の心から、一転して「同朋」という人類愛を得たのであった。この一句は、その飛躍への不可避の跳躍台だったと見なければならない。

〘出典〙親鸞『歎異鈔』

ちかごろはこの方の念仏者の坊主たち、仏法の次第もてのほか相違す。そのゆえは、門庭のかたよりものをとるをよき弟子といひ、これを信心のひとといへり。これおおきなるあやまりなり。……しかれば今日よりのちは、他力の大信心の次第をよく存知したらんひとにあひたずねて、信心決定《けつじょう》して、その大信心のおもむきを弟子にもおしへて、もろともに今度の一大事の往生をよくよくとぐべきものなり。――蓮如

【解説】他力の信心に徹するよりも、往生に与奪の権をにぎるのは僧であると考え、門徒はひたすら僧に物をささげる。僧もまた、自分に物をささげる門徒を、信心の有無にかかわりなくよい弟子といい、信心の人という。今日でも、世界のどの宗教においても問題となる、物と心の問題は、蓮如によってこの文のかかれた、文明五年（一四七三）のころの日本では、真宗教団の大問題であった。このような物を媒体とする信心は、「物取り信心」「施物だのみ」といわれたが、それは仏光寺一派の主張する名帳《みょうちょう》・絵系図と並んで、僧の搾取と門徒の不信心を決定的な方向へと押しすすめていったのであった。ここに掲げた蓮如の御文は、このような傾向に痛棒を加え、正しい他力の信心にもどらせることを示したもので、他力の信心が、自分の欲やはからいを捨てることにあることをよく示している。右の引文の中略の文には、この間の事情がより詳しく説明されているので、ここに示してみよう。「また弟子は坊主にものをだにもおおくまいらせば、わがちからかなはずとも、坊主のちからにて、たすかるべきようにおもへり。これもあやまりなり。かくのごとく坊主と門徒のあひだにおいて、さらに当流の信心のこころへの分はひとつもなし。まことにあさましや。師・弟子とも極楽には往生せずして、むなしく地獄におちんことうたがひなし。なげきてもなおあまりあり、かなしみてもなほふかくかなしむべし」。

〔出典〕蓮如『文明五年九月中旬御文』

ながむれば心の空に雲消えて
むなしき跡にのこる月かげ——信生

【解説】「中道観の心をよみ侍りける」としてうたったもの。心を空にたとえ、迷いを雲にたとえ、迷いの去ったあとのさとりを月になぞらえつつ、しかも、その月にもとらわれないように、その境地を「のこる月かげ」と表現している。中観は、有無・断常・一異・去来等、およそ相対的な判断の一方にとらわれることをはなれ、自由な、自然なもののみかたを尊ぶ。この中観のみ方を、自然への思念のうちに学びつかむとすれば、月にとらわれるのもまた、一つのとらわれといわなければならない。禅家でいう「月を指さす指」というも同じであろう。

〔出典〕信生『新勅撰集』十

道徳・道徳

善軟直心《ぜんなんじきしん》の者は得度すべきこと易し
——龍樹

【解説】力は弱さと反対の方向に立つために、力あるものが剛強とみられ、弱きものが素直であると見られることが少なくない。昔から男より女のほうが素直である、愛すべきものであると考えられがちだったことの、事実の上の根拠はない。女はただ肉体的に男より力劣り、論争を避けがちであるとたびたび言われていたため、そのように思われてきたのであった。しかし、宗教はそのような外形的特色で内心を忖度することをしない。その心が善く、人の教えを聞く柔軟性をもつものは、したがって心も素直であり、こういうひとこそ、仏法の解脱《げだつ》（＝度《ど》）を受けるにもっとも適したひとだといっているのである。このことは、仏典の随処に示されるところである。はじめて真実を求める気持をおこすことを「発心《ほっしん》」という。それ以前、心の働きらしきものはあっても、真実の心は眠っていたのである。この「発心」は、そのようにして、人のうちにはじめておこされた心であるから「初心」ともいう。「初心忘るべからず」といわれるように、だれにとっても、もっともみずみずしい真実へのめざめである。この気持が「柔軟心《にゅうなんしん》」といわれるのはこのためである。ここにいう「善軟」「真心」と同じものをさす。さらに、われわれの忘れてならないことがある。それは、この「柔軟心」が同時にまた「勇猛心《ゆうみょうしん》」「不退転心《ふたいてんしん》」とよばれている事実である。柔かな心がそのまま、つよい勇猛の心であり、定めて決して退くことなき不退転の心であることを見定めた点で、ここに掲げた『大智度論』の一文はよく人の心の姿をとらえているといわなくてはならない。

〔出典〕龍樹『大智度論』

忍をもって鎧《よろい》となす。——龍樹

【解説】 このことばにつづいて、「禅定をもって弓となし、智慧をもって箭《や》となし、そと魔軍をやぶり、うち煩悩の賊をほろぼす」とある。インド大乗仏教の大成者であり、八宗の祖師と仰がれた龍樹（ナーガールジュナ）の著と伝えられる『大智度論』二のことばである。

「忍」あるいは「忍辱《にんにく》」という徳目は、六波羅密あるいは十波羅密の一つとして、きわめて重要な内容をもちながら、その消極的語感のゆえか、古来、関説されることがまれである。しかし、忍辱は決してそのような消極的な心の姿勢をいうのではない。心を十分に発動する精進の前にあって、心をたくわえ力を養う、内的活動をいうのである。忍の一字が鎧《よろい》となるというのはまさにこのような力を指すのである。生・老・病・死のような肉体的恐怖に対しても、愛別離苦・怨憎会苦・求不得苦・五陰盛苦のような精神的苦痛に対しても、心の底を傷つけられることなく、雄々しく堪えうることのできる力、それが忍である。

　忍は単なる我慢や屈伏をいうのではなく、積極的な力のたくわえをいうのであることを知らなければならない。釈尊の、多くの前生の物語（『ジャータカ』）が伝えているように、それは飛躍のための忍耐だったのである。

【出典】龍樹『大智度論』

我れ若し彼の悪しき衆生の命を断たば那落迦《ならか》に堕つべく、其の断たざるが如くんば、〔彼れに〕無間の業成じて当に大苦を受くべし、我れ寧ろ彼れを殺して那落迦に堕つるも終に其《そ》をして無間の苦を受けしめざらん。——弥勒

【解説】仏教の殺生論としてよく知られている「一殺多生《いっせつたしょう》」の意味を説いた、『瑜伽師地論』の一節。「一殺多生」ということばの典拠として、弥勒《みろく》（マイトレーヤ・ナータ　二七〇～三五〇）のこの『瑜伽師地論』を読んでいるひとは案外少ないのではなかろうか。多くのひとは、ただ、このことばが「一人の生命を犠牲に供することにより、他の多くの生命を救うことができる」という意味に解するか、あるいは、「後なき一つの生命を断つことにより、後ある多くの生命を救う」という意味に解したりした。この解釈に従って、人の生命を断つときの

仏教の側よりする都合のよい遁辞がさまざまな形で工夫された。

日本が米英と戦争をするときも、あるいは中国に大軍を送って大殺戮を行なうときも、常にそこに用いられた合ことばは、この「一殺多生」であった。曰く、「長い間、白人の植民地支配に苦しめられていた無辜《むこ》の東洋人民を救うために、一、二人の白人指導者を打ちたおす」。また曰く、「国民政府の圧制になやむ四億の中国民衆を救うために、日本軍は国民政府要路膺懲のための聖戦を完遂する」等々。このモットーを要約する「一殺多生」の祈願のため、全国津々浦々の仏寺で「敵国降伏」「武運長久」の祈願が行なわれたのであった。さらに、昭和四十五年、乗合船を乗っ取った、いわゆるシー・ジャック事件がおきたとき、その青年を一発の銃声と共に射殺した警官にも、おなじ遁辞としてこの「一殺多生」が用いられた。この警官は、やはり一人の青年を射殺したことに対し、心の痛みを感ずるのであるが、その警官のもとに、ある日、堺市に住むひとりの仏教徒なる人から一通の手紙が届けられた。その中には、こう書いてあったという。

「あなたのした行為は、たしかに殺人である。しかし、仏教では、『一殺多生』ということばがある。一人の害ある生命を断つことにより、他の多くの益あるひとびとの生命を助けることをいうのである。あなたの行為はまさにそれだ。心を安んじていい」。

このような趣旨の手紙をもらって、警官の心は大いに明るく、なぐさめられた、というのである。しかし、この一殺多生のとり方は、先の「大東亜戦争」「支那事変」のときの「一殺多生」に、負けず劣らずでたらめである。まず、第一に、ここにかかげた文によって明らかなように、どのような悪いものの生命を断っても、殺生にはまちがいないのであるから、彼は必ず那落迦《ならか》（地獄）に堕ちる。しかし、悪事を成す悪人をほっておけば、その悪人は無間《むげん》地獄に堕ちるような重い罪を重ねることはまちがいないのであるから、たとえ自分は地獄におちても、彼の生命を断つことは、かえって彼を無間地獄に堕ちさせないようにする行ないとなるのだと説かれている点である。すなわち、一殺多生は、慈悲行《じひぎょう》であるという点が一つ。さらに、もう一点。いかに、その動機が慈悲の念によるとはいえ、殺人は殺人なのであるから、これを行なったものはやはり、地獄に堕ちるという点が第二。米英や中国を相手に戦った軍人や、シージャック青年を殺した警官の心の中に、相手を殺すことが、相手の悪業を止め、相手を無間地獄に堕ちることから救うと考える考え方が一かけらでもあったであろうか。おそらく、彼らは、そのようなことは考えも及ばなかったのであろう。ただただ、この相手は悪い奴なのだからやっつけろとのみ考えていたか、さもなくても、せいぜい、日本国のため、あるいは社会のために、この悪い奴を取り除こうと考えていたのであろう。その考えは、倫理的なものもあるかもしれないし、法律的・社会的に有効、有能な考え方であることは疑いない。しかし、だからといって、このような考えが宗教的であるとはいえないし、まして、仏教的であるとはさらにいうことができない。なぜなら、そこには、宗教にとってなによりもまず求められる「慈悲」と「懺悔《さんげ》」の念が見られないからである。もし、衆生に対する慈悲の念によって罪業のものの生命を断ち、深く慚愧《ざんき》を感ずるならば、そのものは、那落迦におちることをまぬがれるのみならず、かえって、多くの功徳を生ずるともつづけて説かれている。

冒頭の句をその前にさかのぼって見て、よくこの問の論理をたどってみよう。

「若し諸の菩薩、菩薩の浄戒律儀に安住すれば、善権方便して利他の為めの故に諸の性罪に於て少分の現行す。是の因縁に由りて菩薩戒に於て違犯する所無く、多くの功徳生ず。謂く菩薩、劫盗賊の財を貪らんが為の故に、多くの生（あるもの）を殺さんと欲し、或は復《また》大徳の声聞・独覚・菩薩を害せんと欲し、或いは復、多くの無間の業を造らんと欲するを見るが如き、是の事を見已《おわ》って発心に思惟す」。

すなわち、以上の文によって明らかなように、菩薩は常に身をつつしみ善事をなしているから、戒にそむくことなく、利他の行においてあやまることがない。だから、もし盗賊が財物をとろうとして、多くの人や、声聞・縁覚、菩薩のようなひとたちを殺そうとしているのを見るとき、あやまりなく、その盗賊を殺すというのである。そして、このあとに続いて、冒頭の本文があり、さらに次の句がつづいて、この思想は完結する。

「是の如く菩薩意楽し、思惟し、彼の衆生に於て或は善心、或は無記心を以て、此の事を知り已つて当来の為めの故に、深く慚愧を生じ、憐愍の心を以て彼の命を断つ。此の因縁に由りて菩薩戒に於て違犯する所無く、多くの功徳生ず」。

ここでは、第三の逆転が示されている。殺生は悪いことである。しかし悪いこととしりつつ、しかもやむをえぬ慈悲心から悪業を止める殺生戒を冒したとき、彼が骨に徹する慚愧を生じ、憐愍の心をもって、おのれの殺生を回顧反省するとき、彼は戒に触れることなく、地獄におちるどころか、かえって多くの功徳を生ずるというのである。しかし、以上の経過をもしも、形式論理学的に受けとめたときには、いいしれぬ大きな危険がひらかれてくる。

①悪人が悪業を為さんとしている。
②このままでは彼は無間業を重ねる。
③それを止めるために彼の生命を断つ。これは従って慈悲行である。
④しかし慈悲行であっても殺生は殺生である。
⑤したがって堕地獄である。
⑥しかし、そのことを深く慚愧し憐愍するとき、それは戒に違犯しないのみならず、かえって多くの功徳を生ずる。

第⑥の点は、みずからの意識し考慮すべきことがらではなかろう。もし意識したならば、それは慚でも愧でもなく、憐でも愍でもないからである。「一殺多生」の論理のきびしさは、まさに慚愧のきびしさであり、堕地獄必定の自覚のおそろしさなのである。たった一通の手紙で「救われた」と感ずるのでは「救われない」のである。

〖出典〗弥勒『瑜伽師地論』

意を曲げて人をして喜ばしむるは、「躬《み》」を直くして人をして忌《い》ましむるに若《し》かず。善なくして人の誉を致《いた》すは、悪なくして人の毀《そしり》を致すに若かず。——洪自誠

【解説】歓心を買うために自分の意見を曲げるようなことをするよりは、自分の行ないを正しくして、そのため人に煙たがられるほうがましである。なんら善いことをしないで虚名を博すよりは、悪事をしないだけで無能のそしりを受けるほうがましである。行為は世上の毀誉褒貶を越えていることは仏教にあっては当然のことながら、ここではさらに進んで、正しいことを貫いて誤解を受けることをいとわぬ姿勢を示している。

〖出典〗洪自誠『菜根譚』一一三

機動く的は、弓影も疑ひて蛇蝎《だかつ》となし、寝石も視て虎となし、此の中すべてこれ殺気。念やむ的は、石虎も海鷗となすべく、蛙声も鼓吹に当つべく、触るる処ともに真機を見る——洪自誠

【解説】心機定まらずふらふらしている人は壁の弓が盃に映っても蛇《へび》や蝎《さそり》のように見え病気になることさえある（『晋書《しんじょ》』楽広伝）。丸い石を見ても寝ている虎のうずくまっている姿と見て矢を射込んでしまったという故事もある（『漢書』李広伝）。いずれも心がゆれ動き不安の念が満ちている。これに対して心の静まっているひとの前では、「石虎」のような乱暴者（晋代の貴族で呼び名を季龍といい、非常な乱暴者であったが、高僧仏図澄の前では鷗《かもめ》のようにおとなしかったという——『世説新語』）でも鷗のようにおとなしくなったというし、孔稚桂というう知事がいったように、うるさい蛙《かえる》の声も楽器の吹奏のように聞くことができるのだ（『南史』）。このような場合には目に見、耳に聞くところがすべて自然の真の姿であり教えである。「機動く的」「念息《や》む的」の的はいずれも「……のようなひと」の意。「底」と書く時もあり、近世中国語の用法である。弓の影が蛇に見え、石が虎に見えるという故事は、いずれも中国では有名なものであるが、迷う時には縄も蛇に見え（遍計所執性《へんげしょしゅうしょう》）、正しく見る時には縄は藁の寄り集りであると知り（依他起性《えたきしょう》）、さらに深くものの道理を知れば、すべてのものの実体は空であり、あるものの姿は仮の現われであることをさとる（円成 実性《えんじょうじっしょう》）。仏教の中における心理的・認識論的学派である瑜伽行唯識学派の「三性説《さんしょうせつ》」においても、迷いの心がものの姿を見誤ることを説いているから、作者の心の中には、この考えもあったのかもしれない。

〔出典〕洪自誠『菜根譚』二六九

矜高倨傲《きょうこうきょごう》は客気にあらざるはなし。客気を降服し得くだして、しかる後に正気伸ぶ。情欲意識はことごとく妄心に属す。妄心を消殺し得つくして、しかる後に真心現る。――洪自誠

【解説】おごりたかぶるということは、真実の勇気ではなく、血気にはやる勇にすぎない。こうした血気の勇をおさえることができてこそ、はじめて真の勇気が生まれてくる。情や自意識は、すべて迷いというものである。こうした迷いをことごとく消滅させてこそ、はじめてそこに真心が生まれる。この句はいわゆる前後対偶の形式で、四言、四言、六言、六言という句を、二つならべたものである。四六体とよばれる文体の影響が見られる。『菜根譚』にこうした対偶形式の多いことは、口誦するになめらかで、暗誦するに適していることをねらったものとも考えられ、おそらく、人々にこうした句を日常坐臥の間に口にとなえさせることを目的としたものであろう。「客気」は「青年客気」等の語にもあるように、真実身にそなわった勇気や、意志ではなく、かりものの勇気をいう。

「降服シ得クダシ」降服得……下は口語的な助動詞の用法。「得下」は「……することができる」の意で、その中間に「客気」という目的語がはさまっている形である。第七句目の「消殺得……尽」も「消滅しつくすことができる」の意で、同じ構文である。「消殺」の「殺」は「すべて」「一切」をおわらせることをあらわす語。「情欲、意識」は二語。情欲は他人に対する感情の動き、意識は自分自身に対する心の執着、「自意識」「意地」のこと。

〔出典〕洪自誠『菜根譚』二十五

私恩を市《う》るは公議を扶《たす》くるに如《し》かず。新知を結ぶは、旧好を敦《あつ》くするに如《し》かず。栄名を立つるは、隠徳を種《う》うるに如かず。奇節を尚《たっと》ぶは、庸行を謹むに如かず。——洪自誠

【解説】 個人的な恩恵をひとに施し、それで味方をつくるよりは、正道を踏んで世論をたすけるほうがよい。新たに知己朋友をつくるよりは、旧くからの好みをたいせつにするほうがよい。はでな名を立てるよりは、陰徳を積むほうがよい。奇特なことをするよりも平凡な日常の行ないを守るほうがたいせつ。日常の対人の行為が、私欲にもとづくべきでなく、新奇にわたるべきでないことを戒めたもの。仏教の「平等」「無我」「慈悲」の精神と、儒教的な「無私」「公平」の精神が融合している。わが国の対人関係の伝統的な理想像がここにあるといってよかろう。キリスト教の「施し」も同様に、右手の施しを左手に知らすことさえなく行なわれるべきであるが、現実には、今日の社会は、洋の東西を問わず、give and take の「私恩」の世となりつつあることはみとめざるを得ない。

〔出典〕洪自誠『菜根譚』一一一

泛駕《ほうが》の馬も、馳駆《ちく》に就《つ》くべし。躍冶《やくや》の金もついに型範に帰す。ただ一に優游して振はざるものは、すなはち終身個の進歩なし。白沙云ふ。人となり多病なるはいまだ羞づるに足らず。一生病なきはこれ吾が憂ひなりと。真に確論なり。——洪自誠

【解説】あばれまわる馬も、ならせば乗ってはしらせることができる。溶けてはねながら流れる鉄も、いがたにはめて、きちんとした鉄材にすることができる。ただ、何もすることなく、のらくらして、いっこうやる気をおこさない人間は、一生かかっても、いささかの進歩もない。白沙のいうには、「病の多いことははじではない。病を知らぬことだけが心配なのだ」たしかにまちがいのない説だ。「泛駕馬」は、ときはなたれて暴れる馬。馬車をくつがえすようないきおいでかけまわっている馬をいう。「躍冶」はまだ固まっていない、流れはね上がっている鉱物（鉄）。つまり、手のつけられないような乱暴な、野性の人間でも、修養次第、自覚次第で、どのようにでも成長し、きちんとした人間になれるということにたとえている。むしろ、そうした活力のあるものこそ、修養によって、積極的なやる気のある人材になりうるので、いちばんだめなのは、ただただ平凡でやる気もなく、暴れる元気もない人間、つまり「優游不振」の人である。「悪に強いは善にも強い」「平凡な秀才よりも、個性のある人間」というような言葉にも通ずる。人は努力しだい、訓練しだいで、欠点の多いことは、むしろ転身の可能性が多いともいえる。「多病」「無病」の「病」は「やまい」のことだが、単に肉体的なもののみでなく、むしろ精神的な欠点と理解すればよい。「白沙」は明の儒者陳献章（公甫、石斎）、白沙というところに住んでいたので、この名がある。

【出典】洪自誠『菜根譚』七八

世を蓋うの功労も、一個の矜《きょう》の字に当り得ず。天に弥《わた》るの罪過も、一個の悔の字に当り得ず。——洪自誠

【解説】 世間にあまねく知られるような大きなてがらも、自慢をしては終わりになってしまう。天にとどくような大きな罪も、悔い改めれば帳消しとなる。「……し得ず」は、動詞のあとについて、そのことの不可能なることをあらわす。したがって「当り得ず」は、その価値を保ちえない。その値打ちがない、の意。「一個の矜の字」の「一個の字」は「ひとこと」の意で、「字」は「文字」ではなく、「こと」や「もの」をさす。したがって、「一個の矜の字」は「自慢というもの」と訳す。古典漢文では、この個は不要である（魚返）。ここでは、徳目としては、よいことをなしたときの「慢」（増上慢）に対する戒告と、悪事をなしたときの「悔《け》」に対する勧告が説かれている。この二つは一見、正反対の教えのようにもみえるが、事実は果たしてそうであろうか。そうではなく、ここでは、人の為した行為（業）が、あくまでその有効性を失わず人に働くことと、しかもなお、人はその行為の原因に身を慎しみつつ、その結果は予測しえないことを教えている。

阿毘達磨《あびだつま》（アビ＝対、ダルマ＝法。仏教の真実に対する分析的解釈等。多くの小乗諸派がこれに従事した）の分類するところに従えば、為された行為（業）の原因（業因）と結果（業果）の関係は二通りある。一つは自然科学的な因果関係で、同一の原因に対しては同様な結果の予測されることを原則とする。これを「同類因・等流果《とうるか》」という。これに対して人間的・人間学的因果関係は、そのような直線的な因果関係の考えられないもので、原因もさまざまであり、結果もまた多様となるものである。このような因果関係を「異熟因《いじゅくいん》・異熟果」という。人は多く、仏教の因果関係を前者によってのみ解し、その限りにおいて説明不可能な因と果の不一致の説明のために三世思想がもち出されると取る。しかし、仏の因果思想はそのようなものではなく、因については、あくまでも厳粛であるが、果については、あえてみずから問わないことを本義とするものである。慢によって善も消え、悔によって悪も消えるという考えの基底には、仏教の行為論が結果に対してこのような不可測性をみとめ、したがって、あくまでもその動機・心情を重視していることが働いているものと考えるべきであろう。

『出典』洪自誠『菜根譚』十八

世を渉ること浅ければ、点染もまた浅し。事を歴《ふ》ること深ければ、機械もまた深し。故に君子はその練達ならんよりは、朴魯なるにしかず。その曲謹ならんよりは、疎狂なるにしかず。

——洪自誠

【解説】人生の経験の浅い人間は、世の汚れに染まることも少ない。経験の深い人間は、からくりの多い人間。だからすぐれた人間といわれるには、必ずしも世わたりじょうずな如才ないことを必要としない。それよりも一見おろかに見えるくらいの正直ものがよい。本心を曲げてつつしみぶかく見せる人間よりも、すこし大ざっぱで無遠慮な、いつわりのないほうがよい。「点染」はしみ。「機械」は本来は、からくりのあるしかけのこと。ここでは策略や、はったりの多い人のことをさす。「……にしかず」は「……より……のほうがまし」という比較形。「君子」は「すぐれた人間」。

利口者より正直者という考えは、儒家にも古くからある。孔子の理想とした人物、つまり君子の具体的な姿は、おろかなくらい、まっすぐな口べたの人間だった。「剛毅朴訥は仁に近し」（論語）。「君子は言に訥にして、行に敏ならんことを欲す」（論語）。などはすべて佞口の徒をしりぞけ、口べたな正直者を仁者と考えている。孔子のもっともすぐれた弟子顔回は、一見「愚」者のような人物だったといわれている。

〔出典〕洪自誠『菜根譚』二

君子にして善を詐《いつわ》るは、小人の悪を肆《ほしいまま》にするに異なること無し。君子にして節を改むるは、小人の自ら新たにするに及ばず。——洪自誠

【解説】徳高いといわれるひとが偽善の行為をなすのは、些々たるひとが悪事をなすのとえらぶところがない。徳高いといわれるひとが変節するのは、些々たる小人が、改心するのに及ばない、という意。君子と小人という、儒教の両極をなす人間像をかかげつつ、その評価は軽々になしえないこと。真の価値はその為すところによって定まることを明し、ここでもまた、人の価値は世上の評価にそのまま沿うものでないことを明らかにしている。この点にも、この句の筆者である洪自誠が儒者といわれながら、真実を求める態度においてきわめて仏教的であったことがうかがわれるであろう。とくに、偽善は「自然」「無為」を尚《とうと》んだ仏教の、もっとも忌むところであった。

〔出典〕洪自誠『菜根譚』九十六

篤く三宝を敬え、三宝とは仏・法・僧なり。——聖徳太子

【解説】ふるい日本の氏族制国家を統合して、天皇氏を頂点とする新しい日本国家を建設しようとしたとき、そのもっとも強力な推進者が聖徳太子と蘇我氏の連合勢力であったことはよく

知られている。このひとびとは、古い氏族のそれぞれの意識を解体し新しく出発する理念として仏教を選んだ。それは決して単なる宗教の政治的利用として解釈し切れるものではない。いままでひとりひとりの神あるを知って、日本人すべて、さらにはひとびとすべてに通じる普遍的な教えを知らなかった当時の日本人の指導者たちに、人間を通ずる共感と連帯感を教える画期的な精神革命であった。これ以後の日本人は、自分たちの氏《うじ》の神のあることを知りつつ、しかも、それを超えた日本の神、日本・中国・インドに通ずる神のあることを知って、その上で政治的・経済的活動を行なうようになる。聖徳太子の、この活動を、仏教を根柢とした政治綱領としてまとめあげたものが有名な「十七条の憲法」であり、ここに掲げた一文は、その第二条の有名な一句である。

十七条の憲法は、もちろん、今日いう憲法とは異なり、倫理的・宗教的性格のつよい訓戒集であるが、のちの「大化の改新」もこの精神に従ってなされたといってよいほど、歴史上画期的な意義をもつものである。思想的に見ても、仏教のみならず、儒教の思想を巧みに按排《あんばい》し、典拠としても、詩経・尚書・孝経・論語・中庸・左伝・礼記・管子・孟子・荘子・韓詩外伝・史記・文選などを見、その博引にして適切なることは、まだ日の浅い、当時の日中関係よりすれば、まさに一驚のほかはない。

この十七条に盛られた内容として、学者は㈠和、㈡仏教の奨励、㈢皇室中心主義、㈣政治の公正の四つの綱領をあげる（辻善之助）が、ほぼ順当なものといってよかろう。この第二条は第一条の、有名な「和を以て貴しと為し……」の一句とともに、太子の政治思想、仏教思想の根基をなすもので、これによって、長い古代氏族制の闘争に終止符をもたらし、新しい日本国家建設の理想を示す根本理念ともなったのであった。文意については、改めて説明を加える必要もなく明白であろう。われわれの崇敬すべきものは仏・法・僧の三つだとし、これをもって新しい国家、正しい人生の指標としたのである。法がこの中の中心で真実をいう。その法を具現したものが仏であり、具現につとめる人が僧である。このすべての人、あらゆる国に共通する普遍的なものへの帰依により、世のひとも、世を超えた真実もあげて一つの帰趣を得るとしたのであった。この文の続きを見れば、それが一層明らかである。

「則ち四生の終帰、万化の極宗なり。何《いず》れの世何れの人か、この法を貴ばざる。人はなはだ悪きものは鮮《すくな》し。能《よ》く教えればこれに従う。それ三宝に帰せずんば、何をもってか枉《まが》れるを直さん」。

すなわち、仏教は四生（胎生・卵生・湿生・化生）という四つの生まれ方によって生まれ出るすべての生きもののより所であり、すべてのひと（万化）の宗教である。この教えを喜ぶひとは、すべての時と所とを超えて普遍である。人間というもので極悪人などというものはめったにないものだ。教え方次第でよくなるものである。このとき、仏・法・僧という三つの宝、すなわち仏教に由るのでなかったら、何によってひとびとの曲ったところを直すことができるであろうか。聖徳太子の憲法、聖徳太子の仏教には、近代人であるわれわれから見て顕《あき》らかな一つの特色がある。それは、きわめて宗教的な憲法であり、また同時に、きわめて人倫的に理解された仏教だったということである。太子にあっては、この二つは二つであって二つではない。いや、憲法・国家という地上のものを仏法・三宝という彼岸のものと一つにさせるところにこそ、その終生の理想があったといえるのではなかろうか。この国土に仏国土を現出するという日本仏教の伝統は、ここに始まるといってよい。

〔出典〕聖徳太子『十七条憲法』

善人なほもって往生す、いはんや悪人をや。——法然

【解説】 これとほとんど同じ文で、「善人なほもて往生をとぐ、いはんや悪人をや」という親鸞のことばが、『歎異鈔』の第三段に述べられていて、ふつうこのことばが、「悪人正機説《あくにんしょうきせつ》」の根拠となったことばとしてよく知られている。ここにあげたのは法然のことばで、もとは漢文で、「善人尚以往生、況悪人乎事。口伝有之」という文で『法然上人伝記』に伝わっているもので、この法然と親鸞という、浄土門流の二つの流れのそれぞれの開祖の、宗教における論理、善悪の基準が、常識の世界のそれと全く倒置したものであるという基本的解釈において、水ももらさぬ契合を示していることに一驚するのである。

　このことばは、もちろん、悪の奨励ではない。しかし、善悪という常識の世界、日常の経験における基準が、仏という絶対的な尺度の前では、いかにはかないものであり、また、そのはかないことを知ることが、いかに、その絶対的な世界にはいるために必要なことであるかを、この人の意表を衝く表現は示している。これを逆説であるととるのは皮相の見解であろう。日常の倫理や法律の世界では、善悪にはやはり最後までその効果が問われる。善行に対する果報が問われ、人の行為は常に結果において予測されていた。仏教とてもその外に立つものではない。しかし、「善因善果、悪因悪果」のみを仏教の行為論の路線と見、この単純な行為と結果との直線的な結び付きが、浄土教の信仰・念仏門の論理によって一転して倒置されたと見るのは当たっていない。人の行為（業《ごう》）が、次の生《しょう》または一つの結果の唯一の原因であるとみる考え方は、仏教の歴史上「業生説《ごうしょうせつ》」といわれるが、対して、人の、次の生や一つの結果は、ただに行為によって規整されるのみでなく、そのひとのもつ主体的願望（願《がん》）によって大きく左右されるものだという考えが、少なくも紀元前後のインドには現われている。先の「業生説《ごうしょうせつ》」に対して「願生説《がんしょうせつ》」といわれるこの考え方によって、インドの仏教は、早くも、人は日常世界での一回性の行為を越えた、広い世界へ直参する可能性をつかんだということができよう。これが結局、大乗仏教の根拠の一つ、「大慈大悲の仏」の救済力の根柢となるのであるが、これを可能にした考えは、人の行為は、一人の行為（自業《じごう》）としてのみ存するものはなく、必ず他者のそれとの抱合・関連の上に成り立つという、「共業《ぐうごう》」感なのであった。この共業感によって、仏教の自業は、人間的連帯と、さらにそれを包容する無限の世界（仏世界）への直参を約束され、単なる実存と異なる一つの世界を開くに至ったのであった。「悪人正機」説も、この善悪を越えた宗教観の、正統の、しかし、もっとも力強い帰結だったとみることができよう。

〖出典〗法然『法然上人伝記』

善人なほもて往生をとぐ、いはんや悪人をや。——親鸞

【解説】 親鸞の「悪人往生」「悪人正機」のことばとして『歎異鈔』に伝わる有名な一文である。このことばを、かりそめに聞けば、あるいは、宗教は、少なくとも親鸞の宗教——浄土教は、世の善悪を否定し、逆に世の悪を賛美する考えが述べられているととるかもしれない。しかし、このことばのあらわすところがそのような、奇矯な、あるいは逆説的なものでないことはいうまでもない。この教えは、長い、真摯な人間観察を続けてきた仏教が、人の知力の限界と、悪業へのとどまるところなき誘引を悟り、ついにその自己への沈潜に徹しきったところに生まれた、いわば仏教的実存から来る血の叫びなのであった。

ただ、ヨーロッパの実存は、自己一人の実存に徹し、そこからさまざまな芸術や哲学をうんだが、社会的・人間的連帯感をうむためには、マルクス主義など、ほかの思想の助けを借りなければならないことが多かったのに対し、仏教的実存は、そこから、共になやむものの共感(共業感《ぐうごう》)と、そのひとびとを一つに救う弥陀の信仰をうんだのであった。この間の事情と、悪人正機の真意を知るため、前後の行間を読み進めていただきたい。

「弥陀の誓願不思議にたすけられまゐらせて往生をばとぐるなりと信じて念仏まうさんとおもひたつこころのおこるとき、すなはち摂取不捨の利益にあづけしめたまふなり。弥陀の本願には、老少善悪のひとをえらばれず、ただ信心を要とするとしるべし。そのゆえは、罪悪深重、煩悩熾盛の衆生をたすけんがための願にましまず。しかれば、本願を信ぜんには、他の善も要にあらず、念仏にまさるべき善なきゆえに。悪をもおそるべからず。弥陀の本願をさまたぐるほどの悪なきゆえに、と云々。

一、おのおの十余ヵ国のさかひをこえて、身命をかへりみずしてたづねきたらしめたまふ御こころざし、ひとへに往生極楽のみちをとひきかんがためなり。しかるに念仏よりほかに往生のみちをも存知し、また法文等をもしりたるらんと、こころにくくおぼしめしておはしましてはははんべらんは、おほきなるあやまりなり。もし、しからば、南都北嶺にもゆゝしき学生たち、おほし座せられてさふらふなれば、かのひとびとにもあひたてまつりて、往生の要よくよくきかるべきなり。親鸞におきては、ただ念仏して弥陀にたすけられまゐらすべし、とよきひとのおほせをかうぶりて信ずるほかに、別の子細なきなり。念仏はまことに浄土にうまるるたねにてやはんべらん、また地獄におつべき業にてやはんべるらん。総じてもて存知せざるなり。たとひ法然聖人にすかされまゐらせて、念仏して地獄におちたりとも、さらに後悔すべからずさふらふ。そのゆえは、自余の行をはげみても仏になるべかりける身が、念仏をまうして地獄にもおちてさふらはばこそ、すかされたてまつりてといふ後悔もさふらはめ。いづれの行もおよびがたき身なれば、とても地獄は一定すみかぞかし。弥陀の本願まことにおはしまさば、釈尊の説教虚言なるべからず。仏説まことにおはしまさば、善導の御釈虚言したまふべからず。善導の御釈まことならば、親鸞がまうすむね、またもてむなしかるべからずさふらふ歟《や》。論ずるところ、愚身の信心におきてはかくのごとし。このうへは念仏をとりて信じたてまつらんとも、またすてんとも、面々の御はからひなり、と云々。

一、善人なほもて往生をとぐ、いはんや悪人をや。しかるを、世のひとつねにいはく、悪人なほ往生す。いかにいはんや善人をやと。この条一旦そのいはれあるにたれども、本願他力の意趣にそむけり。そのゆえは、自力作善のひとは、ひとへに他力をたのむこころかけたるあひだ、弥陀の本願にあらず。しかれども、自力のこころをひるがへして、他力をたのみたてまつれば、真実報土の往生をとぐるなり。煩悩具足のわれらは、いづれの行にても生死をはなることあるべからざるをあはれみたまひて、願をおとしたまふ本意、悪人成仏のためなれば、他力をたのみたてまつる悪人、もとも往生の正因なり。よて善人だに往生す。まして悪人は、とおほせさふらひき、と云々」。

〔出典〕親鸞『歎異鈔』

百か日、降るにも照るにも、いかなる大事にも参りてありしに、ただ後世のことは、善き人にも悪しきにも同じように、生死出づべき道をば、ただ一筋に仰せられ候。——恵信尼

【解説】常陸国稲田の庵室で、親鸞が、妻のちくせん（後の恵信尼）に、都・叡山のことを語り、師法然の教えに触れたことばとして、恵信尼がその消息に記しとどめたもの。烏丸東の六角堂（頂法寺）は聖徳太子の建立といわれ、本尊の救世観音は太子の心をあらわしているといわれる。ここに一百日の誓願をかけた親鸞は、九十五日目に太子の文の示現にあずかり、吉水にあって説法する法然上人のもとに通うようになる。こうして改めて百日、雨の降る日も、照る日も、どのようなことがあっても説法に参ったのであるが、その間の法然上人の説法はただ一つのことをくり返して説かれたのであった。それは、善人に対しても、悪人に対してもまったく同じように、阿弥陀如来の大慈悲によって、人は生死の苦界を脱して浄土におもむくことのできる道を、ただ一筋におっしゃるものであった。善人も仏の救いによらずしては、真の救いにあずかれぬことはもちろんである。しかし、仏の救いをより強くまちわびるものは、世の道徳や法律で悪人といわれる人たちであろう。仏の慈悲は、このような人たちに対してこ

そ、まず先に、より強く働くはずである。あたかも親の愛はすべての子に平等でありながら、ひよわな子、力ない子に対してより一層強く暖かくそそがれるように。親鸞は、師法然の、人に対するこの深い愛・仏に対するこのゆるぎない信を聞き、自分の長い宗教的模索に今こそ解答が下されたのを知る。解《げ》（知恵）も行《ぎょう》（実践）も、この愛と信あってはじめて意味をもつものであって、解と行あって、信と悲が成り立つのではない。この宗教の把握から、法然の宗教（浄土宗）がひらけ、さらに親鸞の宗教（浄土真宗）がひらけてくる。師法然に対する帰投のことばを、今また親鸞の妻恵信尼が、夫に対する帰投のことばとして記したものをあげたのである。

〔出典〕恵信尼（→親鸞）『恵信尼文書』

主しらで紅葉は折らじ白波の
たつ田の山のおなじ名もうし
——藤原為家

【解説】「不偸盗戒」と題し、盗みの罪を紅葉を手折るものへの戒めとして説いたもの。「白波のたつ田」は、たつ田を「白波の立つ」にかけながら、「白波＝夜盗」にかけたもの。また紅葉の赤と白波の白との対照もねらっているのであろう。歌としての良さには賛否があろうが、偸盗《ぬすみ》という具体的な事例を、秋の紅葉という自然を詠じつつ諷諫した例は、インドやシナの仏教徒には見られないことで、日本の仏教徒の一つの特色ということができよう。

〔出典〕『続拾遺和歌集』十九

人を愧《は》づべくんば、明眼《みょうげん》の人を愧づべ

し――道元

【解説】恥を感ずる、恥辱に思うという心の働き方が、日本人に独得のものであるという見方は、外人の間では根強いものがある。恥を日本人の重要な行動原理とみたルース・ベネディクト女史の『菊と刀』のような古典的見解もあり、これに対して、日本人の立場から批判・再考した作田啓一氏の『恥の文化再考』のような労作さえあるほどだ。しかし、ここで扱われた恥は、主として社会的な恥である。社会が、前近代的な「世間」という形で個人の生活に関与し、規整し、制裁を与える際の、無言の圧力とそれに対する反応をいうことが多い。これに対し、宗教の世界では、あるいは人間自体で考えるときには、「恥」はどのように考えるべきであろうか。「自ら反《かえり》みて縮《なお》くんば千万人と雖《いえど》も我往かん」ということばがあるが、これは、右にみたような、外部からの圧力や批難は、自らの心を確立したものにとってなんの痛痒を与えるものでないことを表白した、心の独立性をうたうことば、宗教の尊さをうたうことばということができよう。外からの非難によって宗教を求めるものが恥を感ずる必要はない。しかし、道を求める上で、自らの誤りを知り、努力の至らざるを思うとき、だれよりもただちに、誰よりも率直に、深く自ら愧じるもの、これこそ真の求道者である。この心ないものを「無慚《むざん》」といい「無愧《むき》」ということもまたよく知られたところであろう。道元がここにいう「明眼の人を愧づべし」とは、まさに、このような真実を見抜く目の持ち主をいうのであって、それは、そのような目をそなえた第三者のこともあろうし、あるいは、みずからとらわれることなく省みた自己の真実心であってもよい。「百万人をおそれず、ただ一人をおそれる」とは、このような背くべからざる真実をさしているのである。

〔出典〕道元『正法眼蔵随聞記』

我等懺悔《さんげ》す、無始よりこのかた、妄想に纏われて衆罪《しゅざい》を造る。——覚鑁

【解説】仏教においては自分の造った罪にはきびしく責任が求められる。「自業自得《じごうじとく》」という考えがそれである。しかし、そのことは、自分の罪が永久に消えないということではない。すべてのものに固有の実体性を認めず「空《くう》」と見る仏教においては、罪もまた同様に考える。懺悔によって罪は消え、人は再出発を可能とされる。「懺悔滅罪《さんげめつざい》」という考え方がそれである。しかし、懺悔は免罪符ではない。懺悔すれば罪は消える。では懺悔しながら罪を作っても罪にはなるまいというような、形式論理学的なうけとり方で、懺悔を考えても、それは決して懺悔にはならない。懺悔は生命をかけた、全身全霊のものである。すでに釈尊のときにあって、懺悔は「衆僧懺悔《しゅそうさんげ》」といい、罪の軽重にはよるが、多くの僧の前で懺悔しなければならないとされた。キリスト教のごとく、神の前での懺悔、実際には神父との一対一の懺悔でよい、とはされなかったのである。そののち、多くの仏教者によって心を打つ、真摯《しんし》な懺悔の文が無数に作られたが、ここにあげた興教大師覚鑁《かくばん》上人の『密厳院発露懺悔文』も、もっとも心うたれる懺悔文の一つである。

ここでは密教独得の現実直視と、覚鑁に顕著な罪障観、浄土教的指向が一体となり、親鸞や白隠などとはまた異なる、すぐれた人間観に立った懺悔文を形成している。これもまた日本仏教の一つのメルクマールとして注目したいと思う。文意は明白であり、分量も短いので、左に

その全文を掲げ味わって見たい。

「我等懺悔す、無始（昔）よりこのかた、妄想に纏われて衆罪を造る、身口《しんく》意《い》業《ごう》常に顚倒《てんとう》して、誤って無量の不善の業を犯す。珍財を慳悋《けんりん》し（おしむ）て施を行ぜず、意《こころ》に任せて放逸して戒を持せず、屢《しばしば》忿恚《ふんに》（いかり）を起して忍《にん》辱《にく》ならず、多く懈怠《けだい》（なまけ）を生じて精進ならず、心意散乱して坐禅せず、実相に違背して慧を修せず、恒《つね》にかくの如きの六度（六つの修行＝布施・持戒・忍辱・精進・静慮《じょうりょ》・智慧）の行を退して、還って流転《るてん》三途《さんず》の業《ごう》（地獄・餓鬼・畜生の三つの境遇に転生する哀れな生き方）を作る。名を比丘（僧）に仮って伽藍《がらん》（寺）を穢《けが》し、形を沙門《しゃもん》（僧）に比して（ふりをして）信施（布施）を受く。受くるところの戒品は忘れて持せず、学ぶべき律儀は廃して好むことなし。諸仏の厭悪《えんお》したまうところを慚《は》じず、菩薩の苦悩するところを畏れず、遊戯《ゆげ》笑語して徒《いたず》らに年を送り、諂誑詐偽《てんおうそぎ》（ひとをだま）して空しく日を過ぐ。善友《ぜんう》に随わずして癡人《ちにん》に親しみ、善根を勤めずして悪行を営む。利養を得んと欲して自徳《じとく》を讃し（自分のことを賛《ほ》め）、勝徳の者を見ては嫉妬を懐《いだ》き、卑賤の人を見ては憍慢を生じ、富饒《ぶにょう》の所を聞いて悕望《けもう》を起し、貧乏の類《やから》を聞いては常に厭離す。故《ことさ》らに殺し誤って殺す有情の命、顕《あらわ》に取り密《ひそ》かに取る他人の財、触れても触れずしても犯す非梵行《ひぼんぎょう》（邪婬の罪）、口四《くし》（口で犯す四つの罪＝妄語・綺語・悪口・両舌）意三《いさん》（心で犯す三つの罪＝貪欲・瞋恚・邪見）互に相続し、仏を観念する時は攀縁《はんえん》（憤ること）を発《おこ》し、経を読誦《うそう》する時は文句を錯《あやま》る。若し善根をなせば有相に住《いん》し（それにとらわれ）、還って輪廻生死の因となる。行住坐臥知ると知らざると、犯すところのかくの如きの無量の罪、今三宝に対して皆発露したてまつる、慈悲哀愍《あいみん》して消除せしめたまえ。皆悉く発露し尽《ことごと》く懺悔し、乃至法界の諸の衆生、三業所作のかくの如きの罪、我皆相代って尽く懺悔したてまつる。更にまたその報を受けしめたまわざれ」。

〘出典〙覚鑁『密厳院発露懺悔文』

若し殺さずして叶はざる者有るときんば、不便《ふびん》千万なれども、法度《はっと》の為めなれば、助くる事成りせたし、是非に及ばずと、慈悲心を以て殺すべき也。

——鈴木正三

【解説】仏家のことばで直接死刑の是非に触れているものは意外に見つけだすことが困難であるが、これはその一つの例。三河出身の徳川武士で、のちに禅僧となった鈴木正三のことばである。

仏教というものは、この世を越えることを目的とし、この世を越えた理想境をめざす体系であるから、この「出世間」の立場から再び「世間」にかえる「出出世間」の立場で、現実の政治体制や経済機構の指針を見出すことはむずかしい場合が多い。このような、仏教に対する一般的な疑問をふまえて、ある僧が、正三に向かって、「仏法にて世を治むるならば、死罪の義有間敷間《あるまじきあいだ》、治まり難かるべし」という疑問をなげかけた。これに対して正三は、死刑ということも、「慈悲を以てする也」と答えている。その理由は、一つには、悪人を磔にかけると、世人がそれを見て悪心を戒める。これは「世のために善根を為す」こととなる。また、第二には、その悪人自身が、思い悔んで悪心をたち切るから、これによって未来永劫の悪因を断ち切り、宗教的に救われることになる、というのであった（『驢鞍橋』上、九九。中村元『近世日本の批判的精神』、春秋社版『中村元選集』

七、一四四頁)。ここにかかげた文は、このような質問に対する具体的な解答である。「どうしても殺さなくてはならないようなものがあるときには、まことにかわいそうなことではあるが、法律・制度のためであるから、助けるわけには行かない。力の及ぶことではないのだから、その者に対する慈悲の心によって殺すべきである」(『驢鞍橋』上、九九)といっているのである。さらに興味ぶかいことは、このことばの前にある、死刑執行の理由につき、世間で流布している幾つかのことばが、畢竟遁辞にすぎないことを明らかにしていることである。すなわち、「一日語て曰く、今時の人の曰く、科人を成敗するは罪にあらず。その故は人を斬るにあらず、只咎を斬る也。或は曰く、我は殺さず、咎が殺す也と。比等は是れ出来口と曰うもの也。更に正理にあらず」(『石平山聞書』)。世上しばしば「罪をにくんで人をにくまず」という。人をはなれた罪というものは、一体どのようにして行なわれるのであろうか。仏教の自業自得《ごうじとく》の考えは決してこのような観念の操作を許す余地がない。正三の見解は、仏教の正統的な倫理観、行為論の上に立ち、ふやけた死刑廃止論や、忸怩たる死刑肯定論に頂門の一針を与えるものであった。世の死刑廃止論者は多く、受刑者の悔過をいって、殺された被害者に悔過や、末期の念仏のいとまさえなかったことにはほとんど口をつぐんでいる。新聞に報告される死刑囚のたち直りの記事に、その男によって殺されたものの遺族が、いま、どのように精神的・物質的に苦境におちいっているか、かつて並んで報ぜられたことがあるだろうか。この点については、宗教的情念からは別個に、菊池寛が『若杉裁判長』や『ある抗議書』において、死刑囚の「立派な悔悟」に泣く世間が、何故、被害者の苦しい末期や、その後の悲惨な運命に盲目なのかを痛烈に非難している。ここに、出世の法が世間において求められる、ぬきさしならないきびしさがある。これを観念の操作で、無に帰してしまうなら、宗教はおよそ世法とかかわりあう手だても必要もなくなってしまう。罪状に疑いなく、量刑が適法であったならば、仏教も安んじて彼を絞首台上に送っていい。こうして死をもって今生の罪をつぐなった彼には、次の生が六道のいずれかは知らなくとも、必ずやその心（識＝ヴィンニャーナ）は転生して、開悟のために励む機会は無限に許されているのだから、そのこともまた案ずるには及ばないのである。

〖出典〗鈴木正三『石平山聞書』

凡そ大人たる者は、言語少き習いじや

——慈雲

【解説】「沈黙は金、雄弁は銀」ということばがあるけれども、このことばに積極的意味があるとすれば、無意味なことばをペラペラしゃべったり、真実に反することをいったりするのにくらべれば、沈黙を守ることのほうが、より真実に近いことを指すのであろう。慈雲はさらに次のようにいっている。「凡そ大人たる者は、言語少き習ひじや。ましてかざりたる言、あやある辞、義其にかなはぬ詞、みなその人品に相違す。もし言へば大人の道に違ふて、その不綺語戒を破するじや。支那国に謂ゆる滑稽・隠語の類、我が邦に謂ゆるかる口・誹諧・狂言など、一切時ならぬ言、処不相応なる詞、皆これに摂す」。綺語というのが、今見たように、かざったことば、あやの多いことばであるとすれば、このようなことばを口にせぬのがすぐれた人、大人の道であるのは当然であろう。仏教においても、正しい義理にかなったことばを口にのぼそうとする人が決して多弁になりうるはずはない。慎重に、よく考え、整理したことばをゆっくりと口にのぼすのが、尊者のいわれる「大人」の話し方になるわけで、このことは、われわれの回りをみまわしてみたときも、高僧・大思想家・大政治家などといわれる人が決して能弁でも多弁でもなく、むしろ訥弁のうちに真実の光りを放つ話者であることによってでも充分にうなずけることといえよう。要するに、時と処の双方に不適当ないっさいの言・詞を綺語というのであって、中国の滑稽・隠語、日本の軽口・誹諧・狂言なども、この意味から綺語と見なされてしまうのである。ただ、後の文を読み進んでゆくとわかるのであるが、尊者は決していっさいの芸能・伎楽を否定しているのではない。それが時とところにふさわしくないときにこそ、よろしくないとしているのである。たとえば、人の葬儀のとき流行歌をうたうとすれば、たとえその流行歌がそれほどいかがわしいものではないにしても、それをそのときうたった人の不謹慎は強くとがめられなければなるまい。綺語であるかないかは、この、時とところの相応いかんということが大きく関係しているのであることを知ることができよう。また、この文中で、尊者は中国のことを支那国といっているが、このことばも和田清博士の研究によると、わが国では新井白石あたりから好んで使われるようになり、当時のインテリたちが、唐とか漢とかいうことばにかえて使うようになったのだというから、尊者もその風にしたがったのかもしれない。

〔出典〕慈雲『十善法語』

男子が女人の衣服を着し、女人の威儀をまねする。女人が男子の衣服を着

し、男子の威儀をまねする類、皆身綺という。此も俳優伎児などは論ずる所でない。平人以上は慎んで作《な》すまじきじや。——慈雲

【解説】十善戒の第五である不綺語戒を述べながら、身体で行なう綺語について説明している慈雲尊者のことば。十善戒の一々を身体・口(言語)・意《こころ》の動作にそれぞれわりあててみると、身三・口四・意三となることは、慈雲尊者のみならず、まず注意することである。したがって、いまここで問題にする綺語も、本来からいえば、言語による表現であり、口四といわれる口の動作四つの一つではあるが、不妄語戒と同じく、この不綺語戒は口だけの行ないとして慎しめばよいのではなく、身体にも通ずる戒であることを警告しているのである。律の戒文に、身の綺、口の綺といって、身体と口をいつわりかざることを戒める文があるのはそのためである。

では、身の綺《かざ》りとは何をいうか。それは、口の綺りと同じく、一口でいえば「分を踰《こ》える」ことである。戯れにせよ、あるいは他をだまして心傲《おご》らんがためにせよ、みずからの分に無い、分を越えた衣服を身にまとい、礼儀・作法をとりつくろうこと、これこそ身体の綺だというのである。そこで、この例文を見ると、男の人が女の人の着物を着、女の人が男の着物を着るということは、男女という明瞭な分をこえたことで、身綺のもっともはなはだしいものだというのである。このあとにも尊者は中国の王朝にあったおもしろい「身綺」の例をあげている。春秋時代(前五C~前四C)、陳の国王の霊公というひとは、夏姫《かき》という婦人を寵愛し、お気に入りの二人の家来とともに、この婦人の衵衣《じつえ》(下着)を着たりして遊んでいたため、つ

いには、この婦人の息子に刺し殺され、その国は、楚の国に亡ぼされてしまう、ということにさえなるのである。身綺のもっとも忌むべき例としてあげられているわけである。しかし、それにつづいて有名な木蘭の話は身綺にあらざる美談として出している。これは史伝に出る実話で、木蘭という娘が、男装して老いた父の代わりに軍役に従った話である。

さらにおもしろいことには、ある人が勇士十人に女服を着せ、敵を欺いて陣を破った例は、美談といわないけれども、身綺の例ではなく「別の趣き」といっている。また、今日では遠い例となってしまったが、医者や儒者が僧の官にならって法眼《ほうげん》・法印《ほういん》などと称することや、在家の子どもがなになに法師ととなえること（例えば織田信長の幼名が吉法師、その孫の秀信のそれが三法師だったことなど）は必ずしも身綺とはいえない、としている。しかし逆に、出家が在家のまねをすることは明らかに身綺であるとしてつよく戒めている。「律文に非制に制し、是制に違するを、法滅の相と説いてあるじや」とし、制にあらざることを制として定め、制として正しいところにあえて背《そむ》くことは、仏法を滅ぼすもとであるとさえ極言しているのである。しかしこれは、袈裟・木頭幡のように、戒律に制定された重要な規程にそむかぬことに限るので、これにそむくことが「法滅の相」としてつよく戒められるのである。これが、「沙門の俗服を着するを法滅の相という。沙門の俗称を称するを越法の罪という」ということになるのであるが、各宗各派において、近古以来格式となり、昔とはちがってきた服制などは身綺とはいえない、といっている。現代の日本においても、有髪の僧、俗服の僧は世をあげてしからざるはなき有様となっているが、これなどは、もし尊者が現代にあるとすれば、服制の変化として案外みとめてくれるのではないかという気もする。しかし、せっかく親や師匠からもらった法名を、わざわざむりして訓読し、俗人をよそおっているのなどはあさましい気がしないではない。これなど服装とちがい、いささかも実生活上の不便はないだけに、僧としての自信のなさだけが後にのこる。たとえば康道などという法名なら、舌を噛みそうに「ヤスミチ」などというよりも、「コウドウ」というほうが、よほどすっきりもし堂々ともしている。第一、いまどき俗人の間でも、そんなゴツゴツした二字名前は少しもはやってはいないのだから。

さきほどの有髪・俗服の僧にしても、それが今日の社会的・国際的活躍に適していればこそゆるされるのであって、これらのよそおいによってみずからの僧職たることをかくし、それによって非宗教的活動や享楽にひそかに便とするものがあるならば、まさにかかる僧こそ、身・口・意の三業のすべてにわたって綺り・偽りの行動をなすものであり、こういう僧がひとりでもふえれば、それだけ、尊者のいう「法滅・越法」の災いがひろまり、仏教は衰えてゆくといわなければならない。しかし、先に見たように、綺となるかならないかは、時とところとが大きく関係しているのであり、外見だけで判断はできないことはよく注意しておくべきであろう。

〔出典〕慈雲『十善法語』

模《も》様《よう》ある言辞は、質直を失うて散乱を招く——慈雲

【解説】十の善きこと（十善）の第五におかれる「不綺語」について、慈雲尊者飲光の下した説明。この「不綺語」は、尊者の十善の講話の

中でも、最後の「不邪見」についで、最も分量の多いものであって、非常に重視していたものの一つである。まず「綺」を模様あることばとしていう。

「安永三年甲午正月二十三日示《ス》レ衆《ニ》　師云。第五を不綺語戒といふ。綺は織成して模様ある絹じや。字書には綺は攲なり、その文攲邪不順とある。あやある詞正しからぬ辞を綺語といふ。ここにはこの絹も象りて名を立てたものじや。この模様ある言辞は、質直を失ふて散乱を招く。これに異名有りて、新訳に無義語と翻ず。これは義理なく利益なき辺に名を立てたものじや。又雑穢語と翻ず。純一ならぬ辺に名を立てたものじや」。

まず最初に「不綺語戒」の綺ということばの解説がある。不殺生・不偸盗・不邪婬等は日常わりに目に触れる機会の多い文字が用いられており、とくにことばの説明は必要としないが、この綺ということばはわりに見なれないため、尊者は懇切・丁寧に説明を下しているのである。

「綺」とは、模様のある絹をいい、またそれから出て、いろつやのあること、美しいこと、巧みで飾り多いことをいう、と辞典は説明を下す。この「綺」という文字だけを出されると、たいへん目新しく見えるけれども、綺麗とか綺羅を飾るとか熟字としては使われている例は少なくない。また、尊者は、この「綺」は、傾く、側《そば》つ等を意味する「攲《き》」という文字と通じて用いられ、綺＝攲で、その文が攲《かたむ》き邪《よこしま》で、不順なことをいう、としている。内容がなく、ただ飾りの多いことばが綺語であるから、ことばを換えていえば、「無義語」といってもよく、けがれたことば、雑穢語といってもよい。冒頭に「模様ある言辞は、質直を失ふて散乱を招く」といったのは、この点をさしたもので、釈尊以来、真実の言語（八正道でいう正語）をめざしてきた仏教として、もっともたいせつな心掛けがここで説かれているのを見ることができる。

〔出典〕慈雲『十善法語』

経の中に善心を以て悪人を殺すは、悪心を以て蟻子を殺すよりも其罪軽きとある。又国家に害ある者を殺すは其罪はなきとある。罪のなきのみならず、其功徳を成ずるとある。『瑜伽《ゆが》菩薩《ぼさつ》地《じ》』の「戒品《かいほん》」、『正法念経』等に開のあることじや。――慈雲

【解説】不殺生戒について、その軽重は対象の大小によるのではなく、動機の善悪によると説いている慈雲尊者飲光（一七一八～一八〇四）の文。尊者の講義の筆録なので、文意はきわめて明瞭であろう。善心をもって悪人を殺すほうが、悪心をもって蟻《あり》の子を殺すよりもいいといっている。仏教にもそもそも不殺人戒というのがなく、不殺生戒という生物全体の生命をひとしく重視していることは注意されなくてはならない。悪心より、あるいは必然性なくしてものの生命を断つことを強く戒めたのであって、これを仏教語で「無益《むやく》の殺生」という。「無益の殺生」に対する「有益《うやく》の殺生」ということばはないが、右の文にみられるように、必然やむを得ざる殺生と、まったく無益な、時として自分ひとりのなぐさみのための殺生などのあることは区別されていた。

右の文にも引かれている『瑜伽師地論』（菩薩修行の概論）には、やむを得ない殺生の例と、その解釈がのせられている。それは、「一《いっ》殺多生《せったしょう》」として知られるものである。人を救うことを使命とする菩薩が、強盗が幼児を井戸へ

投げ込もうとしているところへ通りかかったらどうするか、という設問である。これに対してこの経典は、幼児の生命を救うために、菩薩は、その強盗の生命を断たなくてはならない、と教えている。これが「一殺多生」である。しかし、このことばをもって、「より大きな利益のための小さな犠牲」というように、計算のできる、換算のできる、処世上の知恵とうけとったならば大なる誤りであろう。それを知るためには、経典の残りの説明を読まなくてはならない。菩薩は幼児を救うために強盗を殺す。それはたしかに救いのための殺しではあった。しかし、救いのためにせよ、なんにせよ、ものの生命、人一人の生命を断った事実は否定できない。この罪の重さによって、菩薩は地獄へ堕ちなくてはならない。善根のためとはいえ、菩薩は「不殺生戒」を冒したことにより堕地獄の苦を負わなければならないのである。世の多くのひとは、「一殺多生」ということばを知って、その根柢にひそむ「生命の尊さへのおそれ」を知らない。このおそれを知らずして、ただ「一殺多生」ということばのみを知り、それによりかかるとき、このことばは、ついに仏教の名を借りて出す「殺生の免罪符」になってしまう。

さかのぼれば、明治以降、国家がたびたび行った外国との戦争において、仏教がそれを弁護する常套の句がこれであったし、近くは警察官が船を乗っ取った青年を射殺したときに用いたことばもこの「一殺多生」であった。溺死した(と判定した)山口青年の心臓を、心臓を取替え(!?)なければ絶望(と判定したところ)の青年宮崎君に入れかえるとき、二人ほっておけば二人とも死んでしまう。二から二引けばゼロだけれども、二から一引けば一残るといって敢えて心臓移植に踏み切り、のち、強くその道義を問われた和田寿郎教授も同じ発想でこのことばにもたれかかっている。「戦争を一日も早く終結させるためにという名目で原子爆弾を広島・長崎に投下したアメリカ軍も、このことばがそのような意味に立つのだったら、決して良心に悩まされることはないであろう。仏教のさす生命の重さは、たとえ人を救うためとはいえ、軽々にものの生命を断つことがいかに重い罪となるかを教えている。そして、さらに多くの人の気づかない、もう一つの奥の教えのあることを述べておかなくてはならない。これはこうである。菩薩は幼児を救うために強盗を殺す。これは理屈ではない、道徳的・宗教的衝動である。そして殺した罪により彼は深く懺悔し、堕地獄は必定《ひつじょう》であることを覚悟する。問題はここにおこる。堕地獄は必定であると覚悟して、彼が深い慚愧にはいったとき、彼は堕地獄しない、というのである。このことを、もし形式的・論理的に聞くならば、「なんだ、やはり地獄へは堕ちないのか。じゃあ、殺しても大丈夫なのだな」とか、「堕地獄を覚悟してやればば堕地獄しないのだな。じゃあ覚悟してやればいいのだろう」というような、ちょうど熟練した犯罪人が六法全書のサワリを覚えて犯行に当たるような、より悪い発想を教えない限りもない。

しかし、およそ人の生命の尊さを知り、宗教の雰囲気に触れたことのある人ならば、このことばをそのような意味にとることはなく、ますます「一殺多生」を軽々に扱うべきでないことを知るであろう。さらに、「無益の殺生」にも注意しておかなくてはならない。このことばは「活命《かつみょう》の殺生」ということばに対して用いられる。『阿毘《あび》達磨《だつま》大毘《だいび》婆《ば》沙論《しゃろん》』(小乗仏教の概論書)という書物によると、ものの生命を取らなければ生活できないひと——肉屋とか猟師とか——の殺生や、そのとられた生命を、他のものの生命——ことに人間の生命——をささえることにささげるような場合、これらを「活命の殺生」というのだとしている。活命とは生命を活かすという意味で、自分のためにも、他のためにも、いわば必然性のある殺生を「活命の殺生」というのだとしているのである。これに対して、いささかの必然性もない殺生を「無益の殺生」というのであって、いわゆる「慰みの殺生」「殺生道楽」などというのは、みなこれに当たるわけである。ここにとりあげた句に、「善心を以て悪人を殺すは、悪心を以て蟻子を殺すよりも其罪軽」いとしたのは、この意味において理解すべきであろう。芥川龍之介の小説『蜘蛛《くも》の糸』において、悪人犍陀多《かんだた》が、善心をもって救った、たった一匹の蜘蛛の糸によって地獄から救われようとしたことも、この仏教の生命観と殺生観の上に立っているといってよい。

〔出典〕慈雲『十善法語』

口業を守り、柔輭語《にゅうなんご》に順ずるを不悪口戒と名づくる。——慈雲

【解説】十の善なる行ない（十善業）を考え、身体でなすもの三つ、口でなすもの四つ、心でなすもの三つをあわせて十（身三《しんさん》、口四《くし》、意《い》三《さん》）とするところから見ると、仏教は口が人間の善悪にもっとも強く関係しているとみていたということができる。しかもそのうちで、もっとも守りにくいものは「不悪口」であろう。どのようなひとでも、「批評」という形で、あるいは「忠告」というかたちで、生涯に無数の悪口をいう。江戸時代の儒者安積艮斎《あさかごんさい》が、生涯人の悪口をいわなかったひととして今日にまで名を残しているところからみても、他のほとんどすべての人が悪口をいっていたと見なくてはならない。このむずかしい「悪口」とはなにかについて、慈雲はその開講の冒頭次のように定義する。「安永三年甲午二月八日示《ス》レ衆《ニ》 師云ふ。第六は他を侮らぬ法じや。此の法を不悪口戒と云ふ。又は不《ふ》麁《そ》悪語《あくご》戒《かい》と名づくる。上中下等の人に対して麁言を以て罵言する。是れを悪口と云ふ。口業を守り、柔輭語に順ずるを不悪に戒と名づくる」。

　安永三年（一七七四）二月八日の説法で、「不悪口戒」に下した定義がこれである。「第六」というのは、不殺生・不偸盗・不邪婬・不妄語・不綺語の五つにつづいて第六番めに述べる戒であるところからこういうので、これによれば、不悪口の根本は人をあなどらぬことだという。なぜ他人を侮蔑せぬかといえば、それは、われも他人も、みな心の中に仏となるべき可能性・仏性《ぶっしょう》をもっているからだ、ということであり、この人間尊重が底に働けば、当然、悪口などは出てくるはずがない、というのがこの戒の考え方なのである。すなわち、人間尊重があって不悪口となるのであって、交際上の配慮や生活上の技術から、悪口をいわないなどというのではないのである。

　この点は、仏教という、一貫した人間観をもつ宗教が提示する倫理の特色として注意すべきであり、他の「十善戒」のどれにもあてはまることである。麁言《そごん》というのはザラザラしたあらいことばで、柔輭語の反対。輭は軟の正字であるから、もののやわらかなことばというになる。

「その戒相を言はば、下賤なる者を下賤と云ひ、愚癡なる者を愚者と云ひ、形不具足なる者をかたは者と云ふ類、尽《ことごと》く此の戒の違犯じや。もしは上等の人を中等に云ひ下し、中等を下等に言ひ下し、ひきこなされぬ人を引きこなして云ふ類は、此の戒の増上の違犯じや。もしは、種類を挙げて、軽躁なる者を猿に比し、暴悪なる者を豺狼に比し、愚昧なる者を虫蟻に比して毀呰《きし》する類は尤も甚しきことじや」。

これは、定義に続いて、不悪口戒の実際を説明することばである。悪口とは何か。ことさらに、人をその実際よりおとしめていうことが悪口になることはもちろんであるが、たとえありのままでも価値が低いといい、おろかなものをおろかといい、身体不具の人を不具者というのはいずれもやはり「悪口」となるのである。実際よりひき下していうのは増上《ぞうじょう》の罪（より増して悪くいう。水増しして悪くいう）になるというのであるから一層罪が重いわけであるが、ありのままでも人の弱点をあからさまにいうことは、やはりりっぱに悪口の戒に触れることになるのである。さらにまた、こういう弱点を人のいやがるものにたとえ、あだなを付けること、猿とか豺とか狼とか虫とかいうのも、さらにいっそうけしからぬことだといっているのである。

「此《こ》の悪口に身を亡ぼし国を敗る。且《しばら》く一二の例を挙ぐれば、東晋の代に王敦謀反す。王導自ら安んぜず。家族男女二十余人をひきゐて、罪を禁門に待つ、周伯仁これを見、今年は此の輩を殺して、金印の斗の如くなるを取るべしと云ひて過ぎ去る。後王敦勢強くなりて、諸の公卿を殺害するとき、周伯仁が事を王導に問ふ。王導黙然す。此れに因りて終に周伯仁を殺す。後王導禁中に入りて諸の表文を点検するに、周伯仁王導を救ひし表数通有るを看て、我伯仁を殺さずと雖《いえど》も、伯仁我に由て死すと云ひて悔いしとある。周伯仁に悪心はなけれども、一言の悪口に由りて終に身を亡ぼしたのじや」。

悪口というものが、いかに身にかえって恐ろしい結果を産むかを実例をあげて説明している。これは、古代中国の歴史書である『晋書《しんじょ》』

に出てくる話で、南中国では紀元三一七年から四二七年まで東晋という王朝で統一されていた、その時の事件である。この王朝の前と後は世の中がたいへんに乱れ、地方には別の政府ができたりしていたのであるが、ここに出てくるのもそのような乱の一つなのである。王敦《おうとん》というひとが謀反をおこしたとき、その一味と見られていた王導は心安らかでなく、家族男女二十余人をつれて、宮廷の入口でおとなしく断罪を待っていた。そこに通りかかったのが周伯仁という人物で、この王導一族を見て、「今年は、こういう奴ばらを皆殺しにして、うんと大きな金の勲章をごほうびにもらわなくちゃあならんわい」といって通りすぎた。ところがこののち、謀反側の王敦一派のほうが勢いがつよくなり、これに反対の高官たちはつぎつぎと殺される運命になった。周伯仁も王敦の断罪を待つ身となったのであるが、王敦は、彼を断罪すべきかどうかを腹心の王導に尋ねたのである。しかし王導は、先に見たような、周伯仁の敵意あることば、悪口を身にしみてうらんでいたから、一言のとりなしのことばも口にしなかったのである。このため、王敦によって周伯仁は死刑にされてしまったのである。しかるに、のち、王導が宮中にはいっていろいろな公文書をしらべてみると、周伯仁が王導のことをとりなした上奏文がいろいろあったので、王導は、自分が一言のうらみのために、周伯仁を死に追いやったことを悔んだのであった。王導の軽卒と小心はもちろん、大人物の心事とはいえない。

しかしまた、この例によって、尊者は、人間の世界にあって、一言の悪口がいかにおそろしい結果をうむかを、はっきりと示しているのである。しかも、このような例は決して単なる歴史上の事件にとどまるものではなく、われわれの日常につねに見出せる例なのである。

「上の妄語・綺語に準じて、此の戒も身業、意業にわたるべきじや。もし内に軽躁の心憍慢の心有りて、他を看ること禽獣の如くなるを、意業の犯とす。意気揚揚として鷹の衆鳥をしのぐ如くなるを身業の犯とす」。

「口は災の門」とは、子どもにも通ずる世間のことわざであるが、仏教の不悪口戒は、ただ表面の口さえつつしめばいい、というものではない。それは他のすべての戒めと同じく、口に発し、身体に及ぶものでなければならない。全身・全霊で正しいとされるところに従う、それがたまたま口を通してあらわれるとき不悪口戒となり、さらに不妄語戒となり、不綺語戒となるのであって、心に思っても、口さきだけつつしむというのでは、仏教の戒を守ったことにはならない。いまの法律でも、一つの犯罪を量刑するにあたって、その動機と実行の双方を見ることはよく知られている。たとえ殺人の大罪を犯しても、その動機に同情すべきものがあれば、情状酌量されて、死一等を減ぜられることはある。仏教的に表現すれば、身業とともに意業を重んじているのである。しかし、一人が殺人を胸に秘めながらたくみに第二の男を使って殺人を実行させたばあい、罪はやはりその直接の下手人に重い。これが現在の法律の一般である。

そうなると、この場合は、やはり動機よりも実行が重く見られているわけで、どのように憎むべき悪の計画でも、実行に移されていないとき、すなわち、未遂の場合には全然処罰の対象にならないか、ごく軽く終わることによっても、この間の事情がよくわかる。この点、いまの法律は、やはり動機よりも実行・結果に重きを置いてみているといわなくてはならない。しかし、仏教、いな、ひろく宗教の世界では、人間の行為を、このように動機と結果、精神と行動というように、分けて考えることは許されない。美人を見て恋着の心をおこしても、法律の世界・日常の世界ではなんの問題にもならなくても、聖書の世界では、それは姦淫を犯したのと同じこととして戒められるのと同じである。「此の戒も身業・意業にわたる」とは、このことをさし、この句の冒頭に掲げた「柔軟語《にゅうなんご》」もこのように全身に及んでの統御と知るべきであろう。

〖出典〗慈雲『十善法語』

今此の戒の中に要を取て言へば、詐《いつわり》を云はぬばかりが甚深じや。最甚深じや。真実語が直ちに仏語じや。外に仏語はない。――慈雲

【解説】不妄語、すなわちいつわりをいわぬことについて、慈雲尊者飲光が解説している一句。「此の戒」というのは「不妄語戒」をさす。不妄語戒の要点をいうならば、嘘《うそ》・詐《いつわり》をいわないこと、それだけがたいせつである。きわめてたいせつである。真実のことばが不妄語であり、それが仏のことばであって、これ以外に仏のことばはない、といっているのである。これにつづいてさらに次のようにいう。「此の真実語を法と名くる外に法はない。此の法を精勤に護持する人が菩薩じや。外に菩薩はない。三業共に甚深なれども、諸戒共に甚深なれども、今此の戒はかうじや。一切衆生の語言は法性の顕われた姿じや」。

ありのままが法・真実であるとすれば、ありのままをありのままにいい表わすことこそ法・真実を伝えることばということになる。いつわらずにいうこと、真実を表わすこと、これこそ仏のことばであり、法・真実である。この真実語・仏語を伝えようとして一生をかけて努める

ひとが菩薩である。菩薩とは決して特殊なひとのことではなく、ありのままに物を見、ありのままに物をいうひとのことをいう。からだ・口・心の三つの動作（三業）はいずれもたいせつなものであるが、ことばはことに真実のあらわれ映し出される姿として尊重されなければならないことがくり返して注意されているのである。思うに、ものを見、考えた結果をことばによって表現し、そのものをまだ見ず、考え及ばなかったひとにも伝え、想像させ再現することをできるようにするのは、まさに人間にだけ許された特権である。われわれはことばの表現をぬきにしてものを考えることはできない。ギリシャの哲学においても、ことばを意味する「ロゴス」が同時に真理を意味したのもこのためである。古代のインドにおいても、ことばとそれによって表現される真実との関係は、まことに微に入り細をうがって研究されており、われわれは今さらのように、物を考える上でことばのもつ役割の大きさを感じないではいられない。尊者が正しいことばを守ることを、そのまま菩薩の道と呼んだのはまさにこのためだったといえよう。お説教風のたとえばなしはあまりなさらなかった慈雲尊者ではあるが、この不妄語戒については珍しく、おもしろい話を一つ引いて話を進めておられる。それは『一切有部毘那耶《いっさいうぶびなや》雑事《ぞうじ》』二十九に出てくる物語である。

むかし婆羅痆斯国《ばらなし》（ベナーレス国）に梵授王（ブラフマダッタ）という王がおられ、いつもお乗りになっている象がお産をすることになった。ところが大へんな難産で苦しみながら、どうしても赤ちゃん象がうまれてこない。そこで王様が大ぜいの官女に、「だれか真実のことばをとなえて、この象に子を産ませてやってくれ」といった。昔からインドでは、真実のことばを説いたり、婬事に触れない童男、童女に咒《じゅ》文《もん》を唱えさせると難事をまぬがれるという信仰がゆきわたっていたのである。そのとき大ぜいいた官女でひとりも王様の声に応ずるものはなかったのであるが、そばに一人の身分いやしい牛かいの女がいて「わたしが真実を申します」と申し出た。彼女のいうには、「わたしは生まれてからこのかた、よこしまな思いをいだいたことがございません。このわたしのことばがうそでなかったならば、この象は安らかにお産を終えるでしょう」と。このことばがおわるとき、象は楽々とお産をすますことができた。ただそのとき子象のしっぽだけがつかえたのであった。これを見たその女が、「ああ、あれだけのこともいけなかったのかなあ」と申したので、みながそのわけを尋ねると、「わたしが子どものころ、よその男の赤ちゃんを抱いてあげてかわいいと思ったことがあったけれど、あれもやはり、夫以外の男の人に親しんだことになるのでしょうか」といった。このことばとともに、つかえていた子象のしっぽははずれ、子象は完全に生まれ落ちることができたのであった。もちろん、これは経典に出てくる、ひとつのたとえばなしではあるが、ここで説かれている精神はすこしも神話的なものではない。そこでは真実に対するおそろしいまでの敬虔さが説かれているのである。そして同時にそこには、真実語のみが自然の理にかなったものであることもうたわれている。わずか赤児に親しんだことさえ、かくすこと、いわぬことは自然の理にさからうことになり、それが象の安産をさまたげたというたとえになっているのであろう。

昔から「うそは子を産む」というけれども、日常ちょっとしたていさいや都合で、悪気なくとりつくろったうそでも、それが第二、第三の話に重なり、第二、第三の人に伝わる間に、うそのうわぬりをしてゆかなくては、つじつまの合わなくなってしまうことは、日常決して少なくない。うそが増えていかないまでも、一度ついたうそは守りつづけなければ必ずうそとばれるわけで、その記憶の負担だけでも大変なものとなる。こうなってはじめて、ひとは真実ほど楽なものはなく、また、真実ほど強いものはないことを知るのである。多くの推理小説を読んでも、頭のよい犯人の、精密にくみたてた犯罪の虚構が、ごくささいなうそ一つでくずれ落ちてゆくありさまが描き出されている。このたとえ話は、そのような大がかりなフィクションによってではなく、ごく小さなたとえばなしによって、よりはっきりと、よりつつしみぶかく描き出しているのだと知ることができよう。

『出典』 慈雲『十善法語』

仮令《たとえ》才芸人に及ばず、智行庸流に異ならぬ者も、此の友愛・親好の心だに全ければ、世間・出世間の中に徳者たるべきじゃ。――慈雲

【解説】たとえ才芸が人に及ばず、智慧や行為が凡俗な人と同じであっても、人との友愛・親交の心があれば、それだけで、俗世においても、仏道の世界においても徳者である、という慈雲のことばである。ここにいう、友愛・親好は、ただの「つきあい」や「仲よし」ではない。人と人はともに平等な人格の尊厳性を持っている。その尊厳性をみとめ、ともに尊重し合えば、決して一を認めて他をおとしめ、こちらと通じてあちらを悪くいう、などのことはなくなるはずである。これが「十善戒」（十の善事を守る戒め）の第七に置かれる「不両舌戒」（二枚舌を使わぬ）の精神であり、「不離間語《ふりけんご》」といわれるゆえんである。尊者は続けて次のよ

うにいう。

「両舌と云ふは、律文に彼此闘乱して他を破せしむるなりとある。凡そ世間の習、中已下《いか》の人の言は、多く抑揚、表裏あるものじや。此れ等の言は、聞かざれば愈《いよいよ》よし。もし聞くも心頭に留るべきことではない。もしこれを聞きて憶持し、此の語を彼に伝へ彼の語を此れに伝ふれば、必ず彼、此の親好を破して、なかあしくなるべきじや。もし今まで親好なる者が、そのよしみ我ゆえ破るは、此れを十悪業の第七とす。舌は言説往来の両は両人両家等を指す名じや。新訳語にては是れを離間語《りけんご》と翻ずることじや。離とは離別じや。間とはへだつることじや。此の事の鄙悪なるを知りて、他の親好を破せぬを不両舌と云ふ。法ありて此の不両舌を護する。友愛、親好、人に交りて偏党なきを不両舌戒と云ふ。是れが十善の第七じゃ」。

この説明によってわかるように、両舌とは、AとBとを争わせ、互いの仲をこわすことだと律の戒文にあることが最初にあげられている。両舌ということの実際も、まさにこの律文のとおりなのであって、なみ以下の凡人というものは、人を評するに当たっても、当人の面前とかげとでは、ことばに二様も三様もあることが少なくない。こういう表裏あることば、人をそしることばは耳にしないのが第一であるが、聞いてしまったら、心にいつまでもとめておくべきではない。ましてや、そのようなことをよくよくいつまでも憶えていて、AのいったことをBに伝え、BのいったことをAに逆に伝えたりして、お互いの間の不信の念を増長させ、ついにその間を割くようなことは厳にいましめなければならない。このように、両人に両様のことをいい、仲をさくところから、両舌ともいい、離間語ともいうわけで、それをしないことを戒として心に保つことを「不両舌戒」、「不離間語戒」というのである。ここで、「新訳」というのは、中国における仏教の経典の翻訳の歴史の上で、有名な玄奘三蔵（六〇二～六六四）を境として、その以前を旧訳《くやく》というのに対して、彼以後の翻訳を新訳というのである。仲たがいをさせぬようにするという戒めが、決して世俗の「つきあい」の配慮からくるものではなく、人を尊重する、「仏性」を重んずるという、仏教本来の人間観がここにあらわれているものであることを知りつつ、この不両舌戒のことばも味わうべきであろう。

「師云ふ。今日は不両舌戒を説くじや。此の戒は平等性じや。和合の徳じや。人に交って友愛、親好の心あるが此の戒の趣きじや。菩薩は自ら友愛、親好の心なるに由って、他の友愛、親好を喜ぶ。誤っても離間して他の親好を破することはない。此の不両舌戒が、直ちに菩薩の本性たるじや。衆に及ぶ者が人民の主たる徳じや」。

〔出典〕慈雲『十善法語』

友愛・親好は天地の道じや。万物の情じや。看よ、天地の間、この事ありこの物ありて、或いは各各相応し、或いは相制する。物独立せぬ。左右相依り、能所互に扶《たす》け、時を得、処を得て成立するじや。——慈雲

【解説】慈雲尊者飲光が、十善の戒の法話の第七の「不両舌戒」を説き、この戒が、天地自然の情を尊重し、それにのっとることによって成立することを述べたものである。右の句の前に、「この戒法性より等流し来って、今日現今、事事、物物の上に相違せぬじや」とあるのが、その定義といえよう。不両舌とは二枚舌を使わないことをいう。二枚舌とはAにはXとい

い、BにはYといい、それぞれの相手に気に入るようなことをのべることが両舌で、その食いちがいから、ついには二人が仲たがいをおこすこともおきるところから、離間語《りけんご》（仲をさくことば）ともいうのである。この戒も、世間の道徳としての「正直」の意味をもつとともに、より根本的に、仏教の正しいあり方を具現化している。なぜなら、天地万物の本然の姿は争いではなく、友愛と親好である。この友愛と親好を尊重すれば決して離間のことばは出るはずがなく、本然の姿が矛盾する両面の表現をとるはずがない。人は人をいつわる。また人は自然を矯《た》める。しかし、自然は人をいつわることなく、自然がお互いに矯め合うこともない。そして、天地・自然の万物は、お互いに相依り相扶《たす》けておのおの存在を保っているのであって、他のものから離れて、独立に存在するものは考えられない。山があって川があり、陸があって海がある。春夏があって秋冬があるのであって、四季の変化のない熱帯や寒帯の国々では、春・夏・秋・冬という考え方は浮かんでこない。これを常夏の国とか、パーム・スプリングとかいうのは、四季の区別をもっているもののよび方で、その地しか知らないものは、決してこのよび方をすることはない。ものの存立とは、およそこのように、他をまってはじめて自己の存立がありうるのである。仏教のいう真理とは、まさに、かようなものをいう。天地・自然・万物が互いに相より相たすけている。このことを「お互いに縁《よ》り合ってものが起きる」＝縁起ともいい、そのゆえに、一つ一つには実体がない、空であるともいったのである。

ソヴィエト・ロシアの有名な仏教学者が、この仏教の空を「相対性」（relativity）と訳したのは、少なくとも空の働きはつかまえているということができる（Th. Stcherbatsky）。しかし、仏教のあらわす真実を、ただ相対性とだけいいきったのでは当たらない。仏教では、キリスト教のように、この天地万物を創りたもうた造物主・神というものは考えない。天地・自然はあるがままにあり、なるようになり、変わるように移って行くと見るだけであって、だれが造った、いつできたというような詮議だては捨て置いて記すところがない。釈尊がすでにその態度で、この問題に対したのであり、これを「捨置《しゃち》・無記《むき》」という。しかし、このあるがままの宇宙・天地に真実がやどると見ることは決してさまたげない。「霊山浄土《りょうぜんじょうど》（この世がそのまま仏の浄土）とか、「草木国土悉皆成仏《そうもくこくどしっかいじょうぶつ》」（草も木も国土もみな仏になる）とかいわれるように、仏教の世界観に従えば、この現実の世界、この世の自然のうちに、仏の精神がふくまれ、現われていると考えるのである。この真実の世界・和合の境地に従うこと、それがすなわち不両舌の精神と知るのである。強制されての友情、利害を計算しての親好ではなくて、みずからと他のものとを区別できない一体観、これこそ仏教の親愛観なのであろう。

〔出典〕慈雲『十善法語』

宗教・修行　信仰

若し人、善根を植えて、疑へば則《すなわ》ち華開かず。信心清浄なる者は華開きて仏を見たてまつる。——龍樹

【解説】信が仏教の根本であることを説いた、龍樹の文。たとえ人がいかなる善根を植えて修行に励もうとも、仏や法に対して一点疑いの心があるときは、その善根の芽は決して「成仏」という花になって開くことはない。信心の清らかなものは、花が開いて仏をまのあたりに見ることができる、としている。むずかしい仏教の教理はなに一つ知らなかったけれども、母を失った中将姫（法如尼）が、その母の往ったという極楽国の姿を見ようという一心で、蓮の糸をもって織りだした浄土の図（当麻《たいま》寺《でら》に伝わるもので、当麻マンダラという）で、母も座を占める極楽国を眼のあたりにすることができたという伝説も、この「信」に徹したものが、よく仏を見ることを示しているということができよう。

〔出典〕龍樹『十住毘婆沙論』

仏法の大海には信を以て能入《のうにゅう》となす。——龍樹

【解説】仏教という、いわば大海にもたとうべき広い教えの中には、まず「信」によってはいって行くのだ、と明した『大智度論』の一文。仏教の信の定義で、おそらく古代から、もっともよく知られた一文であろう。この文のあとには、「慧《え》をもって能度となす」すなわち、「知恵によって完成（＝度《ど》・渡《と》。まよいの此岸からさ

とりの彼岸へ渡り終えること）する」という文がつづく。この文はかりそめに見るときは、「信が仏教へはいるための入口であり、ゴールに到達するのは知恵の働きである」、信は必要条件であるけれども充分条件ではない。仏教にとっての充分条件は知恵である、という意味にとられかねない危険がある。このように理解すれば、この文は、かえって「信」の限界を示して、「慧」の万能を示した証拠となってしまうだろう。しかし、これはそのように理解すべきではない。信は道を開くとともに、慧（と行と）によってささえられ進められてゆくのであって、信は仏教入門の役割りを果たし、口火を切ったあとは、すべて慧に役目を譲り渡して引っ込んでしまうという意味ではない。仏教生活のすべては信によってささえられているのであり、慧もまた信とともにあり、むしろ信の内容として進められてゆくのであることを思えば、信は、仏教の入口であるとともに、その全道程であり、かつ到達点であることを知ることができよう。「能入」の意味は、まさにそのような意味に解さなくてはならないと思う。成道してのちの釈尊が、なおかつ出家の姿を捨てないままに、ひとびとを救う四十五年の生涯を送られたことの意味の中には、やはり退転にそなえての「信」のあったことを考えることができるであろう。たやすく「在家主義」などと唱えられない、ひとつの重大な歴史の跡をここに見る。

〔出典〕龍樹『大智度論』

仏法に無量の門あり。世間の道に難あり、易あり。陸道の歩行則ち苦しく、水道の乗船は則ち楽なるが如く、菩薩の道も亦かくの如し。或は勤行精進のものあり、或は信方便の易行を以て疾《はや》

く阿惟越致《あゆいおっち》に至るものあり。若し人疾《はや》く不退転地に至らんと欲せば、応《まさ》に恭敬の心を以て、執持して名号を称すべし。——龍樹

【解説】信について述べる経論は多いが、称名（仏の名、ことに阿弥陀仏の名を称えること）を、もっとも容易で、かつもっとも尊ぶべきものが称名であると説くものは、ごく限られてくる。龍樹（ナーガールジュナ。二～三C）の作とされる『十住毘婆沙論』十七巻は、インドで製作された論著の中で、この称名の意義を明らかにした数少ない論であり、かつ、その著者が大乗仏教の理論の事実上の創始者であり、「八《はっ》宗《しゅう》の祖師《そし》」（八つの宗派全部を開いたひと）と仰がれる龍樹なので、古来から浄土教家の間で尊重されることはたいへんなものであった。ことに、その第九易行品の一章が、称名念仏が往生の易行であることを示したもので、この一章のみは別に独立して珍重されてきた。ここに掲げた一文は、その一節で、数多い仏道のうち、信による道（信方便の易行）によって阿惟越致《あゆいおっち》（＝阿鞞跋致《あびばっち》 avinivartanīya, avaivartika、不退転・無退などと訳し、菩薩が仏となることが定まって、仏の地位から再び凡夫の地位に退くことのない位）の境地に至ることができるのだ、と説いている。ふつう、この阿惟越致の位に至るためには、菩薩は、一大阿僧祇劫（無限に近い時間）をかけてでなくてはならない、とされるのであるが、ここでは、その代わりに、信の易行によって一瞬にそれが成就されることを説いている。自己の論理と思索の力の限界を知り、それを越えた、ひろく深い世界（法界《ほっかい》。パトスの世界）の存在にめざめ、そこにこそ真実があるとさとるものにとっては、百年の思弁よりも一瞬の発見で新価値が発見されることは

事実である。「信」が「陸道《ろくどう》の歩行《ぶぎょう》」の苦しさに勝り、「水道の乗船」の楽しいことに当たると説いたのはこのためである。しかし、またこの道が、親鸞などによって、信じがたく行ないがたい道（難信難行）と説かれているゆえんも考えなくてはなるまい。おのれのはからい、自分の知恵に対するわずかな自信でも残っているものにとって、その限界・無力をさとることに人生をかけることは、もっとも困難な道だからである。

〔出典〕龍樹『十住毘婆沙論』

妄心もし起らば、知って随うことなかれ。妄もし息むときは心源空寂なり。万徳ことにそなはり妙用きはまりなし。——龍樹

【解説】 ここでいう「妄心《もうしん》」とは迷いの心をいう。迷いの心がおきたとき、知ってそれにしたがうことはやめなければならない。迷いが止むときには、心の本源は寂かになり、捉われるべきものはなくなる。そうなれば、そのひとには、すべての徳がそなわり、その働きはつきるところがない、という。実践的・倫理的訓練が人を完成にみちびくという考え方のある反面、ものの根源に対する正しい哲学的・宗教的自覚が、倫理的完成をも含めて人を完成に導くもとであるという考え方はありうるわけで、この『菩提心論』の示す「菩提心」とは、まさにそのような、ものの根本を知らんと求める心のことであった。

〔出典〕龍樹『菩提心論』

「如何なるか是れ道」「平常心是れ道」——慧開『無門関』

【解説】南泉和尚《なんせん》とその弟子趙州《じょうしゅう》との問答。南泉は普願禅師《ふがん》といい、馬祖道一《ばそどういつ》禅師に教えを受け、南泉山に三十年たてこもったひとである。南泉に対し、弟子の趙州が道とはなにかと尋ねたところ、平常心《へいぜいしん》（ふだんの気もち）が道であると答えた、『無門関』の中でも有名な一句。これにつづいて、「（趙）州云く、還《ま》た趣向すべきや否や（平常心とは持とう持とうと心がけるべきものでしょうか）。（南）泉云く、向はんと擬《ぎ》すれば即ち乖《そむ》く（むりにそのような気もちを持とうとすれば、平常心からはずれてしまう）。州云く、擬せずんば、争《いかで》か是れ道なることを知らん（しかし、そうしようと心掛けないならば、どうして道を知ることができましょうか）。泉云く、道は知にも属せず、不知にも属せず。知は是れ妄覚、不知は是れ無記。若し真に不擬の道に達せば、猶お太虚の廓然として洞豁なるが如し。豈強いて是非すべけんや（道は「知る」ということでもないし、また「知らない」ということでもない。「知る」ということは虚妄《こもう》の分別であり、「知らない」ということは判断の放棄である。もし本当に、むりに心掛けるのでなく道に到達したら、それはちょうど大空がからりとひろびろしているようなもので、いいわるいの問題ではなかろう）」。この問答によって、趙州は「言下《ごん》に於て頓悟す」とある。禅の「不立文字《ふりゅうもんじ》」は、よく「知」の否定とのみ、一面的に受けとられる。このことばをかくれみのとして、禅僧が、おのれの無知不学の絶好の遁辞とする例はよく見るところである。明治の初年、単身中国へおもむいた真宗の僧小栗栖香頂も、中国の禅僧の無知におどろき、そのうえ、彼らが「不立文字」のかげにかくれて無知をいささかも恥じないことをにくんで、中国の仏教をほろぼしたのは禅僧の無知であるとさえいっている。「知」「無知」の両辺を離れることと、知に安住すること、無知を恥じざることの異なることは明らかであろう。仏教の知についてたいせつなことは、それが常に活用される知であらねばならぬところであろう。釈尊も必要あるときには、ことを分析し判断された。しかし、それはあくまでも必要あるときにだけであった。このような釈尊の分析＝分別は「随宜の分別」といい、のちの分析学派（阿毘達磨《あびだつま》仏教）の「分別の分別」とはちがうのである。

〖出典〗慧開『無門関』十九

行業純一《ぎょうごうじゅんいつ》とは実に有り難い。将来に於ける臨済将軍の禅風、五逆聞雷の臨済禅も、畢竟は皆、此行業純一から発している。――釈宗活

【解説】『臨済録』の最初の句に、「師、初め黄《おう》檗《ばく》の会下《えか》に在て行業《ぎょうごう》純一なり」とあるのを、釈宗活が釈したものであるが、単に辞句の解釈だけに終わらず、よく臨済禅の特色をこの一句の内におさえている。人にとって何がむずかしいか。平常の行為のはしばしに至るまでいつわりなく純一であること、これほど困難なることはなかろう。無門、その他の語録でくり返す「自然」がそれであろう。宗活老師は、「行業純一」の四字に、臨済のなみでない修行と禅機とを感じとったのであった。さらにいう。

「行業純一……僅か文字としては四字であるが、大事な一事じゃ、朝から晩まで、心に思い、舌べらを動かし、執捉運奔《しゅうそくうんぽん》、一挙手一投足が、純一無難であった。この純一ということは誠に得難い。何も一つことをやっているという意味じゃない。その行うところが、大道そのままで、混り気がないということじゃ。……其人玉の如しという言葉を世間でいうが、如しじゃない。此時分の臨済は実に明分其ものじゃ。一

点の、邪智邪念もない。これが即立派な大器というものじや。……人間にも大器と小器とあるが、大器というのは、生れながらにして、その資質がいい。大なる器となるものは、はじめっから、なんにも混り気がない。然し始めは小器であっても、修養の結果大器となることも勿論出来る」。

〔出典〕釈宗活『臨済録講話』

人心一たび真なれば、すなはち霜をも飛ばすべく、城をも隕《オト》すべく、金石をも貫くべし。偽妄の人のごときは形骸いたづらにそなはれども、真宰はすでに亡び、人に対してはすなはち面目憎むべく、独り居ればすなはち形影自ら愧《ハ》ぢん。

——洪自誠

【解説】 人の心が真実誠であれば、霜を降らすこともでき、城をこわすことも、金や石をつらぬきとおすこともできる。うそいつわりで日を送る人は、形は人間の姿をしていても、真の人らしい魂はなくなっており、人に対しても、その風貌挙措は憎まれがちで、ひとりでいても、自分の影に対しても恥ずかしい気がするにちがいない。信念・真心の強さを教えたもので、いわゆる「鄒衍《すうえん》」「杞梁《きりょう》の妻」の故事をふまえている。鄒衍が無実の罪におとされたとき、天はこれをあわれんで夏に霜を降らせ、杞梁の妻が夫の死を嘆いたとき、万里の長城がこれに感じてくずれたという伝説である。真心のない人間は、人がその顔や様子を見てもわかるし、自分でも鏡にうつる自分の姿に恥ずるだろうという表現は、内面はつねに外形にあらわれるという、中国人の考え方を示していて興が深い。

〔出典〕洪自誠『菜根譚』一〇二

加持とは、如来の大悲と衆生の信心とを表す。仏日の影衆生の心水に現ずるを加といい、行者の心水はよく仏日を感ずるを持と名づく。——空海

【解説】仏教の実践修行のうち、「加持」ということばはよく知られているが、その内容は、ただ「加持・祈禱」というように、仏の前で護摩などの秘儀を行ない、なにごとかを仏に祈ること、というほどに理解している向きが大部分かもしれない。しかし、ここに掲げた空海の定義に明らかなように、加持とは、如来の大悲と衆生の信心の両者をいい、さらにその働きかけをいうというのである。仏の日の力、光りがわれわれ人間の心に映ることを「加」といい、われわれ人間の心が、その仏の光りをささえ感ずるのを「持」というというのである。この「加持」の原語は「アディ・シターナ」という。「アディ」というのは、「……上に」「……内に」を意味する接頭語であり、「シターナ」は「処」「立場」「場所」を意味する名詞である。この二つから合成された中性名詞である「アディ・シターナ」も「座」「処」「依」「所依」というように場所を意味する訳語から、「力」「神力」「神通」「願力」「威神之力」「神通之力」「住持之力」「所加護」「加持」など、そのところにある力を意味する訳語が与えられる。空海の説明はもちろん意をとったものであるが、よく「加持」の本意をとらえているといわなければならない。

およそ、ギリシャ以来、ヨーロッパ人のものの考え方は、われわれの力が下から働きかけることは考えるが、上からの力が下に働いてくることは考えない。ヨーロッパ人のいう理想とは、このような、下からの上へ向かっての志向をさす。これに対して、仏教にあっては、われわれの力が上に向かって働きかけることを認めると同時に、上からの、仏からの力がわれわれに対して働きかけてくることも同時にみとめる。これが加持である。さらに、のちの仏教の表現に従えば、下から上への力の志向を「向上《こうじょう》門《もん》」といい、上から下への力の動きを「向下門」という。この上下に会通する力の交流は、仏教徒に対して、現実と理想の二元的乖離《かいり》から救い出す働きをした。『平家物語』(巻一「祇王の事」)に、祇王御前という白拍子が清盛入道の前でうたった次のような今様が伝えられている。

「仏もむかしは凡夫なり、我等も遂には仏なり、いずれも仏性《ぶっしょう》具せる身を、隔つるのみこそ悲しけれ」。

今はたしかに、仏とわれらの間には隔りがあるけれども、この二つは遂には一つのものであることが、宴席でうたわれる今様の中にもこめられているのであった。では、この隔りをいかにして埋めるか。埋めるための行ないが「加持」なのであるが、その加持の内容をなすものは「三密」であった。

この文の直前に「三密加持すれば速疾《そくしつ》(ただちに)に顕わる」とあるのがそれである。身体と口と心の三者で仏と我と交流するための種々の実践を行なう、これが三密行である。大なる宇宙となるわれわれとの隔りは大きいが、この隔りは、宇宙とわれらの一体を信じて、全身的な修行に努め励むとき、必ずや埋められる。この確信が、空海の「即身成仏」の教えだったのであり、また、仏教すべてにわたっての確信だったのである。

〔出典〕空海『即身成仏義』

日月空水を光《て》らす。風塵《ふうじん》妨ぐる所なし。是非同じく説法なり。人我倶《とも》に消亡す。——空海

【解説】日月がなにものにも妨げられることなく、空や水をてらしているように、仏道の修行に励むものが、ひたすら禅定に集中したならば、風によってまきおこる塵にもたとえることのできる煩悩も、一向に修行の妨げにはならないはずである。かくて、是非も善悪もいずれも真実のあらわれでないものはなく、人と我、他と自というような区別はいっさいなくなってしまう、という意。弘法大師空海の文集として、もっともよく彼の才華をあらわしている『性霊集』の最初の詩「山に遊んで仙を慕う詩」中の一文である。真言の極意が、すべてのものの、そのままの在り方を肯定する雄大な世界観に立っていることを示す一文といえよう。

〔出典〕空海『性霊集』

頓に三妄を越えて心真に入る。霧を褰《かか》げて光を見るに無尽の宝あり。自他受用して日にいよいよ新たならん。——空海

【解説】迷いを払って自己が本来有する真実にはいろうという決意と、その可能性を述べたことば。空海弘法大師の教判の書『秘蔵宝鑰』の最初のことば（発起序）である。したがってこのことばは、ひろく、仏教の人間観——人間はいかに迷いにおおわれていても、その底には光りかがやく成仏の可能性（仏性）を有するという——を示していると見ることもできるが、より適切には、すべてをみとめ、この身このままに仏になる（即身成仏）ことを説く真言密教の秀れた所以を説いているとみるべきであろう。

文中、「三妄」とは、麤《そ》・細《さい》・極細《ごくさい》の三つの妄執をいい、人間のもつ迷いの三種。「心真」はさとりの心、第十住心をさす。「霧を褰《かか》げて」とは、霧が払われてものの姿が見えてくるように、迷いが払われて、本来、自己のもつ真実があらわれてくることをいう。「自他受用」とは、自らも他も、真言の教えの化益を受けることをいう。したがって、ここの文意は、「真言の教えによるときは、速に迷いをこえてさとりの境地にはいることができる。それはちょうど、霧を払ってものの真実がみられるように、迷いの奥にある自己の宝を見出すようなものである。このような真言の教えのおかげを人もわれも蒙《こうむ》って、われらの生命はますます新しさを増すであろう」ということとなろう。密教の真面目は各所にあるが、このようなつよい生命謳歌も一つの大きな特色である。

『出典』空海『秘蔵宝鑰』

道心有るの人を名けて国宝となす。

——最澄

【解説】宝とはなんであろうか。『広辞苑』によれば、①貴重な品物、大切な財物が第一の意味としてあげられ、②かね、金銭、財貨が第二に、そして最後に、③大切に取扱うべき物、(たとえば、主君または子などをいう)とある。これによれば、貴ぶべき品や金が、宝の第一の意味であり、これについで、精神的に尊重すべきものの等しく「宝」と呼んでいることがわかる。まず、この解釈などは、もっとも穏当な「宝」の理解を示しているといってよいであろう。仏教でいう宝が後者であることはいうまでもあるまい。三宝というときは、仏と法と僧の三つの価値をさす。宝王といえば仏のことであり、宝号といえば、仏・菩薩の名字をさす。

釈尊が妻子を含めて、その城と財宝を捨てて求道の旅に出たことを、ヨーロッパの学者は「大いなる抛棄」と呼んでいるが、それは、この一挙が単なる衝動に基づく抛棄でもなく、ましてや今日の家出や蒸発のような、消極的動機による抛棄でもなく、より大なる宝、より大なる愛を求めての、必要欠くべからざる抛棄であったことに対して名付けられている。最澄がここにいう「国宝」は、まさにこのような仏教の伝統を正確に承け継いだ上での発言である。釈尊の出家の心は道を求めての心であった。その道心こそ国の宝だと最澄はいうのである。この道心ということばについては、古くから「朝に道心を発し、即ち成仏を得る」という『菩薩処胎経』(四)のことばが引かれるが、ひろく仏教の出発点にある、さとりを求める心、菩薩心の意味に解釈して差し支えあるまい。このあとに、おそらく荊渓《けいけい》大師湛然《たんねん》(七一一〜七八二)の『摩訶止観輔行』によったであろうと思われる、「径寸十枚、是れ国宝に非《あら》ず、一隅を照らす、此れ則ち国宝なり」という有名な一文が置かれて、直径一寸もある宝十枚も国宝ではなく、道心をもって世間の一隅を照らすことこそ、まさに国の宝であるとしているのである。荊渓の文では「寡人の宝と謂《い》ふは、王宝と異る。臣に檀子等有り。各一隅を守る……」とあり、魏王が径寸の珠十枚を宝といって誇ったのに対して、斉王が、「私にはそのような宝はないが、私には檀子の如きよい家臣があり、国の四方を守っている。これこそ私の宝である」となっている。この「一隅を守る」が「一隅を照らす」となり、もっとも良く知られた最澄のことばとなった。今日でも、この宗の運動として「一隅運動」と名づけられる運動の起こる所以である。『山家学生式』は、天台宗に僧の公認(年分度者)を請う奏請状として書かれた文で三種あり、これはその最初に書かれた「六条式」とよばれるもの。弘仁九年（八一八）の作である。

〔出典〕最澄『山家学生式』

賢者の信を聞きて、愚禿《ぐとく》が心を顕はす。賢者の信は、内は賢にして外は愚なり。愚禿が心は、内は愚にして外は賢なり。　——親鸞

【解説】 愚禿《ぐとく》（頭を剃っただけの愚か者という意。親鸞の自称）とみずからを呼んだ親鸞が、世の賢者といわれるひとたちの信を聞いて、自分の信の心を示した一文。賢者の信は、その内心は賢であるが、外へ行為となってあらわれたときは愚かなものとなってしまう。逆に親鸞の心は、内では愚であるが外にあらわれ、力となるときは賢であるとしたもの。ここにいう「愚」も「賢」も、常識語のままにとるべきではない。賢者の賢は、理性の限界を知らぬ、うすい主知主義者の賢をいい、親鸞の賢は、その限界を知り、仏のめぐみを自覚してよろこぶ真の賢である。また、賢者の愚は、おのれへの過信から、人間の知恵の限界を知らず、ついに仏を知るよろこびにめぐりあうことのできない真の意味の愚であり、親鸞の愚は、よくおのれの愚なることを知り、仏の前にひざまずく宗教的覚醒の愚であることを知るべきであろう。

〔出典〕親鸞『愚禿鈔』

真実の信心は必ず名号を具す。名号は必ずしも願力の信心を具せざるなり。　——親鸞

【解説】 阿弥陀如来がひとびとを救う願の力によって成仏し、われわれ衆生が、この仏に対す

る、すべてを任せた信心（他力の信心）によって成仏するという、浄土教、ことに浄土真宗の基本構造を示した一文。親鸞の『教行信証』中の一句である。おのれの罪業の深さにおののき、弥陀の救いの力にすべてを託する信心をおこしたとき、弥陀の名号を唱える唱名は必らずおこる。しかし、だからといって、名号を唱えるもののすべてが、弥陀の願力の信心を備えているわけではない。いわゆる空念仏《からねんぶつ》というものもある、というのが、この文の文意である。唱名と信心の問題は浄土信仰の正念場である。

本来、インドや中国では、心の中に仏を観じ念ずることを意味した念仏が、日本に来てからは、仏の名号を口に唱える唱名と同義に用いられるようになった。そこで、この唱名が往生の正しい原因（正因）であるのか、弥陀の力で救われることがきまっているとすれば、その力を信じ、すべてをまかせる信心のほうがすべてであるのかが論議の的となる。念仏の力が成仏の原因であるならば、信心は従となり、念仏行の力が主となる。このような念仏は行の念仏といわれる。これに対し、信心のほうが主であり、念仏が従であるならば、これは信の念仏ということになる。そして、信の念仏に徹すれば、念仏行の必要性は乏しいものとなり、反対に行の念仏に徹すれば、信心は第二のものとなる。このことについては、かつて家永三郎、小野清一郎両博士の間で論争が交わされたことがある。家永博士は、もし救われることが確定的である（正 定聚《しょうじょうじゅ》）ならば、唱名念仏の必要はないではないかとし、これに対して小野博士は、いやそうではない、自分の罪の深さを知り、弥陀の救いのありがたさを知れば、信心の心とともにおのずからその名号が口をついて出て来るのだ、と答えておられた。この二人の碩学の問答は当時（昭和三十年ごろ）も話題を呼んだが、まことに大きな問題提起であった。

しかし、筆者の見るところ、家永博士の論旨は、歴史家らしい実証性と論理にはきわだった特色を見せているものの、信仰をもつものの信と実践とを、あまりにも形式論理学的に割り切りすぎるきらいがあった。これでは、真宗の異安心の一つである「一念義」になってしまうのではないかと思われる。また、逆に、念仏を数多く唱えれば唱えるほどいいという立場になれば、これは「多念義」という邪義におちいってしまう。信心の定まるとき、唱名念仏が口をついて出るというのが、信心のもっとも自然な形であると思われる。この定言に至る親鸞の論旨を左に掲げよう。

「問ふ、如来の本願すでに至心・信楽・欲生の誓を発《おこ》したまへり。何を以ての故に論主『一心』といふや。答ふ、愚鈍の衆生をして解了《げりょう》し易からしめんがためなり。弥陀如来三心を発したまふといへども、涅槃の真因は唯信心を以てす。この故に論主三を合して一と為せるか。又問ふ、愚悪の衆生のために阿弥陀如来すでに三心の願を発したまへり。云何か思念せんや。答ふ、仏意測りがたし。然りといへどもひそかにこの心を推《すい》するに、一切の群生海《ぐんじょうかい》、無始よりこのかた、今日今時に至るまで穢悪《えあく》汚染にして清浄の心なく、虚仮諂偽《こけてんぎ》にして真実の心なし。ここを以て如来、一切苦悩の群生海を悲憫《ひみん》して、不可思議兆載永劫《ちょうさいようごう》において菩薩の行を行じたまひしとき、三業の所修、一念一刹那も清浄ならざるなく、真心ならざるなし。如来清浄の真心を以て円融無碍、不可思議、不可称、不可説の至徳を成就したまへり。如来の至心を以てあらゆる一切の煩悩、悪業、邪智の群生海に回施《えせ》したまへり。すなはち是れ利他の真心を彰すが故に、疑蓋《ぎがい》雑《まじわ》ることなし。この至心はすなはち是れ至徳の尊号をその体となせるなり。次に信楽《しんぎょう》というは、すなはち是れ如来の満足大悲、円融無碍の信心海なり。この故に疑蓋間雑あることなし。故に信楽と名く。すなはち利他廻向の至心を以て信楽の体とするなり。然るに無始よりこのかた、一切群生海、無明海に流転し、所有《しょう》輪《りん》に沈没し、衆苦《しゅく》輪《りん》に繋縛《けばく》せられて、清浄の信楽なく、法爾《ほうに》として真実の信楽なし。ここを以て無上の功徳値遇《ちぐう》しがたく、最勝の浄信獲得《ぎゃくとく》しがたし。一切凡小、一切時の中に貪愛《とんない》の心常に能く善心を汚し、瞋憎の心常に能く法財を焼く。急作、急修して頭燃《ずねん》をはらふが如くすれども、すべて雑毒《ぞうどく》・雑修《ざつしゅ》の善と名け、亦虚仮《こけ》諂偽《てんぎ》の行と名く。真実の業と名けざるなり。この虚仮雑毒の善を以て無量光明上に生ぜんと欲す。これ必ず不可なり。何を以ての故に、正しく如来、菩薩の行を行じたまひしとき、三業の所修、乃至一念一刹那を疑蓋雑ることなきに由りてなり。この心はすなはち如来の大悲心なるが故に必ず報土の正定の因となる。如来、苦悩の群生海を悲憐《ひれん》して、無碍広大の浄心を以て諸有海に廻施したまへり。これを利他真実の信心と名く。次に欲生といふは、すなはち是れ如来あらゆる群生海を招喚したまふの勅命なり。すなはち真実の信楽を以て欲生の体とするなり。まことに是れ大小凡聖《ぼんしょう》、定散《じょうさん》の自力の廻向にあらず。故に不廻向と名くるなり。然るに微塵海の有情、煩悩海に流転し、生死海に漂没《ひょうもつ》して、真実の廻向心なく、清浄の廻向心なし。この故に如来一切苦悩の群生海を矜哀《こうあい》して、菩薩の行を行じたまひしとき、三業の所修、乃至一念一刹那も廻向心を首となして、大悲心を成就することを得たまへり。かかるが故に利他真実の欲生心を以て諸有海に廻旋したまへり。欲生はすなはち是れ廻向心なり。これすなはち大悲心なるが故に疑蓋雑ることなし。まことに知んぬ。至心、信楽、欲生、その言異りといへども、その意はこれ一なり。何を以ての故に、三心すでに疑蓋雑ることなし。故に真実の一心、これを金剛の真心と名く。金剛の真心、これを真実の信心と名く。真実の信心は必ず名号を具す。名号は必ずしも願力の信心を具せざるなり」。

　長きに過ぎる引例となったが、阿弥陀如来の本願が、至心・信楽・欲生の三つの心（三心）を誓いとして発し、その三心がただ、信心の一心に連なり、それが涅槃の真の因であることを説き明している文意は明瞭であろう。最初にいう至心とは、阿弥陀如来が、まだ菩薩のときの本願により、汚れたひとびとをすべて清浄の道に廻向し、それを救おうという利他の真心をいう。これはそのまま阿弥陀如来の本体であるとみられる。次の信楽というのは、阿弥陀如来の利他・廻向の意欲を指す。ひとは、おのれの汚れた心をもって、真の信心ではない、独善的な、誤った行に進んで行く。仏・菩薩が成仏に至る行は、身・口・意すべての行為において、ただの一刹那も疑いやさしさわりはない。それに反して、ひとびとの劣った誤った行（雑毒・雑修の善）でどうして成仏することができようか。阿弥陀如来は、この衆生を憐んで救おうとされているのである。「信楽」というのは、阿弥陀如来のこの慈悲の心から発する意欲・願望をいうのである。第三の「欲生」というのは、如来がすべての衆生を救いとる廻向の心をいう。この廻向心によって、先の信楽は現実に衆生を救う力となるのである。このように見てくれば、至心は阿弥陀如来の尊号自体、仏の本体であり、この至心を本体として衆生を救う意欲として働く心が信楽であり、この信楽を本体として働く実際の救済の力が欲生である、と三心を定義し、従ってこの三つの心は実は一つのものの相異なる面、相異なる表現であることに気づくのである。そして、この一心こそ、まさに不変の信心、金剛の真心というものであるとし、冒頭の名号と信心の一体という境地に到達するのである。

〔出典〕親鸞『教行信証』

真実の信楽を按ずるに、信楽に一念あり。一念とはこれ信楽開発の時剋の極促を顕し、広大難思の慶心を彰すなり。ここを以て大経に言はく「あらゆる衆生その名号を聞きて信心歓喜せんこと乃至一念せん、至心に廻向せしめたまへり、かの国に生ぜんと願ずれば即ち往生を得、不退転に住せん」と。経に「聞く」といふは、衆生仏願の生起本末を聞きて疑心あることなし、これを聞くといふなり。「歓喜」といふは身心悦予のかたちをあらはすなり。「乃至」といふは多少を摂するの言なり。「一念」といふは信心に二心なきが故に一念と曰ふ。これを一心と名く。一心はすなはち清浄報土の真因なり。——親鸞

【解説】信とは喜びであり、往生であることを明した親鸞の文。『大無量寿経』の一節を借りて、その趣旨を明らかにしている。真実の、喜び、ねがう信心（信楽《しんぎょう》）はなにかと考えてみるに、信楽では一念ということがたいせつである。一念とはなにかといえば、これは信楽をおこす時間がきわめて切迫し瞬時に行なわれるものであることを示し、その内容がひろく思索検討しがたいことをあらわしている。『大無量寿経』には、この点について次のように説かれている。

「すべてのひとびとが、阿弥陀仏の名号を聞い

て信心をおこし心中に歓喜する。そしてそれから（乃至）一念するであろう。このような衆生を弥陀は心からすべて浄土に迎え入れて下さるのだ。だから、ひとがもし、弥陀の浄土に生じようと願えば必ずそこに往生することができ、一度往生したならば、もはやそこから退転することなく、永久に安住することができるのだ」と。これについて親鸞は、語句にとらわれず自由な解釈を行なう。経の中で「聞く」というのは、衆生が阿弥陀仏の名を聞くことをいうのであるが、その内容は、阿弥陀仏がまだ仏になる以前に、法蔵比丘といっていたころ、世のすべてのひとを救うまでは仏にならずと願を立てた因縁を聞くことをいう。この願を聞き、阿弥陀仏を信ずればもはや、自分の往生成仏について疑いの心がおきることはない。これを「聞く」というのである、と。また、「歓喜」というのは、このような信心をおこして深く身・心に喜悦することをいう。「乃至」というのは、多くあることの中を省略することをいうが、ここでは、数の多少をとりまとめることをいう、とする。「一念」とは、信心には二つにわれた心はないから、一つの心、一念というのだ、という。この二心なき一念こそ、浄らかな浄土へ生まれる真因である、と。弥陀の信心が往生の真因であるという、親鸞の宗教の大前提を、経典によって明した一節である。

〖出典〗親鸞『教行信証』

信楽《しんぎょう》を獲得することは如来撰択の願心より発起す。真心を開闡《かいせん》することは大聖矜哀の善巧より顕彰せり。——親鸞

【解説】信は意志の力によって持続されることは明らかであるが、その内容も動機も自己一心の計らいを越えたところから来るものであるこ

とを明した親鸞の文である。信楽《しんぎょう》とは、法を信じ仏を愛することをいうが、この気持をつかむことは、仏の選択の本願の心からおこり、真の信心をひらくことは、如来・大聖が衆生を愛し哀れむ慈悲のためのさまざまな手だて（善巧《ぜんぎょう》＝方便）から出てくるのである、とする。さらに、この文につづく次項の文に見られるように、仏のこの大きな慈悲がわれわれを取りまいていることに気づかず、人はおのれの小さなはからいによって、なんとか悟りを得ようとつとめ、この大悲に気づかない。

【出典】親鸞『教行信証』

生死の苦海ほとりなし、ひさしくしづめるわれらをば、弥陀弘誓《ぐぜい》のふねのみぞ、のせて必ずわたしける。本願力にあひぬれば、むなしくすぐるひとぞなき、功徳の宝海みちみちて、煩悩の濁れへだてなし。信心すなはち一心なり、一心すなはち金剛心、金剛心は菩提心、この心すなはち他力なり。世俗の君子幸臨し、勅して浄土のゆえをとふ、十方仏国浄土なり、何によりてか西にある。鸞師こたへてのたまはく、わが身は智慧のあさくして、いまだ地位にいらざれば、念力ひとしくおよばれず。釈迦、弥陀は慈悲の父母、種々に善巧方便し、われらが無上の信心を、発起せしめたまひけり。信は願より生ずれば、念仏成仏自然なり。自然すなはち報土なり、証大涅槃のたがはず。男女貴賤ことごとく、弥陀の名号称するに、行住坐臥もえらばれず、時処諸縁もさはりなし。煩悩にまなこさへられて、摂取の光明みざれども、大悲ものうきことなくて、つねにわが身をてらすなり。曠劫多生のあひだにも、出離の強縁しらざりき、本師源空いまさずば、このたびむなしくすぎなまし。真の智識にあふことは、かたきが中になほかたし、流転輪廻のきはなきは、疑情のさはりにしくぞなき。

——親鸞

【解説】煩悩の淵にしずむわれら凡夫が、弥陀の本願力によって救われる因縁を和讃にうたったもの。なじみやすい和讃であるが、その意をくんでみよう。「人の生死のはかり知れない広さ深さは海にもたとうべきものがあるが、その底ふかく沈んでいるわれらを、すくいとり渡してくれるのは、われらを救うことを願とし誓いとしている阿弥陀仏の大船のようなお力だけである。この阿弥陀仏の本願の力にあえば、救われないで空しくすごしてしまうひとはない。その力によって、苦海は変じて功徳の宝の海となり、人の迷い煩悩の濁った水はなくなってしまう。この阿弥陀仏を信ずる心は、とりもなおさず、われら人の一心である。一心はすなわち金剛のごとく不変な心である。金剛のごとく不変な心とは、さとりを求める心である。このさとりを求める心とは、阿弥陀仏にすべてをまかせる他力のことである（菩提心が他力というとらえ方は、他にみられない浄土教、ことに親鸞独得の定義である）。世の君主がここにのぞんで勅して問うであろう。浄土浄土とあなたがたはいうが、仏の教えに従えば、世のすべては仏の国（十方仏国浄土）である。なぜことさらに西方仏国浄土というのか。西に限る必然性はないではないか」と。

これに対して親鸞師が答えていわれるには、

「私は知恵浅く、まだ仏の境地に登っていないから、仏を念ずる力も及ばない。これを哀愍して、釈迦・弥陀のような、慈悲が父母のように深い仏たちが、さまざまな手だてを設けて真実に近づけようとし、われらのこのうえない信心をさかんに発させようとなさるのである。われらの信は仏の願から生ずるのであるから、仏を念じ仏と成ることは天然自然の理である。この自然というのが、とりもなおさず阿弥陀仏の仏国土、すなわち報土（仏の願に応じて果報としてあらわれる国土）である。したがって、われらがこの仏を念ずれば、さとり（涅槃）を得られることはうたがいない。男女を問わず、貴賤にかかわりなく、阿弥陀仏の名号を称えれば、いかなる場合であれ、時も処も条件もかかわりなく、仏の救いの力は及んでくる。

　このような仏の救いの力に対しても、われらは迷いのために目がくらみ、その救いとる光りは見えないけれども、仏の大慈悲はいささかもおこたりなく、つねにわれら人間の身を照らし給うているのである。何億年という長い間を経たにもかかわらず、われらは無知不学のため、この世を出で離れて成仏する強い縁のあることを知らなかった。わたし（親鸞）の師である源空（法然）上人がいらっしゃらなかったなら、今生でもむなしくすごしてしまったであろう。こういう生死出離の道を教えてくださる真の智識にあうということは、難事中の難事である。輪廻に流され際限もないことは、われらの疑いの心に引かれるほど大なるものはない」。

【出典】親鸞『高僧和讃』

夫れおもんみれば、信楽《しんぎょう》を獲得《ぎゃくとく》することは如来選択《せんじゃく》の願心《がんしん》より発起《ほっき》す。真心を開闡《かいせん》することは大聖矜哀《だいしょうこうあい》の善巧《ぜんぎょう》より

顕彰せり。しかるに末代の道俗、近世の宗師《しゅうし》、自性唯心《じしょうゆいしん》に沈んで浄土の真証を貶し、定散《じょうさん》の自心に迷うて金剛の真信に昏《くら》し。ここに愚禿釈の親鸞、諸仏如来の真説に信順して論家釈家の宗義を披閲《ひえつ》し、広く三経の光沢を蒙りて特に一心の華文《けもん》を開き、且く疑問を至して遂に明証を出す。まことに仏恩の深《じん》重《じゅう》なるを念じて人倫の哢言《ろうげん》を恥ぢず、浄邦を忻《ねが》ふ徒衆、穢域《えいき》を厭ふ庶類、取捨を加ふと毀謗を生ずることなかれ。

――親鸞

【解説】自力によっての信心、「自性心」「定散の自心」を厭《いと》い、絶対他力の信心、「金剛の真信」を忻《ねが》う、この親鸞の信の在り方は、仏教にあって決して特殊なものではない。仏の知恵である般若が、つねに「行智」といわれ、また「無分別智」といわれていることを思うだけでも、人間の浅いはからいや日常の知恵そのままが仏の知恵でないことは知られるであろう。仏の世界は、人としての限界を正しく知ったその時の、人の謙虚な気持の上に開くものであり、知恵の練磨が意味をもつとすれば、正に知恵の限界を知るためにこそあるということができよう。法然、親鸞などのひとびとが、いずれも幼時・青年時にその学才をうたわれながら、おのれを空しくすることによって、仏の救いにあずかる道を見出したことは、仏教の、いや、宗教のめざす、右のような知恵の在り方と信の在り方を正しく、そして強く把握したためということができよう。

〔出典〕親鸞『教行信証』

謹んで往相の廻向を按ずるに大信あ

り。大信心はすなはち是れ長生不死の神方……なり。——親鸞

【解説】信が仏教においてもすべての出発点にあることはいうまでもないが、信は決して仏教的生活の部門に終わるものではない。信は常に解《げ》（勉学）と行《ぎょう》（実践）とによって確かめられ、育てられ、それを内容としつつ、ますます深いものになってゆくのである。「信とは心の澄浄なり」（śraddhā cetaḥprasādaḥ）と『倶舎論』（巻四）にあるように、信とは、煩悩によって汚れた心を清浄にすることである。このような力が、単なる意志の働きだけによって完成させられるものではなく、解や行を内容とし、それを実践しつつ、ついに不退転の境地にまで高められてゆくものであることはうかがうことができよう。大乗仏教は、この解と行を信によって方向づけ、それを衆生済度（ひとびとのすべてを救う）という「利他行」の意欲（icchā）によってささえてゆく信そのものであるといってよかろう。それはいかなることにあってもくだけない、不退転の信（阿鞞跋致《あびばっち》 avinivartanīya, avaivartika）であるとともに、結果を問わず、ひたすらつとめる菩薩の願行でもある。かくて、信の位置が仏教の全内容を占めるとともに、その信にすべてを託す浄土教、ことに親鸞の浄土教が生まれ出る気運は熟したということができる。右の文は次の如く続く。

【出典】親鸞『教行信証』

……大信心は即ち是れ長生不死の神方、忻浄厭穢《ごんじょうえんね》の妙術、選択《せんじゃく》廻向の直心《じきしん》、利他深広《じんこう》の信楽《しんぎょう》、金剛不壊《こんごうふえ》の真心、易往《いおう》無人《むにん》の浄信、心光摂護《しんこうしょうご》の一心、稀有《けう》最

勝の大信、世間難信の捷径《しょうけい》、証大涅槃の真因、極速円融《ごくそくえんゆう》の白道《びゃくどう》、真如一実の信海なり。この心はすなはち是れ念仏往生の願より出でたり。

至心信楽《しんぎょう》の本願の文大経に言はく、「設《も》しわれ仏を得んに、十方の衆生、至心に信楽してわが国に生れんと欲し、乃至十念せん、若し生れずば正覚《しょうがく》を取らじ。ただ五逆と正法を誹謗するとをば除く」と。本願成就の文、経に言はく、「あらゆる衆生、その名号《みょうごう》を聞きて信心歓喜せんこと乃至一念せん、至心に廻向せしめたまへり、かの国に生れんと願ずれば、すなはち往生を得、不退転に住せん。ただ五逆と正法を誹謗するとをば除く」と。――親鸞

【解説】右の文は、三段にわたって信の内容を説明している。まず、大いなる信が、すべての仏教的理想の実現であり、仏教そのものであることをあらゆる角度から論じている。信心をおこすことは、真の意味で、有限な現象的生命を超脱することを「長生不死の神方」といい、けがれをいとい清らかさを求める「忻浄厭穢の妙術」であり、この教えを選びとり、ひとびとを救う「選択廻向の直心」であり、「金剛不壊」の真心であると、懇切《こんせつ》な説明が続けられてゆく。さらに、その秀れたことは、「心光摂護」(仏の光りがひとびとを包む)、「稀有最勝」、「証大涅槃」(大いなるさとりを体認する)、「極速円融」(完全な融和をきわめさとる)、「真如一実」というように、どのように論じつくし、形容し尽くしても充分でないほどであるにもかかわらず、反面、このことが、いかにいい易く行ないがたいかも示している。「易往無人の浄

信」と「世間難信の捷径」ということばがそれである。「易往無人の浄信」というのは、正しくは「易往而無人《いおうにむにん》」といい、『大経』すなわち『無量寿経』に出てくることばで、阿弥陀仏の本願にたより成仏をねがうものにとって、それは全く他力によるのであるから、その往生はもっとも容易であるのに、そのことを真実に信ずる人はまれであるがために、往き易くありながら、しかも人は無いといわなくてはならない。この他力の安心は全く、真実清浄の仏心から起こるので、「浄信」というのである。また、「世間難信の捷径」とは、同じく阿弥陀仏をたのむ信心をいう。この、他力の信心は、凡夫・悪人が速やかに成仏する不思議の法であって、これほど浄土にゆくに易い捷径はない。しかし、このような不思議な法を信じ、おのれの小さなはからいを捨てて仏にいっさいを託す純一無雑な気持になることは、また最も信ずることのむずかしい法であるともいわなくてはならない。この点をとらえて、「捷径」ではあるけれども、同時に「世間難信」の道としたのである。第二段では、以上のことの証拠として、『大経』すなわち『(大)無量寿経』を引く。阿弥陀仏が、まだ法蔵比丘といっていたとき、世のすべてのひとを救わないうちは、自分は決して成仏しない、と誓った文をあげている。ただ、このすべてのひとの中には、五逆のものと、正法(仏法)を誹謗するものだけは除かれるというのである。五逆とは、功徳をなくし、無間地獄におちる原因となる五つの悪業をいう。

その五つもいくつか数え方があるが、もっとも一般的なものは、㈠父を殺すこと、㈡母を殺すこと、㈢阿羅漢《あらかん》(聖者)を殺すこと、㈣仏の身体から血を流すこと、㈤僧団の和合を破壊する(破和合僧)こと。この五つがもっとも一般であるほか、大乗仏教では、㈠塔寺を破り経像を焼き仏法僧の物を取り、㈡声聞・辟支仏の法及び大乗を毀謗覆蔵し、㈢沙門を打罵・訶責・駆使し還俗せしめあるいはその命を断ち、㈣殺父・殺母・殺阿羅漢・出仏身血・破和合僧中の一つをなし、㈤因果の理を否定し常に十の不善の業（殺生・偸盗・邪婬・妄語・綺語・悪口・両舌・貪欲・瞋恚・愚痴）をなす、というように内容が増加し、一方で僧侶に対する防衛的な禁戒がふえるとともに、他方において、理念的・抽象的な禁戒もふえている。

いずれにせよ、この五逆罪と、仏法を謗《そし》るもの（法謗《ほうぼう》）が、阿弥陀如来の救いからもれるというのは常に経典に説かれるところである。第三の文は、その阿弥陀仏の本願を聞いて、心中深く歓喜の心を生じた衆生が必ずこの仏の浄土に往生することを述べた経文で結んでいる。阿弥陀仏への浄信を述べる文ではあるが、仏教の信の基本線に立つことを知るべきであろう。

〔出典〕親鸞『教行信証』

菩提心について二種あり。一には竪、二には横なり。竪について復二種あり。一つには竪超、二には竪出なり。竪超、竪出は権実、顕密、大小の教を明せり。歴劫迂廻《りゃくこううえ》の菩提心、自力の金剛心、菩薩の大心なり。亦横について復二種あり。一には横超、二には横出なり。横出は正雑・定散・他力の中の自力の菩提心なり。横超はこれすなはち願力廻向の信楽、これを願作仏心といふ。願作仏心はすなはち是れ横の大菩提心なり。これを横超の金剛心と名くるなり。横竪の菩提心、その言一にしてその心異りといへども、入真を正要となし、真心を根本となす。邪雑を錯となし疑情を失となすなり。論註に曰はく、王舎城所説の無量寿経を按ずるに、三輩生の中に行に優劣ありといへどもみな無上菩提の心を発《おこ》さざるはなし。この無上菩提心はすなはち是れ願作仏心《がんさぶっしん》なり。願作仏心はすなはち是れ度衆生心なり。度衆生心はすなはち是れ衆生を摂取して有仏の国土に生ぜしむるの心なり。この故にかの安楽浄土に生ぜんと願ずる者は必ず無上菩提心を発すなり。若し人無上菩提心を発さずして、ただかの国土の安楽間なきを聞きて、楽のための故に生ぜんと願ぜば、亦まさに往生を得ざるべきなり。この故に「自身住持の楽を求めず、一切衆生の苦を抜かんと欲するが故に。」と言えり。住持楽とは、かの安楽浄土は阿弥陀仏の本願力のために住持せられて、楽を受くること間なきをいふなり。凡そ廻向の名義を釈せば、己が所集の一切の功徳を以って一切衆生に施与したまひて、共に仏道に向はしめたまふなり、と。――親鸞

【解説】浄土願生の菩提心に権実・優劣あることを説き、その区別は一にただおのれの力によって、おのれの成仏をねがうか、弥陀の本願力にすべてを託して、すべてのひとの成仏を願うかによることを明した、親鸞の「真宗信心」の定義である。内容の要旨は右のとおりであるが、説明は詳細にわたっている。菩提心、すなわちさとりを求める心には二種類がある。一は竪であり、一つは横である。この第一の竪がまた二つに分かれる。一つは竪の超であり、一つは竪の出である。ここにいう竪超・竪出はそれ

ぞれ、権・実（第二次的なものと第一次的なもの）、顕・密（形にあらわれたものとあらわれないもの）、大・小の教えをあらわしている。

このように、超と出とのちがいはあるが、竪という教えはいずれも自力の教えをさしている。長い年月を経て成仏まで遠いまわり道をする菩提心をさす。自力の仏道を求める心（金剛心）であり、菩薩の大いなる心をいう。また、第二の横の菩提心にも二種類ある。一つは横の超であり、一つは横の出である。まず横出は、横の中ではより劣るもので、他力を意味する横の中でも、まだ自力の要素ののこる菩提心である。これに対して、横超は、もっとも純粋な他力の菩提心をさす。阿弥陀仏の願力が廻向されることを信じねがう心で、これを「願作仏心《がんさぶっしん》」（仏となることを願う心）という。これこそ、横（他力）の大菩提心で、横超（もっともすぐれた他力信心）の仏道心（金剛心）と名づけるものである。このように、菩提心には横と竪とあり、その菩提心ということばは一つであるが、そのあらわす心にはなかなかむずかしい相違がある。しかし、よくよくその真意を考えてみれば、真実にはいること、真心を根本としている。邪《よこ》しまなるもの、雑なるものは錯（あやまり）であり、疑の情《こころ》が失（あやまち）なのである。このことについては、曇鸞《どんらん》の『浄土論註』に次のように述べてある。

「釈尊が阿闍世王を済度するために、王舎城にあって説き給うた『無量寿経』を見ると、ひとびとの行の中には、優劣があるけれども、しかしいずれも無上のさとりを求める心をおこさないひとはない」。

この無上のさとりを求める心（無上菩提心）が先に述べた「願作仏心」なのである。では、「願作仏心」とはなにかといえば、これは人を助け救おうとする心（度衆生心）である。「度衆生心」とはなにか、それはひとをすべてとりおさめて、仏の住し給う国土に生まれさすことである。このように見てくれば明らかなように、阿弥陀仏の国土である安楽浄土に生まれようと願うものは、必ず「無上のさとりを求める心」をおこすのである。この「無上のさとりを求める心」をおこさないで、ただ、阿弥陀仏の安楽浄土において、安楽に断れ目がないことだけを聞いて、ただ楽をしたいというだけで、そのためにそこに往生したいと願ったならば、そのひとは決して往生をうることはできないのである。このことについて、経に、「自身のために不断につづく楽（住持楽）を求めず、すべてのひとの苦を抜き救うために（浄土の往生を）求めるのである」と。ここにいう「住持楽」とは、後の安楽浄土は、阿弥陀仏の本願の力に守りつづけ（住持せ）られて、楽を受けること間断ないことをいうのである。これでわかるように、およそ「廻向」というのは、自分があつめたすべての功徳を、すべての人に施し与えて、ともに仏道に向かわせたまうことである、と。

親鸞の文を通覧するとき、その往生浄土が決して自己の安楽を求めるという動機だけでなく、真実を求めること、他を済度することという、大乗仏教で求めつづけてきた菩薩行、ことに六度行の智慧の度（般若波羅密）と、布施による度（布施波羅密）であることが知られ、安易な、他力の理解や、浄土へのよりかかりが正しくないことであることを知るのである。なお、最初にいう「横超」は、真宗の信心のもっともすぐれたあり方として、あまねく知られたことばである。

【出典】親鸞『教行信証』

弥陀成仏のこのかたは、いまに十劫を

へたまへり。法身の光輪きはもなく、世の盲冥をてらすなり。解脱の光輪きはもなし、光燭かふるものはみな、有無を離るとのべたまふ、平等覚に帰命せよ。清浄光明ならびなし、遇斯光のゆえなれば、一切の業繫《け》ものぞこりぬ、畢竟依を帰命せよ。慈光はるかにかふらしめ、ひかりのいたるところには、法喜をうとぞのべたまふ、大安慰を帰命せよ。——親鸞

【解説】阿弥陀仏の徳をたたえ、それへの帰依をすすめた親鸞の和讃の文。阿弥陀仏は梵語《ぼんご》でアミターユス（無限の生命＝無量寿）またはアミターバ（無限の光＝無量光）といい、その先後関係や、相関関係については異論が多いが（岩本裕『極楽と地獄』三一新書）、その両義があることは明らかで、しかも『法華経』などの成立史を考慮に入れて考察すれば、西暦一世紀ごろアミターユスの名がまず成立し、西暦二世紀の中ごろアミターユスの名がその国土である極楽国（スカーヴァティー）の名と結びつき、アミターバとその仏国土としてのスカーヴァティーとが結びついて登場するのは、西暦二世紀の中ごろ以後のことである（同前、八一ページ）、とされる。この二つをあわせ記すことのできる阿弥陀の原音は、アミタ（無量）の俗語形（アミダ）であり、従来よくいわれた「甘露」（アムリタ）や、そのガンダーラ音アムダではない（同前、七四〜七六ページ）。このように、阿弥陀仏には、「無量寿」の思想と「光明」の思想とがあるが、ここでは「光明思想」によって阿弥陀仏をとらえ説明している。これも岩本博士の研究（同前、八五〜九二ページ）によれば、仏陀を光明によってたとえることは部派、ことに上座部系統の経典には少なく、彼

らはむしろ仏陀を黄金にたとえ、その像も黄金でつつむことが普通である（南方仏教圏の仏像にみられるように）。仏陀を光明をもってたたえることは、大乗仏教系の仏伝『ラリタ・ヴィスタラ』などにすでに見え、大乗仏典では仏陀礼讃のもっとも一般的な形となった。阿弥陀仏礼讃の経典『無量寿経』には、「光明」のつく名が十九（漢訳では十二の別号）もあげられる。そして、このような思想の背景には、当時西北インドに流行したミスラ神などの異教の要素が指摘できる、ともいう（同前、九二ページ）。さて、では本文の意味はどうか。

「阿弥陀仏はむかし過去久遠劫というはかり知れない以前、世自在王仏という仏が世に出たまいし時、ある国王がその仏に帰依して法蔵という沙門となり、世自在王仏のところで、二百十一億の諸仏妙土の清浄の行を摂取し、四十八の大願をおこし、ことにその十八願に従って成仏し、極楽国の阿弥陀仏となった。その、第十八願とは、「たとい我仏を得んに、十方の衆生、至心に信楽して我国に生れんと欲し、乃至、十念せん。若し生れずんば正に正覚を取らじ」である。

われわれが阿弥陀仏に帰依してその浄土に往生できるのは、阿弥陀仏の、この誓願の力によるのである。阿弥陀仏がその誓願と修行の力によって成仏されてから、もう十劫（カルパ。四十里四方の城の中に一杯ある芥子《けし》の粒を三年に一粒ずつ取り出して遂に一粒もなくなるまでの間を芥子劫といい、四十里四方の石を、天人が重さ三銖《しゅ》といわれる極めて軽い天衣で三年に一度払拭し、遂にその石が磨滅して無くなるまでの間を払石劫または磐石劫という。いずれにせよ長時と訳されるように、極めて長い時間をいう）も経った。この仏のお身体から発する光りの輪の広さは際限もない。その強い光りは世の盲冥さを照らしつくす。これは無限の広さをもつ、人を解脱に導く光りである。この光りの触れるものはみな、この世のものの判断の仕方である、有とか無とかいう考えから離れ、自由なものの見方ができるようになる。世の悩むものはみな、この仏の完全平等なさとり（平等覚）に帰依しなさい。この仏の清らかな光りにはたとえならびうるものはないのだ。それは無量光明にはじまる十八の名をもつ強い光りであるから、すべての人の行為のとらわれを離れることができる。この究極のよりどころ（畢竟依）に帰依しなさい。この仏の慈悲の光りをはるか遠くのところにまで蒙らしめ、その光りの及ぶところには、法の喜びが得られるのである、と述べられている。この、われわれにとっての大きな慰めに帰依しなさい」。

　この仏の姿が、光明のたとえをかりて、実はそのまま釈尊の願と行とをあらわしたものであることを感じないではいられない。浄土教信仰をただキリスト教と比較してみたり、あるいは仏教の中の新しい運動と規程してみたりする前に、阿弥陀仏の基本的性格のうちにひそむ、無限の救済力、その根拠としての無限の願・行に思いを潜めてみる必要があるように思われる。

〔出典〕親鸞『讃阿弥陀仏偈和讃』

よく一念喜愛の心を発すれば、煩悩を断ぜずして涅槃を得。凡聖《ぼんしょう》逆謗ひとしく廻入《えにゅう》すれば、衆水の海にいたって一味なるが如し。――親鸞

【解説】ひとには無数の迷い・悩み・苦しみがある。これを煩悩という。この煩悩をもつものを凡夫という。煩悩を断つことのできたものが阿羅漢であり、仏である、と長い間考えられ、また、そのように仏教徒によって努力されて来

た。しかし煩悩を断じ尽くすことによってのみ人は解脱を考えるほかないのであろうか。人の煩悩は無始の昔から深く重く、わずかの修行や内観によって断滅できるものではなく、断滅できぬ存在が人間というほうが正しい。そうだとすれば、その救われぬ人間という動かしがたい事実の上に徹しきるとき、そこから別な救いが開かれてくる。親鸞の教えは、まさに、この煩悩を断つことなくして涅槃を得ることであった。自己の力によって煩悩を断つことを志さず、しかも涅槃をめざすとすれば、それは自己以外の力に自己を託すほかに道はない。この「他力の道」をひらいたのは、日本でも中国でも、さらにはインドにも先人はいる。しかし、親鸞はそれをもっとも徹底し、もっとも深い道に高めたひとであった。彼にあっては自己の無力に徹しきることと、かくして自然のままになりきることとは一つである。この自然に徹しきったとき、彼のうちからは、自他をいとおしむ喜愛の心が生じ、凡も聖も逆謗も、あたかも、さまざまな川の水が海にはいるとき、ひとしく一味の海水になる、という。海水が諸河の水を合して一味の水となることは、仏典常用の譬喩ではあるが、親鸞にあっては、人の凡愚・煩悩に対する深い反省が底に働いてこの譬喩を使うに至ったのである。したがって、それは、別な箇所では、「自然《じねん》」のたとえとして海水が用いられている(『唯信鈔文意』)。

「自然というは、しからしむという。しからしむというは、行者のはじめて、ともかくもはからざるに、過去・今生・未来のいっさいのつみを、善に転じかえなすというなり。転ずというは、つみをけ(消)しうしなわずして、善になすなり。よろずのみず(水)、大海にいれば、うしお(潮)となるがごとし」。

〖出典〗親鸞『正信偈』

なによりも受け難き人身、値《あ》ひ難き仏法に値ひて候に、五尺の身に一尺の面《おもて》あり、その面の中に三寸の眼二《ふたつ》あり。一歳より六十に及ぶまで多くの物を見る中に、悦ばしき事は法華《ほっけ》最第一の経文なり。――日蓮

【解説】 人身の受け難きことを知って、いま人身を受けたことをよろこび、仏法に値い難きことを思って、ここに値うことを感謝する仏教徒の常に唱える「四弘誓願」の文もまた、この文句ではじまることは、よく知られていようが、ここにあげた日蓮のことばは、その遇《あ》いがたい機縁を、「五尺の身に一尺の面あり、その面の中に三寸の眼二つあり」と、その仏法に遇った人身というのが、まさに、この身のままであることを深く自覚している点で、きわめて経験的であるということができる。この、いわば実存的な自覚があればこそ、法華経をつかんだことを、「悦ばしき事」と感じえたのであろう。日蓮が、この法華経に到達するまでは、彼もまた、当時の他の偉大な宗教家と同様、鎌倉・叡山を中心として、十五年もの間を、経典の研究に没頭している。その研究の方向もまた、他の祖師と同じく、「いずれかこれ真仏法」ということであった。その研究はもちろん、容易に、短時日のうちに晴れるものではない。「日蓮が愚案はれ難し」のなげきは発せられて長く解けることのないものであった。この真仏法をつかむのに、法然が人間のあり方（機）に相応した教えを「選択」することによってその道をえらび、道元が真摯《しんし》に正伝の仏法をたずねて「只管打坐」（ただひたすら坐る）の道をもたらしたのに対して、日蓮が「法華経」にいたったのは、要するに従来の伝統的な経典評価の方法

「教相判釈」に倣《なら》ったのであって、そこに新しいものはみられない。日蓮の新しさは、この選択の仕方、結論の出し方にあるのではなく、選んだ「法華経」に対する彼の熱烈な態度にこそあったのであろう（増谷文雄『親鸞・道元・日蓮』）。身体で法華経を選び、身体で法華経を読んだ日蓮。彼の法華経の読み方は「色読《しきどく》」（身体で読む）といわれているが、そのよろこびが躍動している一文で、経文もただ理解しうれば畢れりとする人の多い今日、一つの指針となりうる文句である。

〔出典〕日蓮『慈覚大師事』

是如少分のしるしを以て奇特《きとく》とす。若是を以て勝（れ）たりといはば、彼月氏の外道等にはすぎじ。――日蓮

【解説】 宗教と奇跡との関係は、古今を通じて大問題の一つであり、科学は奇跡を否定し、宗教は奇跡を生命とするという一般の理解も常識化された感さえある。「正法に不思議なし」と仏家がいい、「聖人は怪力乱神を語らず」と儒家にもいわれるが、現証利益・現世利益を説かぬ仏法もまたなかった。日蓮の四大法難を中心とする伝記は、そのまま奇跡の歴史であるとさえいえようが、専門学者の研究によると、日蓮の遺文に奇跡の証拠は意外に少ないという（戸頃重基『日蓮という人』至誠堂新書）。

しかし、日蓮そのひとがきわめて現実的関心が旺盛な人で、歴史性につよく、浄土教を生涯の打倒の相手としたのも、また逆に、真言にはじめ敬意をもち、のち罵倒に転じたのも、ともに、現世に対する関心からであった。すなわち浄土教は現世を逃避して浄土にのがれることを難じられたのであり、逆に真言は、現世安穏を説きながら、一向にその効なき邪義にふけっていることを攻められたのであった。このような日蓮にとって、奇跡をもって現実の難点が打開される可能性は、やはり、充分にありうることであり、魅力あることがらであったに相違ない。奇跡の記事は少ないとはいえ、極楽寺良観や建長寺道隆への偏執狂とも見えるような敵意は、やはり、奇跡をめぐっての効験あらそいともいえなくはないのである。いまここにあげた文は、法華経のもつ威神力《いじんりき》が、決して単なる奇跡というべきものでない、正法であり、成仏の道であることを示した文ののちにつづくもので、単なる奇跡ならば、インドにいくらでも例をみることができる。いうなればそれらは呪術師どもだと判定したものである。この点での日蓮の筆は鋭きにすぎてやや聞きづらいところがないでもない。「今此善導法然等は種種の威を現じて、愚痴の道俗をたぶらかし、如来の正法を滅す。就中《なかにも》、彼真言等の流れ、偏に現在を以て旨とす。所謂畜類を本尊として男女の愛法を祈り、荘園等の望をいのる」。「畜類を本尊として」いるのは、真言のみのことではなく、仏教一般のことなのであるが、「荘園等の望をいの」って権門に近づいたのは、真言が第一であったことはいなめないから、こういわれてもやむをえない。このあとにつづいて、本文の文句が挙げられるのである。このあとをみると、阿《あ》竭《か》多《だ》仙人が十二年間恒河（ガンジス川）の水を耳にたたえていた例だとか、耆《ぎ》菟《と》仙人が四大海を一日の間に吸いほしたことだとか、拘《く》留《る》外道が八百年の間石になっていた例などをあげている。こういうことにたぶらかされ、正法を邪義にみかえたならば堕地獄は必定だというのである。

〔出典〕日蓮『星名五郎太郎殿御返事』

神と云う事は不立《たたず》、一処一神に限る也。是は神と云う道たたず。只《ただ》いづくにても神と云うは、神をあがめ申す道立つ也。——沢庵

【解説】 神を敬うということは、特定の神だけを崇拝するということではない。しかるに世間の人は、神を信ずるというときには、神全体ということはいわず、必ず一処の神、一つの神のことだけをいう。これでは神という道、宗教というものは考えられないことになる。ただ、どこでも神ということ、特定の神でない神を考えるのが、神をあがめる道を立てるのである、との意。沢庵の主著の一つ『玲瓏集《れいろうしゅう》』の一節。神道の神に触れながら、特定の神の「信心」を越えた、宗教の全体的立場からの神の信心を説いている。日本には珍しい、一種の宗教哲学的発言となっている。特定の神の信心のみを知って、その神を包む、より大きな神一般のあることを忘れるとき、神のエゴイズム、宗我《しゅうが》の生ずることをいましめたもので、これは、古来仏教徒が「宗我」（宗派的見解への執らわれ）としていましめたところであったとともに、良心的キリスト者、たとえば内村鑑三などが、強くいましめたところでもあった。ここに掲げた文に先立つ、次の文を一読すれば、沢庵の説くところがきわめて具体的であることを知ることができよう。

「神に有名の神、無名の神あり。住吉、玉津島、北野、平野の神というは有名の神也。只、神とばかり云へば無名の神也。神を崇めうやまい申すといへば、住吉、玉津島、平野、北野の名を分けず、何れの神にても、敬い崇め申す也。北野の神を敬い申すといへば、平野をばわきになし、平野といへば、北野をわきになすと申す也。一神一処に限りて、余所《よそ》の御神《おんかみ》は利生《りしょう》

ありともいはず、爰《ここ》の御神ばかりを敬い、又爰をすてて彼を敬う也」。

長いヨーロッパの戦争の歴史において、交戦の当事者である各国の教会が、それぞれ自国の勝利を神に祈ったことを思うとき、また同じ経典にもとづく仏教の諸教団が、それぞれ自宗の利益を説きつつ争っている事実を思うとき、沢庵が、特定の神の信仰あるを知って、信仰の共通基盤を忘れたものの陥る危険を、このように適確に表現した見解には敬意を表せざるをえない。信仰の絶対性が、特定の信仰の相対性によって失われる危険を説いた、古典的な命題であるということができよう。

【出典】沢庵『玲瓏集』

宗教・仏

智度の大道は仏のみ従って来たまふ

——龍樹

【解説】「智度」とは知恵によって解脱することをいう。ここにいう知恵は、もちろん、日常の知識のことをさすのではなく、真実を見る知恵、真実智・仏智をさす。この真実の知恵のことを梵語でプラジニャー、俗語でパンニャーといい、漢文でその音を写して「般若《はんにゃ》」とする。般若によって、迷いのこの世（此岸《しがん》）から、悟りのあの世（彼岸《ひがん》）におもむき渡る（到彼岸《とうひがん》＝度《ど》）ので、般若到彼岸（プラジニャー・パーラミター＝般若波羅密多《はんにゃはらみた》）という。「智慧によるさとり」を主題として追求する経典が、『般若経』であり、数多い『般若経』の中で、羅什訳の『摩訶般若波羅密多経』三十巻（宋元明刊本）はその代表的作品の一つと見られている。この経典に対し、大乗仏教の理論的大成者である龍樹（ナーガールジュナ）が下した註釈といわれるものが『大智度論』百巻であり、全篇にわたって「智による度」「般若波羅密（多）」とはなにかを追求している。これはその最初の「初序品中縁起義釈論」中の帰敬のことばで、「智度」に対する帰依の気持を表白し、その意味を述べたものである。「智度」という大きな道こそ、仏の従うところであり、真実、この道を歩みうるのは仏のみである、と示したもの。仏というもの、仏道というものが、真実を見る知恵そのものであることを示した、大乗仏教の基本理念をよくあらわしたことばである。この文につづいて、「智度の大海は仏のみ窮尽したまう。智度の相の義は仏にのみ無礙なり」とあるのも、同じことを述べたものであり、さらに進んで、「有無の二見滅して余すことなく、諸法実相は仏の所説なり」とあることにより、「智度」とは、「とらわれることなく、ものをありのままに見る知恵」であることを知る。これは、さかのぼれば釈尊の「正見《しょうけん》」（正しくものを見る）に通じ、くだれば密教の「如実知見《にょじっちけん》」（もののありのままに見る）にもなる、仏教を一貫する真実の見方なのであった。

〔出典〕龍樹『大智度論』

衆生は三昧に依りて、乃ち平等に諸仏を見る。――馬鳴

【解説】真実をいかにして身につけるかがすべての宗教、ことに仏教の眼目であろう。大乗仏教の概論書であり、実践哲学の綱要書でもある『大乗起信論』においては、真実（真如）がい

かにわれわれに伝達（薫習《くんじゅう》）するかについて、真実自体の働きかけ（体の薫習）と、われわれ人間からの働きかけ（用の薫習）とに分けて詳細に観察している。この用の薫習は、さらに、段階的な発展（差別縁《しゃべつえん》）と、普遍的な滲透（平《びょう》等縁《どうえん》）との二つを考え、宗教の条件と本質をあわせ考えている。ここにあげた文はその後者で、すべてのひとが本質的に三昧（修行）によって仏の境地にはいれることを論じている。この文の前にいう。

「平等縁とは一切の諸仏と菩薩とは皆一切の衆生を度脱せんことを願い、自然に薫習して恒常に捨せず、同体なりとの智の力を以ての故に、応に見聞すべきに随うて、而も作業《さごう》を現ずるをいう」。

仏教の全人類的普遍性を確認する趣意で、これを現実化するために、「差別縁」が説かれているのである。

〔出典〕馬鳴『大乗起信論』

かの仏の本願力を観ずるに、遇《お》うて空しく過ぐる者なし。　——世親

【解説】人間の特権は疑である。また、人間の弱点も疑である。人間は疑によって多くのものごとに対する探究心をおこし、それを解決し、学問を樹立し、幸福な環境を確立してきた。しかし、ひとはまた、疑によって満足ということも忘れてしまった。疑はあとからあとへとおこり、やむときがない。おのれのよってたつ人生に対しても、ついに疑を立つことができなくなった。いかなる目的論的見解や運命論的諦念からも自由な仏教徒の間にあってさえ、人生の意義は疑うべからざる最後のよりどころとして求めうるべきものがあるはずであるにもかかわらず、その立脚点に対する疑がおこる勢いは防ぎ

えなかったのであった。いわゆる他力の教えに立つ、浄土門のひとびとの信仰は、すべての人間のはからい（自力）を否定し去りながら、そのゆえに、このように無力な、罪ふかい（罪業深重）ものに対してもれることない救いの手をさしのべるのである。この疑いえぬ一事に対して、なにくれとない疑いの心、さかしらだった忖度《そんたく》の心をはたらかすとき、ひとは人生の最後のよりどころをなくしてしまう。世親のことばはつづく。

「世尊、われ一心に尽十方無礙光如来に帰命し、安楽国に生れんと願ず。かの仏の本願力を観ずるに、遇うて空しく過ぐる者なし。能く速かに功徳の大宝海を満足せしむ」。

〔出典〕世親『浄土論』

「如何なるか是れ仏」「乾屎《かんし》橛《けつ》」

——慧開『無門関』

【解説】 雲門が僧に、仏はなにかと問われて、「乾屎橛」と答えた有名な問答で、無門慧開の『無門関』中に収められている。乾屎橛とは糞を拭う橛《へら》で、仏を便所紙と答えたもの。この後に雲門を評して慧開は次のようにいう。「雲門謂つべし、家貧にして素食《そじき》を弁じ難し、事忙しうして草書するに及ばず、動《やや》もすれば便ち屎橛を将《も》ち来って門を撑《ささ》え戸《こ》を拄《ささ》う。仏法の興衰見つべし」。すなわち、雲門は、いわば、貧しい家の者がなんでもあるものを食べるように、忙しい人が走り書きをするように、むぞうさに落とし紙をもって来て仏教のつっかい棒にしたのだ。仏法の興衰はこの一点にある、の意。頌にいう。「閃電光、撃石火。眼《まなこ》を眨得《さつとく》すれば、已に蹉過《しゃか》す」。これによって見ても、この一句が仏の真意を一瞬の中に道破している、と見られていることを知る。

〔出典〕慧開『無門関』二十一

「如何なるか是れ仏」「非心非仏」

――慧開『無門関』

【解説】馬祖が僧に問われて答えたもの。といわんよりはむしろ答えなかったもの。仏に対する定言的判断は禅者のもっとも忌むところ。維摩が、文殊の「黙」一字の返答にさえ満足せず、沈黙を守ったことで知られるように、仏や道は定義し終わったときにその心は死し、その行は絶える。馬祖のことばもまた定義として聞いたのでは意味がない。無門も、馬祖のこのことばに対しては、「若し者裏《しゃり》（このこと）に向って見得せば、参学の事畢《じ》んぬ（仏道修行は完了だ）」とまで激賞している。無門は、以上の結頌として次のようにうたっている。この頌もやはり、この「非心非仏」を定義として聞かないための教えのように思われる。「路に剣客に逢はば須らく呈すべし、詩人に遇はずんば献ずることなかれ、人に逢うては且《しば》らく三分を説け、未だ全く一片を抛つべからず」。

〔出典〕慧開『無門関』三十三

心これ仏にあらず、智これ道にあらず

――慧開『無門関』

【解説】南泉普願禅師のことばとして、慧開が『無門関』に収録したもの。仏を心の対象にしたり、道を智であるとする考えに一針を加えている。これに対して無門の評言にいう。「南泉謂つべし老いて醜を識らずと。纔《わず》かに臭《しゅう》口《く》を開いて、家醜を外に掲ぐ。然も是《かく》の如くなりと雖《いえど》も、恩を知る者は少し」。

これによりて慧開は南泉の道破を無用の「言

挙げ」として批判し去り、老いてはじを知らざるの言とまでしている。しかもなお、このことばによって道破された真実、うちはらわれた迷妄について徳とすべきもののあることをもあわせみとめている。では、慧開はどのように道や仏を示しているのか。末尾の偈（韻文）にいう。「天晴れて日頭出で、雨下って地上湿う。情を尽くして都《すべ》て説き了る、只恐る信不及なることを」。天地自然の情の中に自由に遊ぶことをめざしつつ、なおそのことのわからぬものの多いことを戒告している。

〔出典〕慧開『無門関』三十四

狗子《くし》仏性、全提正令。纔《わず》かに有無に渉《わた》れば喪身失命せん。——慧開

【解説】犬に仏の性《さが》を求めても、それはそのまだ。もし「有無」をいったら、たちまち生命をほろぼすぞ、の意。『無門関』冒頭の有名な「狗子に還って仏性ありや也《ま》た無しや」の公案に関する問答の結びの偈《げ》。この問に対して趙州《じょうしゅう》という高僧は「無し」と答えるのであるが、無門は、この「無し」ということばにとらわれることもおそれ、「虚無」におちいらず「有無」にかかわらぬ、まったく自由な判断と境地とを求め、それを「宗門の一関、禅宗無門関」と名づけたのであった。形式論理とは別な、中国仏教独自の「禅」がここからひらけてくる。

〔出典〕慧開『無門関』一

阿の本初は性真《しょうしん》の愛を吸うて始なく、金蓮《こんれん》の性我は本覚の月を孕んで終なし。——空海

【解説】宇宙と自己の無始無終に悠久であることを、阿字と月輪にたとえて詠んだ、空海弘法

大師の『性霊集』中の一文。阿《あ》は、梵語のアルファベットの最初の文字であり、特別の母音符号を付けぬかぎり、梵字はすべてア音を伴うという約束もあり、古来、インド人にあってはア音は特別の哲学的意味があると考えられていた。インド以来の、この言語哲学を承け集大成した、空海弘法大師の教学にあって、阿（ア）字が重要視されたのは当然のことであった。空海がここにいうのもその意で、さらに注意すべきことは、このような哲学的真実が人間の愛に通ずるとみた点で、ここに空海教学、日本真言の、すぐれた宗教的資質をみることができるといえよう。「阿の本初は性真《しょうしん》の愛を吸うて始なく」とは、宇宙の真実である阿《あ》の一字は、すべてのものの真実を収めるものなるがゆえに、その中には人間の愛も悉く吸い含んでいる。このことは、「いつどこで始まったというような人為的なものではなく、無始以来のことである」というほどの意味であり、さらにつづく、「金蓮の性我は本覚の月を孕んで終なし」は、金剛界、胎蔵界の二つの仏世界に代表される、われわれ人間の知恵と理性の本体は、彼の月のように、円満な形のうちにはらまれていて、これも決して終わりというものがない、ということを示している。前半が仏教の慈悲（愛）を、後半が般若（知恵）をあらわし、その実践法も、いわゆる阿字観《あじかん》（阿の字をながめ思念をこらすこと）による心身統一の坐法）と月輪観《がちりんかん》（月の絵に思念をこらす坐法）をあらわしていることも明らかで、両々相まって、心の完き統一をめざす偈《げ》であることを見るべきであろう。この一句は、最初に「誰か若《し》かん」の一句があり、密教の優れているゆえんを嘆じて、華厳・天台の遠く及ばない所以を明した文であり、「阿」も「弌阿《いつあ》」とあり、理智不二の体が大悲本性の智法身であり、また蓮や紫摩黄金の本性大我の理法身であり、無始無終に存続することを明した文であることを知らなければならない。

〔出典〕空海『性霊集』

法身の三密は繊芥《せんかい》に入れどもせまからず、大虚《たいこ》に亙《わた》れども寛からず。瓦石草木をえらばず、人天鬼畜をきらわず。いずれのところにかあまねからざる。何物をかおさめざらんや。故に等持と名づく。——空海

【解説】 真言密教の哲学によれば、現象こそ実在であり、実在は言語である。言語は単に事物を概念的に表示する道具ではない。言語あって事物ははじめて存在するのであり、言語が存在なのである。このゆえにこそ「真言」すなわち、「真実の言語」といわれるのである。空海の種々の著作は、この見解をいろいろな角度から立証しようとしているが、ここに見る『吽字義』は、「フーン」(hūṃ＝吽《うん》)の一字を阿《あ》(a)・訶《か》(ha)・汙《う》(ū)・麼《ま》(m)の四音に分析して、それぞれ、阿は法身、訶は報身、汙は応身、麼は化身《けしん》という、仏の四種の在り方を表現すると見る、独特の哲学を展開している。ここに掲げた一文は、最後の「麼《ま》」字の説明の一つである。麼字は仏の働きが、あらゆるものの形を取る化身の姿をとってあらわれると見るのであるから、ここでも、麼字によって代表される法身の遍在性と全能性が強く主張されている。この文の直前に、「この麼字とは、三昧耶《さんまや》自在の義、無所不遍の義なり。三昧耶というは、唐には等持という。等とは平等、持とは『摂持』」とあり、仏の働きが、何ものにもあまねく滲透する所以を述べたあと、この文につらり、仏の働きは、身体・言語・精神の三つの活動分野(三密)のすべてにわたって、いかに微細なところに対しても滲透しないということがない。また逆に、大空のように際限もなく広いところに対してもゆきわたらないということがない。瓦石や草木にも仏の精神・働きは存在し、人・天・鬼畜の差別もなく働いている。どこにゆきわたらないところがあろうか。また、何を収めないところがあろうか。このように仏の力の遍在性をうたうのは、真言密教の肯定的な世界観の一つの大きな特色ではあったけれども、それは決して真言密教だけのものではない。「一切衆生悉有仏性《いっさいしゅじょうしつうぶっしょう》」(すべてのものに、仏になる可能性がある)、「草木国土悉皆成仏《そうもくこくどしっかいじょうぶつ》」(草も木も皆仏になれる)というのは、大乗仏教では一貫した人間観であったし、中国の仏教においては、これよりさらに進んで、瓦石のような無機物(非情)の成仏の可能性までが論じられたこともあった(吉蔵など。鎌田茂雄氏「三論宗・牛頭禅・道教を結ぶ思想的系譜——草木成仏を手がかりとして」『駒沢大学仏教学部研究紀要』第二十六号)。密教の、したがって空海の肯定的な人間観、遍在的な仏陀観は、この線の上に立って、しかも宇宙・自然を情緒的にも暖かく肯定する一大マンダラの哲学を構成したのであった。

〔出典〕空海『吽字義』

法身は常に光明を放って常に説法したまへども衆生無量劫の罪垢《ざいく》厚重なることあって見ず聞かざること、明鏡浄水の面を照らすときは見え、垢翳《くえい》不浄なるときは見るところなきが如し。

——空海

【解説】真実が仏であり、真実は言語であるという、明晰な分析の上に立った空海ではあったが、反面、そのうけとり方には、つよくわれわれの情緒に訴える表現も惜しみなく示してくれる。この点では、空海はやはり、その詩藻をうたわれた人にふさわしく、その表現はきわめてやわらかく美しい。ここに掲げる一文は、真実の具現者である仏（法身《ほっしん》）は、真実そのものでありながら、つねにわれわれ人間のために光明を放って説法をしておいでになる。しかるに、われわれ人間は自分がわずかな知恵をもってする相対的判断や、ひと前をつくろう功利的な行動のために、われわれのはからいを超えた、しかもわれわれのために働きつづける大きなものの存在にいっこうに気づこうとしない。鏡が本来何ものをも映し出す力をもちながら、そこに垢がたまりかげがくもってなにものも映し出せなくなっているのと同じである、との意を述べている。このことばを聞くとき、人はあるいはこれを親鸞のごとき浄土教のひとのことばと聞くかもしれない。それほど罪業の意識も強烈だからである。仏が色も形もない、とは彼ら浄土家のよく口にのぼすところでもあったからである。しかし、実はこのことばは、空海自身のことばでもなく、ましてや親鸞の仮託でもない。これは龍樹の作とされる『大智度論』第九（大正大蔵経、二五、一二六中）のことばなのである。しかし、同じ表現は空海の随所に見られ、空海の著作の多くが、このような経論への共鳴と取意で成り立っているところからここでは空海の詠嘆として紹介した。

〔出典〕空海『弁顕密二教論』

吾れ百年《はくねん》の後荼毘《だび》を願わず、之を墳穸《ふんせき》に封じ、之を自化に任せよ。——空海

【解説】空海の『性霊集』（巻第四）中、「酒人《さかんど》の内公主《だいこうしゅ》が為の遺言《いげん》一首」と題する一文中の一節。これは空海が、酒人の内公主、すなわち、

光仁帝の皇女酒人内親王が天長六年（八二九）薨去されたとき、内親王に代わって遺言を書き記したもの。内公主は公主だけでいいのであるが、日本語で内親王（皇女）というために、誤って内の字を付けてしまったのであろうと『便蒙』にいっている。ここに掲げた一文は、その遺言の中でも、もっとも具体的な死後の葬送方法について述べているものであるが、これは同時に、空海自身の葬送観であるとみてよい。「百年の後」とは死後のことをいう。「死」ということばを忌んでこのようにいう。「荼毘」梵語の jhāpita の略写で、梵焼と訳し火でものを焼くこと一般をいったのであるが、今仏教では火葬のことをさすようになった。「墳穸」はつかあな。「自化」は自然に変化して朽ち滅することをいう。これによって明らかなように、吾が死後は火葬するには及ばない。墳墓に埋めて自然に朽ち去るに任せてくれ、と願っているのである。自己の肉体を神が神に似せてつくった像《かたち》（神の似姿 Imago dei）と見て尊重する、キリスト教と異なり、肉体を地・水・火・風の四つの力（四大）の仮の調和（仮和合《けわごう》）と見る仏教にあっては、死後の肉体の処理については本来きわめて恬淡としている。土葬・水葬・火葬・風葬すべてが許され「四葬」と称しているほどである。ここに見る、死後の葬送法も、火葬をきらって土葬にせよといっていると見るべきではなく、いかなる葬送法でも簡単なほどよい、という趣旨だと見るべきであろう。そのことは、このあとにつづく、「明器雑物一《ひと》えに省約に従へ。此れ吾が願いなり。追福の斎は存日《ぞんじつ》に修し了《おわ》んぬ」（葬式の道具は簡単にしてくれ。これが自分の願である。自分の追福の法事はもう生存中にしてあるのだから、改めて催すには及ばない）とあることによっても知ることができよう。弘法大師の遺体を火葬とせず、生前のままの姿で「入定」とみて今日に及んでいることの起原も、大師本来の趣意はこのようなところであるのかもしれない。

〔出典〕空海『性霊集』

我がために仏を作るなかれ、我がために経を写すなかれ。——最澄

【解説】人間は未来を予感はできるが予知することはできない。予知に似た作用も、実は過去の経験と、理性の推測の力による測定にすぎず、決して未来を明々と察知していることではない。その点では、人間は未来に向かって、一瞬一瞬が賭けである。ここから人間が、自己の力を越えたものに、自己の未来を託し、運命の好転を計ろうとする傾向が生まれる。これが「宗教」とよばれる営みの最大の能力と期待する者さえ少なくない。しかし、宗教の目標が未来を予知する能力でもなければ、その能力を使って、未来の方向を好転させる「功徳《くどく》」にあるのでもないことは知らなければならない。南北朝の中国で、造塔造寺のもっとも盛んであった時代でさえ、下根のものが造塔造寺を、中根のものが訳経講述を、上根のものは坐禅観法をしたと評せられているが、達磨大師が、武帝の造塔造寺に対して「無功徳《むくどく》」（功徳など無い）と答えたことも、ここでまたあわせ考えられる。貴族による花やかな造塔造寺や写経が全盛をきわめたとみられる平安仏教の最初に当たって最澄がこのことばを、このように端的な形で打ち出していることは注目されてよい。最澄の本旨も「依法不依人」にあることを知るべきである。

〔出典〕最澄『一心戒文』

末遠くながれし水にみなかみの
尽きせぬ程を知らせつるかな

——『続拾遺和歌集』（思順）

【解説】「我実成仏已来久遠」と題しうたったもの。流れくる川水の水上の知られぬように、人のもつ仏性は無始無終尽きることのないことを詠じている。実成久遠の仏という考え方は、『法華経』その他、すべての大乗仏教の中心思想であるが、行雲流水に託してそれをあらわしているところに、日本の仏者のひとつの特色を見ることができよう。

〔出典〕『続拾遺和歌集』十九

無上仏ともうすは、かたちもなくまします。かたちもましまさぬゆえに、自然とはもうすなり。かたちましますとしめすときは、無上涅槃とはもうさず。——親鸞

【解説】 親鸞が帰依した仏が阿弥陀仏であることは、ここに改めて説くまでもない。しかもこの阿弥陀仏は、天親菩薩の『浄土論』によれば、尽十方無碍光如来と呼ばれる、無上最高の仏である。親鸞が阿弥陀の本願に生き、深くそのよろこびをかみしめながら、なお一生の課題として、無上仏としての阿弥陀仏を追求したことも、親鸞の宗教を考えるうえで忘れられない一事である。阿弥陀が、成仏以来十劫といわれ、十劫仏でありながら、同時に久遠仏であるという課題がそれである。この課題は親鸞の晩年における、いくつかの著作の中で、真剣に、しかも体系的に追求されている。ここに掲げた文も、阿弥陀が無上仏であることの最終的な表現の一つであるが、このことの意味を、より精

緻に跡づけたものは、『教行信証』の「証の巻」と「真仏土の巻」であろう。仏の本然の姿は形がない。形を備えていたらばそれは方便である。真実は、ただありのままな自然ということで、客観的にいえば、われわれを包むこの宇宙そのものであり、主観的にいえば、われわれがはからいをすててすべてを託す阿弥陀仏である。主観といい、客観という時は、そこにまだわれわれのはからいが働いている。親鸞はこれを「不思議」といっている。この不思議は、思議すべからず、思索・論議の及ばないということであって、奇跡・奇瑞をいうのではない。『歎異鈔』の第十章で「不可称、不可説、不可思議」と記しているものである。ここに至ってわれわれは、絶対他力といわれる浄土門の教える仏が、対極にあるとされる禅の仏と、いかにも相似たかたちでものがたられていることは気づかざるをえない。親鸞の晩年には、日蓮の念仏無間説や、道元の禅が世に行なわれていた。三十二歳の日蓮が旗上げした年に、道元は五十四歳で示寂しており、この建長五年（一二五三）に、親鸞は八十一歳であった。このころは、また、親鸞の弟子、とくに東国の弟子たちの間に動揺がおこり、異端や邪義のおこなわれたことが、消息集によってもうかがうことができる。実子の善鸞が、阿弥陀仏の十八願（衆生を救うという本願）を萎《しぼ》んだ花にたとえるという異義をとなえたのもこのころのことであった。こういう、内・外の情勢が、親鸞に教義の体系書としての『教行信証』を完成にむかわせたのであろう。『教行信証』は親鸞七十五歳の作とみられているが、それを要約し、信者にも味わえる形で、多くの「仏について」の書が作られたのであった。しかし、だからといって、親鸞が道元の書を読んだであろうという推測（寺田弥吉『親鸞金言集』）をただちに首肯する必要は考えられない。われわれはそれよりも、自力・他力という分け方自体の意味と、それを越えた仏の「自然」「法爾」のあり方をこそ、改めて考えてみるべきではなかろうか。これをこそ「無上」というのであろう。

『出典』親鸞『末燈鈔』

宗教・各宗

誓願なければ、牛の御するなきがごとく、趣くところを知らず。願来って行を持すれば、まさに所在に至らん。

——智顗

【解説】人にとって「願望」「誓願」は、その人の一生を導く道標である。それはちょうど、牛に対する御者と同じである、というきわめてわかりやすいたとえによって、人生の目標と誓願との関係を説いた智顗のことば。「願」はもちろん、ここでは単なる欲望を意味しているのではない。仏教における最大な願望はもちろん、人間としての完成、成仏をいうのであるから、それは、成仏への願望である。この誓願は、すでに注意せられているように、梵語ではプラニダーナ（praṇidhāna）といい、「前に置くこと」を意味する。まさに指標である。われわれの前に置かれて、われわれのおもむくところを示すものとして、「誓願」という訳語よりも、よりいっそうこのことばのほうが、原意をはっきりと示している。このことばを、ギリシャ以来、ヨーロッパの哲学でいう「イデア」に近いものととる考えも由なきことではない。しかし、これとともに「誓願」を、単なる「イデア」の同義に取れない、もう一つの側面がある。それは「誓願」の目的たる「成仏」あるいは「涅槃」が、決して、ヨーロッパの哲学でいう「イデア」と同じように、「遥かに置きて仰ぐもの」ではないからである。「成仏」も決して理想ではない。「即身に成仏する」ということは、時間的にのみ論ずべきことではなく、自己の内なる仏への可能性（仏性）を充全に開発することを意味するのであって、それはまさに自己の問題なのである。そこには、キリスト教における神と人との絶対的距離は存在しない。仏と人とには常に同質感が支配している。「涅槃」も同じである。「涅槃」は決して理想ではない。「現証涅槃」といわれるように、それは自力で歩いて行ってそこに足をふみ入れなければなにもならない。目的ではあっても理想ではないのである。このことは梵語を見るとよりはっきりする。「現証」の原語は「アディガマ」adhigamaといい、「そこまで行くこと」を意味することばである。「そこまで行くこと」が決して単なる理想ではなく、また理想であってはならないことは明らかであろう。このように見るとき、誓願とは、人生を導く指標であり、あたかも牛を導く御者のようなものであっても、御者があるいは牛が地上からあおぐ、はるかかなたの星のようなものでないことを想うべきであろう。

〔出典〕智顗『摩訶止観』

南無といふは即ち是れ帰命なり。亦是れ発《ほつ》願《がん》廻《え》向《こう》の義なり。阿弥陀仏といふは即ち是れ其の行なり。斯の義を以ての故に必ず往生を得べし。 ——善導

【解説】 南無阿弥陀仏という称名だけが往生の正因となることは、日本の浄土教において真に徹底したものとなったが、そのもとは中国のすぐれた浄土家においてすでにその途を開かれて

いる。ここに見る善導の『観経疏』の一文もその重要な定義の一つである。南無は梵語の「ナマハ」「ナモー」の音写であるから、帰依・帰命と訳すことは原意どおりである。これをさらに阿弥陀仏が衆生を救う願を発《おこ》し、そのため阿弥陀仏が前生で積んだ修行を廻向するという意にまで解したのは浄土家の創意である。そして、その阿弥陀仏というのは、われわれの行そのものであるとみるのである。こうして、「南無阿弥陀仏」は、われわれ人間すべての救われる原理となるのである。

〔出典〕善導『観経疏』

種種の威儀、種種の印契《いんげい》、大悲より出でて一覩《と》に成仏す。——空海

【解説】密教においては、他のいかなる宗派にも勝って、さまざまな儀式を行ない、威儀作法を重んじ、ことに手には複雑きわまりない印契を結ぶ。これらの作法を一括して事相《じそう》と呼び、この事相の僅かな相違のゆえに、真言の宗旨の分かれることも少なくない。いまここでは、この事相の本旨にかえれば、いずれも、かかる宗教的実践が、仏と人との一致をめざすものであること、その完成をめざす仏の大悲が、この実践のひとつひとつの内にあらわれているものであることを明し、これによって人が一気に成仏することを示している。事相の本旨がここにあることを思えば、厳粛にそれを実践すべきことはもちろんながら、相違を固執して相争うの愚なることもまた知るべきであろう。

〔出典〕空海『御請来目録』

夫れ往生極楽の教行は、濁世末代《じょくせ》の目足なり。道俗貴賤、誰か帰せざる者あ

らん。——源信

【解説】 極楽浄土に往生することを願う信仰は、わが国では平安朝の中ごろすぎからきわめて盛んになってきた。これは当時の世の底流をなす、二つの世紀末的危機意識が大きな理由になっている。その一つは中国思想の影響で『礼記《らいき》』の「人皇百代説」という思想で、これに従えば、平安時代の諸帝は七十代・八十代にあたり、「残り少なくなりにける」などと世の終わりをなげく声もあったのである。この、中国系の終末観に対して、インド系・仏教系の終末観があった。これを「末法観」という。これは、釈尊没後の年に応じて、「正《しょう》」「像《ぞう》」「末《まつ》」の三つの時があり、仏法の行なわれ方もさまざまであると見る考え方である。まず、「正法時」は、釈尊の生時をふくめ、さらに没後も間もない時期をさすのであって、釈尊の示し給うた教えの、教えも修行も証《さと》りも、三つとも完全に備わっている時期をいう。次に、「像法時」。「像」は「像似」ともいい、「姿」あるいは「形」をいう。「仏像」「影像」という時の「像」であり、精神まではなくても形の似ているものをいう。この像法時には、教・行・証のうち、証をうるものはなくなっているが、教・行の二つは完全に残っていると考えられる。姿や形は正法のときと似ているが、内容はすでに大きく一歩後退していると考えられるので、この時期の修行者を「像似の出家者」などということもある。最後にくるのが末法の時代である。この時期になると、教のみが残って、行も証もなくなるという。しかも、この正・像・末の三時を過ぎてからあるものとして、教もまた滅び去る法滅《ほうめつ》の時代が考えられている。これらの三時と法滅の思想の年数については、経典の記述が一致していない。正法五百年像法一千年、正法一千年像法五百年、正法・像法各五百年、正法・像法共一千年の四説があるが、末法が、正・像法ののち一万年という点は諸説一致している。これらのうちで、日本でもっとも広く信じられていたのは、釈尊入滅後、正・像二千年を経てのちという『授菩薩戒儀《じゅぼさつかいぎ》』の説で、この説によると、日本の永承七年（一〇五二）が末法の第一年目ということになる。関白藤原道長の長い栄華のあと、その子頼通に関白職が譲られていたところであった。栄華の月盈つような藤原氏の全盛の底に、暗い陰りのきざしの見えはじめていたころであった。頼通が、父の道長から受け継いだ宇治殿を寺院に改め、本堂供養を行ない、これを平等院と改めたのは、この末法を迎えた年の一つの記念すべき事実であったのだ。平等院はまさに、このころの貴族の不安をいやす、この世に現出した極楽浄土だったのである。ここにかかげた『往生要集』の著者源信（九四二〜一〇一七）は、念仏聖の嚆矢《こうし》とみられた空也（九〇三〜九七二）ののち四十年、叡山横川《よかわ》において静かな学と念仏の生涯をすごした聖《ひじり》である。彼は、末法のおとずれを強く自覚し、この文句ではじまる『往生要集』を生涯かかって書き上げたほか、楞厳院《りょうごんいん》・横川《よかわ》の慧心院にあって、二十五人の同志を集めて修行する二十五等至会《とうじえ》を催し、横川華台院では、日本最初といわれる迎講（仏の使いである二十五菩薩などを迎えることを意味する儀式）を行なうことなどもし、情緒の上からも、弥陀信仰をひとびとに広めることに努めたのであった。この最初の一句は、貴族たちの間で、知識として出発した末法観を、民衆の感情にまで訴える広汎な社会思想としてとらえ、ついにその方向で、日本の宗教改革をなしとげ、のちの念仏聖たちのよりどころとなった画期的な労作であった。

〔出典〕源信『往生要集』上

南無阿弥陀仏。往生の業は、念仏を本となす。――法然

【解説】人が仏に近づくすべての実践のうち、ただ口に出して仏の名を称《とな》える念仏＝称名念仏だけを正しい実践（正行《しょうぎょう》）とする、徹底した自己否定の宗教は、まず日本の法然によって門を開かれ、親鸞によっていっそう徹底したものとなった。法然はいう。「南無阿弥陀仏。往生の業は、念仏を本となす。夫れ速かに生死を離れんと欲《ねが》はば、二種の勝法の中、しばらく聖道門をさしおきて、選んで浄土門に入れ。浄土門に入らんと欲はば、正、雑二行の中、しばらく諸の雑行をなげすてて、選んで正行に帰すべし。正行を修せんと欲はば、正・助二業の中、なほ、助業を傍にして、選んで正定を専らにすべし。正定の業とは即ち是れ仏の名を称するなり。名を称すれば必ず生ずることを得《う》。仏の本願に依るが故なり」。これによれば、仏に近づく唯一の正行は称名である。人はこれを易行《いぎょう》（やさしい実践）という。しかし、完全に自己のはからいを捨て、仏にすべてをまかすという、絶対他力になりきるということは、はたして易行であろうか。いな、一知半解の合理主義がすべての価値の尺度になっている今日、このように無垢《むこ》の柔軟心を、どれだけのひとがもつことができるであろうか。むしろこれこそ真の難行なのではあるまいか。法然・親鸞がわれわれにとってなつかしく、また同時にきびしい存在であるゆえんである。

〔出典〕法然『選択集』

往相とは、己が功徳を以て一切衆生に

廻施《えせ》したまいて、作願して共にかの阿弥陀の安楽浄土に往生せしめたもうなり。――親鸞

【解説】キリスト教の救いに当たる、仏教の救済の論理は廻向である。これは、仏が自分で積んだ功徳を、ひとびと（衆生）に廻《めぐ》らしまわすことで、その廻転の起動力は大悲心・慈悲心である。

「浄土論に曰く、云何か廻向したまへる。一切苦悩の衆生を捨てずして、心に常に作願すらく、廻向を首となして大悲心を成就することを得たまへるが故に、と。廻向に二種の相あり。一には往相、二には還相《げんそう》なり。往相とは、己が功徳を以て一切衆生に廻施したまひて、作願して共にかの阿弥陀の安楽浄土に往生せしめたまふなり」。

この文によって知られるように、仏の願いとは、すべての悩める衆生を捨てることなく、おのれの功徳をめぐらしてすべてのひとを救うことである。そして、その「廻向」に二つの方向性があるとする。一つは「往相」であり、他の一つは「還相」であると。いまここで特にあげたのは往相で、われらが、仏の功徳力によって、この世から仏の浄土へと往生する志向性・方向性をいうのである。他の一つの還相については省略したが、往相とは逆の方向性で、浄土へいったんおもむいたものが再び、この世へその功徳力を廻施することをいう。浄土家の現実観は、この二重の現実観察にささえられ、世の思うほど一面的な「厭離穢土・欣求浄土」の現世観ではないことを知るべきである。

【出典】親鸞『教行信証』

久遠劫よりいままで流転せる苦悩の旧

里はすてがたく、いまだ生れざる安養《あんにょう》の浄土はこひしからずさふらふこと、まことによくよく煩悩の興盛にさふらうにこそ。——親鸞

【解説】苦しみをさんざんなめたはずのこの世を恋しがり、見たこともない浄土には興味をおこさぬ人間とは、よくよく煩悩のつよい存在だ、という親鸞のなげきのことばである。親鸞の、このなげきは、人が成仏を願わず、自己の罪業のおそろしさを知らぬことへのなげきのことばである。しかも次に全文を味読すれば直ちに知られるように、浄土を恋わず、念仏を喜ばないのは、決して他のひとびとを顧みていっているのではなかった。愛弟子の唯円《ゆいえん》坊もしかり、さらに親鸞自身がそうであることを、心から卒直にみとめ、そのような自分をも救ってくれる仏の大きな力に、はじめて、いや改めて深い喜びを感ずるのである。

「念仏まうしさふらへども、踊躍歓喜《ゆやくかんぎ》のこころおろそかにさふらふこと、またいそぎ浄土へまゐりたきこころのさふらはぬは、いかにとさふらふべきことにてさふらうやらんと、もうしいれてさふらひしかば、親鸞もこの不審ありつるに、唯円房おなじこころにてありけり。よくよく案じてみれば、空におどり地におどるほどによろこぶべきことを、よろこばぬにて、いよいよ往生は一定とおもひたまふべきなり。よろこぶべきこころをおさへてよろこばせざるは、煩悩の所為なり。しかるに仏かねてしろしめして、煩悩具足の凡夫とおほせられたることなれば、他力の悲願は、かくのごときのわれらがためなりけりとしられて、いよいよたのもしくおぼゆるなり。また浄土へいそぎまゐりたきこころのなくて、いささか所労のこともあれば、死なんずるやらんとこころぼそくおぼゆることも

煩悩の所為なり。久遠劫よりいままで流転せる苦悩の旧里はすてがたく、いまだ生れざる安養の浄土はこひしからずさふらふこと、まことによくよく煩悩の興盛にさふらうにこそ。なごりをしくおもへども、娑婆の縁つきて、ちからなくしてをはるときに、かの土へはまゐるべきなり。いそぎまゐりたきこころなきものをことにあはれみたまふなり。これにつけてこそ、いよいよ大悲大願はたのもしく、往生は決定と存じさふらへ。踊躍歓喜のこころもあり、いそぎ浄土へもまゐりたくさふらはんには、煩悩のなきやらんと、あやしくさふらひなまし、と云々」。

〔出典〕親鸞『歎異鈔』

無明長夜の燈炬《とうこ》なり、智眼《ちげん》くらしとかなしむな。——親鸞

【解説】 自己の無力を強く知ることは決して絶望を意味するのではない。自己の無力を知れば、その自己を活かす大きな力、仏の存在をはっきりと見るようになる。親鸞のみつめた仏はこれであり、自己はこれであったのだ。他のところで親鸞がいっているように、煩悩という氷が厚ければ厚いほど、それが溶けたときの喜び、仏に救われたよろこびも大きいのだ。ここにかかげた「和讃」の一文も、自己の無力に徹したものが、その底からつかんだ仏の大きな力、われわれを救いとる願の力の大きさを知った喜びをうたっている。仏の救いの力は、無明長夜の旅をつづけるわれわれへの燈火である。知恵の目のくらいことを悲しむなということばの前後をみよう。

「如来の作願をたづぬれば、苦悩の有情はすてずして、廻向を首としたまひき、大悲心をば成就せり。願力無窮にましませば、散乱、放逸もすてられず。無明長夜の燈炬なり、智眼くらし

とかなしむな。生死大海の船筏なり、罪障おもしとなげかざれ。無始流転の苦すてて、無上涅槃を期すること、如来二種の廻向の、恩徳まことに謝しがたし。弥陀大悲の誓願をふかく信ぜんひとはみな、ねてもさめてもへだてなく、南無阿弥陀仏をとなふべし。弥陀智願の広海に、凡夫善悪の心水も、帰入しぬればすなはちに、大悲心とぞ転ずなる。如来大悲の恩徳は身を粉にしても報ずべし、師主智識の恩徳も、ほねくだきても謝すべし」。

『出典』親鸞『正像末和讃』

謹んで往相の廻向を按ずるに大行あり、大信あり。大行とは即ち無礙光如来の名を称するなり。　——親鸞

【解説】念仏とはなにかを明した親鸞の定義。念仏とは雑念をまじえず、至心に仏（無礙光如来＝阿弥陀仏）の名を称えることだとし、これを浄土へ往生する行（廻向《えこう》）の中でもっともたいせつな行（大行）であり、信（大信）であるとする。ただ、仏の名を称えることに、いっさいの修行がこめられるという考え方は、もともと、釈尊が、世のため、人のために修行し、成仏しようとした、その願《がん》（誓いの願＝誓願・本願）にもとづいている。しかし、この釈尊の先縦を追おうとした弟子たちは、やはり、釈尊の修行の力を模そうとした。『ジャータカ』に見られる、多くの釈尊の前世における修行のものがたりは、釈尊の成仏が、前世以来の並々ならぬ修行の力（＝業力《ごうりき》）によるものである、という考え方を示している。しかし、それとともに、このように業の力で仏として生まれる（業《ごっ》生《しょう》）という考えは、それを模すことの無力と、その業の力から抜け出して、すべての人を救おうとする仏の願いの力（願力《がんりき》）のほうに望みを

託す考え方を生んだのであった。このような、願の力で仏として生まれ出るという考え方を願《がん》生《しょう》という。業生から願生へと、仏の必然性に対する考え方が変化するにつれて、仏に帰依するひとびと（衆生）の側からも、自己のわずかな力には頼むべきなにものもなく、たのむべきはただ、仏の、衆生に替ってなしとげたほとんど永恒ともいうべき修行の力と、その修行の力を、世のすべての救いを待つものにふりかえる（廻向《えこう》）という願の力だけであるという考え方が育って来た。これが絶対他力の教えである。

その文は次のようである。

「謹しんで往相の廻向を按ずるに大行あり、大信あり。大行とは即ち無礙光如来の名を称するなり。この行は即ち是れ諸の善法を摂し、諸の徳本を具せり。極速円満す。真如一実の功徳宝海なり。故に大行と名く。しかるにこの行は大悲の願より出でたり。諸仏称名の願、大経に言はく『設《も》しわれ仏を得たらんに十方世界の無量の諸仏、悉く咨嗟してわが名を称せずば、正覚を取らじ』と（中略）、経に言はく『十方恒沙の諸仏如来、皆共に無量寿仏の威神功徳の不可思議なるを讃嘆したまふ』と。（中略）又のたまはく、『其の仏の本願力、名を聞きて往生せんと欲せば、皆悉く彼の国に到りて、自ら不退転に致る』と。（中略）爾れば名を称するに能く衆生の一切の無明を破し、能く衆生の一切の志願を満てたまふ。称名は則ち是れ最勝真妙の正業なり。正業は則ち是れ念仏なり。念仏は則ち是れ南無阿弥陀仏なり。南無阿弥陀仏は則ち是れ正念なり。（中略）南無といふは帰命なり。帰命とは本願招喚の勅命なり。発願廻向といふも、如来已に発願して衆生の行を廻施したまふの心なり。その行といふは即ち選択本願なり。（中略）明かに知んぬ、是れ凡聖自力の行に非ず。故に不廻向の行と名く。大小の聖人、重軽の悪人、皆同じく等しく選択の大宝海に帰して念仏成仏すべし」。

これによって知られるように、他力の救いとは、効果を予測せず、すべてを任せる宗教である。あるいは効果を計算せぬ宗教といってよいかもしれない。自分の力を些少とも計算することをしない以上、力をよそにふり向ける「廻向」ということはありえない。これを「不廻向」というのはこのためである。廻向し廻施するのは如来であり、衆生は、ただその行を如来が代替してすべてなすということを信じ、その救いを自分のものとして選び、そこにすべてを記す、これが「撰択本願」であり、衆生の「正《しょう》業《ごう》」なのである。自己の無力に徹したとき、そこに開かれるものがニヒリズムでなく、大きな人間的共感と、より大いなるものの救いという飛躍であることをこの宗教は教えている、といえよう。以上の教えを、親鸞は、この著作の公的性格から多くの経典を博引傍証して論証につとめているけれども、ここでは、それらの引用を省略して、論旨の骨子のみを示すにとどめた。

【出典】親鸞『教行信証』二

謹しんで真実証を顕さば、すなはち是れ利他円満の妙位無上涅槃の極果なり。——親鸞

【解説】真実のさとりとはなにか、は仏教永遠の課題であるが、ここでは、その課題にこたえて、真実の証《さとり》とは、すべてのひとを救う利他行の完成であり、その境地がそのまま、最高の涅槃である、と明している。この文を読んだ者は、必ずしも、ここに、普通の大乗仏教の教えと異なるものを感じないであろうが、この文は、実は、他力信仰の最高の聖典となった、親

鸞の主著『教行信証』(四)の冒頭の一句なのである。さとりとは利他行とあかしたあとで、この文は、さらに、その利他行とは、すべてのひとを、なやみの滅びすくいの境地に渡す(滅度)ことにほかならない、そのことの願こそ、弥陀の誓願なのであると説き進めている。「滅度」という願いをすべての衆生が自覚してもつことができず、煩悩のみをことしている。この衆生になりかわって、それを救うことをもっておのれの願いとしているのが、阿弥陀如来と考えられているのである。この願いの力によって、衆生は凡夫のままに、必ず救われる境地(正定聚《しょうじょうじゅ》)に置かれる。こうして、衆生は、永遠の楽(常楽)を得、究極の静止(寂滅)にいたる。これが仏教の理想の境地とする無上の自由・平和の境地(涅槃)である。この無上の涅槃というのが、実はそのまま仏の本質(無為法身)なのである。なんら人工的・人為的な要素をもたず(無為)、真実をその本体とする(法身)ということは、とりも直さず、宇宙の真実の相(実相)であり、真実そのもの(法性)、ありがままの真実(如)である。阿弥陀如来というのは、このありがまま(如)からあらわれて、いろいろの働きをもつ仏なのである、とする。すなわち、「謹しんで真実証を顕さば、すなはち是れ利他円満の妙位無上涅槃の極果なり。すなはち是れ必至滅度の願より出でたり。亦証大涅槃の願を名く。然るに煩悩成就の凡夫、生死罪濁の群萌、往相廻向の心行を獲れば、その時大乗正定聚の数に入る。正定聚に住するが故に必ず滅度に至る。必ず滅度に至れば、すなはち是れ常楽なり。常楽はすなはち是れ畢竟寂滅なり。寂滅はすなはち是れ無上涅槃なり。無上涅槃はすなはち是れ無為法身なり。無為法身はすなはち是れ実相なり。実相はすなはち是れ法性なり。法性はすなはち是れ真如なり。真如はすなはち是れ一如なり。しかれば弥陀如来は如より来出して、報・応・化・種々の身を示現したまふなり」。

これによってみれば、親鸞の浄土教においても、仏を宇宙の真実そのものとみる考えは、他の大乗仏教といささかもことなるところなく、仏が宇宙そのものなればこそ、われら衆生がそのもつところの「生死罪濁《しょうじざいじょく》」のままに仏のうちにいだかれ、本来の清らかな存在へと帰一できるのである。この、より大なる浄きものへの帰一という考えは、仏教全般に通ずる考えであることはもとより、より広義に解釈すれば、インド人の自然観の基調の外に立つものではない。浄土教の阿弥陀如来とその願という思想は、この、人の、本来よきものへの帰一への必然性を、人の罪と無力の故にそれ以外の救いのありえぬこととして確認し、その必然性を単なる哲学的・論理的なものから、宗教的なものにまでたかめたものということができよう。浄土教の宗派の学（宗乗）から、弥陀の存在やその願をまったく他の仏教に例を見ぬ独自なものとみる見方も当を得ていないし、逆に、浄土教以外の立場から、浄土教を小乗・大乗仏教以外の第三の宗教とみる見方（岩本裕博士）も、右の立場から一考を要するのではなかろうか。ここに見る親鸞の文を虚心に読みすすめるとき、浄土教がひろく大乗仏教の流れに立つことと、しかも、そこに強く弥陀の救いの願にかけた凡夫の願いとをともに感ぜられるのである。

【出典】親鸞『教行信証』（顕浄土真実証文類四）

真実には此土にて我身を仏因と知(り)て往生すべきなり。此の道理を知らずして浄土宗の日本の学者、我(が)色心より外の仏国土を求めさする事は、小乗経にもはずれ、大乗にも不ㇾ似。師は魔師、弟子は魔民。一切衆生の其の教を信ずるは三途の主也。

——日蓮

【解説】日蓮は、日本の各宗の宗派仏教の中においても、ことに宗派意識が旺盛であったということはよくいわれる。十三宗としてあげられる日本の宗派の中でも、開祖の名を宗名としているのは日蓮宗だけである。しかし、日蓮の宗教の独創性は、決してその法華経選びとりの斬新さにあるのではない。彼が法華経に到達するまでに、鎌倉や叡山で長い精神的遍歴を経たことはよく知られているが、それらを通して得た結論は、結局、天台智者大師の五時八教の教判による法華経の選びとりに逢着したまでであって、その点彼の独創性は見あたらない。この点は、自由な立場に立つ日蓮研究者たち（紀野一義、田村芳朗氏ら）はひとしくみとめるところである。彼の独創性乃至特異性は、法華経を選んでのちの異常なまでのその一経への傾倒と、その論証の仕方であろう。ここに挙げた文は、彼の処女作（二十一歳）とみられる『戒体即身成仏義』の一節で、浄土宗の論師たちが、指方立相して浄土を建立することは、本来、仏経としては方便であることを知らずして、これを真実経とみることは、小乗でもなく、大乗でもないとしてその不当をあげている。この『戒体即身成仏義』は、鎌倉留学およそ四年にして清澄にもどり、そのさい著述せられたものであるが、専門学者によれば「この論文が、まちがいなく日蓮によって書かれたものとすれば、かれの最初の修業論文にあたる」（田村芳朗『予言者の仏教』二二ページ）といわれるように、真偽については、なお疑義が残されているようであるが、浄土教を破しつつ、真言には敬意を表し、まだ後年のように法華経第一主義におちいっておらず、みずみずしく柔軟な諸宗の比較がなされている点、日蓮の「仏教概論」としても、日本の仏教の「比較宗派論」としても興味ぶかいものである。ことに、浄土宗学者、浄土経典を「小乗経にもはずれ、大乗にも不レ似」と判定したのは、今日の学界の浄土経典判定にも通ずるものがあって興味ぶかい。岩本裕教授は、浄土教宗学のつまらなさは、浄土経典を大乗経典として比定し特色づけようとするところから来ているとし、これを大乗にあらず、小乗にあらざる第三の経典とみようとしている(『極楽と地獄』、三一新書)。

〔出典〕日蓮『戒体即身成仏義』

御門徒の中にわずらえば、祈禱し(師)神子《みこ》・陰陽師をもて病者をいのり、或は今生の寿福を神にいのる輩《やから》は、聖人の御門徒にあらず。いそぎて御門徒をはなさるべき事。――蓮如

【解説】親鸞没後の真宗教団にあって、伸びた教団は多かれ少なかれ現世利益を説いた。室町の乱れた世にあって、民衆は宗教に当来の安楽のみならず、現世の利益をも求めてやむところがなかった。「門徒の中に人の煩えば、祈禱をし、はらいをし、神子《みこ》・陰陽師をもて、病者をいのること」(『九十箇条制法』)が流行し、本願寺自身が手を染めぬ祈禱・お祓い・治病を自分たちでどんどん解決しようとしたのであった。「御流《ごりゅう》の門徒の中において、念仏をもて一切の病者をいのる条、当時諸方に遍布せしむ」(同前)とあるように、現世利益の教説は、本願寺末流の僧によっても説かれ広まっていたのであった。親鸞がうちたてた、きびしい自己観照の道、自力の否定の宗教が、かえって弥陀の功験にたより、来世のみならず、現世の利益ももたらすと考え、祈禱にふける傾きは、蓮如のころには頂点に達していたということができる。蓮如の復興は、決して単なる本願寺復興というような教団史的意味においてのみ評価されるべきものではなく、親鸞の絶対他力への回帰が正しく指向されていたのである。

〔出典〕蓮如『蓮如上人九十箇条』

人ありていわく、我身はいかなる仏法を信ずる人ぞ、と相尋（ぬる）ことありとも、しかと当流の念仏者なりとはこたうべからず。ただなに宗ともなきものなり、念仏ばかりはとうときことと存じたるばかりなるものなり、とこたうべし。——蓮如

【解説】宗教のむずかしさは、宗教を信ずることによって、世の差別を越えた永遠の価値を知り、人の平等を知る反面、その宗教によって不動のよりどころをえ、その信念を人にも広めたくなる意欲を禁じえなくなるという、寛容と強制の二律背反をもつ点である。「親鸞は弟子一人もたずそうろう」といった親鸞ののち、その開祖の昔にかえることで真宗の復興をはかった蓮如にとっても、本願寺教団の隆盛は結果ではあって目的ではなかったはずである。しかし、彼の一生をかけた布教がじょじょにではあるが、著実な効果をあらわし、吉崎や山科の本願寺が繁栄におもむくにつれ、そこにはやはり、自分の宗教を最善のものとし、他をおとしめる徒輩が出てくることを防ぎえなかった。真実の宗教をめざしながら、ここにまた一つの新しい宗派が加わるだけに終わる危険性は早くもあらわれたのであった。年月未詳ではあるが、この

ころの山科に集まる門徒のことを述べたと思われる御文の中に、「自義を骨張《こっちょう》し、当流に沙汰せざる秘事がましきくせ名言をつかい、ひとの難破をいいてこれを沙汰し、わが身の紕繆《びびゅう》をかくすたぐい」のやからが多かったとある。ここにあげた一文は、蓮如がこのころの、宗我に走る門徒をいましめた三ヵ条の掟の最後のもので、どのような宗派に属するかと問をうけたら、本願寺とか念仏宗とか答えることなく、ただ念仏を尊いことと知るものであるとのみ答えよ、といっている。こういう徹底した超宗派意識の中で、仏光寺、錦織寺（木部）、専修寺等の諸本山が次々とこのころ、本願寺末に変わっていった事実をみると、宗教のむずかしさと歴史の不可思議を思わざるをえない。

〔出典〕蓮如『文明十五年十一月二十二日御文』

いにしへは、道心をおこす人は寺に入りしが、今はみな寺をいづるなり。

——一休

【解説】一休から「剃髪の俗人」といわれた五山の僧のはびこった室町時代に、一休はこのように出家がいまや寺のうちにないことを戒告している。これにつづく文句を見ると次のようになった。「見ればぼうずにちしきもなく、坐禅をものうく思ひ、工夫をなさずして、道具をたしなみ、座敷をかざり、我慢多くして、ただころもをきたるを名聞にして、ころもはきたるとも、ただとりかへたる在家なるべし。けさころもはきたりとも、ころもは縄となりて身をしばり、けさはくろがねのしもくとなりて、身をうちさいなむと見えたり」。

すでに平安のころ「かくすは上人、せぬは仏」といわれ、平安の末には「道心を発して山を下った」多くの「聖《ひじり》」たちがいたという。叡山・南都の大山・巨刹の座主・学頭は、ほとんどそのまま現世の源平藤橘の長者の次子・猶子の占めるところであった。俗世間における階位的身分秩序がそのままのかたちで教団の内部にもちこまれ、教団そのものが一個の世俗的な団体と化してしまったことが、日本の仏教の一つの特色として学者に指摘されている（中村元『東洋人の思惟方法』）。

平安時代の僧侶たちが、真理を思慕して寺院に投じたのではなく、富貴栄達の目標に到達するためのちかみちとして出家したことは『新猿楽記』のような、当時の下世話を記したものにも道破されていた。

「五郎は天台宗の学生、大名僧なり。因明・内明通達し、内経・外典兼学せり。倶舎・唯識古端にかかり、止観の玄義臆中に収む。……ただし堂行・堂衆を歴、期するところは天台座主のみ」。

これが一休よりはるか以前の叡山の姿であった。もはや叡山にも南都にも、剃髪の俗人のはびこるばかりで、すでにそこには仏法はない。このため出家して入山したものが、道心をおこし直して下山するという、いわゆる「出家の出家」という事態がおきたのであった。鎌倉の新仏教はここからおきたのであるが、一休の右の文はまさにこの点をついたのであった。一休は江州堅田の華叟宗曇《かそうそうどん》の嗣である。しかし、いっさいの規矩にとらわれ、名利にしばられることを拒んだ一休は、みずから一人の法嗣ももたず、この師の華叟から与えられた印可の証をも焼却してしまっている。みずからを律する規範をすべてのところにおいて失った一休の自由は、自からもとめるほかに場所はない。純一無雑・日常清浄であるほかにない。この純一無雑性・日常清浄性からくる、一休の言動の徹底的自由につき、唐木順三氏が指摘した左の点は重要である。

まず第一に、みずからの内に求めるほか、彼を律するものがないことにつれて、その自由は自己の恣意に連なり、それによって動くという危険をはらんでいる。いわば自然主義と隣り合わせの危険をもっている。

第二に、こういう自由は、従来の学山・道場の虚偽をあくことなく暴き出すことによって獲得される。このため、一休は生涯を通じて「栄衒徒」を嘲罵することに終始したのであるが、それは「旧臨済宗の否定ではありながら、さらばといって新しい一派を開いたわけではない。一休は頽廃した五山の文学禅、風流野狐禅をののしりながら、その嘲罵において自己もまた傷ついた」。時流をなげく風顛の漢ではあったが、その風顛をさらに一転するという業績を残していない。いわば否定的な批評家であり、他を批評することによって、自らを苦しめた。第三。しかし彼の風顛・彼の奇矯にいささかの邪気の臭味がなく、天真であり、露堂々の風があったこともまた同時にみとめられるところである。その自由は時として蓮如に近いものさえ示している。これはやはり彼の機によるものであろうが、その上、彼の背後に「水宿風餐二十年」の経歴があり、華叟会下での峻烈をきわめた修行がある。このため、彼の自由は、個性的ではあっても恣意的ではなく、ここから、禅堂の禅から天真爛漫禅へ、規矩《きく》清規《しんぎ》の禅から自由奔放禅へとの大転回、いわば近代化への歩みに成功したのであった。

〔出典〕一休宗純『一休骸骨』

付録

人名解説
書目解題

人名解説

アサンガ　Asaṅga（310〜390）

インドにおける大乗仏教の代表的学者。漢訳は無著《むぢゃく》。北インドのガンダーラ国のプルシャプラ市の出身。父はこの国の国師だったバラモンでカウシカといい、同じく、大乗仏教の代表的学者であるヴァスバンドゥ（世親《せしん》）はその弟である。はじめ、この地方で圧倒的に行なわれていた小乗仏教の教義を学び、化地部《けちぶ》において出家したが満足を得られなかった。伝承するところによれば、賓頭盧《びんづる》尊者の教導によって小乗の空観を教えられて得るところあり、さらにマイトレーヤ（Maitreya nātha 弥勒《みろく》 270〜350）にしたがって大乗空観の教えを学び、生涯の指針を定めた。アサンガと改名したのもこの時であった。その根本的立場は、大乗仏教を二分する有力な教学である「瑜伽行唯識説《ゆがぎょうゆいしきせつ》」といわれるものである。これは、もう一方の学説である中《ちゅう》観派《がんは》の学説が、すべてのもの（諸法）が空であることを種々の論法によって論証したのに対し、しかもなお、われわれの現実の存在がありうるか、経験的世界はいかにして秩序を保ちうるかについて、その理由を求め、体系的説明を加えようとしたものである。その基本的見解は、この世の現実的行為と現象は、われわれの心（識）の反映である。世界（三界）はただこれ意識（唯識《ゆいしき》）の所現であると見て、仏教の中での観念論学派を構成した。しかし、その学説は、決して単なる観念哲学に終わるものではなく、唯識瑜伽行派といわれるように、瑜伽行（ヨーガ行）と結びついたものであった。すなわち、外界を心の反映とみつつ、同時に心の在り方を外界の在り方と一致させ、これをコントロールする方向にもって行く、唯識と瑜伽行、哲学と宗教の一致するところに、この学派の真面目があった。この哲学の基礎をきずいたのはマイトレーヤであったが、大成したのはアサンガであり、またその弟であるヴァスバンドゥであった。彼の著作中現存するものには『摂大《しょうだい》乗論《じょうろん》』二巻（後魏、仏陀扇多《ぶっだせんた》訳）。三巻（陳、真諦《しんだい》訳）。三巻（唐、玄奘訳）（世親の註釈と共に隋、笈多等訳）。『六門教授習定論《ろくもんきょうじゅじゅうじょうろん》』一巻（唐、義浄訳）。『順中論』二巻（瞿曇般若流支訳）。『金剛般若経論』『顕揚聖教論《けんようしょうぎょうろん》』『大乗阿毗達磨集《しゅう》論』などがある。これらの著作を終えてのち、西インドのサガリ地方に教化し、また南インドのクリシュナ・ラージャ、アヨードゥヤなどに遊び、晩年はナーランダーに止まること十二年、王舎城（ラージャグリハ）で示寂《じじゃく》したと伝えられる（ターラナータの仏教史に由る）。その教学は中国においては、法相宗《ほっそうしゅう》に伝えられ、わが国にも及んでいる。奈良の興福寺にある運慶作の無著像は、その風貌を写実したものではないが、この大論師に抱いた古代人のイメージを知ることはできる。

一休《いっきゅう》（1394～1481）

日本臨済の代表的禅僧。室町時代のはじめ、時として奇行とも思われるような鮮烈な禅風をもって活躍した。江戸はじめの沢庵と並んで名高い禅僧である。彼は応永元年正月一日に、藤原氏の末である婦人を母として生まれた。父は定かでないが、母なる人は時の天皇後小松の後宮であり、ために一休は、天皇の落胤ではないかといわれて来た。六歳のとき安国寺の像外《ぞうがい》集鑑《しゅうかん》の室に入ってその侍童《じどう》となり、のち清叟仁・謙翁因・華叟宗曇《かそうそうどん》などの室に入って講究をつづけた。華叟宗曇はもっとも深く、一休の名も華叟の与えるところという。この幼年期から少・青年期にかけ、一休の機鋒《きぼう》を示すはなしは豊富である。その禅風は遺稿の『狂雲集』などによっても充分にうかがうことができるが、逸話の中にも看過できないものが少なくない。いま、そのうち、よく知られたものの一、二を紹介すれば、檀徒の長者の家に招かれて馳走になるとき、わんの中の汁を、蓋を取らないで飲めといわれたとき「では蓋を取らないで、中の冷めた汁を取り替えてくれ」といって相手を沈黙させた話や、時の将軍足利義満に招かれ、屏風の虎を縄をもってしばるようにと吩付けられたとき、「では、私が縄をもってまっているから、誰かこの絵の虎を追い出して下さい」といった話など、もっともよく知られたものの一つであろう。これらの逸話の真偽はともかく、師の狂詩に見られる恬淡《てんたん》たる機と通ずることは事実で、師にとって、一切の形式や論理こそ、真実から人間を距てるわざわいと見られたのであろう。このの ち、一休は一所不住の雲水の生活に入る。彼がこの生活に終止符を打ち、都に定住するようになったのは、永享五年（一四三三）、後小松天皇の勅命を受けて参内し、天皇のために禅の心要を説いたときであった。爾来、天皇の寵《ちょう》はすこぶる厚く、文明六年（一四七四）二月には、勅命によって洛北紫野の大徳寺に止住するに至る。示寂したのは同十三年（一四八一）一月二十一日、八十八歳のときであった。今日の禅の再評価の嵐の中で、一休はもっとも鮮烈な個性の持ち主として注目せられている。彼の何ものからも自由であった不羈《ふき》奔放な生き方は、歴史を超えて今日に生き、訴えるものがある。その飄逸な狂歌は、遺稿として没後弟子たちが編纂した。先に挙げた『狂雲集』がそれであり、さらに清趣あふれる詩文書画も多くのこり（偽物も極めて多いが）、師の禅風を知ると共に、この時期の日本臨済の昂揚を示している。

印融《いんにゅう》（1435〜1519）

高野山無量光院の学僧。字を頼乗といい、武蔵国久良岐郡久保邑《むら》（横浜市港北区）の出。若くして京都・奈良に遊学し、長禄年間（一四五七〜一四五九）、武州鳥山《とりやま》の三会寺《さんねじ》の賢継から醍醐流の奥義を授けられ、ついで長円・円鎮の二人から西院流能禅方の奥義を受け、さらに高野山に登って修行し、推されて無量光院に住し、以後多くの著作を、真言の事相《じそう》（実践）・教相《きょうそう》（教学）・音韻学等の諸分野に揮った。こののち、本貫の地関東において密教の衰えていることを憂え、帰省し、鳥山の三会寺に住して、以後ここを本拠として活躍をつづけた。その付法の弟子に覚日・是融・覚融などあり、このほか師の徳風を慕って来り学ぶもの極めて多かった。印融の好学については伝承が多い。つねに読書を好み、外出するに当たっても書巻を放たず、必ず小牛の上に乗り、その鞍に小さい文机を置いて、かつは誦え、かつは吟じたという。今もその画像が高野山無量光院などに蔵されている。薪を負いながら読書したという二宮尊徳と好一対ということができよう。印融が著した書物は、目下知りうるだけでも、およそ六十種以上、二百巻以上とみられ、これに自著および他人の著述を転写して保存したり、弟子に与えたものを加えると、その書写にかかる冊数は尨大なものにのぼると見られ、その点でも印融に匹敵する大著述家は、神奈川県下では二宮尊徳ぐらいのものであろうという（伊藤宏見）。師は永正十六年（一五一九）八月十五日、三会寺に、八十五歳の高齢で入寂した。現在でも、関東古義真言寺院における印融師への帰依の念はつよく、その肖像を模し、掲げてこれを供養している。代表的な著作として、『杣保隠遁鈔』二十巻、『釈論指南鈔』十巻、『大疏指南鈔』九巻、『釈論愚案鈔』七巻、『十住心論広名目』、『諸真言句義』、『釈論名目』などの仏教・真言関係の著作のほか、五十音図を示した『悉曇反音私鈔』、文章作詩法を説いた『韻鏡鈔』『文筆問答鈔』などは、国語学、悉曇学の上からも高く評価されている。この点については、馬淵和夫『日本韻学史の研究』三巻、昭和四十年、学振刊があり、その伝記と思想については、伊藤宏見『印融法印の研究』伝記篇・上昭和四十五年、同下 昭和四十六年、共に同氏刊が出て、史蹟と資料を精査し、多く不明の点のあった、このかくれた学僧の事蹟を明らかにした。

ヴァスバンドゥ Vasubandhu（4C）

インドの大乗仏教の学僧。北インドのガンダーラ国プルシャプラの出身。婆藪槃頭・和修槃頭・伐蘇畔度などと音写し、旧訳では天親《てんじん》と訳した。世親はその新訳である。ガンダーラの国師だったバラモン、カウシカ（憍尸迦）の第二子で、兄は無著《むぢゃく》（アサンガ）、弟は師子覚（ブッダシンハ）、ともに、有名な大乗の論師であった。ただ、師子覚は、一説には無著の弟子ともいう（宇井伯寿博士『仏教辞典』六一九頁には師子覚を弟とし、同じ辞典の四二九頁には、「一説に無著の族弟とせるは誤」とある）。いずれにせよ、彼が、この西方有部の根拠地であるガンダーラにおいて、説一切有部のもとで出家したことは慥かである。しかし、のち批判的学派である経量部に学び、有部の学説中取捨すべきもののあることを感じ、さらに根本典籍である『大毗婆沙論』の研究の必要を覚え、その本拠たるカシミールへ赴きその地で研鑽を重ねること四年に及んだ。かくて本国ガンダーラに帰り、大衆のために『大毗婆沙論』を講ずることを志し、一日講ずるごとに一偈を作り、全部で六百偈に及んで完結した。ガンダーラの王、僧のひとびとは喜ぶこと限りなく、さらにこれに説明の文（長行《じょうごう》）を付して宗義を明らかにすることを切望し、師に金品を送ってその完成を乞うた。この乞に応じて師は長行をつくり、さらにこれに「破我品」の一品を加え、『阿毗達磨倶舎論』と名づけた。今日にまで小乗の代表的宗典とされる『倶舎論』がこれである。この『倶舎論』は、世親の批判的学風を反映して、『大毗婆沙論』の単なる要約・祖述ではなく、経量部の所説によって有部を批評するところが少なくなかった。このため「西方師」として自由の学風をもつガンダーラの僧俗には歓迎されたが、カシミールではこれを喜ばず、ついにその弟子衆賢《しゅげん》（サンガバドラ）は、師説の論破を志し、研鑽すること十二年、ついに『倶舎雹論《くしゃばくろん》』をつくり、師をたずねて問難しようとするにいたった。しかし師はこれを避けて中インドに赴き、ついにその地で没したという。このように、師は批判的・自由の学風とはいえ小乗の論師として前半生、活躍したのであったが、のち兄無著の誘化により一転して大乗唯識の学者となった。一旦、大乗の学風に浴してからは、小乗の失を覚り、ふかくみずからを責め、舌を割いて大乗毀謗《きぼう》の罪を償おうとした。これに対して無著が、舌を割いても謗法《ほうぼう》（仏法をそしり、真理をないがしろにすること）の罪を消すことはできない。毀謗の罪を消すためには、大乗を弘讃する経論を作製せよとすすめた。これより発憤して、大いに大乗の述作につとめ、無数の書を作製した。その主たるものは、『弁中辺論』、『唯識三十頌』、『十地経論』、『摂大乗論釈』、『無量寿経優婆提舎』などで、小乗五百部、大乗五百部の述作があったとつたえられる。世に「千部の論主」といわれるのはこのためである。無著・世親の学系は、インド大乗仏教中の認識論的体系を代表し、瑜伽行唯識派（有宗《うしゅう》）と称ばれ、龍樹・提婆の直観的哲学である中観派（空宗《くうしゅう》）と並んで、二大派流を形成した。近時、世親の生涯と思想に関して新研究多く、フラウワルナーなどは「世親二人説」を唱えている。

懐海《えかい》（720?～814）

百丈禅師の名でよく知られる。唐代、南嶽門下の禅僧。福州長楽（福建省長楽県）の人で、俗姓は王氏といった。二十歳のとき西山慧照のもとで出家し、のち、盧江について長い間一切経を学んだ。こののち、馬祖道一《ばそどういつ》が来ることを聞いて、馳せ参じ、ついに印可を得た。はじめは石門にあったが、のち、新呉の大雄山（百丈山）に居をうつし、教化したが、つねに弟子は堂に満ちたという。唐の元和九年（八一四）入寂した。この時、年九十五歳（一説に六十六歳）。没後の長慶元年（八二一）、大智禅師の称号をおくられ、さらに、宋の大観元年（一一〇七）、覚照禅師を、元の元統三年（一三三五）、弘宗妙行禅師を、それぞれ追謚された。百丈は、晩年、禅道場を創建し、その規則を細かく規定した。今日にいたるまで、禅家の規矩《きく》となっている『百丈古清規』（『百丈清規』）がこれである。門下多いうち、黄檗宗の開祖と仰がれるようになった黄檗希運、潙山霊祐《いさんれいゆう》は出色のひとたちであった。

慧開《えかい》（1183～1260）

中国の臨済宗の僧。南宋の代、杭州梁諸（浙江省杭州府）の人。無門という字の方でよく知られている。在俗の姓は梁氏。はじめ天龍寺の曠和尚に業を受けたが、のち南宋の嘉定年間（一二〇八～一二二四）、安吉の報国寺において出家した。こののち、隆興の天寧寺、黄龍の翠巌寺、蘇州の開元寺・霊巌寺、鎮江の焦山寺、金陵の保寧寺等を歴任している。紹定二年（一二二九）、有名な『無門関』一巻を撰《せん》しているが、これは皇帝の万歳を祝うためというのが撰述の公的な目的であった。『無門関』四十八則として有名な公案集であるが、これは古来の諸禅録から抜粋したものであった。淳祐六年（一二四六）、勅を奉じて杭州に護国仁王寺を開き、また、この年宮中で雨を祈って功あり、仏眼禅師の号を賜わっている。宝祐元年（一二五三）、日本の心地覚心が護国寺に来り、師に見《まみ》えて親しく受法している。その帰国ののち、『無門関』はじめ書籍、音物を日本におくり、これより、『無門関』はひろくわが国にも行なわれるようになった。南宋の理宗の景定元年（一二六〇）、七十八歳をもって入寂した。

恵心《えしん》→源信《げんしん》

飲光《おんこう》→慈雲《じうん》

覚鑁《かくばん》（1095〜1143）

新義真言宗の開祖。肥前の人。その先祖は平将門という。父も豪勇の人であったが、その四人の子はみな僧となった。師はその第三子である。師の出家の動機については次のような興味ある話が伝えられている。あるとき家に税吏が来、日ごろ豪気の父がこの人に身を屈めて礼しているのを見て、兄に税吏は父よりも貴いのかと問うた。これに対して兄は、宰相は税吏よりも尊く、天子は宰相よりも尊いと答えた。そして、さらにつづけて、天子の上に位するものがある。それは神道、天界および仏であって、しかも仏はもっとも尊いと教えた。ここにおいて仏が最も尊いことを知り、さらにその内でも、仏の本体ともいうべき法身仏の尊いことと、その法身仏の直接の説法による密教がもっとも秀れていることを知り、ここに出家の志を固くしたのであった。かくて嘉承三年（一一〇八）、京都に入り、仁和寺の成就院の寛助のもとに入室した。十三歳のときである。寛助は覚鑁を南都に往かしめ、喜多院慧暁にしたがって唯識を、東南院覚樹について三論を学ばせた。天永元年（一一一〇）十六歳のとき仁和寺に帰り、寛助のもとで剃髪し得度した。このとき十八契印や諸尊の三昧など、密教の次第を受けた。永久元年（一一一三）また南都に赴いて性相《しょうぞう》の学を研鑽し、その翌年には東大寺で登壇し受戒している。この年の暮、高野山に登ってからは、山を上下して、あるいは醍醐に学び、時には仁和寺に回り、密教の教相・事相を究めるに余念なく、十数年に及んでいる。大治年間（一一二六〜一一三〇）の初頭、鳥羽上皇に、高野山の再興を上奏して御感《ぎょかん》に与り、紀州の石手の荘を下賜され、その地の神宮寺を勅願寺とされ、ついでその号をあらためて伝法院とした。しかし、この石手の荘は狭隘《きょうあい》で、学侶の研学に不便であったので、天承元年（一一三一）、改めて上奏し、高野山に大伝法院を創建した。長承三年（一一三四）白河法皇の勅によって大伝法院の座主となり、併せて金剛峯寺を兼摂した。しかし翌保延元年（一一三五）には両寺の職を離れ、密厳院に住してもっぱら修行に専念した。これはおそらく、師が若くして座主職を襲ったことに対する一山の嫉妬を避けようとした意図によったものと思われるのであるが、衆徒はかえって師の退隠は、空海弘法大師が奥の院に退隠したことにならった僭上《せんじょう》の沙汰であるとして憤慨し、保延六年（一一四〇）、両寺の地境に争いがおこったことをきっかけとして、ついに大挙して密厳院を襲う暴挙に出た。このため大伝法院も破却されたので、師は従うものを率いて根来山に逃れた。このとき大伝法院の坊舎の破却されたもの百余、追放された衆徒は七百余人に及んだ。これに対して、朝廷は山徒を罰し、師に帰山することを命じたのであるが、師はもはや帰山することなく、根来の地に円明寺を創建してここに住し、康治二年（一一四三）弟子に遺戒をのこし、結跏趺坐《けっかふざ》の姿で入寂した。四十九歳であった。後奈良天皇の天文九年（一五四〇）に至って、自性大師の号を諡《おく》られたが、元禄三年（一六九〇）改めて興教大師の号が諡られ、以後この大師号で親しまれることとなった。覚鑁の教学は、当時盛大に向かいつつあった浄土教の影響を受け、念仏門と密教の教えを融和する傾向をもつもので、真言教学史の上での一異色を放っている。多くの著述中、『密厳諸秘釈』十巻は主著であり、こののち、高野と相容れなくなった末流が、根来によって新義派を樹立したとき、師を仰いで派祖とし、師の著述を依憑としたときの主要となった。また事相（実践）の上でも、師の流れを大伝法院流といい、広沢六流の一つとして、極めて重要な働きを見せた。秘密念仏の教義を、わかり易い和語で説いた『父母孝養集』三巻も、師の著述に擬せられているが疑がわしい。正覚坊はその通称であり、密厳尊者は、その末流の捧げた尊称である。その述作はすべて『興教大師著作全集』二巻に収められている。

訶梨跋摩《かりばつま》 →ハリヴァルマン Harivarman

希運《きうん》 (?～850 or 849 or 855)

中国、唐代の禅僧。福州閩県（福建省福州府閩県東北）の人といわれるが、俗姓は明らかでない。黄檗《おうばく》山に出家し、のち住持した諸山をみな黄檗と名づけたため、ふつう黄檗の名をもって知られる。幼時から聡明をもって知られていたが、洪州黄檗山（江西省瑞州府高安県治）に入って出家した。長じてのちの身長は七尺余、額の肉が隆起して珠のようであり、肉珠と称した。のち京師に遊び、ここで、かつて慧忠国師に謁した一老姥に遭い、洪州の百丈懐海禅師に見《まみ》えることをすすめられた。かくて洪州に還り百丈懐海に謁してその心印を伝え、声望極めて高かった。ここにおいて黄檗山に住し、「直指《じきし》単伝《たんでん》」の心要を伝え、義解を立てず、宗主を立てず、戸牖《こゆう》を開かず、言は簡、理は直、道は峻にして、その行は孤であると称せられた。しかも四方の学徒は風を望んで集まり、集まるもの常に千余人といわれた。中でも河東節度使《せつどし》裴休《はいきゅう》は帰依することあつく会昌二年（八四二）、州内の鐘陵の龍興寺に迎え、つねに道を問うた。さらに、大中二年（八四八）には宛陵の開元寺に迎えた。師の道風はここにおいてもっともあらわれたという。師は黄檗の故山を愛し、その掛錫《かしゃく》した山はことごとく皆黄檗山と名づけた。入寂したのもこの山であった。没年、人寿を明らかにしない。のち勅謚されて断際禅師という。これは、師の機鋒鋭人、その涯際を窺うことができなかったためである。門下では、のちに臨済宗の祖と仰がれるに至る臨済義玄をはじめとして、睦州道縦、千頃楚南および、先の裴休ら十数人があり、中でも裴休は師の語録『黄檗山断際禅師伝心法要』一巻（略して『伝心法要』）を作った。また『黄檗断際禅師宛陵録』（『宛陵録』）は、その一部で、裴相公と黄檗との問答十五段と、かなり長い上堂説法一段とを収めている。この『宛陵録』は、もともと裴休の序文に、彼が鐘陵と宛陵の二箇所で、二度にわたって黄檗の説法を聞き、ひそかにこれを録したもので、とくに宛陵での彼と黄檗との問答を彼が記録したものをここに集めたらしいが、この部分もすべて裴休と黄檗との問答であったかどうかはわからない（柳田聖山）。入矢義高『伝心法要・宛陵録』（筑摩書房『禅の語録』8）参照。

源　信《げんしん》（942〜1017）

天台宗の僧で、浄土教の基礎をつくった人。大和国葛城下郡当麻郷の人。俗姓は卜部氏。その生まれたときから仏縁の深かったことが伝えられている。母は子に男子のないことを歎き、同郡の高尾寺の観世音に祈って師を得たという。七歳の時父を喪ったが、その遺言にしたがって、九歳で出家した。夢に一人の僧があらわれて、小さな曇った鏡を与えて、横川に住まってこれを磨けと伝えた。これに従って比叡に赴き、良源に師事した。十三歳で良源の下に得度したが、十五歳のときは早くも八講師（法華八講とて法華経講義をする師のこと）に任ぜられ、栄才の名は全山にひびいた。しかし師はこのような名声を欲せず、天禄年中（九七〇～九七三）横川の慧心院（また恵心院とも書く）に退いて著作に専念した。貞元三年（九七八）、『因明《いんみょう》論疏《ろんしょ》四《し》相違《そうい》略註釈《りゃくちゅうしゃく》』三巻を撰したのも、この時期の産物である。さらに、永観二年（九八四）母の喪を思い、願求浄土の念をつよくして『往生要集』の稿を起こし、半年にて脱稿したのが、翌寛和元年（九八五）の四月であった。いうまでもなく、日本浄土教の門を開いた画期的な著述であって、その詳細な極楽と地獄の描写は日本人のすべての階層のひとびとに強い「厭離穢土、欣求浄土」の思いをおこさせ、十一世紀以降の浄土教信仰への途を拓いている。名利《みょうり》を求めない師ではあったが著述を弘めることには熱心で、前著は正暦三年（九九二）宋人の揚仁紹に託して宋の慈恩寺の弘道の門下におくり、後著『往生要集』は、同じく宋人の周文徳に記して、天台山国清寺に贈っている。この著は宋においても重く視られ、日本小釈迦源信如来と讃嘆されている。宋の皇帝真宗もこれを崇《たっと》ぶこと厚かったという。長保五年（一〇〇三）弟子の寂照が渡宋するときに当たって、宋の四明知礼に天台の教学二十七ヵ条について質問し、これからしばしば問答往復している。宋人の源信に対する尊崇はすこぶる篤いものがあり、ある宋人は師の御影（肖像）を請い受けて持ち帰り、奉じて楞厳院源信如来といって礼拝したという。こののち、内供奉十禅師に任ぜられ、少僧都となり、隠退の身であるにもかかわらず、門下生は堂に充ちていた。源信僧都と門流の多きを競ったのは、檀那院覚運であったが、師の没後、源信の門流は恵心《えしん》流となり、覚運の余流は檀那流と称し、別個の口伝法門を競うにいたった。師の名声は『往生要集』によって一世に伝わったため、その思想は浄土教にありと見られているが、その修行の要諦は天台の摩訶止観にあり、浄土信仰とは距《へだた》りあるものであることを知らなくてはならない。長和三年（一〇一四）『観心略要集』を撰したが、この前後から病気がちとなり、起居に困難を覚えるようになった。寛仁元年（一〇一七）正月に至って苦悩平癒し、六月二日より飲食を受けず、門弟学徒を集めて、教えの上の疑義を問わしめ、十日に至って身体を浄め、仏の手と自分の手の間を糸をもって結び、頭を北に右を脇にして示寂した。七十六歳であった。御堂関白藤原道長が太政大臣になった年であり、まさに臨終の極楽迎接往生の典型であった。師は一生の間の称名念仏二十億遍といい、仏像の彫画もまたすこぶる多かった。浄土真宗で相承の第六祖とするのはこのためである。慧心（恵心）僧都、横川僧都などと尊称する。門下のうち、厳久、覚超、良暹《りょうぜん》、寛印、寂心、明豪、慶祐等はもっともすぐれたひとびとであった。

洪自誠《こうじせい》　(?〜1573〜1619〜?)

本名は洪応明。よびなが自誠で、また還初道人とも号した。洪自誠の伝記についてはは明末の儒者ということ以上にはほとんどわからず、宋代の儒者で汪信民というひとが「人、常に菜根を咬み得れば即ち百事做《な》すべし」ということばを残したのに基づいて、処世の書『菜根譚』を書いたこと、ぐらいが知られているにすぎない。したがって洪自誠を知るには『菜根譚』を通じてするほかはないのであるが、それによれば、儒・道・仏に通じ、とくに禅学に傾倒して、老荘無為の説をも加味し、豊富な人生経験を生かして道を説いた人であった。

『菜根譚』前後二巻のうち、前集は仕官保身の道を説き、後集は就官後の山林閑居の楽しみを説いているところよりすれば、彼は決して単なる遁世家でもなく、また、科挙落第の隠士などに見られるような不平分子でもなかったといえるようである。ある意味で、仏教を中心的に、現世的に活かしえた一人の代表的人物といえるかも知れない。

最澄《さいちょう》（767〜822）

日本天台の祖。空海と並んで、平安期の日本仏教、日本文化の代表者である。さらに、鎌倉期の新仏教の開祖たちが、いずれも一度は、この師の開いた比叡山延暦寺に学んでいることよりすれば、師はむしろ、日本仏教の代表者であるといってよかろう。

師は近江国（滋賀県）の出身で、俗姓は三津《みつの》首《おびと》、幼名を広野といった。このあたりは、昔の漢からの帰化人が多く、師の家もまた、後漢の孝献帝の末裔である。この、日本仏教の事実上の建設者が大陸からの帰化人の末であることに、われわれは改めて注意を惹かれると共に、文化というものを考えるとき、一国とか一民族とかいうことに捉われることが、いかに益なきことかを知るのである。その出生は神護景雲元年（七六七）八月十八日のことであった。その出家は十二歳のときで、同国国分寺の行表のもとにおいてであった。十四歳で得度し、この時以来最澄と称し、以来死に至るまでこの名を改めることはなかった。この点、しばしば改名した他の高僧、たとえば空海などとは異なっている。延暦四年（七八五）十九歳、この年はじめて比叡山中に分け入って草庵を結んだ。ここは長く日枝神社の霊地だったのであるが、師はここにはじめて仏法の草庵を結び、法華・金光明・般若の諸経を講じて、天地四方、四恩報謝の道場とした。以来、師はこの草庵に止って深く諸経論研鑽の年を過す。中でも隋の天台智者大師（智顗《ちぎ》　五三八〜五九七）の『法華三大部』（法華玄義・法華文句・摩訶止観）はことに深く研究した。延暦七年（七八八）この草庵を改めて寺とし、一乗止観院と称した。法華経一経を究極の教え（一乗）とし、その冥想（止）と観法（観）とを行ずる寺という意味で、日本における法華教学、天台宗義の根本道場となる。今日の根本中堂がこれである。十三年（七九四）この寺において大供養会をもよおし、桓武天皇はじめ南都諸大寺の学僧多く参列し、一代の盛儀であった。すでに国内における最澄の位置は不動のものがあったが、これより天皇の恩寵《おんちょう》はますます深く、最澄自身は内供奉に列せられ、寺は鎮護国家の道場に加えられることとなる。これは、この比叡山の位置が京都の鬼門に当たっていたためもあるが、以来、源義仲はじめ、京都を制圧しようとするものは、まずこの比叡山を自家のものとしなければならないような、大きな力を揮《ふる》うこととなる。延暦二十三年（八〇四）最澄は勅命によって入唐することとなる。最澄が唐に止るのは一年たらず、翌二十四年には帰朝するのであるが、この間、天台山の修禅寺の道邃《どうすい》、仏隴寺の行満から天台の宗義を学び、禅林寺の翛然からは牛頭禅の禅要を伝えられ、さらに、越（浙江省）に赴いて龍興寺の順暁からは秘密灌頂《かんじょう》を受けるなど、短いが充実した留学の歳月を送っている。かくて二十四年帰朝してのちは、中国よりもち帰った経典・仏具を宮中に献上し、天台宗の宣揚に努め、また諸大寺の高僧に中国直伝の秘密灌頂を授けている。このように、天台法華の教義に加えて、大日経・金剛頂経の密教経典の教義を加え、顕密併せ学ぶのは、中国の天台にない、日本天台独自の在り方で、これを天台の密教・台密《たいみつ》ととなえる。しかしこのことをめぐって、最澄は、年来の道友だった空海と袂を分つに至るのである。このようにして天台宗の基礎を確立した最澄は、延暦二十五年（八〇六）天皇に上書して、公認の僧の割り当て（年分度者）二人を賜らんことを請い勅許され、南都の六宗と並んで、ここに天台宗は国家公認の宗派たる位置を確立したのである。このののち、弘仁四年（八一三）には、最澄は嵯峨天皇の護持僧となり、この機会に、比叡山に大乗戒壇を建立することを願い出た。しかし、このことは、すでに戒壇を有して全国に君臨していた南都諸宗の容認するところとならず、俄然猛烈な反対に遭い、ついにその勅許は生前において得ることはできず、その勅許は最澄寂後七日目のことであった。最澄と南都の確執は、この戒壇のことだけではない。最澄の主唱する法華一乗（法華経こそ唯一最上の教えであって、声聞・縁覚・菩薩の三乗はこれに包含され従属するとなす説）の説に対し、法相宗の碩学徳一《とくいち》（徳溢・得一）は「三乗真実・一乗方便」（三乗の教えこそ真実であり、法華一乗は仮のものであるとする説）の説を唱えて反駁《はんばく》し、論難往復するところがあった。

南都との、このような教義・宗政両面に亙る確執は、このちの天台宗にとっても一つの課題となったところであり、その点、最後まで南都と平和裡に事を運んだ空海と相異するところでもあった。弘仁十三年（八二二）伝教大法師の位を授けられたが、同年六月四日、比叡山中道院において示寂した、年寿五十六歳であった。没後四十余年、貞観八年（八六六）、清和天皇によって、法印大和尚位が追贈され、伝教大師の大師号が諡《おくりな》された。これは、わが国における大師号の始めである。この大師号のほかにも、叡山大師・根本大師・山家《さんげ》大師らの称もある。遺著として現存するものも極めて多く、すべてで百六十部が伝えられている。それらを編集して『伝教大師全集』五巻が発行された。長く絶版で入手できなかったところ、近時再刊され入手しうるようになった。最澄は、かつてしばしば人に評せられたように純粋な人、「最も澄んだ人」だったということはたしかである。その修道の方向は、ひたすら止観坐禅することであった。少年時代から、天台三大部を学びつづけ、延暦四年（七八五）の十八歳のときに比叡山寺を営んでから同十七年（七九八）の三十二歳に至るまでの十四年間、ひたすら天台の止観坐禅にはげみ、仏性をみがき出すことに努めたのであった。さらに、最澄が純粋な人であったことはいろいろな事例から察することができる。南都の僧綱と大乗戒壇の建立をめぐってたたかわせた生涯にわたる論争は余りにも有名であり、それは『顕戒論』のうちに盛りこまれているが、それは痛々しいほどに純粋で孤高な最澄の姿を示している。このことはよく空海の南都に対する平穏な態度と対比されて論じられる。そして、人はよく簡単に、最澄と空海を両極端に置き、純潔と老獪とする。

しかし、事実はむしろ純粋と多様性という評（渡辺照宏）の方が当たっているのであろう。それは天台法華一大乗（天台宗）と真言密教（真言宗）との基本的性格を物語っているもので、この二人の書を見て、最澄のそれは清潔であるが、空海にはくせがあるというような、単純な批評（辻善之助）は当たっていないであろう。ただ両者の戒律に対する態度ははっきりと相違が看取できる。たとえば、最澄は弟子の光定への遺言で酒を飲むものは山を去れということを云い、『顕戒論』の中でもそのことを述べている。

ところが空海は『二十五箇条遺告』の中で塩酒いっぱいはこれを許すといっている。これは高野山の厳冬をしのぐ保温のためと見られるが、もちろん、その底には、最澄がどこまでも大乗戒の存在を主張し、空海は四分律をみとめながら密教独自の三昧耶戒《さんまやかい》を説いたことがあったのである。また、山での修行についても両者の用意には異なるものが見られる。最澄は『山家学生式』の中で、「およそ、得業の学生らの衣食は、各、私物を須《もち》いよ」といっている。これを空海の『綜芸種智院式』に、「それ人、懸《けん》瓠《こ》にあらざることは孔丘の格言なり。皆食《し》に依って住すというは釈尊の談ずる所なり。然れば其の道を弘めんと欲《おも》わば、必ず須《すべか》らくその人に飯すべし」というのと較《くら》べるとき、大きなちがいをそこに見る。最澄は衣食をもち来れといい、空海は師資の衣食はすべて保証するといっている。さらに最澄自身、比叡山には論・寒・貧・湿があるといっている。このことを知りつつ、「道心の中に衣食あり、衣食のうちに道心なし」といった最澄は、まさに孤高を貫いた人ではあった。しかし、ここに最澄の、あるいは比叡の悲劇があったともいえるのではなかろうか。学者によっては、このためにこそ、比叡から弟子たちは皆下っていなくなり、円・密・禅・戒は出ていってしまったと評する人もある(渡辺照宏)。しかし、この孤高の比叡山は、のちの鎌倉仏教の母胎となり、日本仏教の源流となった。最澄の円教は日蓮宗に連なり、禅はその牛頭禅《ごずぜん》・四種三昧(常行三昧・常坐三昧・半行半坐三昧・非行非坐三昧)により後の曹洞・臨済の指標たりうるものがあり、戒は三学の中に発展した。さらに密教にいたっても、円仁・円珍にいたれば、密は円と同等になり、さらに安然にいたれば、密教によって『法華経』を包摂するに至る。これ以後、天台の密教、すなわち台密は時として本家の東密を圧倒する勢いをさえ示すことがある。このような後の発展をみるとき、最澄はすべての日本仏教の源流を育くんだ人といえる。もっとも孤高で純粋だった人が、実は、もっとも多様な包容性に富んだ人だった。ここにわれわれは宗教の不可思議を見出す。

慈雲《じうん》（1718〜1804）

真言宗の学僧・律僧。その出生を讃岐国高松とする説もある（望月仏教大辞典、三六一頁）が、実は大坂常安町にあった高松侯松平家の蔵屋敷にあった外祖父川北又助の宅に生まれた（密教大辞典、九〇一頁）のである。播州の人で父を安範（忠次兵衛）といい、母は川北家の養女であった。慈雲はその第七男で、幼名を満次郎、のち平次郎と改めた。九歳のときから文字を学びはじめ、十二歳のときには、儒者から朱子学の講義を受けている。享保十五年（一七三〇）、父を失い、母の命にしたがって大坂住吉（当時、摂津国住吉郡田辺）の法楽寺に入り、忍綱貞紀和尚の下で得度し、忍瑞慈雲と称した。慈雲が一生の業とした悉曇《しったん》（梵語学）の手ほどきを受けたのもこの和尚の下であった。十六歳に至って京都に入り、伊藤東涯の下で儒学と詩文を学ぶこと三年に及んだ。こののち奈良に遊んで忍綱より西大寺流の奥義を授かるなど密教の実践修行につとめ、また、南山流の戒律の研究にもはげんだ。元文四年（一七三九）、師である忍綱の譲を受けて法楽寺主となり、また、同じ年、西大寺流の法脈を継いだ。延享元年（一七四四）、二十七歳のとき、河内国高井田の長栄寺に晋山《しんざん》し、以後ここを、長くその正法律の根拠地とするに至る。正法律とは、師の長年研究の結果である僧尼の正しい戒律のあり方に名づけたもので、この寺において、親証・覚法らの高弟を得て、これに、この正法律にもとづく完全な戒律（具足戒《ぐそくかい》）を授けている。同四年（一説に三年）には、摂津国有馬の桂林寺に入り、袈裟の正しい断ち方を示した『方服図儀』広・略二本を作ったが、さらに河内国額田の不動寺に移り、ここにおいて『南海寄帰伝解纜鈔』を作っている。これは唐の義浄の『南海寄帰伝』に対する研究書で、慈雲が、原初の仏法を、梵語研究により、律の振興により樹立しようとしたのと同じ志向の上に立つ努力とみることができよう。この年の秋、安禅の地を求めて、同国生駒の山中である長尾滝の付近に草庵を結び、双龍庵と名づけている。慈雲畢生の事業である梵学研究はここから開始され、普賢行願賛・般若心経・阿弥陀経等の梵本はここで深読されたのであった。それがのちに、東洋・西洋を問わず最初の梵語文献の体系的研究書となった『梵学津梁《しんりょう》』一千巻となったのであった。この書物において、慈雲は、ただ、梵語の単語を漢訳仏典との対比によってその意味をさとったに止まらず、独力で名詞・形容詞・数詞ならびに動詞の語尾変化を帰納的に研究して文法の規則を確立し、進んで『般若理趣経』を漢文から梵語に還訳することさえこころみた。慈雲が梵語研究にもっとも力を注いだのは、一七五九〜七一年ごろとみられる（渡辺照宏）が、このころは、ヨーロッパでもごくわずかな人が梵語に興味を示したにすぎず、英国のウィルキンスが『バガヴァド・ギーター』の英訳を出版した年（一七八五）よりも早かったのである。しかも、梵語の文法を、インド人自身の文法書（パーニニ等）より体系的に学ぶ方法をもち、さらにそれをギリシア語の文法と対比し、いわば演繹的に梵語を学んでいったヨーロッパ人に比し、一つ一つ用例を積み重ね、文法を帰納的に摑んで行った慈雲の努力と能力はこれに数倍するものといわなくてはなるまい。このような世界的大著述が未だに刊行されていないのは残念なことといわなくてはならない。晩年はふたたび戒律の宣布につとめたが、ことに在家の人に向かっても正しい生活のあり方を教え、十善戒の講述に努めている。明和八年（一七七一）、京都の信者に迎えられて、西京の阿弥陀寺に移り、安永二年（一七七三）、恭礼門院、開明門院に十善戒を授け、翌年には後桃園天皇に十善戒相を上《たてまつ》り、またこの年『十善法語』をあらわしている。一方、正法律の宣布も怠ることなく寛政十年（一七九八）河内国葛城の高貴寺を正法律の本山と定め結界している。大和郡山の城主柳沢保光が深く帰依して師礼をとったのもこの頃であった。文化元年（一八〇四）八十七歳で寂した。師はただ、顕密禅律に亙っての学僧・高僧であったにとどまらず、雲神神道を提唱するなど古学にも通じ、儒典にも明るく、悉曇は世界の大家であり、真に日本仏教を代表する一人たるを失わぬ存在であった。

思　順《しじゅん》　（?～1239～48～?）

日本の臨済宗の僧。詩偈《しげ》と和歌に長じて名が高い。はじめ天台宗を学び、のち禅に帰した。宋に渡って北磵に参禅して印可を得、宋にあること十三年で帰国した。延応・宝治（一二三九～四八）のころ、洛東に勝林寺を創り、晩年はここにこもって世俗との交りを断わった。年寿・本貫について知るところがない。

釈宗活《しゃくそうかつ》　（1871～1954）

明治大正期の禅僧。明治三年（一八七一）、十一月十五日東京麴町に生まれる。俗名入沢譲四郎。二十歳のとき、円覚寺管長今北洪川禅師に師事し、石仏居士の号を受ける。二十三歳にして円覚寺管長釈宗演禅師について剃髪得度し養子となり釈宗活と改める。二十九歳で修行円満成就し、両忘庵輟翁の号を授かり、後特に円覚寺前住職の位階を授けられる。インドのワッサケ寺に入り滞印三年、帰朝ののち東京に両忘会を再興し、両忘協会と改め、内外各地に支部を設ける。明治三十九年（一九〇六）、門下十数名を伴って布教伝道のためアメリカに渡り、滞米四年、帰朝後両忘禅協会総裁となり、布教と修行に専心、昭和二十九年（一九五四）七月六日、八十四歳にして遷化《せんげ》した。その十三回忌にあたり、遺弟らによって『釈宗活全集』五巻が発刊される計画が立てられ、左の計画となったが、現在第一巻のみが発行せられた（一九八〇年に第二巻刊行）。

第一巻　臨済録講話
第二巻　臨川夜話・性海一滴・悟道の妙味・悟道のしおり
第三巻　法話集
第四巻・第五巻　書画・彫刻・陶器・美術製品写真集

聖徳太子《しょうとくたいし》（574〜622）

厩戸皇子、豊聡耳皇子、上宮皇子、上宮法王などという。聖徳太子は後人の尊称である。用明天皇の第二皇子（一説に第一皇子）、御母は穴穂《あなほ》部間人《べのはしひと》皇后。幼時より叡智の群を抜くことで知られたが、二歳（一説に三歳）のとき、二月十五日、東方に向かって「南無仏」と唱えたと伝えられる。六歳のとき、王子らが互いに争い、天皇が笞《むち》を示して誡めたとき、他の王子はみなおそれて逃げたのに対し、太子ひとり逃げず、衣を脱いで天皇の前に進んで云った。「橋を天に立てて逃げることはできません。穴を地に掘ってかくれることもできません。私は進んで御罰を受けます」と。さらにのち、一時に八人の訴えを聞き、裁断にあたって一つとして齟齬するところがなかった。豊聡耳・八耳等の尊称はこれにもとづいている。太子十四歳のとき、蘇我氏と物部氏の最後の抗争があり、太子は蘇我馬子《そがのうまこ》を助けて物部守屋《もののべのもりや》を討った。これは太子および蘇我氏は崇仏を是としたのに対し、物部氏は排仏を是としたことにもとづく、古代日本の開明派と守旧派の抗争であった。このとき、はじめは物部氏の勢い強く、太子・蘇我氏の連合軍はしばしば苦戦におちいったが、太子は戦勝を四天王にいのり、戦勝のあかつきは、堂塔を造ってこれを祀ることを約した。かくて物部氏を滅し、太子は摂津国玉造（のち難波にうつす）に四天王寺を創建し、物部氏の奴僕《どぼく》・財産の収公したものを投じて一大伽藍を建立した。今もその大門に「大日本仏法最初」と記す四天王寺がこれである。政権の安定を得て、太子は推古天皇元年（五九二）皇太子となり、かつ摂政を兼ねた。これよりのちは仏教を中心とする古代日本の開明政策を精力的に推進していくこととなる。翌二年（五九三）有名な三宝興隆の詔を出し、翌三年には、渡来した高麗僧慧慈について経論を学んでいる。六年には、勅命にしたがって法華経・維摩経等を講じ、この功によって天皇より播磨国の水田百町を賜わった。太子はこれを、自分の宮殿を寺とした斑鳩寺（今の法隆寺）に施入《せにゅう》（寄進）した。『法華義疏』『維摩経義疏』『勝鬘義疏』などの三経義疏の成立については、今日も諸説おこなわれているが、おそらく、このころの講述をもととして、太子が晩年にいたって執筆したものであろうと考えられる。十二年にいたって、有名な「十七条憲法」を定め、十五年には小野妹子を隋に遣して、自筆の国書を送り、同時に留学僧・留学生を派遣して経典の招来にもつとめた。二十八年には、勅を奉じて蘇我馬子と共に、『天皇記』『国記』『臣連伴造国造百八十部並公民等本記』を撰述した。この間、仏寺の造立にもつとめ、先の四天王寺、法隆寺を初め、中宮寺・橘寺・蜂岡寺・池後寺・葛城寺の七寺は特に有名であり、そのほかにも関係の寺院はすこぶる数が多い。二十九年に至り四十九歳で薨去《こうきょ》した。妃も相前後して薨去した。太子によって推し進められた古代文化が飛鳥文化であり、その理想は太子の薨後も続けられ、大化の改新によって完結した。太子は流通文化の祖とみられ、のちに長く紙幣にその肖像をとどめ、造型文化の祖としては、大工・棟梁の間の太子信仰となり、美術の祖としては生花・茶の湯の間で尊崇せられている。仏教をこのように、ひろく文化一般で拡めたひとは、その後の日本仏教文化史上でも僅かに空海弘法大師を指折るにすぎない。

親鸞《しんらん》（1173〜1262）

日本の浄土真宗の開祖。はじめ範宴・綽空・善信房などと称し、愚禿《ぐとく》と名乗った。幼名を松若丸といい、父は皇太后宮大進藤原（日野）有範の子として承安三年（一一七三）四月一日京都に生まれた。幼くして父母を喪い、養和元年（一一八一）青蓮院の慈鎮和尚のもとで得度し、範宴と名を改めた。比叡山の常行三昧堂の堂僧としてつとめ、十年山に止ったが、南都へ下り学び、さらに帰山し、建久八年（一一九七）には聖光院の住職となり、少僧都に任じている。しかし、この生活に足らず、建仁元年（一二〇一）正月、京都の六角堂に参籠すること百日、聖覚法師の誘いで吉水の源空上人法然房に謁し弟子となり、宿願の浄土教の教えを授かった。親鸞は二十九歳であった。このとき名を綽空と改め、またのちに名を善信と改めた。このころ岡崎に庵室を構えて住した。この年（一説に三年）、霊夢によって在家往生の亀鑑を示すために関白九条兼実の娘玉日を娶り、五条西洞院の御所に移住した。元久二年（一二〇五）には、師源空の許しを得て、その著『選択集』を手写している。しかし、承元元年（一二〇七）には、比叡一山の讒訴《ざんそ》により法然門下が罪過を受け、師僧源空は土佐に配流され、親鸞もまた越後国の国府に流されることとなった。親鸞の室としてよく知られた恵信尼《えしんに》（一一八二頃～一二六八）と結婚したのはこの地であった。親鸞はこのとき僧籍を除かれたため、名も藤原善信《よしざね》と賜わったのであるが、ひたすら他力・浄土の教えをひろめ、五年ののち、建暦元年（一二一一）勅によって許された。このころちょうど師僧源空の訃報に接しながら、急いで都に帰ることをせず、地方教化を志し、常陸に赴いている。同じとき恵信尼は越後に止まったともいい、常陸に赴いたともいわれている。親鸞が非僧非俗の愚禿を姓とし、名を親鸞と改めたのはこのときであった。常陸では、はじめ下妻、のち稲田に草庵を結び、ここを中心にして二十年近くの間、東国伝道をつづけた。下野国高田の真仏、下総国横曽根の性信、常陸国鹿島の順信らの帰依を受けたのはこの時であった。また、この間浄土真宗の重要な寺院の建立もあり、嘉禄元年（一二二五）には、霊夢にしたがい、下野国芳賀郡大内荘の地に専修寺を創建し（一説に専修寺は弟子真仏の創建ともいう）、さらに京都にもどる途中、嘉禎元年（一二三五）近江国木部に錦織寺を創立している。かくて東国・三河等の諸国に浄土教の信仰を徹底した親鸞が、京師に還ったのは、寛喜三年（一二三一）親鸞五十九歳のときであった。他の祖師と異なり、親鸞の著述の多くが晩年に集中していることは、よく指摘される事実であるが、それは右に見たように、ここに至るまでの、親鸞の生活が著述に遑《いとま》なく、いまようやく著述に専念することを得たからであろう。主著『教行信証文類』六巻を初め、『唯信鈔文意』等の註釈書、『三帖和讃』等の和讃など、みな、このころに著わしている。さらに、その晩年には東国の信徒に手紙で教えを説いた『末燈鈔』をはじめ、多くの消息を書き残している。親鸞の生涯は、ひとえに師の法然房源空につきしたがい、浄土を願求するに尽きたのであるが、のちに本願寺教団が興隆するにつれ、開祖・開山として崇ばれるようになった。弘長二年（一二六二）十一月二十八日、富小路の善法院において入寂した。九十歳であった。四男・三女にめぐまれたが、長子の善鸞は異安心にはしり、祖廟を守ったのは末子の弥女《いやにょ》であった。凡夫の儘に念仏によって往生することを説いた親鸞の教えは、師の法然よりも一層学解を遠ざけたものであり、日本の民衆に及ぼした影響力ははかりしれないものがあった。この間の信心を語りのこしたものを、弟子の唯円らが記したという『歎異《たんに》鈔《しょう》』は、今日ももっともひろく読まれている仏教書の一つとなっている。明治九年（一八七六）見真大師と追諡《ついし》されたが、これは鎌倉仏教の祖師の追諡では日蓮（大正十一年、立正大師）をのぞき、もっともおくれたものであった。

鈴木正三《すずきしょうさん》（1579～1655）

三河の武士の出で禅宗の僧侶。正三はその在俗の名であり、出家ののちもその名を改めることがなかった。「正三」の訓み方については異説多く、『寛政重修諸家譜』では「まさみつ」と訓ませ、また、在俗のときは「しょうぞう」で「しょうさん」は法号とみる説もある。その家は代々三河国東加茂郡則定郷の松平家臣たる鈴木という家で、師はその長子として生まれ、通称を九太夫といった。その本名は重光、法号は正三のほか、重三、玄々軒・石平入道などと称した。慶長五年（一六〇〇）の関ヶ原の役には、二十二歳で本多正信の旗下として出陣し、同じく十九年（一六一四）の大坂冬の陣には、本多忠朝の配下に属し、さらに翌年の夏の陣には、秀忠の直属として出陣し、先陣の武功を立てられた。このとき年は三十七歳。元和元年(一六一五)三月二十七日、三河国加茂郡のうちで二百石を賜り、のち大坂で大番に列している。師がふと出家したのは、この大番に列した翌年、元和六年(一六二〇)のことで、四十二歳のときであった。もちろん、師に生死や仏道についての関心が深かったことは、この時に始るものではなく、年来のものであった。四歳のとき、同年の少年が死んだのを見て、「死とは何か」「彼はどこに去ったか」ということを深く疑ったという。長じてのちも、生粋の三河の旗本でありながら、寺院に好んで参詣し寄寓し、仏僧とのつきあいも深かった。とくに臨済宗の、松島瑞巌寺の住僧、円満国師雲居とは交誼ふかく、また妙心寺の愚堂和尚(大円宝鑑国師)、江戸南泉寺の開祖大愚和尚、物外和尚、曹洞宗の、宇治の興聖寺を中興した万安和尚などと親交があり、俗人のままではあるが彼らにも深い影響を与えたといわれる。かくて四十二歳、大番に列せられた翌年の元和六年(一六二〇)厭世の念いよいよふかく出家した。得度の戒師は大愚和尚とみられるがはっきりしない。五畿内を遍歴行脚し、大和の法隆寺で経典を学び、高野の玄俊律師からは沙弥戒《しゃみかい》を受けている。元和八年(一六二二)には三河の千鳥山に入って苦行、あまりの苦行のために病気となり旦夕《たんせき》に迫ったが、弟の医者から食養生をせよとすすめられ、肉食し、二年で本復した。寛永元年(一六二四)以降三河の石平山(西加茂郡石野村)に庵を構え、「石平道人」「石平老人」などと称ばれるようになる。いまの石平山恩真寺である。こののち、江戸に出て四谷に重俊院を建て、また牛込の天徳院のそばに了心庵を構えて、道俗のひとびとに弁道《べんどう》した。また島原の乱ののちには、弟重成の天草代官就任に当たって天草に赴き、その地に寺院を建て、「破吉利支丹」を著わしている。彼の禅風は武士の風を生かした凜烈なもので世に「仁王禅」といわれた。しかし同時にすこぶる庶民性にも富んでおり、単純明解な法話で禅を説くことにも大いに努めた。仮名草子の「因果物語」や「二人比丘尼」などは、無常観を説きつつ、しかも世法即仏法の立場に立ち、現世において四民がそれぞれの職場にあって努め励むことが、そのまま現世を超えて来世の成仏に連なるものだとし、近代的な職業倫理の宗教的基礎づけに成功している。『万民徳用』『盲安杖《もうあんじょう》』『麓《ふもとの》草分《くさわけ》』『驢鞍《ろあん》橋《きょう》』（門人の恵中が筆録）等、すべてで九部十五冊。これらは正三没後三百年を記念して、恩真寺の住職鈴木鉄心師が『鈴木正三道人全集』一巻（昭和二十九年、同三十七年山喜房改版発行）として刊行した。正三の生涯と思想を発掘した労作として中村元『近世日本の批判的精神』（『中村元選集』第七巻、春秋社）がある。

善《ぜん》導《どう》（613〜681）

唐代の僧。中国浄土教の代表的高僧。臨淄（山東省）、一説に泗州（安徽省）の人で俗姓は朱。『善導疏』を大成して中国浄土教を完成した人として、世に、光明寺の和尚、光明大師、浄業和尚、終南大師、宗家大師などと尊称される。隋の煬帝《ようだい》の大業九年（六一三）生まれ、幼少のとき密州の明勝法師のもとで出家し、『法華経』『維摩経』を読誦した。ある日、西方阿弥陀仏の浄土変相図を見て浄土に往生せんことを願い、のち長くその願いとなった。のち比丘としての具足戒《ぐそくかい》をうけてから、この志いよいよつよく、妙開と共に、大蔵経蔵に入って『観無量寿経』を得、いたくその内容にうたれ、悲喜こもごもいたったという。経中の叙述にしたがって「十六想観」（日、月、水など十六のものを観想して浄土に往生することを願う）を修した。唐の貞観年間（六二七〜六四九）になってから、西河の玄中寺におもむき、はじめて道綽《どうしゃく》にまみえることができた。道綽は当時かくれもない浄土教の鼓吹者で、ここに善導の進路はまったく定まったといってよい。善導はすでにこれ以前、廬山に慧遠（大慧遠）の道跡をたずねて、白蓮社流の浄土教の芳躅《ほうたく》を見、あるいは終南山の悟真寺に遁れて浄業に努めていたのであるが、しかも往生浄土のことが心中に決定してはいなかった。いま道綽に謁し、親しく方等懺（半行半坐の三昧を行じて、六根の罪障を懺悔すること）を行じ、また『観無量寿経』を聞くことを得た。ここで師は、年来の疑問を道綽に投げかけて問うた。「念仏すればまたまことに浄土に往生することができるのでしょうか」と。これに道綽は答えた。「蓮花を持って行道すること七日、もしその間に蓮花が枯れなかったならば、往生することができる」と。果して七日のちに至っても蓮花は萎《しお》れることなかった。ここにおいて永年の懐疑は一掃され、ひたすら篤勤精苦し、終に念仏三昧を会得し、行住坐臥、浄土の荘厳を見ることを得るようになった。こののち師の精励と教化の著るしかったことはおどろくべきものがあった。あるいは終南山藍田悟真寺に、あるいは長安光明寺等において浄土の教えを説き、三十余年定まった寝所とてなかった。その日常の行持の厳格なことはおどろくべきものがあり、堂に入るときは合掌胡坐して一心に念仏し、力が尽きるまでやめるときがない。寒いときでも汗みずくになるまで念仏につとめ、洗浴のほかには衣を脱することはなかった。師の戒を持すること厳格なることはおどろくべきものがあり、かつて目を挙げて女人を見ることはなかったという。いつも身を責めていうには「釈尊さえ、かつて寝所を定め給うことなく諸方に分衛なさっておられたのに、どうして私のようなものが一所に安居して供養を受けることができようか」と。多くの檀越《だんおつ》より豊かな供養を受けながら、一つとして身に止めることなくすべて弟子に供養し、みずからは常に粗食をのみ口にした。こうしてなお余した施物をもって阿弥陀経を書写すること十万巻、また浄土の変相図三百鋪に及んだ。善導の高風は社会的にもはかり知れぬ大きな影響を及ぼした。阿弥陀経を誦えて十万遍から三十万遍にいたるもの、日課の称名の一万五千遍から十万遍に至るもの、あるいは念仏三昧を得て現身のまま浄土に往生したものなどの例から、極めて極端な例まで生ずるにいたった。すなわち、ある者は高い嶺の頂上から身体を投じ、あるいは柳の樹の上から身を投げて死し、その身を焚いて捨身するものも生ずるに至っている。このような樹上投身や焚身捨身は唐代に一つの流行とさえなったのであった。命の旦夕に迫ることを知った師は、命じて浄土変相図を三日で図画せしめ忽然として逝った。永隆二年（六八一）のことで年六十九歳であった。また一説には龍朔二年（六六二）光明寺前の柳樹に上って捨身往生を遂げたともいう。その高風はまさに中国浄土教の大成者というにふさわしく、曇鸞・道綽の流れを善導流といい、のち浄土五祖の第三に、また真宗七高僧の第五に列し、日本の浄土・真両宗の成立の大きな要因にもなっている。観経疏・往生礼讃・法事讃・観念法門・般舟讃の五部九巻の著書がある。

祖　元《そげん》 (1226〜1286)

宋代の臨済宗の高僧。号の無学でよく知られている。字は子元。俗姓を許氏といい、南宋の明州慶元府の人である。七歳のとき、家塾に入り、十二歳、父にしたがって山寺に遊び、その翌年父の死にあい出家の志をいだき、杭州浄慈寺の北礀居簡について剃髪受戒した。ここにおること五年、径山の無準師範のもとで刻苦精励し、ここにもまた五年あった。さらに石渓心月・偃渓広聞・虚堂智愚等を歴訪し、のち郷里に帰って大慈寺の物初大観の門に入った。祖元が大悟したのはこのところであった。この寺に来てから二年、ある日、井戸に来、水を汲んでいたとき、轆轤《ろくろ》を動かしていたときに廓然《かくぜん》として大悟したという。この時、師は三十六歳であった。翌年に、東湖白雲庵の請を受けて住持したが、つねにその母を訪れ、みることねんごろを極めたという。七年のち、母の喪に遭い、ふたたび、杭州の霊隠寺に赴きその第二座となった。徳祐元年（一二七五）、元の兵が来襲したおりには、乱を避けて温州の能仁寺に至ったが、ここもまた元兵におびやかされるようになった。このため、他のひとびとはすべて乱を避けて他の地に遁《のが》れたが、師はひとり堂のうちに坐して動くことがなかった。いよいよ元兵が寺まで来、その隊長が、刀を師の頸にあてておどかしたとき、師はいささかも顔色を動かすことなく、「乾坤孤筇を卓るる地無し、喜び得たり人空法もまた空。珍重す大元三尺剣、電光影裏に春風を斬る」と偈《げ》を説き、さすがの元兵も感じ入り師に詫びて去ったという。祥興二年（一二七九、わが国の弘安二年、一説にその翌年）、わが国の執権北条時宗が招聘の書を徳詮・宗英の二師にもたらし、渡日を乞うた。師は直ちにその乞に応じて出発し、八月太宰府に着し、秋鎌倉に入り建長寺に住した。この年の十二月、時宗開基となり、師を開山として鎌倉に円覚寺を創建した。開山の日に多くの鹿があつまる瑞徴があり、瑞鹿山という山号を付けたのはこの時であった。

弘安七年（一二八四）、時宗の薨去にあたって、元に帰ろうとしたがひきとめられて果さず、九年（一二八六）、六十一歳で入寂した。その入寂にあたって一偈をとなえ、一偈を書して溘焉《こうえん》として寂《じゃく》した（『無学禅師行状』）。唱えた一偈は、「諸仏凡夫同じくこれ幻、若し実相を求むれば眼中の埃。老僧の舎利は天地を包む、空山に向って冷灰を撥くなかれ」。天地の間にあって人の一生はその一点であることを説き、しかも自分は死んでも、その身体（舎利）は天地全体を包むのである。いま私の遺灰を葬ろうとしていろいろなことをしないでくれ、と示している。さらに、筆を執って書いた偈にいう。

「来るもまた前《すす》まず、去るもまた後《しりぞ》かず。百億毛頭獅子現ず、百億毛頭獅子吼ゆる」。

弟子三百余人といわれるうち、高峰顕日《こうほうけんにち》・一翁院豪・規庵祖円・太古世源・雲屋慧輪・白雲慧崇はもっとも著われたひとびとである。没後、勅諡《ちょくし》して仏光禅師、さらにのち、光厳天皇により円満常照国師と諡号《しごう》をおくられた。遺偈その他は集められて『仏光録』の中に収められている。後世この法流を無学派という。

疎石《そせき》（1275〜1351）

南北朝時代の臨済宗の高僧。伊勢の国の生まれで、俗姓は源氏。宇多天皇九世（一説に十五世）の子孫である。幼時父と共に甲斐国に移り、母を喪い、弘安六年（一二八三）、平塩山寺の空阿に師事し、九歳で出家している。正応五年（一二九二）南都に赴き、戒壇院の凝然から受戒し、こののち顕密の二教を学んで久しかったが、心中満足するところなく、仏法の真髄は文字・義学でないことを思い、教外別伝の禅を思慕するようになった。ある夜、中国の疎山と石頭の二つの寺に遊ぶことを夢みた。そこに僧がおり、師に達磨大師の半身像を授けた。この霊夢により、師はいよいよみずから禅門に縁のあることを確信し、永仁二年（一二九四）京都に上り、建仁寺の無隠円範の門に入って参堂することとなった。霊夢に因んで諱《いみな》を疎石としたのはこのためで、疎石、時に年二十歳であった。これよりのち師は、良師を求めて全国に旅を続けることとなる。東勝寺の無及徳詮、建長寺の葦航道然、痴鈍空性、円覚寺の桃渓徳悟等の名匠を歴訪し、みなともに師の法器であることを称讃している。正安二年（一三〇〇）、奥州、那須を経て鎌倉に入り、一山一寧《いっさんいちねい》に随侍して問法したが得るところなく、ついに嘉元元年（一三〇三）すべての書物をかまどの中に投げこみ、万寿寺に走って高峰顕日に参じた。しかもなお、この師のもとでも得るところなく、ふたたび奥州の地に去った。かくて嘉元二年（一三〇四）、内草山の草庵で炉端にあったところ、火が薪を離れてしかも燃えるところを見、廓然として大悟した。こののち常州を経て鎌倉にもどり顕日に見えたところ、顕日は師を一目見て、「西来の密意（西のインドから達磨の運んで来た禅の真趣意）、汝いますでに得たり。よくみずから護持せよ」といったという。こののち、師の名声あがり、来り門をたたくものが多かったが、師はむしろこれを避け諸所に隠れている。とくに文保二年（一三一八）北条高時の母覚海尼が顕日の遺嘱により師を関東に招こうとしていることを聞いたときには、避けて土佐の五台山にまで到ったほどであったが、結局懇請黙しがたく鎌倉におもむいている。正中二年（一三二五）には、後醍醐天皇の勅請によって南禅寺に住し、ついで鎌倉の浄智寺、円覚寺に住し、さらに甲斐の国に転じて塩山の恵林寺の開山となった。この寺はのち快川紹喜（？〜一五八二）が織田信長の武田勝頼を亡したとき、敗将佐々木義弼らをかくまい、山門上に焼殺されて有名となったが、今もその庭園は疎石の風を伝えているとされる。光厳天皇の正慶二年（一三三三＝南朝、後醍醐天皇の元弘三年）、勅によって臨川寺に住し、またふたたび南禅寺にも住している。光明天皇の暦応二年（一三三九）、後醍醐天皇が吉野に崩御せられたおりには、疎石は将軍足利尊氏にすすめて天龍寺を創建し、その追善をはかった。そのほか、等持院、真如院、西芳寺等の開山であり、世に疎石を開山とする寺は真偽とりまぜてすこぶる多く、かつ、寺院の庭園で疎石の設計によると称するものは枚挙に遑《いとま》がない。光明天皇より夢窓正覚心宗国師の号を賜わり、崇光天皇の観応二年（一三五一＝南朝、後村上天皇の正平六年）、七十七歳で示寂した。没後賜った国師号も多く、普済・玄猷・仏統・大円等がある。『夢中問答抄』『臨川家訓』並びに語録五巻がある。疎石と権門の関係は、従来からしばしば問題とせられたところであった。師が後醍醐天皇にも殊遇を受けながら、そののち北朝諸天皇の招きにも応じ、特に尊氏の尊崇を受けたことなど、ことに皇国史観のひとびとの指弾を受けている。しかしこれは果たしてそうであろうか。夢窓国師は尊氏を評して「御心広大にして物惜しみの気なし」といい、また弟の直義についても「大休寺殿は政道私なし」といっている。思うに、疎石にとって天皇家南北の争いや、公辺・武辺の確執は決して第一義の問題ではなかったのではなかろうか。師にとって、まず問うべきは、僧俗を問わず法器か否かであった。このことは、師の前半生の仮借ない良師を求めての求道の旅の中に見ることができる。天下は静謐なるが人民のために慶賀すべきことであり、君主の名分や利害によって争乱に及ぶべきではない。その点、頼朝や尊氏は名分論の上からは批議さるべきものがあろうとも、人民のためには治世の良君といわなければならない。頼朝については『神皇正統記《じんのうしょうとうき》』の中で北畠親房でさえ、このことを認めている。建武以来の変を後醍醐天皇一人の責に帰した熊沢蕃山ほどではないにせよ、承久、建武等公家の復古的政変に、仏教家が概して冷淡、批判的であるのはこのためで、疎石もその一人にすぎないと見るべきではなかろうか。『金光明経《こんこうみょうきょう》』にいうように、帝王たるか否かは、その血統によるのではなく、その器による、というのが疎石の信条であり、人間観の基調であったものと思われる。

沢庵宗彭《たくあんそうほう》 (1573～1645)

字の沢庵でよく知られる近世臨済宗の高僧。宗彭はその諱《いみな》である。東海・暮翁・冥子などとも号した。天正元年（一五七三）十二月、但馬の出石に生まれた。俗姓は平氏という。十歳のとき、同村浄土宗の唱念寺に入り、浄土の学を学んだが、十四になり、同村臨済宗宗鏡寺の塔頭勝福寺に入り、希先について得度し、このときは秀喜と称した。しかし希先の没後は、京都に赴き、紫野大徳寺董甫宗仲に侍し、そのとき宗彭と改名した。のち、宗仲が没し、春屋宗園につき、そののち、山内の諸老についてその風を受けること多かった。とくに大徳寺内三玄院に掛錫《けしゃく》して円鑑国師宗弼に侍すること数年、そののちここを出てからは明堂古鏡のもとで印可を受けている。慶長六年（一六〇一）和泉の大安寺に文西洞仁を訪ね、文墨の道を学んだが、洞仁はその示寂にあたって所蔵の典籍をことごとく師に譲っている。このとき、一凍紹滴《いっとうしょうてき》が同時陽春庵および、南宗寺にあり、ここにおいて師は紹滴のもとで参禅しついに大悟した。紹滴が印証の語を授け、沢庵と号したのはこのときであった。紹滴の没後は陽春庵のあとをとり、同十二年（一六〇七）には、大徳寺に遷って第一座となり、十四年（一六〇九）には大徳寺に住したが、居ること三日で南宗寺に退いた。このとき、師は、年三十七であった。慶長十六年

（一六一一）には、豊臣秀頼が招いたが赴かず、また細川忠興の招きにも応じなかった。元和元年（一六一五）大坂夏の陣で南宗寺が焼亡してからは、全力を尽くしこれを復興している。こののちも各地の名刹で廃絶に瀕しているものを再興することすこぶる多かった。元和四年（一六一八）、正隠が大徳寺の住職となるや、幕府はその開堂が法度に相違していることを責めた。沢庵はその弁難を買って出、幕府と極論し、罪をかむり、元和六年（一六二〇）の夏、出羽国上山に流された。この地に在ること三年、元和九年赦されて帰った。このことにより師の高風が顕われ将軍家光、後水尾天皇の殊遇を受けるようになり、しばしば柳営・宮中に参内して講経した。寛永十五年（一六三八）には幕府が品川に東海寺を創建し、師を開山に迎えた。師は同寺内に春雨庵をいとなみ、晩年をここにすごし、正保二年（一六四五）七十三歳で示寂した。遺体は東海寺の西北の岡にほうむり、松を植えて塔を建てなかった。『明暗双々集』『不動智神妙録』『太阿記』等の著のほか、歌集・法語等多く、『沢庵和尚全集』に収められている。師の禅は『不動智神妙録』にも見られるように剣禅一致を説くもので、家光や柳生宗矩などの武士に強い影響を与えた。さらに、師の書は今日でも愛好者極めて多く、したがってまた、偽物も一休のものと並んで多い。沢庵が柳生宗矩と共に家光の諮問に応じ帷幕に参じたことは疑いないが、全国を巡歴しつつ諸大名の動向を徳川氏のために監察したという伝承は信じられることではない。

智顗《ちぎ》（538〜597）

中国天台宗の高僧。天台の第三祖とされる。世に、天台大師あるいは智者大師の名をもって知られる。荊州華容県（湖南省岳州府）の生まれで、在俗の姓は陳、幼名を王道、あるいは光道といった。南朝の梁の大同四年（五三八）に生まれ、出家の志は幼時からだったといわれるが、折しも梁はまさに倒れようとする時期で動乱絶え間なく、その志はいよいよ深くなった。七歳のとき僧から法華経普門品の口授を受け、一遍でこれを暗記したという。十八歳、梁の天成紹泰元年（五五五）いよいよ梁が陳に亡ぼされる前年、親族のものたちが乱にまきこまれて四散したおり、湘州果願寺の法緒の門にはいって出家した。ついで慧曠《えこう》律師について律を学び、またあわせて方等《ほうどう》（初期大乗の経典）をも学んだ。陳の時代に入ってから、天嘉元年（五六〇）、光州の大蘇山に入って、のちに天台の第二祖とされた慧思《えし》・南岳大師（五一四〜五七七　初祖は慧文《えもん》）に会い見えることを得た。慧思は一目で智顗の法器であることを見、普賢道場を示し、四安楽行を説いた。智顗もこれより怠ることなくつとめ、ある日、『法華経』の「薬王品」を読みつつ、「是真精進是名真法供養」の文を見て大悟した。慧思が南岳に去ってからは、代わって講筵を張り、その依嘱を受けて金陵に入り、瓦官寺において、『法華経題』、『大智度論』等の講義を行なった。さらに、次第禅門をも説き、陳朝の始興王をはじめ、筵《むしろ》に連なる貴紳、智弁・僧晃・警韶等の高足きわめて多かった。かくてここにあること八年、陳の太建七年（五七五）天台山に入り、朝廷からの出資を得て、そこに修禅寺を創建した。同じく陳の至徳三年（五八五）、勅によってふたたび金陵に出、霊曜寺、光宅寺、禁中の太極殿において『大智度論』、『般若経』、『法華経』等を講じている。しかし、このの ちは陳末の争乱を避けて廬山に入り、隋により天下統一されるや下山し、開皇十一年（五九一）には晋王広（のちの煬帝《ようだい》）のために揚州において菩薩戒を授け、智者の称号を賜わっている。このの ち当陽県に玉泉寺を建てて、ここで『法華玄義』『摩訶止観』を説いたが、これが『法華文句』と併せて天台三大部となって、天台教学の基礎となったものである。その臨終のありさまは真に大往生というにふさわしい。開皇十五、六年（五九五～五九六）ごろから、師はすでに死期の近いことをさとって天台山にあり、多くの弟子に遺教を垂れていたが、開皇十七年（五九七）十一月、晋王広の招きを受けるや下山し、王のもとに赴こうとした途中、山東石城山で病を発し、ここで王に書を贈って大法を伝えた。二十四日、いよいよ大漸《たいぜん》（死）を迎えるや、ひとびとに『法華経』と『無量寿経』を唱えさせ、みずからも、十如・四不生・十法界・三観・四無量・四悉曇・十二因縁・六度等の教えを説き、また自己の悟境が「五品内位《ごほんないい》」にあることをも告げて端坐したまま入寂した。六十歳であった。師の生涯は南北朝の動乱期にあたり、ために大きくその影響を受け動座することが少なくなかったが、しかも決してそれに迷わされることなく、よく三代の諸帝・諸王の尊崇を受けた。しかも師はいささかも権門におもねる風なく、陳末の至徳年間（五八三～五八六）には、後主を諫《いさ》めて僧尼を検括《けんかつ》することを止めしめ、かえって太子に菩薩戒を授けている。放生池を設けること六十三ヵ所、造寺三十六ヵ寺（あるいは三十五ヵ寺ともいう）、一切経を写すこと十五蔵、仏像を造ること十万軀（あるいは八十万軀ともいう）、得度の僧一千余人、伝業（皆伝）の学士三十余人といわれている。その仏道精進の一生を知るべきであろう。後周の世宗が法空宝覚尊者、宋の寧宗が霊慧大師と追諡したのも当然であった。師が天台の第三祖とされることは先に述べたとおりであるが、事実は、師の三大部によってはじめて天台は独立したというべく、このほか『天台四教義』、『浄土十疑論』等現存の著書三十余部、いずれも多く弟子灌頂の筆録にかかるものではあるが、後代の天台宗に甚大な影響を残している。

道元《どうげん》 (1200〜1253)

日本曹洞宗の開祖。はじめの名を希元とい い、仏法房と号した。父は内大臣久我通親といわれる。幼時からその英才を称された。眼には重瞳《ちょうどう》があり、四歳のとき李嶠の百詠を読み、七歳のとき毛詩左伝を読んだといわれる。父母はその幼時に失った。父の死は建仁二年(一二〇二)三歳のときであり、母は承元元年(一二〇七)八歳で失っている。ここにおいて無常を感じ出離の志はいよいよ深くなった。こうして幼いながらますます仏典を学び、九歳のときには『倶舎論』を閲し終わり、論じて縦横至らざるなく、文字童子と称された。その英才に注目した摂政・関白・太政大臣を歴任した藤原氏の棟梁、松殿基房《まつどのもとふさ》は、師をその養嗣に迎えようとしたが、師はこれを受けず、建暦二年(一二一二)ひそかに家を出て比叡山麓に至り、母方の叔父である良顕のもとで剃髪得度を求めた。そして翌年四月、横川首楞厳院にのぼり、座主の公円のもとで落髪し受戒した。こうして天台門で僧となった師であったが、その年には京都建仁寺に至り栄西の門を叩いている。この間大蔵経を渉猟し、たまたま、「本来本法性、天然自性身」の一句にあい疑問を生じた。これを三井の公胤にたずねたところ、入宋して心印《しんいん》を伝え来たるべきことをすすめられたので、ここにおいて建保五年(一二一七)、山門をおり、建仁寺に至り、栄西の後継である明全について研鑽し、さらに顕密を学び、律を修め、遂に貞応二年(一二二三)、明全にしたがって入唐した。このとき、道元は二十四歳であった。四明天童山、径山、翠岩らを歴訪して、さいごに天童山にもどり、長翁如浄のもとで修行に専念した。ある夜、この如浄師が僧堂の中を歩いて見まわっていたとき、一人の僧がうたたねをしているのを見つけた。如浄はこの僧を叱りつけて、「坐禅というものは、身心脱落《しんじんとつらく》だ。おまえは、そのようにひるねばかりして、いったい何をしようというのか」と。このことばを、かたわらで聞いていた道元は「身心脱落」の一句で豁然《かつぜん》として大悟し、翌朝、方丈に上って香をたき礼拝した。これをみた如浄師と道元の間に次のような一問一答がかわされた。

　如浄「焼香というのは一体何だ」道元「身心が脱落しおわることです」浄「身心脱落、脱落身心」元「和尚よ、みだりに某甲《わたくし》を印《みとめ》ないで下さい」浄「私は決してお前を印《みとめ》などしない」元「みだりにみとめないというのはいったいどういうことですか」浄「脱落脱落」。

　こうして、道元は如浄師から、ことごとく禅の奥旨を得、さまざまな仏具を授けられ、帰国の途につき、安貞元年（一二二七）肥後の河尻に帰着した。このとき道元二十八歳であった。帰国ののち、道元は京都に上り、建仁寺に帰寓し、寛喜元年（一二二九）からは深草の安養院に移った。畢生の大作『正法眼蔵』の稿を起こしたのは、この安養院においてであり、時は寛喜三年（一二三一）の秋からであった。この余りにも有名な書物は、いうまでもなく道元著述中、量質ともに最重要のもので、総数九十五巻、全篇和語でつづった法語集で、その示さんとするところは、題名『正法眼蔵』のものがたるとおり、釈尊の正法の眼目を明らかにすることにあった。この大著は、道元三十二歳の秋より、入寂の五十四歳に至る前後二十二年間をかけてつくり上げられたもので、質の上からはもちろん、量の上においても、日本仏教史の大傑作であった。天福元年（一二三三）になってから、深草極楽寺の跡にうつり、ここに伽藍を建立して、観音導利院興聖宝林寺と名づけたが、嘉禎二年（一二三六）ここは時の四条天皇から宸額《しんがく》を賜わった。これが、日本曹洞禅のはじまりといわれる。道元の名を一般の間にひろく知らせることとなった越前の永平寺が創建されたのは、これよりさらに七年のち、寛元元年（一二四三）のことで、開基は波多野義重、開山始祖を道元に仰いだのであった。永平寺創建の事なって、宝治元年（一二四七）北条時頼の請いをうけて鎌倉におもむき、時頼に道を説き菩薩戒を授けている。時頼は鎌倉に一寺を建立して、道元を鎌倉にとどめようとしたのであったが、道元はこれを固辞し、永平寺にかえった。建長二年（一二五〇）後嵯峨上皇が、道元の徳風に深い崇敬を寄せられ、仏法禅師の称号と紫衣を賜わったが、再三固辞して受けず、ついに勅令もだしがたく拝受した。しかし、次の一偈を奉って、のちついに終生紫衣を身につけることなく、紫衣は高閣のうちに蔵したままにした。偈にいう。

「永平の谷浅しといえども、勅命重し重し重し。却って猿や鶴の笑いを被《う》けん、紫衣の一老翁」。

建長五年（一二五三）正月にいたり、道元は病いを得、死の近づいたことを知ったので、七月に永平寺の後を孤雲懐奘にゆだね、京都にかえり、在家の弟子覚念のもとで病いをやしなったのであるが、八月二十八日夜半、ついに入寂した。年五十四、鎌倉期の各宗開祖の中でも、もっとも早世であった。入寂の有さまも、次のように感銘的に伝えられている。

その夜、道元は沐浴し、衣服を改め、筆をとって遺偈を書きのこした。偈にいう。

「五十四年、第一天を照らし、跨跳を打箇し、大千を触破す、咦。渾身覓《もと》むるなく、活きて黄泉に陥《おち》る」。

没後六百年、嘉永七年（一八五四）仏性伝東国師の号を孝明天皇から、明治十二年（一八七九）承陽大師の号を明治天皇から追諡されている。著書は、自筆の『正法眼蔵』九十五巻、『永平清規』二巻、『学道用心集』一巻、『普勧坐禅儀』一巻のほか、弟子たちの筆録になるもので重要なものも少なくない。とくに、詮慧《せんね》の編になる『永平広録』十巻と、懐奘の編する『正法眼蔵随聞記』六巻は重要である。

洞山《とうざん》（?）

雲門文偃《うんもんぶんえん》の法嗣、守初宗慧禅師の称。襄州洞山に住していたところからこの名を得た。『無門関』、『碧巌録』にその名と語録をのこすほか、伝暦は詳らかにされていない。

日蓮《にちれん》（1222～1282）

日蓮宗の開祖。安房国長狭郡東条郷の生まれ。その父は貫名次郎重忠といい、その第四子と伝えられるが、実際は小湊の漁師の子息であったとみられる。十二歳のとき、同郡清澄山天台宗清澄寺の道善房のもとで出家した。このときは是聖房蓮長と号した。その後、鎌倉・京都・叡山・三井・高野に学び、天台、念仏をはじめとして、ひろく各宗の教義を学んだが満足を得ることができず、ふかい疑いを生じた。かくて建長五年（一二五三）ふたたび清澄山に帰り、はじめて『法華経』の題目「南無妙法蓮華経」を唱えることを明らかにした。これは、このとき、日蓮が了解した「依法不依人、依了義経不依不了義経」の法説にもとづく、まったく新しい宗教の宣言であった。しかし、この宗教は、この地に多かった念仏者流の地頭や御家人たちの忌むところとなり土地を追われ、鎌倉に出て名越に草庵を結んで進んで街頭に出て勇敢に新義を宣布した。この中で、とくに当時の支配的勢力であった念仏宗・禅宗・真言宗・天台宗に対しては集中的な非難を加えたので、四宗から日蓮が蛇蝎《だかつ》のように忌まれたのは当然であった。文応元年（一二六〇）日蓮はかかる邪法が国を危うくするという危機感に堪えられず、『立正安国論』をあらわして一本を時の執権北条時頼に呈上したが、この書は世をまどわすものとして、ついに翌年伊豆の伊東に流されることとなったのである。三年ののちゆるされて帰る途次にも地頭東条景信の襲撃（小松原の法難）にあい、文永八年（一二七一）には再び幕府に諫して龍の口に斬られようとした、しかし死一等を減ぜられて佐渡へ流された。佐渡にあること三年、ここで『開目鈔』『観心本尊鈔』などの重要な著作をのこしている。ゆるされて鎌倉へ帰ってからも幕府には用いられず、身延山に隠退し、のち山を下り常陸へ赴く途次武蔵国池上で病没した。その生涯中、佐渡配流前を佐前といい、後を佐後という。その強烈な一生は毀誉半ばし、鎌倉の諸大徳のうち、大師号を追諡されるのももっともおそく、大正十年（一九二一）のことであった。

ハリヴァルマン Harivarman (250〜350)

『成実論』の著者で、成実宗の開祖に擬せられる人。漢訳は訶梨跋摩《かりばつま》。中国・日本では、略して跋摩ともいう。獅子鎧・獅子冑はその訳名である。中インドのバラモンの家に生まれ、はじめはバラモンの正統学派の一つであるサーンキヤ学（数論《すろん》）を学んだが、のち、仏教に入り、進歩的学派たる経量部の先駆者である薩婆多部《さつばたぶ》のクマーララータの門に入り、小乗仏教の基本典籍である『阿毘達磨発智論《あびだつまほっちろん》』を学んだ。しかしこれに満足することはできず、より進歩的な学派である大衆部《だいしゅぶ》に転じ、併せて大乗仏教を学び、ここにおいて『成実論』二百二品（漢訳して十六巻）を著わした。それは、三蔵の実義を成就するという意味で、四諦説によってすべての仏教を整理し、八正道説によって、完全なさとり（無余涅槃《むよねはん》）に達すると説く。その点では、釈尊の教説への復帰という、復古的性格のつよい教義であった。しかし、それゆえにこそ、その教義は自由な性格がつよく、法の在り方についても、現在実有・過未無体とする自由な考え方をもったが、これは経量部と同じである。さらに、五位八十四法と法を分類するが、これは、倶舎の五位七十五法と、唯識の五位百法の間に位置し、その過渡的性格を示すものである。しかし、これらはあくまでも俗諦の上の区別であり、第一義諦に立つときは一切は皆空であるとし、極めて大乗に近い考え方を示している。この教義に立って師は強い論陣を張り、マガダ国王の命令に応じて外道を論破し、国師に任ぜられた。『成実論』は四一一年鳩摩羅什《くまらじゅう》によって漢釈され、これにより、成実宗がおこることとなった。成実宗は、中国における十三宗の一つであり、日本においては三論宗の付属としてであるが、日本における南都六宗の一つの性格がつよく、のちに至ると一宗としての姿を失った。

百丈《ひゃくじょう》→懐海《えかい》

藤原為家《ふじわらのためいえ》（1198～1275）

藤原定家の嫡子で歌人。二条家の祖。法号を融覚といい、『十六夜日記』の著者として有名な阿仏尼《あぶつに》はその後妻である。為相、為守ら四人が阿仏尼の子であるが、為家の死後嫡子の為氏と、為相との間に為家の遺領播磨国細川荘の相続争いがおこり、訴訟のため鎌倉に下ったが、『十六夜日記』は、その折の旅行記である。定家の後継者として家業たる和歌につとめ、『続後撰』、『続古今』の二大勅撰集の撰者となり、官も権大納言民部卿と進んだ。前大納言為家として知られるのは、この前官による。歌道が家業として定着したのは彼以来で、為氏、為教、為相はそれぞれ二条・京極・冷泉の三家三派となり、和歌師範家として争うに至っている。「鐘の音は霞の底に明けやらで影ほのかなる春の夜の月」。

このような和歌に対し、今日では保守的・類型的で平凡という評価が一般的である。歌集には、『為家卿千首』、『中院大納言集』などがあり、『詠歌一体』はその歌論集である。

法住《ほうじゅう》　(1723〜1800)

新義真言宗の人。字を智幢といい、号を金毛という。大和の国の人で、十六歳のとき同国内山の快範上人のもとで剃髪し、法隆寺の任山、豊山の無等、智山の浄空等のもとで学び、のち岡吉に住し、安永九年（一七八〇）には根来山の学頭となっている。師の功績は、長い日本真言の争点であった本地身説法・加持身説法（大日如来は真実そのものであるのか、真実でありかつその表現であるのかという論争）の和合を主唱したもので、のち寛政元年（一七八九）、豊山の能化職に補せられてからも、すこぶる教学を振興した。寛政十二年七十八歳で入寂。『大日経玉振鈔』、『管絃相承義』など著書が多い。

法蔵《ほうぞう》　(643〜712)

唐代の華厳宗の僧。中国華厳宗の第三祖とされる。賢首《げんじゅ》大師・国一法師・康蔵大師・香象大師・華厳大師の称号で知られるが、ことに賢首の名が有名である。その先祖は康国（サマルカンド）のひとで祖父の代から長安に来た。唐の太宗の貞観十七年（六四三）に生まれ、十七歳のとき、太白山に入り、経論《きょうろん》を数年学び、のち洛陽に出、雲華寺で華厳宗第二祖の智儼《ちごん》（六〇二〜六六八）に師事し、ここではじめて華厳の教えを聞いた。咸亨元年（六七〇）、勅命によって出家し、こののちしばしば華厳経を講じ、次第に盛名があがるようになった。賢首の号を賜わったのはこのときである。証聖元年（六九五）、実叉難陀《じっしゃなんだ》（シクシャーナンダ）の『新訳・華厳経』の翻訳道場に参加し、その筆受に任じた。翻訳完成後、この経を仏授記寺に講じた。さらに、実叉難陀・義浄・日照・菩提流支等の翻訳をたすけ、東西の両京はじめ諸方に華厳寺を創建した。先天元年（七一二）、大薦福寺において、齢七十で入寂した。このとき勅命により鴻臚卿の号を贈られている。華厳宗の第三祖とされるが、事実上、法蔵こそ華厳教理の建設者であった。『華厳経探玄記』『華厳五教章』『華厳旨帰』『遊心法界記』『華厳金獅子《こんじし》章《しょう》』『妄尽還源記』『起信論義記』など、いずれも後世長く、華厳の教学の基本典籍として研究の資とされた。

法然《ほうねん》（1133〜1212）

日本浄土宗の開祖。諱は源空で法然房と号した。美作の国久米の生まれで、父は押領使で漆《うる》間《ま》時国といった。幼名を勢至丸といった。九歳のとき父を喪い、叔父である、この国の菩提寺観覚のもとで薙髪《ちはつ》した。十五歳のとき比叡山にのぼり、持宝房源光にしたがい、ついで功徳院皇円のもとで学び、十八歳で黒谷の慈眼房叡空のもとに参じた。このように、叡山の各師のもとで研究を重ねたのち、下山し、奈良興福寺の蔵俊、京都醍醐寺の寛雅、仁和寺の慶雅、中川の実範等、真言、法相の巨匠をもたずねてその奥旨に触れた。こののち黒谷に帰って「報恩蔵」（経蔵）にはいって大蔵経のことごとくを閲読した。このようにして各宗、各経を学びつつ、自己の道を求めていた法然が、ついに善導の『散善義』に逢着し、たちまちにして浄土教を自己のすすむべき道と定めたのは、法然四十三歳、承安五年（一一七五）のことであった。かくて洛東吉水に庵を結び、ひたすら念仏を唱え、帰依するもの日を追って盛んとなった。顕真法印の請によって行った法論「大原問答」が写され、藤原兼実の請により『選択本願念仏集』が作られたのはこのころであった。建永二年（一二〇七）には念仏停止せられ土佐に流され、ゆるされて帰ったのは四年後で、その翌年八十歳で入寂している。慧光菩薩・華頂尊者・円光大師・明照大師等の諡号のほか、元祖上人・吉水大師・黒谷上人等の尊称によって親しまれている。

妙超《みょうちょう》 (1282〜1337)

臨済宗の僧。大徳寺の開祖。大燈国師。字を宗峰という。播磨のひと。十一歳のとき同国の書写山に入り天台の教えを学び、のち上洛して万寿寺の高峰顕日のもとで参禅し、ついで南浦紹明にしたがって鎌倉にうつり、二十六歳で印可を得ている。延慶元年（一三〇八）、京都の雲居寺に住し、ついで嘉暦元年（一三二六）紫野にうつり庵居していたが、訪れる道俗あとをたたず、ついにここに伽藍造営のことがはじまり、完成ののち、大徳寺と称した。花園上皇はふかく妙超に帰依し、たびたび法を問い、大徳寺を勅願所とし、興禅大燈国師の号を賜わっている。また後醍醐天皇の帰依もあつかった。大慈雲匡真国師・玄覚浩淵国師の追諡があった。

弥勒《みろく》 Maitreya or Maitreya-nātha (270〜350)

大乗仏教において、釈尊滅後に世に出る未来仏として尊信される弥勒仏という信仰があり、その出世までは兜率天《とそつてん》にあると信ぜられていた。弥勒がこの世に下りて教えを説くとした経典を『弥勒下生経《みろくげしょうきょう》』といい、仏の会座《えざ》にあった弥勒が、十二年ののち命終《みょうじゅう》して兜率天に往生すべきことを説いた経典を『弥勒上生経』という。このように、一人の仏が、如来として、また菩薩としてそれぞれ別個に説かれた例は絶無ではないが極めて珍しいことで、このことから、釈尊の優れた若い弟子で、釈尊以前に夭折した弥勒（マイトレーヤ、パーリ語でメッテーヤ）という仏弟子が実在し、のちに、仏・菩薩として信仰せられるようになったと考えてよい根拠がある（渡辺照宏『弥勒経』筑摩書房『現代人の仏教』）。仏滅後数世紀以上を経た、四世紀初頭になり、弥勒を著者に擬《ぎ》す多くの著作が、大乗仏教中の、認識論的・実践的学派である瑜伽行唯識派《ゆがぎょうゆいしきは》の中に出現した。そのうちの重要なものだけみても次のようなものがある。

①『瑜伽師地論《ゆがしじろん》』（唐の玄奘訳で百巻）。②『大乗荘厳《しょうごん》経論』（唐の波羅頗密多羅《はらばみたら》訳で十三巻）。③『中辺分別論』（陳の真諦《しんだい》訳で二巻）。④『究竟《くぎょう》一乗宝性論』（後魏の勒那摩提《ろくなまだい》訳で四巻）。⑤Abhisamayālaṅkāra（『現観の荘厳』）。⑥Dharmadharmatāvibhaṅga（『法と法性の分別』）。

これらの書物の著者とされる弥勒が実在の論師であるとする説は宇井伯寿氏によって提唱され、中村元氏によっても継承されている。しかし、今のところ、この学説が決定したということはいえない。弥勒所造と伝えられる著作は、実はその弟子と称する無著《むじゃく》が、彼に先行する多くの先達の学説を綜合統一したもので、その先達の中に弥勒という名の人が実在したか否か、もしくは、兜率天上の未来仏である弥勒の所説としてその学説が伝承されて来たのではないかという疑義が提起されている。オーバーミラー(E. Obermiller) は、龍樹が文殊菩薩に開顕《かいけん》されて諸論を著したという伝説と同じく、無著は、兜率天上の弥勒の神力を蒙って諸論を製作したとする。すなわち、弥勒は無著の信仰の対象だったとみる。山口益氏はそれを承け、先に挙げた③の『中辺分別論』、②の『大乗荘厳経論』、⑥の『法と法性の分別』等の注釈者が、論の説者 (vaktṛ) を無著とし、弥勒を霊的啓発者（pranetṛ）としているが、その弥勒は一生補処の未来仏で、地上の人師としては相承されていないことを指摘する。さらにラモット（E.Lamott）は、山口氏の説を承認し、かつ補足して、成立のおそい大乗経典に、後世の仏教徒が弥勒の名を冠して、権威を付与したのだとする。この問題の結論はもう少し先に待つべきであろう。

無著《むじゃく》→アサンガ　Asaṅga

馬鳴《めみょう》　Aśvaghoṣa（1C〜2C）

音写して阿湿縛窶沙。中インドのシュラーヴアスティー（舎衛国《しゃえいこく》）の人。バラモンの出身で、はじめ外道《げどう》（仏教以外の教え）に属し、さかんに仏教を批難したが、のち、パールシヴァ（脇尊者《きょうそんじゃ》）に遭い（一説にプールナヤクシャ＝富那夜奢）、論破され仏教に帰依したという。その知恵・才能はすぐれ、ことに文学、音楽に通じ、『ラーシトラパーラ』という音楽

（ānanda-kāvya）も、また中央アジアで発見された śāriputra-prakaraṇa もその作と見られる。しかし、昔から馬鳴作と伝えられる、『大乗起信論』、『大荘厳論経』等は真作ではないと見られる。ターラナータの仏教史には、マートリチェータを馬鳴の別名とし、さらに『釈摩訶衍論』（第一）には、インドに六馬鳴ありとし、それぞれ、仏成道の時、仏滅直後、百年、三百年、六百年、八百年後に出世したという。詩をつくって演奏したところ、その哀切な音調にうたれ、五百人の王子が出家したと伝えられる。のちカニシカ王に伴われて北インドの月氏国（都、ガンダーラのプルシャプラ）に赴き、王の庇護の下に、大いに仏法を弘めた。詩作の仏陀伝記『仏所行讃』（Buddha-carita）は内容韻律ともにすぐれ、『犍稚梵讃《けんちぼんさん》』はひろく、インド文学史上の傑作とされる。また梵文『端厳なる阿難の詩《うた》』（Saundarānanda）の作者と

しているところより察すれば、仏教詩人としてのアシュヴァーゴーシャのほかに、性相家《しょうそうけ》（有部や唯識の教学に通じたひと）としてのアシュヴァーゴーシャが別にいたと見るべきであろう。

龍樹《りゅうじゅ》　(Nāgārjuna, 2C〜3C)

また龍猛・龍勝とも訳す。南インドのバラモンの出身で、大乗仏教の理論を大成した大論師。生まれたときから常人と異なりて乳を飲んでいるうちに四ヴェーダを聞き、それをとなえ、意味を理解したという。しかし、あまりの英才を過信し、友人三名と共に青薬によって遁身する術をおぼえ、王宮にしのび入って美人を犯す悪行をした。ことあらわれて、三人の悪友は捕えられて斬られたが、龍樹ひとり身をもってのがれ、このことを深く反省して、欲望が身を滅ぼすことを知り、山に入って、ある仏塔に詣でて出家受戒した。九十日で小乗の三蔵を誦し終わり、しかもそれ以上の経典を得ることができなかった。ここにおいて、ヒマーラヤ（雪《せっ》山《せん》）の中に入り、ある老比丘から大乗経典を受け、はじめて大乗のすぐれたことを知ったが、しかもなお、その実義に通ずることはできなかった。龍樹は、このように大乗に通達しなかったにもかかわらず、外道を論破した実力に慢心して、仏経はまだ尽くさざるところありとし、新戒を立て新衣を着け、ひとり静処に坐して他を学ぶことをしなかった。これを見て、龍樹の慢心を哀れんだ大龍菩薩は、龍樹を伴って海に入り、宮殿の中の七宝蔵を開き、方等経典、妙法無数を授けた。これを読むこと九十日、深く大乗の奥旨に達した龍樹は、南インドに帰り、南コーサラ国王沙多婆訶の帰依を受け、大いに大乗の空《くう》の教えをひろめた（密教の伝承では、南インドの鉄塔を開いて金剛頂経を得て、これを弘めた、となっている。また人名も密教では龍猛《りゅうみょう》というのが普通である。この鉄塔も空想上の場所ではなく、アマラーヴァティーの塔であったという）。晩年は、今のキストナ河の上流、黒峰山（吉祥山 Śrīparvata）に住し、入寂したものとみられる。ターラナータの『仏教史』や、チベット文の『八十四成就者伝』などによれば、その伝記は一層密教化され、神秘的になっている。『十万頌般若』などを領解して神通力を得た龍樹は、南インドのジャーターサンガータにおいて五百の外道を論破し、ガンターー・シャイラ、ディンコータなどの山を黄金に変じ、のち二百年のあいだ、多くの夜叉女と共に吉祥山に住して、マントラ（真言）をおさめ、三十二相を得たという。また、その入寂に関しても、『龍樹菩薩伝』によれば、ある小乗の僧が龍樹に嫉妬をいだき、龍樹の世に在ること長からざるを祈った。これを知った龍樹は、退いて空室に入り、ついに出て来ず、日を経て室を開いたときには消え去っていたという。さらに、玄奘《げんじょう》の『大唐西域記』にも、龍樹の伝記につき神秘に充ちた記述がある。これらを併せて考えるに、龍樹は、大乗仏教形成期に活躍した大思想家のほかに、はるか後世、密教の思想家で同名の論師がいたか、あるいは、密教の思想家の仕事を龍樹の名に仮託したものであろう。事実、龍樹の思想は、のちに「八宗の祖師」といわれるごとく、大乗仏教のすべての流派に発展する可能性をもち、このような仮託が行なわれる素地は充分にあったのである。しかし、彼の活動の本領が、大乗仏教の理論的組成、すべてのものは実体なく（空《くう》であり）、この境地を得るとき、人は真の自由を得るということにあったことは明らかである。釈尊以来、付法《ふほう》の第十三祖とし、中観派の祖とするのも、この点である。真言宗では付法の第三祖・伝持の第一祖とし、龍猛という。しかし、この龍猛が真の龍樹と同一であるか否かについては、先に見たとおりである。門下の上足は聖提婆《しょうだいば》（アーリヤデーヴァ）で、このひとはのちに、その余りに鋭い論鋒で論敵に殺害せられている。著作中重視せられるものの第一として『中論頌』。これは空観によって大乗仏教の世界観と実践哲学の根本思想を示したもの。同じ思想を祖述した『十二門論』『空七十論』と共にもっとも重視すべく、この『中論』『十二門論』および聖提婆の『四百論』が三論宗の根本典籍となったのであった。さらに、外道を破しつつ空観を明らかにした『廻諍論《えじょうろん》』『六十頌如理論』『広破論』。経典の註釈として『十地経』を註釈した『十住毘婆沙論』『大品般若』の註釈として百巻の大冊となった『大智度論』があるが、後者は龍樹の著とはみとめられがたい。そのほか実践哲学について『菩提資糧論』『宝行王正論』『勧誡王頌』などがある。

龍猛《りゅうみょう》　↓龍樹

蓮如《れんにょ》 (1415〜1499)

浄土真宗本願寺の第八世。諱を兼寿といい、信証院と号す。第七世存如の長子で幼名を布袋丸といった。幼時、その母と生別したことについては名高い口碑がのこっている。青年期もつぶさに貧苦を経験したが研学おこたらず、十七歳で青蓮院尊応の室に入り、ついで大谷の草庵に入り宗義を学んでいる。文安四年（一四四七）には関東に下り、宗祖親鸞の遺跡を巡拝し、長禄元年（一四五七）、四十六歳で本願寺の法燈を継いだ。師の一生の努力は、当時はびこったさまざまな邪義——たとえばただ名を法帖に連ねるだけで成仏を約束されるというような——を正し、本願寺の権威を確立、やさしい和語で正しい教義を伝えることであった。この目的で努力をつづけ、その間叡山大衆の迫害をうけたりしたが、たゆまず化益をつづけ、越前吉崎、大阪石山、宇治山科等に御坊を営み、真宗中興の大業を完うした。慧燈大師《えとうだいし》と追謚《ついし》されたのは明治十五年（一八八二）のことであった。

書目解題

阿毗達磨倶舎論《あびだつまくしゃろん》

玄奘《げんじょう》の漢訳で三十巻。『倶舎論』の略名でよく知られる小乗仏教の代表的な綱要書。原題をAbhidharmakośabhāṣya といい、漢訳題名は、その音写と、意訳（論＝bhāṣya）である。世親（ヴァスバンドゥ、四世紀）の著。玄奘が六五一年に三十巻に訳したもののほか、偈文だけを訳した『阿毗達磨倶舎論本頌』一巻があり、さらに異訳として真諦《しんだい》訳（五六四年）の『阿毗達磨倶舎釈論』がある。世親は、小乗仏教の代表的学派である説一切有部（有部）の教学をたくみに摂取し、しかもこれを自由な立場で批判し、同じ小乗仏教の中でもより進歩的な、経量部や大衆部の説を交えて、小乗を大成し、大乗へ移行するという画期的な業績をなしとげた。この批判的立場を昔から「理長為宗《りちょういしゅう》」といっている。けだし、純理によって立ち、部党に偏らないという意である。このため、『倶舎論』は、大小乗いずれの立場のものからもひろく研究された。『倶舎論』は、有部の大成教学書である『阿毗達磨大毗婆沙論』（二百巻）を整理し、法救の『雑阿毗曇心論』などで体系化したもので、界品・根品・世間品・業品・随眠品・賢聖品・智品・定品の八品から成り、付録として「破我品」がついている。その内容は、世界（器世間《きせけん》）と、人間（衆生世間《しゅじょうせけん》）のすべてにわたり、これを究明し、分析し、ことに人間の輪廻の原因となる業《ごう》を種々に分析し、解明し、業こそすべてのものの原因であるとする、「業感縁起論《ごうかんえんぎろん》」を展開した。さらに、この分析に立って、人間の迷い（煩悩）を詳細に観察し（随眠品）、その上で悟りの内容を段階的に述べ（賢聖品）、続いて、その悟りを得るための、世俗智・法智等を説明し（智品）、その智と結びついた禅定を説く（定品）。かくて、最後の「破我品」で、無我の立場に立って、以上の境地を実現すべきことを明らかにする。このように、『倶舎論』の内容は、整然とした体系をもち、しかもその論旨は鋭く、行動への指針を示している。このため、中国・日本に来るや、たちまち毘曇宗《びどんしゅう》を圧倒して倶舎宗として盛んとなり、さらに、各宗通じて、倶舎は仏教学の基礎とみられるに至った。この事情は、インドにおいても、チベットにおいても同様であった。

〈テキスト〉1、梵本――チベットにおいて、ラーフラサンクリティヤーヤナによって発見され、偈頌のみはすでに公刊。V.V. Gokhale: The Text of the Abhidharmakośakārikā of Vasubandhu, 1946. ヤショーミトラの梵文注釈は荻原雲来の刊行。U. Wogihara: Sphuṭārtha Abhidharmakośa-vyākhyā 1〜7 Tokyo 1932〜36. これは東京山喜房より復刊。2、チベット訳。影印北京版一一五巻所収。3、漢訳。大正大蔵経第二十九巻所収。この和訳は、木村泰賢・荻原雲来訳が国訳大蔵経、論部十一〜十三。西義雄訳が国訳一切経、毘曇部二十五〜二十六下。

一枚起請文《いちまいきしょうもん》

一紙。日本浄土宗の開祖、源空法然上人が建暦元年（一二一一）十二月（一説に二年一月）勢観房源智の求めに応じて、浄土往生の要諦を一紙にしるし、その滅後の遺戒としたもの。一枚消息・一枚誓文・一枚起請・一枚御消息などともいう。

〈テキスト〉浄土宗全書九所収。

一休骸骨《いっきゅうがいこつ》

一冊。一休宗純が康正三年（一四五七）に作った法語集。

〈テキスト〉一休和尚全集・高僧名著全集十六、国民思想叢書十一、禅学名著集・禅門法語集上所収。ほかに『一休がいこつ』（龍谷大学出版部、大正十三年）あり。

一心戒文《いっしんかいもん》

三巻。光定（七七九〜八五八）撰。伝教大師の一心戒独立の経過を述べたもの。光定は伊予の人で、大同年間（八〇六〜八一〇）のはじめに叡山にのぼり、最澄・義真に師事し、のち叡山に戒壇建立の事がおこるや、南都に赴いて斡旋つとめた人。その建立勅許は最澄寂後、この師のときであったから、この著はまさに当を得たものであったというべきであろう。

〈テキスト〉大正大蔵経第七十四巻所収。

吽字義《うんじぎ》

一巻。弘法大師空海の著。十巻章の一。また、『即身成仏義』、『声字実相義』と併せて三部書ともいう。吽《うん》（hūm）の一字に含まれる無量の意義を説いたもの。大師が恵果和尚の口説にもとづき、両部大経・守護経・大日経疏などを通所依の経とし、かたわら、理趣経・瑜祇経を別所依として著述している。その説き方は、離釈《りしゃく》と合釈《がっしゃく》の二部門から成り、離釈は、吽の一字を、その音を構成する阿（a）・訶《か》（ha）・汙《う》（ū）・麼《ま》（m）の四音に分析して、それぞれの字に含まれる、密教の象徴的意義を詳述し、ついで合釈において、その統合的意義を述べたもの。その編時は不明であるが、即・声・吽の順であることは明らかであるといわれる。注釈・解説はすこぶる多い。

〈テキスト〉大正大蔵経第七十七巻所収。弘法大師全集第一輯所収。塚本賢暁国訳（『国訳密教』論釈一所収）、勝又俊教国訳（『弘法大師著作全集』第一巻所収）などあり。

永平初祖学道用心集《えいへいしょそがくどうようじんしゅう》→学道用心集《がくどうようじんしゅう》

恵信尼文書《えしんにもんじょ》

十通。恵（慧）信尼（一一八二〜一二六八）は親鸞の室。建保元年（一二一三）聖人とともに常陸に赴き、三男二女を産んだ。恵信尼は貞永元年（一二三二）得度して以後の名である。恵信尼文書は、その消息で（恵信尼消息ともいう）ある。

〈テキスト〉鷲尾教導、大正十年発見、十二年（一九二三）発表。辻善之助『日本仏教史』第二巻、三七〇頁以下所収。

往生要集《おうじょうようしゅう》

三巻。恵《え》（慧）心僧都源信が、念仏往生の立場から、多くの経や論の中、極楽、地獄に関する説を集めて一書としたもの。花山天皇の寛和元年（九八五）ごろの著述とみられる。形としては、一種の編著ともいうべきこの書は、引用の経論は一一二部、六一七文に及んでいる。内容は十大文に分かれる。

(1)厭離穢土　(2)欣求浄土　(3)極楽証拠　(4)正修念仏　(5)助念方法　(6)別時念仏　(7)念仏利益　(8)念仏証拠　(9)往生諸業　(10)問答料簡

本書が中世日本の思想界・宗教界に及ぼした影響は真にはかりしれぬほど大なるものがあり、ことにその地獄の生ま生ましい描写は、多くの人に深刻な宗教心をよびおこしたのみならず、中国仏教界にもひろく読まれて深い影響を与えた。

〈テキスト〉大正大蔵経第八十四巻所収。ほかに花山信勝校訂訳本（岩波文庫）、石田瑞麿校訂訳本（東洋文庫）あり。

御文《おふみ》

五帖。本願寺第八代の蓮如（一四一五〜一四九九）一代の法語を、その孫の円如《えんにょ》が編纂したもの。大谷派（東本願寺派）では御文といい、本派（西本願寺派）では御文章《ごぶんしょう》という。

〈テキスト〉大正大蔵経第八十三巻所収。稲葉昌丸編『蓮如上人遺文』所収。

御義口伝《おんぎくでん》

二巻。日蓮聖人六老僧の一人である日興が、弘安元年（一二七八）、身延山における日蓮の法華経講義を筆録したもの。

〈テキスト〉大正大蔵経第八十四巻所収。

骸骨《がいこつ》→一休骸骨《いっきゅうがいこつ》

戒体即身成仏義《かいたいそくしんじょうぶつぎ》

一巻。仁治三年（一二四二）、日蓮（このときはまだ蓮長といっている）二十一歳の作（但し文永三年＝一二六六との説もあり）。日蓮の処女作。戒体とは、戒の体性・本質のことをいい、戒を受けたときに、その受戒者の内に生ずる防非止悪の力をいう。この力について、有部では色法と見、成実では非色非心とし、唯識では思の心所の種子が第八識に薫ずる防非止悪の力能あるものとし、天台では、性無作の仮色なりとするなど、説は多岐にわたっている。

日蓮は、この戒体を論じ、(1)小乗の戒体、(2)権大乗の戒体、(3)法華開会の戒体、(4)真言宗の戒体の四門に分ってその得失を論じている。

ここにいう権大乗とは梵網経・瓔珞経等をさし、前者は華厳経の結経、後者は方等部、浄土三部経等の結経で、すなわち法華経以前の大乗経（天台大師の教判で）を指し、いわゆる法相権大乗をいうのではない。もちろん、法華経の一部八巻二十八品六万九千三百八十四字の一一の文字をもって、開会の法門実相常住の無作の妙色をもって、三乗・五乗・七方便・九法界の衆生をみな毗盧遮那仏の仏因と開会するもので、これによれば表色なき畜生の身も無表色の戒体を発得し、即身に成仏すると説く。真言宗の戒体については、われわれ人間の肉身（舎利）は釈迦如来の肉身と等しいとみる「大日経・入曼荼羅具縁真言品」の説を引き、その要諦は師資相承に由《よ》るとして、詳しく記すことをしていない。

他宗、ことに真言宗に対する態度など、後年のように攻撃的でなく、初期の真言肯定の日蓮の教学を知る上で貴重な資料である。

〈テキスト〉昭和定本『日蓮聖人遺文』第一巻所収。

学道用心集《がくどうようじんしゅう》

一巻。詳しくは永平初祖学道用心集。永平寺の開山であり、日本曹洞宗の開祖である道元（一二〇〇〜一二五三）が、天福二年（一二三四）ごろ書き記した、禅の修学弁道の規範、全編十章よりなる。第一、菩提心をおこすべきこと。第二、正法を見聞して必ず修習すべきこと。第三、仏道は必ず行に依って証入すべきこと。第四、有所得心を用いて仏法を修すべからざること。第五、参禅学道は正師を求むべきこと。第六、参禅に知るべきこと。第七、仏法を修行して出離を欣求する人は須《すべか》らく参禅すべきこと。第八、禅僧行履《あんり》のこと。第九、道に向かって修行すべきこと。第十、直下承当《じきげじょうとう》のこと。

文章は平易で、しかも深遠な禅への参入を説いた名著として、古来珍重されてきたが、道元の直筆か、弟子懐奘《えじょう》の編纂かについては一致した結論は出ていない。

〈テキスト〉承陽大師聖教全集九所収。また、増永霊鳳『永平初祖学道の用心』（昭和三十五年）は明快な講説。

月水御書《がっすいごしょ》

日蓮四十三歳、文永元年（一二六四）の遺文。また「報大学三郎妻書」ともいう。

大学三郎の妻女が、婦人の月経のときは、法華経を読むべきかいなかについてたずねたのに対し、「日蓮ほぼ聖教を見候にも……月水をいみたる経論を未だ勘へず候也」とし、さらに、この国の神が月経を忌むことなどに触れ、「月水の御時は七日までも其気の有（ら）ん程は、御経をばよませ給はずして、暗《そら》に南無妙法蓮華経と唱（へ）させ給候へ」としている。日蓮は触れていないが、十種糞掃衣の一種に「月水《がっすい》衣《え》」というものがあり、婦女の経血で汚れた衣料を清浄にしてこれを衣とするもののあることなどより思えば、仏教において、婦人の経血を忌む考えのなかったことは明らかであるというべきであろう。しかし、この御書は決してその一事だけに触れたものではなく、全編の大部分は法華経のすぐれた所以を説明しているものである。

〈テキスト〉昭和定本日蓮聖人遺文第一巻所収。

観経疏《かんぎょうしょ》

四巻。詳しくは、『観無量寿仏経疏』といい、また『観無量寿経疏』ともいう。中国浄土教の大成者である善導（六一三〜六八一）の著。浄土三部経の一つである『観無量寿経』、すなわち、『観経』を解釈したもので、玄義分・序分義・定善義・散善義の四分からなり、『四帖疏』ともいわれる。玄義分は、『観経』の義旨を明らかにし、序分義は、その序分の意義を示したもので、定善義は『観経』にいう、十六想観（日、水など十六のさまざまな対象に想をこらし、浄土への思念をなす）の十三番目の想観（雑想観《ざっそうかん》）を明し、次の散善義は、のこりの三想観を示している。本書は、中国では大きな流行をみなかったが、日本には早くから入り、その中の「二河白道の譬喩」や「二種深信」の思想について源空に専修念仏の新義をうち出すなど大きな影響を与えた。

〈テキスト〉大正大蔵経第三十七所収。真宗聖教全書一所収。国訳一切経和漢部経疏部十一所収。

願文《がんもん》

一紙。また「発願文《ほつがんもん》」。伝教大師最澄が十九歳の延暦四年（七八五）の作といわれる。人生の無常を嘆いて出家の志を明らかにし、因果の理法の誤りのないことを説き、自己を省察して五つの誓願を立てる。この五つのゆえに「願文」の名を冠するのであるが、それは自己の解脱を『法華経』をはじめとする天台の教えによって達成し、ついでそれをすべての生きとし生けるものに及ぼそうとするもので、若き日の最澄の求道告白の書であり、衆生済度の宣言書である。空海の同様の処女作『三教指帰』と対比される所以である。

〈テキスト〉伝教大師全集第一巻所収。渡辺照宏訳編（筑摩書房『日本の思想』一）、勝又俊教訳文（同『古典日本文学全集』十五）などあり。

教行信証《きょうぎょうしんしょう》

六巻。正しくは『顕浄土真実教行証文類』といい、親鸞（一一七三〜一二六二）の主著で、のちの真宗教団で立教開宗の聖典とされたもの。しかし、「文類」ということばのしめすように、これは親鸞の著述というよりも、一種の編著で、念仏・浄土に関する要文を、多くの経・論・釈から引用してまとめ上げたものである。その中心思想は明瞭で、「一念信心往生」ということで、一念の信心がよく浄土往生の因となることを強調している。このところより、親鸞においては、多念義（多くの念仏をよしとする考え）より、一念義（一たび念仏すれば可なりとする説）の傾向がつよいとみる学者もある（松野純孝）。本書は嘉禎元年（一二三五）ごろには、その大部分が完成し、以後晩年まで訂正加筆がつづけられ、建長七年（一二五五）ごろには完成したものとみられる。このことと関連して、この本の具名に、「信」のことばの欠けていることなどより、「信巻」のみが帰洛後の別撰（他は関東撰述）であるとする説が行なわれた。

〈テキスト〉大正大蔵経第八十五巻所収。親鸞聖人全集第一巻所収。

兄弟鈔《きょうだいしょう》

日蓮五十四歳の作。時に文永十二年（一二七五）である。法華経が八万法蔵の肝要、十二部経の骨髄である所以を詳述し、応神天皇の二人の王子の位ゆずりのことなどを通じ、仏道の志を説明する。「兄弟鈔」の名のある所以である。この作においては、日蓮の法華経に対する帰投と、他教に対する痛罵はすさまじく、月支国の善無畏三蔵も、もと法華経の行者であったのに、大日経をみて法華経にまされりとしたために、一時に死んで地獄で閻魔の責苦にあっている、とまで云っている。「きょうていしょう」と訓む訓み方もある。

〈テキスト〉昭和定本日蓮聖人遺文第一巻所収。

清澄寺大衆中《きよすみでらだいしゅちゅう》

日蓮遺文の一。日蓮五十五歳の建治二年（一二七六）、日蓮旧縁の安房の清澄寺のひとびとに新年の挨拶を兼ね、当時、真言宗に属していた清澄寺のひとびとに、真言が法華に劣る所以を詳述したもの。このことを知らず、謗法《ほうぼう》をつづけるときは、自界叛逆・他国侵逼の難が相い継いでおこるべきことを戒告し、日蓮を用いぬときは大事となることをも予告している。

〈テキスト〉昭和定本日蓮聖人遺文第二巻所収。

愚禿鈔《ぐとくしょう》

二巻。親鸞が建長七年（一二五五）、八十三歳の撰。仏一代の教説を細密に分類し、自力と他力、方便と真実等を、対説して真宗の教相と、その安心とを明らかにしたもの。

〈テキスト〉大正大蔵経第八十三巻所収。親鸞聖人全集所収。

華厳五教章《けごんごきょうしょう》

四巻。また、『華厳一乗教義分斉章』。法蔵（六四三〜七一二）の撰。華厳教学の概説書として古来もっとも珍重されたもの。日本に伝来されたもの（和本）と、中国に伝来されたもの（宋本）との間に相違があり、テキストとしての信憑性は和本の方が高い。全体は十章に分かれる。

第一章は、華厳が最上唯一の教え（一乗）とされる所以と他の教え（三乗）との協調関係を説き、第二章では、その二つの教えの利益。第三章では、中国における代表的な仏教者十人の仏教観。第四章では、五教十宗の教判といわれる、仏教各派の教説の段階的位置付け。第五章では、その相互の関係。第六章では、仏教の各種経典の説時について。第七章では、その理由。第八章では、一乗と三乗との相違する十の理由。第九章では、華厳と他の仏教教学において、意識や、仏性や、修行の階程につき、十の論点を提起し、第十章において、華厳教学の内容的説明として、十玄門・六相などの説明がなされている。以上でわかるように、本書は、華厳教学の体系書でありながら、つねに、一般仏教学との関連を念頭において説かれたため、仏教概論としても極めて優れたものとなり、ひろく中国・日本の仏教者に読まれ、研究された。

〈テキスト〉大正大蔵経第四十五巻所収。国訳一切経、和漢部、諸宗部四所収。なお、鈴木宗忠『原始華厳哲学の研究』では、和本・宋本の対比が完全になされており（宋本の第九章＝和本の第十章を除き）対比に便である。

建撕記《けんぜいき》

永平寺第十四世建撕《けんぜい》の編纂した道元の伝記。応仁年間（一四六七〜六八）の作。道元伝記中、『三祖行業記』と並んで最重要のもの。その素材となったものとしては、道元の「年譜」

と「永平広録」が挙げられる。

高僧和讃　こうそうわさん

三帖和讃の一つで、詳しくは『浄土高僧和讃』。親鸞聖人七十六歳の作。龍樹から源空に至るいわゆる三国七高僧を讃歎した百十七首の和讃。

高野春秋　こうやしゅんじゅう

詳しくは、『高野春秋編年輯録』。本編十八巻、箇条書三巻、計二十一巻より成る、編年体の高野山史。高野山の検校《けんぎょう》である懐英の撰。弘仁七年（八一六）、高野山の開創から、享保四年（一七一九）に至る九百年の高野山の歴史と、これに関係ある事項の編年記録で、古来、高野山史の白眉といわれている。本書を産む直接の動機とは、中世以来の学侶《がくりょ》（修学を専らとする研究僧）と行人《ぎょうにん》（修行・寺務を専らとする修行僧）との二派の争いにある。この二派の争いに元禄五年（一六九二）、幕府の容喙《ようかい》するところとなり、行人八百余名が配流《はいる》せられ、坊舎が二百八十に減少された。結果、一山は学侶方《がくりょがた》の検校の支配に属することとなったので、懐英は本書を編して、両者の得失・正邪の歴史を明らかにしようと努めた。編纂にあたっては、古記録の渉猟《しょうりょう》はもとより、一山の宝蔵・各寺の文庫を探って文書を披閲しているから、その記述は学的にも信頼度の高いものといえる。

〈テキスト〉日本仏教全書百三十一所収。

御請来目録　ごしょうらいもくろく

一巻。大同元年（八〇六）十月二十二日、入唐学法を終えた空海が留学の簡略な報告と、唐からわが国に請来（持参）した経典・真言・論書・仏像・マンダラ・道具等を朝廷に報告した目録。その内容は、空海のまとめるところにしたがえば、新訳等の経＝百四十二部、二百四十七巻。梵字の真言讃等四十二部、四十四巻。論疏章等三十二部、百七十巻。以上の文書の合計が二百十六部、四百六十一巻。仏・菩薩・天等の像や、マンダラや、阿闍梨《あじゃり》（師の僧）の像等が十鋪。道具九種。その他、阿闍梨《あじゃり》の付嘱物九種、とある。真言略史ともいうべき『付法伝』、真言宗徒の勉学書目一覧ともいうべき『真言宗所学経律論目録』（略して『三学録』）と併せて、空海教学の文献構造を知る上で必読の書目となっている。

〈テキスト〉弘法大師全集第一輯所収。

菜根譚《さいこんたん》

前後二集。明末の儒者洪応明（よび名は自誠、号は還初道人）が万暦年間（一五七三〜一六一九）に著わした人生論の書物。「菜根」ということについては、宋の汪信民が「人間いつも菜根をかじっていれば何でもやれる」といい、朱熹もまた、「今の人は菜根の味を知らぬから、とかく人間性にもとることになる」といい、日常性のうちにやどる真実を、菜根の味にたとえたものということができよう。ここにいうところは儒教の「中庸」と、仏教の「出世間」の立場の巧妙な融和であり、中国の思想史の長い課題である仏儒二教の調和の一産物ではあるが、宋・元を経て完成した中国の禅と、宋学との調和と、格調高い白話文《はくわぶん》（中国における口語文）とで、好箇の人生指南書として、儒家にも禅者にも親しまれてきた。中国での流通や刊本は日本にくらべてはるかにおとり、日本での注釈や刊本に見るべきものが多い。

〈テキスト〉魚返善雄刊訳（大法輪閣版、創元文庫版）、釈宗演講話、篠田英雄編『一日一話菜根譚講話』（文一出版刊）あり。魚返氏のものは中国語の説明にすぐれ、釈・篠田氏のものは、禅学的説明にすぐれている。

最澄願文《さいちょうがんもん》→願文《がんもん》

讃阿弥陀仏偈和讃《さんあみだぶつげわさん》

親鸞作の和讃。北魏の曇鸞《どんらん》が、七言の句三百

九十、百九十五行の偈頌で作った阿弥陀仏とその浄土である極楽国に対する讃嘆の偈『讃阿弥陀仏偈』にもとづき、四十八首の和讃として、同じ趣旨を述べたもの。浄土和讃のうちに含まれる。宝治二年（一二四八）、親鸞七十六歳の春の著とみられる。

〈テキスト〉親鸞聖人全集所収。金子大栄編親鸞著作全集。増谷文雄国訳（筑摩書房『日本の思想』三）では、四十八首のすべてを和訳し、一々、もとの曇鸞の『偈』と対比し、かつ仏教学上必要な注釈も加えてあるから、初学者にも訓みやすく、専門学者にも価値あるものとなっている。

山家学生式《さんげがくしょうしき》

一巻。最澄（七六七〜八二二）著。この名で呼ばれる最澄の著述は三つである。一つは『天台法華宗年分学生式』一首（六条式）、第二は『勧奨天台宗年分学生式』（八条式）、第三は『天台法華宗年分度者回小向大式』（四条式）の三つで、それぞれ、弘仁九年（八一八）五月、同八月、十年三月の著述である。ここにいう式とは、律・令・格とともに法典の一種で、最澄が天台宗で養成する学生の制度を法典として制定することを願って記した文をいう。すなわち、従来、奈良の東大寺・下野の薬師寺、筑紫の観世音寺の三ヵ寺の戒壇《かいだん》（僧としての戒を授けられる道場）でなければ僧となることができなかったのに対し、最澄は、これらの寺の「小乗戒」に対し、『梵網経』などの「大乗戒」によって得度受戒できるよう上奏したのであった。しかしなかなか勅許はおりず、そのため、先にみたように、六条式・八条式・四条式という三度にわたる上奏となったのである。最後の「四条式」に対しては南都からの反論がなされ、最澄も重ねて駁論している。それが『顕戒論』である。十二年間、比叡山にこもるという独自の修行法である「籠山比丘」という考えは、今日もなお実行するひとがあるが、この考えもこの中に述べられている。

〈テキスト〉大正大蔵経第七十四巻所収。伝教大師全集第一巻所収。国訳一切経、和漢部、諸宗部十六所収。渡辺照宏国訳（筑摩書房『日本の思想』一所収）。

慈覚大師事《じかくだいしのこと》

日蓮聖人遺文の一。日蓮五十九歳、弘安三年（一二八〇）の書。天台第三の座主慈覚大師が真言を正とし法華経を従としたことを批難している。

〈テキスト〉昭和定本日蓮聖人遺文第二巻。

十七条憲法《じゅうしちじょうけんぽう》

また『憲法十七条』ともいう。聖徳太子（五七四～六二二）により、推古天皇十二年（六〇四）に制定された、日本最初の国法。対立をつづけた古代氏族国家が、ようやく皇室中心の家父長的体制として固まろうとしたとき、仏教・儒教等の新しい宗教・倫理の理念をもちこんで、新国家指導の綱領としたもの。これにつづく、大化改新の指針となったほか、のちのわが国仏教の、国家との密接な関係もこれに由《よ》るところが多いとみられる。

〈テキスト〉聖徳太子全集所収。日本書紀第二十二所収。

十住毘婆沙論《じゅうじゅうびばしゃろん》

漢訳されて十七巻。龍樹の著で、姚秦《ようしん》の鳩摩羅什が漢訳した。『華厳経』の「十地品」のうちの、初地と第二地との註釈の形をとった大乗仏教概論で、菩薩思想の在り方をくわしく論じたもの。全体で三十五章（品）から成り、「入初地品」から第二十七「略行品」までで初地を釈し、第二十八「分別二地業道品」以下に第二地を釈す。本書は、梵本・チベット訳とも伝わらず、漢訳のみであるが、いろいろ学的に問題になるところがある。第一に、著者が本当に龍樹であるかどうか。第二に、十地経の注釈としては未完であり、その意味での重要性はないのではないか。第三に、その代わり特別な意味が別なところにあるのではないか。たとえば、第九の「易行品」などで説かれる阿弥陀仏信仰が、浄土教家に重んぜられたこと、などである。

〈テキスト〉大正大蔵経第二十六巻所収。国訳一切経、インド部、釈経論部七所収（矢吹慶輝国訳）。国訳大蔵経、論部五所収（島地大等国訳、「易行品」のみ）。

十善法語《じゅうぜんほうご》

十二巻。慈雲尊者飲光（一七一八～一八〇四）の撰。十善戒がいかなる人にとっても踏み行うべき道である所以を説き、別名『人と為る道』ともいう。

十善戒とは、身体で守る三戒（身三《しんさん》）、すなわち不殺生・不偸盗・不邪淫。口で守るべき四戒（口四《くし》）、不妄語・不綺語・不悪口・不両舌。意《こころ》で守る三戒（意三《いさん》）、すなわち、不貪欲・不瞋恚・不邪見の十戒をいう。尊者はこの十善戒を単なる在家者のための戒とせず、出家・在家の通戒とし、さらに、大・小乗の通戒と見、かつ真言行者（尊者は真言宗の律僧）の菩提心戒であるとみている。その説明は、ただ経文によって戒のあり方を説くだけに止まらず、ひろく儒学・国学の書を引いて懇切丁寧な講話をくりひろげている。本書は、尊者が桜町天皇の女御である開明門院の請いに応じ、京都の阿弥陀寺において、安永二年（一七七三）十一月二十三日開講し、毎月二回、八日と二十三日に講義をつづけ、翌々年の四年秋講を終えたものを、門人が筆録したものである。この言文一致の口語体のほか、文語体の講本もあるが、広く世に行なわれたのは口語体の方である。文語体の方は開明門院・恭礼門院などの貴紳淑女に奉献したものとみられる。

〈テキスト〉慈雲尊者全集巻十一所収（口語体本）、同十二（文語体本）。日本大蔵経、戒律宗章疏三所収（口語体本）。金岡秀友抄釈（『人となる道——十善法語講話』神戸真言宗連合会刊）あり。

声字実相義《しょうじじっそうぎ》

一巻。空海述、十巻章の一。また吽字義、即身成仏義と併せて三部の書ともいう。空海の、言語即実在（声字即実相）の意趣をあらわすため、『大日経』具縁真言品第二の一頌をもとに展開した言語哲学の書。内容は、叙意・釈名体義・問答の三部より成り、ことに釈名体義において、声字実相の本性と、その展開を詳述する。編時は不明であるが、即身義のあと、金剛頂経開題のあとであることは明らかである。道範・頼瑜《らいゆ》・杲宝等、真言の巨匠で本書の註釈をものしなかったひとはないといってよく、すこぶるひろく研究された。

〈テキスト〉大正大蔵経第七十七巻所収。弘法大師全集第一輯所収。国訳密教論釈一（塚本賢暁国訳）所収。勝又俊教国訳（弘法大師著作全集）。

成実論《じょうじつろん》

十六巻もしくは二十巻。訶梨跋摩《かりばつま》（Harivarman c. 250 ~ 350A. D.）の著。姚秦の鳩摩羅什の訳。成実宗の根本聖典となった論書で五聚（発聚・苦諦聚・集諦聚・滅諦聚・道諦聚）のそれぞれの部分で二百二品を説き、実（サティヤ＝真実）とは何かを明らかにしている。真俗の二面よりする真理観（二諦説《にたいせつ》）を立て、俗諦門では、存在を五位八十四法とする。これは倶舎の五位七十五法、唯識の五位百法の中間に位する。真諦第一義門では、これらの分析を止揚して一切皆空と説く。この解説のために、客観の万有を、仮有《けう》・実有・真空の三諦とし、主観の心を仮心《けしん》・実心・空心の三心とする。その空観は、分析的傾向のつよい、いわゆる析空観《しゃっくうがん》で、純粋大乗の本質的綜合的な、いわゆる体空観との対比をみせている。実践哲学については、流転・還滅《げんめつ》の二門を説き、究極的には四諦の理によって、いきながら涅槃に到達する（有余涅槃《うよねはん》）を説く。本論は、このように小乗的な四諦説の構成の上に立ちながら、大乗の二諦説や三諦説への傾斜も見せ、一種の過渡的論書として、すこぶる興味ぶかい論旨を展開している。その基本的立場は経量部にあったとみられるが、大乗への傾斜は経量部よりも進行しているとみられる。しかし、インドでは流行をみなかったもののごとく、註釈はインドにも存せず、中国・日本にも現存するものがない。比較的薄倖な大著だったというほかない。

〈テキスト〉大正大蔵経第三十二巻所収。宇井伯寿国訳（『国訳一切経』インド部、集論部三所収）。

正信偈《しょうしんげ》

親鸞作。具《つぶ》さには、『正信念仏偈』という。親鸞聖人の『教行信証』六巻のうち、行の巻の末尾にある偈頌、七言百二十句の抽出で、弥陀・釈迦・三国七祖の教示し給うた念仏を正信すべきと述べ、報恩謝徳の誠を披瀝《ひれき》したもの。第八祖の蓮如上人以来、真宗の門徒は、聖人の和讃とともに、朝に夕にこれを唱和する。

〈テキスト〉大正大蔵経第八十九巻所収。増谷文雄和訳（筑摩書房『日本の思想』三所収）。

正像末和讃《しょうぞうまつわさん》

親鸞の作。内容を異にする二本が伝えられており、一本は「草稿本」といわれ、四十首の和讃をおさめ、正嘉元年（一二五七）、親鸞八十五歳のころの筆。もう一本は「初稿本」といわれ、翌年の筆で、九十二首の和讃が収められている。正しくは『正像末法和讃』といい、末法に生を受けたものの悲しみと、その中で仏の救いにあう喜びとをうたい上げたもの。『浄土和讃』、『浄土高僧和讃』と併せ、「三帖和讃」といっているが、より主体的に念仏の教えがとり上げられていることに特徴があるといわれる。

〈テキスト〉大正大蔵経第八十三巻所収。親鸞聖人全集所収。増谷文雄和訳（筑摩書房『日本の思想』三所収）。

摂大乗論《しょうだいじょうろん》

無著（Asaṅga c. 310～390 A.D.）の著。『摂論』、『広苞大乗論』ともいう。梵本は失われたがチベット訳は現存し、その伝える原名は、『大乗を包括する論』(Mahāyānasaṅgraha) となっている。内容は題名にふさわしい、大乗仏教の包括的な綱要書で、全篇十章にわかれ、龍樹以来の般若の思想と、『中辺分別論』・『大乗荘厳経論』などの瑜伽唯識の思想とを調和させようとしている。その各章の題名と、扱う内容は次の通りである。

(1)応知依止勝相品第一（アラヤ識・縁起）(2)応知勝相品第二（三性・実相）(3)入応知勝相品第三（唯識観）(4)入因果勝相品第四（六波羅蜜）(5)入因果修差別勝相品第五（十地）(6)依戒学勝相品第六（戒）(7)依心学勝相品第七（定）(8)依慧学勝相品第八（慧）(9)学果寂滅勝相品第九（無住処涅槃）(10)智差別勝相品第十（仏の三身）

この論旨を典拠とし、この論の思想をもととして中国でおこった宗派が「摂論宗」であったが、この論は、すでに学者の指摘するように、中国人の間に定着することができず、結局、この論の訳者の一人、真諦《しんだい》ののち百年、玄奘がインドから新たにもち帰った、同じ系統の「法相《ほっそう》宗《しゅう》」にとって替られることとなり、日本に来るのも、この宗を通じての唯識瑜伽思想ということになる。しかし、法相宗の内容となる論書は、すでに、無著・世親の原始瑜伽唯識からみれば、大きな変化を遂げているものであり、のちに改めて、この論のもつ学的価値が注目され直し、研究が進められるようになっている。漢訳は三本ある。①仏陀扇多訳二巻（五三一年訳）。②真諦訳三巻（五六三年訳）。③玄奘訳八巻（六四七～六四九年の間に訳）。そのほか、ダルマグプタの訳したものが、世親の注釈（『摂大乗釈論』）の中に収められており、また、チベット訳も現存している。

〈テキスト〉大正大蔵経第三十一巻所収（三本・一論とも）。チベット訳は影印北京版一一二巻所収。佐々木月樵・山口益『漢訳四本対照摂大乗論』付西蔵訳摂大乗論――日本仏書刊行会。

浄土論《じょうどろん》

一巻。世親著。北魏の菩提流支《ぼだいるし》訳。具《つぶ》さには、『無量寿経優婆提舎願生偈《うばだいしゃがんしょうげ》』といい、また『浄土往生論』、『往生論』ともいう。五言九十六句の偈によって、極楽浄土の二十九種の荘厳を讃嘆し、五念仏の因から五功徳門の果を得ることを明す。浄土の三経一論の一論として、三経と併せ称せられるほどの重要性を有している。五念門とは、礼拝門・讃嘆門・作願門・観察門・廻向門であり、五果門とは、近門・大会衆門・宅門・屋門・園林遊戯地門であって、要するに浄土におけるさとり、およびその安楽の深まる課程が示されている。

〈テキスト〉大正大蔵経第二十六巻所収。

正法眼蔵《しょうぼうげんぞう》

九十五巻。道元の撰述。具《つぶ》さには、『永平正法眼蔵』という。道元禅師一代の主著で、その三十二歳（一二三一）のときから書きはじめられ、死に至る五十四歳（一二五三）まで書きつづけられた。全篇和文で記され、内容は、禅門における坐禅の在り方、日常の工夫、弁道から、宗門の規則、古哲の行履《あんり》（行状）にいたるまで、懇切丁寧に教示を示している。「正法眼蔵」とは、また「清浄法眼」ともいい、仏が一代に示した無上の正法をいい、道元はそれを示そうとしたもの。同じ題名で、宋の大慧（宗杲）の六巻にまとめられた法語（一一四七）があるが別本である。

〈テキスト〉大正大蔵経第八十二巻所収。道元禅師全集所収。曹洞宗全書（宗源上）所収。岩波文庫本三冊。岩波日本思想大系十二（寺田透・水野弥穂子訳）。

正法眼蔵随聞記《しょうぼうげんぞうずいもんき》

六巻。孤雲懐奘《こうんえじょう》（一一九八〜一二八〇）撰。

日本曹洞宗の第二祖、孤雲懐奘が、師であり、日本曹洞の開祖である道元に侍しているとき、折にふれて述べられた教えを書き記したもの。したがって、禅門入門の規則書（清規《しんぎ》）の性格をもつとともに、広大な『正法眼蔵』への手引き書の性格をも併せもち、広く研究され読まれてきた。

〈テキスト〉承陽大師聖教全集第三巻所収。和辻哲郎校訂岩波文庫本。水野弥穂子訳（筑摩叢書。原文との対照訳）。

性霊集《しょうりょうしゅう》

十巻。また「せいれいしゅう」とも訓む。くわしくは、『遍照発揮性霊集』という。空海弘法大師（七七四〜八三五）一代の詩・文集。もっとも若いときの記念としては、延暦二十三年（八〇四）、三十一歳入唐のときの外交文書をはじめとして、晩年のものとしては、承和元年（八三四）、六十一歳のとき、御修法《みしほ》の奏状文に及んでいる。

内容も、この三十一年間の、詩譜・上奏・願文・表白・碑銘・尺牘《せきとく》（手紙）など百十二の文が収められており、空海の仏教を知る上だけでなく、当時の日本・中国、自然・教育・文芸を知る上の貴重な資料となっている。弟子の真済(八〇〇~八六〇)が、空海に侍しているうちに蒐め、編集したと序にあるが、その後、八・九・十の三巻が散逸し、これを嘆いた仁和寺の済暹が補修し(一〇七九)て現在の形にしたものとみられる。

〈テキスト〉弘法大師全集第三輯所収。坂田光全和訳(『遍照発揮性霊集講義』)。原文・註解・和訳)。

続後撰集《しょくごせんしゅう》

二十巻。詳《つぶ》さには『続後撰和歌集』。建長三年(一二五一)藤原為家の撰。第十代の勅撰和歌集。

新勅撰集を模範としつつ、それに省かれた後鳥羽・順徳・土御門三上皇の御製を入れるなど政治的配慮が強い。歌風は平淡とされる。

〈テキスト〉校註国歌大系五所収。国歌大観所収。二十一代集五所収。

続拾遺和歌集《しょくしゅういわかしゅう》

二十巻。また『続拾遺集』ともいう。弘安元年(一二七八)藤原為氏撰。第十二代勅撰集。

〈テキスト〉校註国歌大系五、国歌大観、二十一代集所収。

諸法実相鈔《しょほうじっそうしょう》

日蓮五十二歳の遺文。文永十年(一二七三)、最蓮房にあてた返書として、法華経方便品にいう、「諸法実相・本来究竟」の意義を説いたもの。下は地獄から上は仏界にいたる十界の、すべてのものは、みな妙法蓮華経の五字の姿にほかならずと説き、その信心以外には真の仏道はないと説く。『涅槃経』に、世の人が、父母兄弟にわかれて流す涙は四大海の水より多くても、仏法のために涙を流す人はない、と嘆き、真の信心をすすめている。

〈テキスト〉昭和定本日蓮聖人遺文第一巻所

収。

神国王御書《しんこくおうごしょ》

日蓮遺文の一。日蓮五十四歳、文永十二年（一二七五）の書。日本国が神国であり、小国でありながら、中国（漢土）の寺十万八千四十にくらべ、わが国には十七万一千三十七所の寺のあることなどを論じた上、代々の天皇の仏法信仰の得失を論じ、他宗の信仰が堕地獄の因であり、法華経信仰のみが成仏の正因であることを説く。他宗に対する忌憚ない論破は、日蓮晩年の特徴を示している。

〈テキスト〉昭和定本日蓮聖人遺文第一巻所収。

新勅撰集《しんちょくせんしゅう》

二十巻。詳しくは『新勅撰和歌集』。後堀河天皇の勅により、藤原定家が撰んだ、本邦第九番目の勅撰和歌集。歌数約一千三百七十首が収められている。貞永《じょうえい》元年（一二三二）撰の下命あり、文暦《ぶんりゃく》二年（一二三五）完成し、関白九条道家のもとへ届けられた。承久の乱ののちの状勢を反映して武士の歌が多く、後鳥羽・土御門・順徳の三上皇の歌がないのは、途中で省かれたためとみられている。歌風は平淡を旨としている。

〈テキスト〉『新勅撰和歌集』（岩波文庫本）。

親鸞第五書簡《しんらんだいごしょかん》→末燈鈔《まっとうしょう》

親鸞第二書簡《しんらんだいにしょかん》→末燈鈔《まっとうしょう》

撰時抄《せんじしょう》

日蓮作。日蓮五十四歳、建治元年（一二七五）の遺文で、量的にも、質的にも、日蓮著作中、重要な位置を占めるものである。「夫れ仏法を学せん法は必ず先づ時をならうべし」の一句に始まる本書は、強烈な末法意識と、それを突き破るためには法華経のほかないという自覚とに立ち、他経がすべて権方便の教えあることを、経典の引文により、歴史の事蹟により詳述している。晩年の作の特徴として、他宗に対する攻撃は極めて手きびしいものがある。

〈テキスト〉昭和定本日蓮聖人遺文第二巻所収。大正大蔵経第八十四巻所収。

選択集《せんちゃくしゅう》

また「せんじゃくしゅう」とも訓む。正しくは、『選択本願念仏集』。二巻。法然（源空）撰。この書は、建久九年（一一九八、一説に、元久元年＝一二〇四）九条兼実の願いにより、法然が浄土三部経の大意を要約して「往生之業念仏為本」の趣旨を述べたもの。内容は十六章から成り、教相・二行・本願・三輩・利益・特留・摂取・三心・四修・化讃・讃嘆・付属・多善・証識・護念・慇懃と分かれている。各章ごとに念仏の経典を引き、これを解釈している。わが国浄土宗立宗の根本典籍であるにとどまらず、日本の新しい仏教理念を示す記念碑であった。日蓮がこれに著目し、攻撃したのもこのためだった。

〈テキスト〉大正大蔵経第八十三巻所収。浄土宗全書第九所収。昭和新修法然上人全集所収。国訳一切経、和漢部、諸宗部二十二所収。

善無畏三蔵鈔《ぜんむいさんぞうしょう》

日蓮遺文の一。また『師恩報酬鈔』ともいう。日蓮四十九歳。文永七年（一二七〇）の作である。法華経が仏一代聖教の肝心、八方法蔵の依りどころであることを、他の諸経論との対比で詳説したもの。ことに、題名となった善無畏三蔵の事蹟については、その努力と研鑽に敬意を表し、かつ、大日経と法華経とを併せ研究したことを多としつつも、結局、法華経よりおとしめたことを攻撃する。これと同時に、念仏が世の人を誤ることをも口を極めて戒告する。「一切の真言師は大日経は諸経に勝れたりと思ふ故に、此経に詮とする大日如来を我等が有縁の仏と思ひ、念仏者等は観経等を信ずる故に阿弥陀仏を娑婆有縁の仏と思ふ。当世はことに善導法然等が邪義を正義と思（ひ）て浄土の三部経を指南とする故に、十造る寺は八九は阿弥陀仏を本尊とす」と嘆いている。

この書のできる四年前（文永三年＝一二六六）、『善無畏鈔』の一書をのこしているが、これはもっぱら善無畏三蔵の事蹟を紹介し、その得失を論じたもので、『三蔵鈔』はこれを拡大したものとみることができる。

〈テキスト〉昭和定本日蓮聖人遺文第一巻所収。

草木成仏口決《そうもくじょうぶつくけつ》

日蓮遺文の一。日蓮五十一歳、文永九年（一二七二）、最蓮房に与えた書。草木成仏とは、非情（人のように心はないもののこと）の成仏のことであるとし、その非情が成仏し得るのは、法華経の功徳であると説く。「我等一身の上には有情非情具足せり。爪と髪とは非情也。きるにもいたまず。其外は有情なれば切（る）にもいたみ、くるしむなり。一身所具の有情非情也。此有情非情、十如是（の）因果の二法を具足せり」という。草木にも、仏は成るという寿量品の意趣を強調している。

〈テキスト〉昭和定本日蓮聖人遺文第一巻所収。

即身成仏義《そくしんじょうぶつぎ》

一巻。また『即身義』、『即身成仏義品』ともいう。十巻章の一、また『吽字義』、『声字実相義』と併せて三部書の一。従来の一般大小乗仏教（顕教《けんぎょう》）の教えるところは、権化《ごんけ》（第二次的な仮の）仏の説く、長い間かからなければ成化しない教（歴劫《りゃくこう》成仏の説）であるのに対し、真言の法身の教えにしたがえば、現身に成仏する（即身成仏の説）と説くもの。その釈相《しゃくそう》（説き方）は、まず金・胎両経と菩提心論より八箇の証文を引いて即身成仏の可能なることを示しついで即身成仏の義を示す「六大無碍常瑜伽」等七言二頌八句の偈を挙げ、経文によってこれを補説し、六大体大・四曼相大・三密用大の理《ことわり》を示して、即身成仏の義を明らかにする。本論は、このように、真言宗最重要の書ながら、作者（恵果との説もあり）、成立時（弘仁十四年＝八二三説・天長九年＝八三二説等）、異本（六本あり）あって、従来よりさまざまに論じられたが未だ定説なく、さらに今後の研究に待つ。

〈テキスト〉大正大蔵経第七十七巻（正本および異本六本）所収。弘法大師全集第一輯（正本）・同第四輯（真偽未決として六本の異本）。勝又俊教和訳（『弘法大師著作全集』第一巻）。塚本賢暁国訳（『国訳密教』論釈一）。岡田契昌国訳（『原文対照和訳真言十巻章』）。

太阿記《たいあき》

沢庵宗彭が柳生宗矩《むねのり》（一説に小野忠明）に与えた書。剣の極意を通じて人間、禅を語っている。太阿とは並びなき名剣の名で、その妙用を禅の極意にたとえている。

〈テキスト〉沢庵和尚全集第五巻所収。池田諭訳『不動智神妙録』（徳間書店）所収。

大乗起信論《だいじょうきしんろん》

略して起信論という。馬鳴《めみょう》述という。真諦《しんだい》訳では一巻。実叉難陀《じっしゃなんだ》訳では二巻。大乗の信と真如について記した一種の仏教概論。内容は、一心・二門・三大・四信・五行と法数を追いつつ、形而上学的・認識論的・実践哲学的に大乗教学の構成を追う。一心（衆生の心）は、真如門と生滅門の二門に分かれる。真如門は、一心の真実としての離言と依言の二つの真如を説き、生滅門においては、一心の現象的方面である真如の縁起を説く。この一心が宇宙に展開して、体大・相大・用大の三面となることを明かす。すなわち本体と形相と作用が一つの心の反映とみるのである。これを三大といい、ついで、その実践として、真如と仏・法・僧の三宝を信ずる四信と、布施・持戒・忍辱・精進・止観の五行とによって迷界を離れるべきことを説く。この観念と実践の精緻な統一は、まさに大乗通申論というべく、古来、宗派を超えてひろく研究され、注釈された。その著者については馬鳴の項参照。

〈テキスト〉大正大蔵経第三十二巻所収。国訳大蔵経論部五所収（島地大等訳）。国訳一切経、インド部、論集部五所収（望月信享訳）。宇井伯寿氏和訳（岩波文庫本）。渡辺照宏氏和訳（『在家仏教』第一巻一～四号）などあり。

大智度論《だいちどろん》

百巻。龍樹（Nāgārjuna c. 150 ～ c. 250 A.D.）作と伝えられ、鳩摩羅什《くまらじゅう》（三四四～四一三）が弘始七年（四〇五）に漢訳した。『摩訶般若釈論』、『大智釈論』、『大智論』、『大論』、『智論』、『釈論』などともいわれる。本書は『摩訶般若釈論』の異名の示すとおり、『摩訶般若経』すなわち、『大品般若経』に対する註釈であるが、経の「序品」に対する註釈だけで最初の三十四巻が費やされ、このままの遂字釈がつづけば、おそらく今の十倍、千巻におよぶ大註釈になってしまったろうとみられる。これは、最初その意気込みではじめた訳著鳩摩羅什が中途で取意釈に転じたものとみる僧叡（三七八～四四四）の序文の説明のとおりであろう。内容としては、大乗教学のほとんどすべてにわたり、仏教観・諸法事理・煩悩と涅槃・観行修道・仏陀論・諸種因縁譚・浄密両教・異学異見・引用経論等に及ぶ。般若の教学を中心に、他の諸大乗経を巧みに摂取し、このため、四論宗所収の一論となったほか、大乗仏教の概論として、古来広く宗派を超えて研学された。龍樹の真撰か否かについては疑問をもたれており、中国撰述かと疑がうひともあるが、おそらく、龍樹の真作を鳩摩羅什が大幅に改竄改変したものとみる（泰本融）べきであろう。

〈テキスト〉大正大蔵経第二十五巻所収。国訳一切経、印度部、釈経論部一～五所収。フランス語訳（E. Lamotte: Le Traité de la Grande Vertu de Sagesse de Nāgārjuna, 2vols, Louvain 1944, 1944）あり。

大日経開題《だいにちきょうかいだい》

一巻。空海弘法大師撰。大日経王を讃嘆し、その題目を釈し、経の大綱を明したもの。法要あるいは講演に因んで作ったもののため類本多く、七本が伝えられるが、文章の相異は少ない。その最初の文をとって次のように区別する。⑴「法界浄心」、⑵「衆生狂迷」、⑶「今釈此経」、⑷「大毘盧遮那」、⑸「隆崇頂不見」、⑹「三密法輪」、⑺「関以受自楽」。

〈テキスト〉大正大蔵経第五十八巻所収（七巻とも）。弘法大師全集第一輯所収（同前）。勝又俊教和訳（『弘法大師著作全集』第二巻所収、同前）。日本大蔵経密教部章疏上一等。

歎異鈔《たんにしょう》

一巻。親鸞の一弟子が師の滅後、門徒の間に異義の生ずることを歎いて、相承して正義を伝えようとして、他力信仰の極地を説いた書。全篇、平易な和文によって記され、十八章から成る。はじめの九章は親鸞の法語を出して信心為本《しんじんいほん》の宗義を示し、あとの九章は末徒の異義を挙げてこれを摧破《さいは》するという構成をとっている。その表現の中には、親鸞の他の著作に見出すことができず、編者の独創かとみられるものもあるが、しかもなお、その源流は親鸞自身の法語とみてよいという（松野純孝）。著者についても、古来、如信（一二三五～？）説、覚如（一二七〇～一三五一）説、唯円《ゆいえん》（？～一二八八～？）説や、唯円・如信・覚如の合成説などもあったが、現在では唯円説が定説化しつつある。

〈テキスト〉大正大蔵経第八十三巻所収。ほかに、真宗大系・真宗全書に収められ、岩波文庫・角川文庫にも所収。

中論《ちゅうろん》

四巻。龍樹（Nāgārjuna c. 150 ～ c. 250 A.D.）の簡潔な偈頌《げじゅ》である『中論頌《じゅ》』（Madhyamaka-kārikā or Mūlamadhyamaka-kārikā 根本中頌）に、四世紀中ごろのひとピンガラ（Piṅgala 青目《しょうもく》）が加えた註釈（Madhyamaka-śāstra）を併せて『中論』という。中国では五世紀のはじめ（弘始十一年＝四〇九）に鳩摩羅什が漢訳した。中国では、これを『中観論』『正観論』と呼び、中観思想の根本とみたほか、『十二門論』『四百論』と併せて、三論宗の根本典籍となった。長く強かった説一切有部の実有の思想を摧破《さいは》し、八つの否定的命題（八不《はっぷ》中観。八不中道・無礙中道・無碍正観）を通し、相対的判断を離れ、自由自在の「中」の思想・実践に立つべきことを説いた。その「八不」とは、不生・不滅、不断・不常、不一・不異、不去・不来をいう。すなわち、ここでは、有のみならず、有も破し空も破し仮《け》も破してこそ、中に入ることを強調しているのである。中論は狭義には、龍樹の偈のみをいうので、このときは、二十七章四百四十九偈（漢訳では四百四十五偈）を指す。註釈も極めて多いが、①無畏註（チベット訳のみ）、②青目釈（前述）、③仏護註（チベット訳のみ）、④清弁註（漢訳とチベット訳）、⑤無著註『順中論』（漢訳のみ）、⑥安慧註（漢訳のみ）、⑦月称註（『プラサンナパダー』）現存唯一の梵文註釈・同『入中論』（チベット訳のみ。註釈というより要約書）。

〈テキスト〉大正大蔵経第三十巻所収。宇井伯寿国訳（国訳大蔵経、論部五所収）は、梵文偈頌がすべて挙げられ和訳されており、対比に

便。羽溪了諦和訳（国訳一切経、印度部、中観部一所収）。

伝心法要《でんしんほうよう》

一巻。具《つぶさ》には、『黄檗山断際禅師伝心法要』。唐の相国裴休編。裴休が、龍興寺・開元寺等においてその師希運禅師（黄檗）の提唱を受けた法要を集めて一巻としたもの。現行の『伝心法要』中には、黄檗の『宛陵録』、裴休の『伝心偈』も併せ掲げている。

〈テキスト〉 大正大蔵経第四十八巻所収。入矢義高訳註（筑摩書房『禅の語録八』所収）。宇井伯寿校訳（岩波文庫本）。ほか、禅学大系本・国訳禅宗叢書・国訳一切経などに収められているほか、John Blofeld: The Zen Teaching of Huang Po; on the Transmission of Mind, London, 1958.

天台法華宗年分学生式《てんだいほっけしゅうねんぶんがくしょうしき》

→山家学生式《さんげがくしょうしき》

伝燈法要《でんとうほうよう》

二巻。嘉祐六年（一〇六一）契嵩《かいすう》著。

〈テキスト〉 大正大蔵経第五十一巻所収。

道歌《どうか》

仏道の極意や風懐を和歌に託したもの。勅撰和歌集から、口碑《こうひ》まですこぶる数が多い。

富木尼御前御書《ときあまごぜんごしょ》

日蓮遺文の一。日蓮五十五歳、建治二年（一二七六）の作。身延にある日蓮が、長い外護者富木尼への病気見舞の状の中へ、法華経の信心を教えたもので、短かい文の中に、人情と信仰が織り交り、美しい文となって人の心を打つ。尼へ灸治をすすめ、「病なき人も無常まぬがれがたし。但しとしのはてにはあらず、法華経の行者なり。非業の死にはあるべからず。よも業病にては候はじ。設ひ業病なりとも、法華経の御力たのもし」などとなぐさめ力付けている。

〈テキスト〉 昭和定本日蓮聖人遺文第二巻所

収。

破良観等御書《はりょうかんとうごしょ》

日蓮遺文の一。日蓮五十五歳、建治二年（一二七六）の作。鎌倉極楽寺の開山忍性菩薩良観や、建長寺の開山蘭渓道隆《らんけいどうりゅう》が謗法の罪を犯していることから論をおこし、念仏者が釈尊入涅槃の二月十五日を阿弥陀仏の日とし、誕生の八日を薬師仏の日とするなど、すべて大罪であると説く。真言はことに邪義で弘法大師は僻人《ひがにん》であるとし、このひとにまよわされて、叡山も過ちを犯していることを痛罵している。浄土教のあやまりはいうもさらなりとする。これに反し、日蓮は法華経の功徳によって難を脱れたことを記している。

〈テキスト〉昭和定本日蓮聖人遺文第二巻所収。

般若心経秘鍵《はんにゃしんぎょうひけん》

一巻。空海（七七四～八三五）の著。略して『心経秘鍵』ともいう。製作年次については、弘仁九年（八一八）説、承和元年（八三四）説の二通りがあり、後者がやや有力とみられる。題名通り『般若心経』の深意を解く鍵の書という目的で、この経を大般若菩薩の大心真言三摩地を説いた密経であると見る。経題の通釈ののち、全篇を五段に分け解釈している。その解釈は全く独創的で、経の注釈の形をかりた独立の著書といってよい。十巻章の一つとして、古来、真言学者の研究が絶えなかった。

〈テキスト〉大正大蔵経第五十七巻所収。弘法大師全集第一輯所収。勝又俊教和訳（『弘法大師著作全集』第一巻所収）。塚本賢暁和訳（『国訳密教』論集部一所収）。真言宗全書十六巻所収。

秘蔵宝鑰《ひぞうほうやく》

三巻。空海弘法大師の撰。略して『宝鑰』ともいう。空海が天長七年（八三〇）、淳和天皇の勅令によって撰述した『秘密曼荼羅十住心論』(『十住心論』)十巻を、要約して三巻にまとめたもの。このため、『十住心論』を広論、『宝鑰』を略論という。内容構成は、『十住心論』と同じく、人の心の在り方(住心)を十種に分け、第一住心である動物的心(異生羝羊《いしょうていよう》住心)から順次心を昂め、ついに第十住心である真言の心の在り方(秘密荘厳住心《ひみつしょうごんじゅうしん》)にまで至る、心的向上の経過(心品転昇《しんぽんてんしょう》)を描いている。『十住心論』もおなじ構成をとりながら、一つ一つの心の中に真言の心が宿る(九顕十密)とするのに対し、こちらは、さいごに至ってはじめて真言の境地に至る(九顕一密)とするところが異なる、と見る。真言宗立宗の根本典籍である『十住心論』が余りにも尨大であるため、古来その替りとしてすこぶる重視され、十巻章の一つとして、末註が無数に製作された。

〈テキスト〉大正大蔵経第七十七巻所収。弘法大師全集第一輯所収。勝又俊教国訳(『弘法大師著作全集』第一巻所収)。岡田契昌国訳(『国訳密教』論釈一所収)。岡田契昌国訳(『原文対照和訳真言十巻章』所収)。

人と為る道《ひととなるみち》→十善法語《じゅうぜんほうご》

秘密安心略章《ひみつあんじんりゃくしょう》

一巻。豊山第三十二世の法住《ほうじゅう》(一七二三〜一八〇〇)撰。真言宗の安心の要旨を十四章を設けて略述したもの。すなわち、古今一統・無相即相・慚愧兼助・正住安心・果上三句・行位行体・自他必具・二利並修・加持感応・世間即道・捨劣得勝・万機皆成・一心正助・展転遣疑、これである。法住は真言の学匠ながら、深い文殊の信仰に立ち、真言の安心についても、この書のほか、『秘密安心往生法話』、『秘密安心又略』各一巻がある。

〈テキスト〉『真言宗安心全書』上所収。

百丈清規《ひゃくじょうしんぎ》

八巻。「はじょうしんぎ」とも訓む。具《つぶさ》には『勅修百丈清規』という。唐の百丈山の懐海禅師（大智禅師）が、禅門における作法・規則を制したものが、散逸したことを惜しみ、元の百丈山徳輝禅師が勅を奉じて改修した。全篇九章（祝釐・報本・報恩・尊祖・住持・両序・大衆・節臘・法器）にわかれ、禅門の清規を網羅し、今日も臨済一門の規矩として尊重される。

〈テキスト〉大正大蔵経第四十八巻所収。国訳一切経、和漢部、讃宗部九所収。

不動智神妙録《ふどうちしんみょうろく》

一巻。沢庵宗彭《たくあんそうほう》（一五七三〜一六四五）が徳川幕府の剣道指南であり後世の大目付の任にもあった柳生宗矩のために、剣士の心はいかにあるべきかを、禅の立場から説いたもの。内容は十二節と手紙から成る。無明住地煩悩・諸仏不動智・間不容髪・石火之機・心の置所・本心妄心（「本心は水の如く一所に留まらず、妄心は氷の如くにて、氷にては手も頭も洗はれ不レ申候」などという）・有心之心無心之心・水上打胡盧子捺着即転・応無所住而生其心《おうむしょじゅうにしょうごしん》・救放心《ぐほうしん》・急水上打毬子念々不停留・前後際断。沢庵のくり返し説くところは、動きつつ止まらぬ心こそ大切であるということ、心が対象にも、意識にも、先入主にも据われることなく自由に動き、しかも力あり、体も心も剣も一つとなることであった。この剣禅一如の境地は、江戸期を通じて剣士にも禅者にも重んぜられ、幕末の山岡鉄舟から、今日の鉄舟会の禅風にまで及んでいる。

〈テキスト〉禅門法語集所収。池田論訳（『沢庵　不動智神妙録』徳間書店）。

平家物語《へいけものがたり》

十二巻。中世前期の戦記文学で、仏教思想を交えつつ、平家興亡の事蹟を描いたもの。十二巻のものは、平家琵琶（平曲）の台本として整理されたもの。十三世紀のはじめごろ作られたとみられるが、作者は不明。信濃前司行長と琵琶法師生仏《しょうぶつ》との合作として原形が成立し、のち増広され、十三世紀中ごろ現在の形になったとみられる。内容は大きく二つに分かれ、前半は平家の栄華、後半は平家の滅亡を描いている。文章は和漢混淆で、哀切な王朝滅亡の譜であるとともに、武家興隆の詩ともなっており、わが国物語文学の白眉となっている。

〈テキスト〉日本古典文学大系、32・33（岩波書店）所収。富倉徳次郎『平家物語全注釈』（角川書店、昭和四十一年）。

碧巌録《へきがんろく》

十巻。具には、『仏果圜悟禅師碧巌録』。略して『碧巌集』。明覚大師雪竇重顕が、『伝燈録』（大正大蔵経第五十一巻所収）千七百則の公案中より百則を選び、これに頌古を付した雪竇和尚百則頌古に、さらに圜悟克勤禅師が垂示・評唱・著語を付したもの。宋の宣和七年（一一二五）成る。碧巌の名は、禅師の居室の扁額にとった。本書はしばらく顧られなかった、元のころから禅門、とくに臨済宗において重視せられるようになった。末疏すこぶる多い。

〈テキスト〉大正大蔵経第四十八巻所収。国訳一切経、和漢部、諸宗部八所収。朝比奈宗源訳註（岩波文庫本）三冊。

弁顕密二教論《べんけんみつにきょうろん》

二巻。略して『顕密二教論』、『二教論』という。真言宗十巻章の一つとして重んぜられた書。この書は、内外に真言宗の立場を明らかにした、いわゆる教判の書であるが、『十住心論』が世間三心・二乗・四箇大乗・真言と、十の立場を竪に対比し、竪の教判といわれるのに対し、本書は、ただすべての仏教を、公開的なもの（顕教）と、非公開の深義（密教）を伝えるものとに大別して説くため、横の教判、横判教といわれて来た。上巻は、仏身論より法教に及び、真言の教えが法身の直説であることを多くの経論を引き、他の大乗が言語の限界を説くに急なあまり、真実を表現する言語（真言）の否定に至ったことを批判している。下巻は、その法身説法の功徳深大なることを諸経論を引いて詳説する。編纂年次は不明であるが、天長年間（八二四～八三三）宗論作製と同時という伝承がある（『二教論有快鈔』一、等）。

〈テキスト〉大正大蔵経第七十七巻所収。弘法大師全集第一輯所収。

遍照発揮性霊集《へんじょうほっきしょうりょうしゅう》

↓性霊集《しょうりょうしゅう》

法王帝説《ほうおうていせつ》

一巻。正しくは『上宮聖徳法王帝説』。著者は不明。また『上宮法王帝説』ともいう。聖徳太子の誕生から、太子一門の系譜講説・製疏年時等の太子の行蹟ならびに薨後のことを記している。太子研究の第一の資料として珍重される。

〈テキスト〉聖徳太子全集一　一二。

宝慶記《ほうきょうき》

一巻。道元（一二〇〇～一二五三）記、面山瑞方（一六八三～一七六九）編。

道元の三年間にわたる入宋の間に得た、修行の各種テーマ別の求道の備忘録。理宗皇帝の宝慶年間にわたる時期のメモであるため『宝慶記』と呼ばれた。入宋留学の間の師天童如浄のもとでの記録であるために、この名で呼ばれる。全編漢文で記され、長い間写本で伝わったが、面山瑞方の刊行以来、広く一宗内外に読まれるようになった。

〈テキスト〉宇井伯寿訳註『宝慶記』（昭和十三年）。

法然上人伝記《ほうねんしょうにんでんき》

一巻。法然上人源空の伝記。編者編年は不詳であるが、法然上人伝記中もっとも古いものとみとめられる。全体六編より成り、第一篇は一期物語と題し、上人の伝記である。この一篇が「伝記」の原型であると考えられる。第二篇は禅勝房との問答十一ヵ条、第三篇は三心料簡事等二十七条の法語集。第四篇は別伝記と称し、登山修学。叡空・蔵俊ならびに公胤等の帰伏のことを記している。第五篇は御臨終日記、第六篇、三昧発得記は法然自筆の記文である。漢文で記されている。

〈テキスト〉法然上人全集付録。

星名五郎太郎殿御返事

ほしなごろうたろうどのごへんじ

日蓮遺文の一。日蓮四十六歳、文永四年(一二六七)の作。星名五郎太郎の問に答え、真言・浄土の二教が正しい仏法=法華経の弘通を妨げる所以を詳述して答えたもの。ことに空海・善導二師の諸論を引き、弁駁至らざるなく痛論している。「故に畏るべきは、大毒蛇・悪鬼神よりも、弘法・善導・法然等の流の悪知識を畏るべし」とまで記してある。

〈テキスト〉昭和定本日蓮聖人遺文第一巻所収。

菩提心論《ぼだいしんろん》

一巻。龍猛造。唐の不空訳。具さには、『金剛頂瑜伽中発阿耨多羅三藐三菩提心論』という。『金剛頂経』系の思想にもとづき、多くの経や論を引いて菩提心のあり方を示した論。真言宗においては、弘法大師空海の、他の九巻の書に、ただひとつ他師の作として入り十巻章として重んじられて来た。その内容は、行願・勝義・三摩地《さんまじ》の三種に分けられ、そのすべてを無間にわたって修すべきことを説いている。龍樹の項参照。

〈テキスト〉大正大蔵経第三十二巻所収。塚本賢暁国訳（『国訳密教』論釈第一所収）。真言宗全書八所収。

法華義疏《ほっけぎしょ》

四巻。聖徳太子御製の『法華経』の註釈。太子は、日本の新しい国家体制指導の理念として仏教に立たれ、とくに、『法華経』、『維摩経』（これについては真撰への偽疑あり）、『勝鬘経』の三経をえらび、みずから注釈を加えられた。いずれも在家仏教の性格のつよい経典で、太子の仏教理念を示すのみならず、のちの日本仏教の進路に大きな影響を与えた。主として法雲の『法華義記』に依りながら、しかも太子の独創少なくなく、『法華』研究としては一新機軸を出したものとして、仏教伝来日の浅い当時にあっては驚くべきものとみられる。

〈テキスト〉大正大蔵経第五十六巻所収。聖徳太子全集所収。

摩訶止観《まかしかん》

二十巻。隋の天台大師智顗《ちぎ》（智者大師）が述べ、章安が記した天台宗の観法の根本典籍。三大部（法華三大部）の一。また『止観』・『天台摩訶止観』ともいう。天台宗の心の在り方（観心）を説いた書物で、同宗における修行の根本とするところである。全体を十章にわける。(1)第一大意。発心（十種発心）、修大行（四種三昧）、感大果（勝妙の果報）、烈大網（諸経に通達すること）、帰大処（三徳に帰向すること）。以上の五略を最初に修行する。(2)止観の名。止は心を安んじ止めること。観は自他を正しく観ることをいう。(3)止観の体（本質）と相（様相）とを明かす。(4)止観が世のすべてのもの（一切諸法）を保つことを説く。(5)偏教（普遍性のない教え）と円教（普遍的な天台の教え）との区別。(6)方便（観心の予備となる二十五の方便）。(7)正観としての十境。その第一として陰入境を述べ、正しく十乗観法を述べる。人の心が三千大世界をあらわすという「一念三千」の法門は、この「十乗観法」の第一日にあたる「観不思議境」で説かれる。これ以後、⑻果報⑼起教⑽旨帰の三章は、講説に至らず、ただ項目名を挙げるのみで終わった。天台大師の他の二著、『法華玄義《ほっけげんぎ》』、『法華文句』と共に、天台の三大部として、中国・日本天台宗の基本典籍として、今に至るまで重きをなし、ひろく研究せられた。

〈テキスト〉大正大蔵経第四十六巻所収。国訳一切経、和漢部、諸宗部三所収。

末燈鈔《まっとうしょう》

一巻。真宗の親鸞の法語・消息四十二章を輯録したもの。内題に『本願寺《ほんがんじ》親鸞《しんらん》大師《だいし》御《ご》己証《こしょう》並《ならびに》辺州《へんしゅう》所々《しょしょ》御消息《のごしょうそく》等《とう》類聚鈔《るいじゅしょう》』とある。正慶二年（一三三三）覚如の第二子である従覚（一二九五〜一三六〇）が撰したもの。ここに収められた親鸞の消息は、七十七歳から八十八歳に至る十一年間のもので、親鸞の日常や、周辺の人間像、教団事情などが知られる。この書簡集は初編本が焼失したため、一二三八年再治され、このため、異本も生じ、収録書簡の数にも異同を生じた。

〈テキスト〉大正大蔵経第八十三巻所収。親鸞聖人全集、書簡編所収。増谷文雄国訳（筑摩書房『日本の思想』三所収）。

密厳院発露懺悔文《みつごんいんほつろさんげもん》

一巻。覚鑁興教大師の撰。大師が、身・口・意の三業によってつくる多くの罪を発露し、懺悔して、自らと他のひとびとの誡とした文。七言四十四句の頌文によってできている。この一文は、大師が長い金剛峯寺座主をめぐっての確執に終止符を打ち、保延元年（一一三五）三月、金剛峯寺・大伝法院の両座主席を真誉に譲って隠退した直後の作であるから、人の罪業に対しては切々たる懺悔の思いに充ち満ちている。今日もなお、新義諸流のひとびとが日夜勤行に読誦し、策励の聖訓としている。

〈テキスト〉興教大師全集下巻（十）所収。真言諸経要集・真言宗聖典にも必ず収められている。

妙一尼御前御消息《みょういちあまごぜんごしょうそく》

日蓮遺文の一つ。日蓮五十四歳、建治元年（一二七五）の作。また『妙一尼御前御返事』ともいう。佐渡にある日蓮が、下人一人を身のまわりの世話にと付けてくれた、妙一尼への返事として記した一文。親の子を思う心にふれ、「人にはあまたの子あれども、父母の心は病する子にありとなり。仏の御ためには一切衆生は皆子なり。其の中罪ふかくして世間の父母をころし、仏経のかたきとなる者は病子のごとし」として、悪しき子、病む子ほど、親の愛・仏の愛は深いことを述べ、いま国難こもごも来り、日本は冬のようであるが、これはやがて春の近いことを示していると述べ力づけている。「法華経を信ずる人は冬のごとし。冬は必（ず）春となる。いまだ昔よりきかず、みず、冬の秋とかへれる事を」。だから、法華経をこそ頼んで、子をもわが身をもいとおしめと、ねんごろにさとしている。「法華経はいみじき御経にてをはすれば、もし今生にいきある身ともなり候なば、尼ごぜんの生（き）てをわしませ。もしは草のかげにても御らんあれ。をさなききんだち（公達）等をば、かへり見たてまつるべし」。

〈テキスト〉昭和定本日蓮聖人遺文第二巻所収。

夢窓国師語録《むそうこくしごろく》

二巻。正しくは『夢窓正覚心宗普済国師語録』。夢窓疎石（一二七五～一三五一）の語録。上巻には「南禅寺語録」「円覚寺語録」「再住南禅寺語録」「天龍寺語録」「再住天龍寺語

録」を収め、遺偈にまで及ぶ。下巻は、拈香・小仏事・仏祖賛・自賛・偈頌等を収め、年譜（門人の妙葩が編）。

〈テキスト〉大正大蔵経第八十巻所収。国訳禅宗叢書五所収。国訳禅学大成二十三所収。

無門関《むもんかん》

一巻。宗紹の編。また『禅宗無門関』ともいう。宋の無門慧開が、古来から伝わる禅の公案四十八則を挙げ、寸評を狭んで、禅者の指評としたもの。取捨宜しきを得、評言適確、これを通ることはまさに禅門の捷道として、『碧巌録』、『従容録』とともに、古来もっとも公案として珍重され、今日においても広く巨匠の提唱するところとなり、研究者もまたすこぶる多い。

〈テキスト〉大正大蔵経第四十八巻所収。国訳禅宗叢書第十一巻所収。国訳禅学大成第七巻所収ほか、刊本、研究は無数である。

蒙古使御書《もうこつかいごしょ》

日蓮遺文の一。また「与大内氏書」ともいう。日蓮五十四歳、建治元年（一二七五）の作である。西山、すなわち、西殿富士郡大内入道に与えた返事で、蒙古の使いが頸を刎《き》られた一事につき、国の正義・仏法の正義という立場から言及したもので、「蒙古の人の頸を刎《は》（ね）られ候事承（り）候。日本国の敵にて候念仏・真言・禅・律等の法師は切（ら）れずして科《とが》なき蒙古の使の頸を刎《き》られ候ける事こそ不便に候え」とし、国際法を無視して使者の頸を切ったこと、国中に非法の仏法の行なわれていること、これらが亡国の因となるべきことを切々といましめている。この日本を覚醒した蒙古に対しては、「御辺こそ今生に蒙古国の恩を蒙らせ給（ひ）て候へ」とまで述べていた。日蓮晩年の、烈々たる法華経への信仰と、他宗への仮借なき批判、その上での日本国を安泰にみちびこうとする気持に充ちた一書である。

〈テキスト〉昭和定本日蓮聖人遺文第二巻所収。

維摩経義疏《ゆいまぎょうぎしょ》

五巻。聖徳太子（五七四〜六二二）作。『上宮聖徳太子伝補欠記』によると、推古天皇二十一年（六一三）の撰述とされるが確証がない。選年のみならず。この疏の著者が聖徳太子であることについても、近年疑問が提出されており、(1)原本が存在しないこと、(2)釈風が、太子の他の二つの疏（法華義疏・勝鬘義疏）と異なること、(3)引用の「百行」が、太子の年代と合わないこと、などから聖徳太子偽撰説が唱えられ、進んで道慈一門の作であるとする新説まであらわれた。しかし、このことについてはまだ結論は見られていない。内容は、鳩摩羅什訳『維摩詰所説経』（『維摩経』）十四品の逐字註で、僧肇はじめ、中公・法空など諸師の説を渉猟し、しかも批判し、もし、これが太子の真作とすれば、仏教輸入後まもないこの時期に、日本仏教は優に先進大陸の水準に到達していたといわなくてはならない。『法華義疏』、『勝鬘義疏』と併せて、「三経義疏」という。

〈テキスト〉大正大蔵経第五十六巻所収。大日本仏教全書五所収。昭和会本維摩経義疏。国訳一切経、和漢部、経疏部十六所収。

瑜伽師地論《ゆがしじろん》

玄奘の漢訳で百巻。瑜伽《ゆが》（ヨーガ＝心身一致のための修行）の修行をするひと（瑜伽師）のよりどころ（所依・所行）となる十七の境地（瑜伽師地）を明示し、瑜伽師の境・行・果を示し、瑜伽の行と、それにもとづく観念（唯《ゆい》識《しき》）に悟入すべきことを明した、瑜伽行唯識派の根本聖典。作者は弥勒《みろく》に帰せられる（弥勒の項参照）が、明らかではない。十七地とは、五識身相応地・意地・有尋有伺地・無尋唯伺地・

無尋無伺地・三摩呬多地・非三摩呬多地・有心地・無心地・聞所成地・思所成地・修所成地・声聞地・独覚地・菩薩地・有余依地・無余依地これである。この十七地を、本地分・摂決択分・摂釈分・摂異門分・摂事分の五つに分け詳述してある。その内容は、まさに四世紀インド大乗の一大宝庫で、阿頼耶識説・三性三無性説・唯識説などの重要問題のすべてに及ぶ。ことに「菩薩地」は、早くから梵本も発見され、菩薩思想の源流を示すものとして深く研究されて来た。著者は弥勒が兜率天において無著に付与したというのが、漢訳の伝説であるが、チベット訳では、著者は無著とされており、弥勒の実在性が公認されるまでは決論は得られないというほかない。

〈テキスト〉(1)漢訳。大正大蔵経第三十巻所収。佐伯定胤国訳（国訳大蔵経、論部六～九所収）。加藤精神国訳（国訳一切経、瑜伽部、一～六所収）。(2)梵本。菩薩地のみ Bodhisattvabhūmi, ed. by U. Wogihara, Tokyo 1930. 梵本全体がチベットで発見され、「本地分」中の、「五識身相応地」から「無尋無伺地」までに相当する部分（玄奘訳の一巻から十巻まで）が出版されている。The Yogacāra bhūmi of Ācārya Asaṅga, ed. by V. Bhattācharya, part I, Univ. of Calcutta 1957. (3)チベット訳。各版に収められているが、もっとも目睹しやすいものとしては、影印北京版一〇九巻から一一一巻所収。

良寛歌集《りょうかんかしゅう》

良寛和尚の歌として今日伝存するものは、長歌・旋頭歌・短歌を合せて、約二千二百七、八十首と推定される（吉野秀雄）。その内容は、まず宛転たる諧和の韻律、単純美、音調美があり、それが、森羅万象を一体に慈愛でおしつつみ、しかも生活に即して余すところがない。観念歌・想像歌等、主題を設けて歌詠することをもっとも忌避した。古歌を実によく学んでいるが、それに捉われるものではなく、独自の境地を拓いている。

〈テキスト〉吉野秀雄編『良寛歌集』（朝日新聞社『日本古典全書』、昭和二十七年所収）。

臨済録講話《りんざいろくこうわ》

一冊。明治・大正の禅僧釈宗活の法話集。禅師一代の説法を、その門弟が筆録発刊したもの。昭和二十九年（一九五四）八十四歳で遷化した禅師の全集の一巻として発刊されたが、刊行は本書に止まった［一九八〇年に第二巻刊行］。

〈テキスト〉釈宗活全集第一巻所収。

玲瓏集《れいろうしゅう》

一巻。沢庵宗彭の著。沢庵の手になる一種の仏教概論で、本質的な立場に立って、自己とは何か何によって生きるべきかを問うているが、沢庵の、他の著作にくらべると解説的色彩が強い。

〈テキスト〉沢庵和尚全集第五巻所収。池田諭訳編『不動智神妙録』（徳間書店）所収。

蓮如上人九十箇条《れんにょしょうにんくじっかじょう》

『蓮如上人御一代聞書《ききがき》』一巻と名付ける蓮如上人兼寿の垂示訓戒とその行状録の一箇条。全編和文で三百十六箇条よりなり、これはその第九十条。編者・編年共に不詳。

〈テキスト〉大正大蔵経第八十三巻所収。

驢鞍橋《ろあんきょう》

三巻。鈴木正三（一五七九〜一六五五）述。門人の恵中が編集した。三河武士から禅者となった正三が晩年、慶安元年（一六四八）に江戸に出て道俗を教化した言行を、恵中が常に侍して記しのこしたもの。上巻に百七十三章、中巻に八十九章、下巻に百五十二章を収め、内容も統一はなく多岐にわたっている。しかし、その主張には一貫したものがあり、師を定めず、公案にとらわれず、ただ日常の生活のうちにあって、自在な生死観を得ようとする。彼の「念仏禅」の面目が躍如たるものがある。

〈テキスト〉禅門法語集下巻所収。岩波文庫所収（鈴木大拙校訂）。

善　導

沢庵宗彭

平重盛

智　顗

道　元

洞山良价

日　蓮

ハリヴァルマン

藤原為家

法　住

法　蔵

法　然

源　信

洪自誠

惟　賢（これかた）

最　澄

仏家別名言　目次

す

せ

書名索引

KODANSHA

本書は『仏家名言辞典』（一九七一年一二月刊行　東京堂出版）を改題したものです。

文庫化にあたり、本文中は読みやすさに配慮して、ルビの追加を行い、明らかな誤植は訂しています。

経年などにより説明が必要と思われた箇所は、編集部注として［　］で補足いたしました。

本書には現在では差別的とされる表現も含まれていますが、著者が故人であることと差別を助長する意図はないことを考慮し、原本刊行時の文章のままとしております。

金岡秀友（かなおか　しゅうゆう）

1927-2009年。東京大学文学部印度哲学科卒業。東洋大学名誉教授。仏教学者，真言宗僧侶。妙楽寺住職。著書に『密教成立論』『密教の起源』『古寺名刹辞典』『仏典の読み方』『インド哲学史概説』『経典のことば』『仏教の国家観』，編書に『空海辞典』，訳書にシチェルバトスコイ『大乗仏教概論』『小乗仏教概論』，空海『即身成仏義』『般若心経秘鍵』など。講談社学術文庫に『般若心経』がある。

講談社学術文庫

定価はカバーに表示してあります。

仏教名言辞典《ぶっきょうめいげんじてん》

金岡秀友《かなおかしゅうゆう》

2025年1月14日　第1刷発行

発行者　篠木和久
発行所　株式会社講談社
東京都文京区音羽 2-12-21 〒112-8001
電話　編集（03）5395-3512
販売（03）5395-5817
業務（03）5395-3615
装　幀　蟹江征治
印　刷　株式会社広済堂ネクスト
製　本　株式会社国宝社
本文データ制作　講談社デジタル製作

ISBN978-4-06-538502-9

「講談社学術文庫」の刊行に当たって

これは、学術をポケットに入れることをモットーとして生まれた文庫である。学術は少年の心を養い、成年の心を満たす。その学術がポケットにはいる形で、万人のものになることは、生涯教育をうたう現代の理想である。

こうした考え方は、学術を巨大な城のように見る世間の常識に反するかもしれない。また、一部の人たちからは、学術の権威をおとすものと非難されるかもしれない。しかし、それはいずれも学術の新しい在り方を解しないものといわざるをえない。

学術は、まず魔術への挑戦から始まった。やがて、いわゆる常識をつぎつぎに改めていった。学術の権威は、幾百年、幾千年にわたる、苦しい戦いの成果である。こうしてきずきあげられた城が、一見して近づきがたいものにうつるのは、そのためである。しかし、学術の権威を、その形の上だけで判断してはならない。その生成のあとをかえりみれば、その根は常に人々の生活の中にあった。学術が大きな力たりうるのはそのためであって、生活をはなれた学術は、どこにもない。

開かれた社会といわれる現代にとって、これはまったく自明である。生活と学術との間に、もし距離があるとすれば、何をおいてもこれを埋めねばならない。もしこの距離が形の上の迷信からきているとすれば、その迷信をうち破らねばならぬ。

学術文庫は、内外の迷信を打破し、学術のために新しい天地をひらく意図をもって生まれた。文庫という小さい形と、学術という壮大な城とが、完全に両立するためには、なおいくらかの時を必要とするであろう。しかし、学術をポケットにした社会が、人間の生活にとってより豊かな社会であることは、たしかである。そうした社会の実現のために、文庫の世界に新しいジャンルを加えることができれば幸いである。

一九七六年六月

野間省一